Multicore-Software

Urs Gleim ist Diplom-Informatiker und war in seiner beruflichen Laufbahn als Entwickler, Software- und Systemarchitekt, Projektleiter und technischer Berater tätig. Heute arbeitet er bei der Siemens Corporate Technology, der zentralen Forschung und Entwicklung von Siemens. Dort leitet er ein Team, das Softwarearchitekturen für Multicore-Systeme entwickelt und existierende Anwendungen parallelisiert.

Dr. Tobias Schüle war nach seinem Studium der Informatik mehrere Jahre in Forschung und Lehre auf dem Gebiet des Entwurfs und der Verifikation eingebetteter Systeme tätig. Heute ist er ebenfalls Mitarbeiter bei Siemens Corporate Technology. Sein Hauptinteresse gilt neben parallelen Programmiermodellen der Architektur und Implementierung von Multicore-Software.

Urs Gleim · Tobias Schüle

Multicore-Software

Grundlagen, Architektur und Implementierung in C/C++, Java und C#

dpunkt.verlag

Urs Gleim
urs.gleim@multicore-software.de

Tobias Schüle
tobias.schuele@multicore-software.de

Lektorat: Dr. Michael Barabas
Copy-Editing: Annette Schwarz, Ditzingen
Herstellung: Birgit Bäuerlein
Umschlaggestaltung: Helmut Kraus, www.exclam.de
Druck und Bindung: M.P. Media-Print Informationstechnologie GmbH, 33100 Paderborn

Bibliografische Information der Deutschen Nationalbibliothek
Die Deutsche Nationalbibliothek verzeichnet diese Publikation in der Deutschen Nationalbibliografie; detaillierte bibliografische Daten sind im Internet über http://dnb.d-nb.de abrufbar.

ISBN 978-3-89864-758-8

1. Auflage 2012

Ringstraße 19 B
69115 Heidelberg

5 4 3 2 1 0

Vorwort

Warum dieses Buch?

Multicore-Prozessoren verändern die Softwareentwicklung. Diese Aussage ist zurzeit vielfach zu hören. Es gibt Diskussionen über neue oder wiederentdeckte Programmiermodelle bzw. -sprachen, und Hersteller von Entwicklungswerkzeugen suchen nach höheren Abstraktionsebenen für Parallelität. Auch die in der Softwareentwicklung bereits etablierten Sprachen erhalten mit jeder neuen Version zusätzliche Funktionen und Spracherweiterungen, die dem »parallelen Zeitalter« geschuldet sind. Obwohl zurzeit niemand sagen kann, welche Ansätze sich langfristig durchsetzen werden, besteht weitgehende Einigkeit darin, dass kein Weg an Parallelität vorbeiführt. Mit diesem Buch möchten wir dem Leser die Grundlagen der Entwicklung paralleler Software an die Hand geben, die es ihm ermöglichen, die richtigen Entwurfs- und Implementierungsentscheidungen zu treffen.

An wen richtet sich das Buch?

Das Buch richtet sich an Informatiker, Softwarearchitekten und -entwickler, die einen Einblick in die Programmierung von Multicore-Systemen bekommen oder bereits vorhandene Kenntnisse vertiefen möchten. Es werden keine Vorkenntnisse über parallele Programmierung oder Multicore-Systeme vorausgesetzt. Der Leser sollte jedoch mit mindestens einer objektorientierten Programmiersprache vertraut sein und über Erfahrung in der Softwareentwicklung verfügen.

Aufbau des Buches

Der erste Teil des Buches behandelt die Grundlagen und deckt die wesentlichen Aspekte paralleler Systeme ab. Wir beginnen mit einem kurzen Streifzug durch die Architektur paralleler Prozessoren und gehen anschließend auf Threads und Synchronisationsmechanismen, die klassischen Konzepte paralleler Programmierung, ein. Im Kapitel über Task- und Datenparallelität beschreiben wir spezielle Programmiermodelle, die zunehmend Einzug in die gängigen Sprachen und Bibliotheken halten. Es folgt eine Betrachtung der für die parallele Programmierung wichtigsten Datenstrukturen und deren Synchronisationsstrategien. Im Anschluss geben wir einen Überblick über gängige Entwurfsmuster für die Entwicklung paralleler Software und schließen den ersten Teil mit einem Kapitel über die Besonderheiten beim Entwurf paralleler Architekturen.

Der zweite Teil gibt einen kompakten Einstieg in die parallele Programmierung mit C/C++, Java und .NET. Im Kapitel über C/C++ beschreiben wir zunächst die grundlegenden Schnittstellen von Windows und Unix-basierten Systemen für die Programmierung mit Threads. Außerdem gehen wir auf die entsprechenden Mechanismen im aktuellen C++-Standard aus dem Jahr 2011 ein. Es folgt ein Überblick über die Spracherweiterung OpenMP und die C++-Bibliothek TBB. Sowohl Java als auch C# bieten in den neuesten Versionen neben den bekannten Threadschnittstellen viele Erweiterungen für die parallele Programmierung an, auf die wir in den nachfolgenden Kapiteln eingehen. Abschließend werfen wir einen Blick auf funktionale Sprachen, aktorbasierte Programmierung und transaktionsbasierten Speicher.

Ziel des zweiten Teils ist es, einen Überblick über die verfügbaren Mittel für die parallele Programmierung zu vermitteln. Wie konzentrieren uns auf die wesentlichen Konzepte und verzichten auf eine detaillierte Behandlung aller Funktionen. Dieses Buch ersetzt daher nicht die Dokumentation zu den vorgestellten Schnittstellen.

Danksagungen

Wir danken unseren Kollegen und Studenten für die vielen Diskussionen über die Inhalte dieses Buches. Herauszuheben sind Thomas Henties und Andreas Wilhelm für zeitaufwendiges Korrekturlesen und viele hilfreiche Kommentare. Aufseiten des dpunkt.verlags gilt unser Dank insbesondere Michael Barabas und allen Mitarbeitern, die zur Entstehung des Buches beigetragen haben. Außerdem danken wir Annette Schwarz für das Lektorat und Johannes Link für die konstruktiven Verbesserungsvorschläge.

Im Besonderen bedanken wir uns bei unseren Familien für die Unterstützung und die Geduld an den vielen langen Abenden und Wochenenden, an denen dieses Buch entstanden ist.

Urs Gleim und Tobias Schüle
München, November 2011

http://www.multicore-software.de

Inhaltsverzeichnis

I Grundlagen der parallelen Programmierung 1

1 Einführung ... 3
1.1 Paradigmenwechsel in der Softwareentwicklung ... 4
1.2 Anwendungsbereiche ... 5
1.3 Parallelität in der Hardware ... 5
1.3.1 Prozessorarchitektur ... 6
1.3.2 Multicore-Prozessoren und Multiprozessorsysteme ... 9
1.4 Parallelität in der Software ... 13
1.4.1 Prozesse und Threads ... 13
1.4.2 Virtualisierung ... 17
1.4.3 Parallelisierende Compiler ... 18
1.4.4 Parallele Bibliotheken ... 19
1.4.5 Amdahl'sches Gesetz ... 20

2 Threads ... 23
2.1 Arbeiten mit Threads ... 23
2.1.1 Erzeugung und Beendigung ... 23
2.1.2 Datenaustausch ... 24
2.1.3 Threadpools ... 27
2.2 Scheduling ... 28
2.2.1 Lastverteilung ... 29
2.2.2 Affinitäten und Prioritäten ... 30
2.3 Speicherzugriff ... 30
2.3.1 Speichermodelle ... 31
2.3.2 Speicherhierarchie ... 37

3 Synchronisation ... 41
3.1 Konflikte ... 41
3.1.1 Entstehung ... 42
3.1.2 Kritische Abschnitte ... 43

3.2 Synchronisationsmechanismen ... 45
3.2.1 Mutexe ... 46
3.2.2 Scoped Locking ... 50
3.2.3 Monitore ... 51
3.2.4 Lese-/Schreibsperren ... 52
3.2.5 Semaphore ... 54
3.2.6 Bedingungsvariablen ... 56
3.2.7 Barrieren ... 61
3.2.8 Einmalige Ausführung ... 64
3.2.9 Atomare Operationen ... 66
3.2.10 Spinlocks ... 69
3.3 Fallstricke und Richtlinien ... 71
3.3.1 Konflikterkennung ... 71
3.3.2 Verklemmungen ... 73
3.3.3 Nichtdeterminismus ... 76
3.3.4 Fairness ... 77
3.3.5 Skalierbarkeit ... 78
3.3.6 Threadsicherheit und Wiedereintrittsfähigkeit ... 80
3.3.7 Schnittstellenentwurf ... 81

4 Task- und Datenparallelität ... 85
4.1 Taskparallelität ... 85
4.1.1 Erzeugung und Synchronisation von Tasks ... 87
4.1.2 Parallelisierung rekursiver Algorithmen ... 89
4.1.3 Taskgruppen ... 93
4.1.4 Spekulation ... 95
4.1.5 Implementierung eines Task-Schedulers ... 98
4.1.6 Programmierrichtlinien ... 101
4.2 Datenparallelität ... 102
4.2.1 Schleifen ohne Datenabhängigkeiten ... 103
4.2.2 Reduktionen ... 106
4.2.3 Präfixberechnungen ... 111
4.2.4 Partitionierung und Abbildung ... 115

5 Datenstrukturen ... 127
5.1 Threadsicherer Zugriff ... 127
5.1.1 Grobgranulare Synchronisation ... 129
5.1.2 Feingranulare Synchronisation ... 132
5.1.3 Optimistische Synchronisation ... 134
5.1.4 Nichtblockierende Synchronisation ... 137
5.1.5 Weitere Optimierungen ... 139

5.2 Auswahl der richtigen Datenstruktur ... 139
5.2.1 Kriterien ... 140
5.2.2 Listen ... 143
5.2.3 Vektoren ... 144
5.2.4 Assoziative Felder ... 145
5.2.5 Warteschlangen und Stacks ... 145
5.2.6 Multimengen ... 147

6 Entwurfsmuster ... 149
6.1 Zugriff auf gemeinsame Daten ... 151
6.1.1 Grundlegende Synchronisationsmuster ... 151
6.1.2 Threadlokaler Speicher ... 153
6.1.3 Futures ... 157
6.1.4 Synchronisationsproxy ... 159
6.1.5 Active Object ... 161
6.2 Zerlegung in parallel bearbeitbare Teilprobleme ... 165
6.2.1 Grundlegende Zerlegungsmuster ... 165
6.2.2 Master-Slave ... 167
6.2.3 Erzeuger-Verbraucher ... 169
6.2.4 Aktoren ... 171
6.2.5 Reihenfolgebewahrender Threadpool ... 174
6.3 Fließbandverarbeitung ... 181
6.3.1 Pipelines ... 182
6.3.2 Pipelines mit parallelen Stufen ... 185
6.3.3 Parallele Pipelines ... 186

7 Architektur paralleler Software ... 191
7.1 Entwurf paralleler Algorithmen ... 191
7.2 Entwurf paralleler Architekturen ... 193

II Sprachen und Bibliotheken 203

8 Threads und Synchronisation in C/C++ ... 205
8.1 POSIX-Threads ... 205
8.1.1 Threads ... 206
8.1.2 Synchronisationsmechanismen ... 208
8.1.3 Threadlokaler Speicher und Speicherallokation ... 210
8.2 Windows-Threads ... 211
8.2.1 Threads ... 211
8.2.2 Synchronisationsmechanismen ... 212
8.2.3 Threadlokaler Speicher und Speicherallokation ... 215
8.2.4 Threadpools ... 215

8.3 C++11 ... 216
8.3.1 Lambda-Funktionen ... 216
8.3.2 Threads ... 217
8.3.3 Synchronisationsmechanismen ... 221
8.3.4 Threadlokaler Speicher und Speicherallokation ... 229
8.3.5 Speichermodell ... 229

9 OpenMP ... 231
9.1 Threads ... 233
9.1.1 Parallele Bereiche ... 233
9.1.2 Arbeitsteilung ... 234
9.1.3 Speicherzugriff ... 235
9.1.4 Threadlokaler Speicher ... 236
9.2 Synchronisationsmechanismen ... 237
9.2.1 Kritische Abschnitte ... 237
9.2.2 Mutexe ... 238
9.2.3 Barrieren ... 238
9.2.4 Einmalige Ausführung ... 239
9.2.5 Atomare Operationen ... 240
9.3 Taskparallelität ... 240
9.3.1 Parallelisierung rekursiver Algorithmen ... 241
9.3.2 Variablenzugriff ... 241
9.3.3 Suspendierung ... 243
9.4 Datenparallelität ... 244
9.4.1 Schleifen ohne Datenabhängigkeiten ... 244
9.4.2 Reduktionen ... 247
9.4.3 Partitionierung und Abbildung ... 249
9.5 Speichermodell ... 250

10 Threading Building Blocks ... 253
10.1 Synchronisationsmechanismen ... 255
10.1.1 Sperren ... 255
10.1.2 Atomare Operationen ... 258
10.2 Taskparallelität ... 259
10.2.1 Parallele Funktionsaufrufe ... 259
10.2.2 Taskgruppen ... 260
10.2.3 Task Scheduler ... 261
10.3 Datenparallelität ... 261
10.3.1 Schleifen ohne Datenabhängigkeiten ... 262
10.3.2 Reduktionen ... 267
10.3.3 Präfixberechnungen ... 269

10.4 Datenstrukturen ... 270
10.4.1 Assoziative Felder und Mengen ... 271
10.4.2 Warteschlangen ... 274
10.4.3 Vektoren ... 275
10.5 Algorithmen und Entwurfsmuster ... 276
10.5.1 Sortieren ... 277
10.5.2 Fließbandverarbeitung ... 277
10.5.3 Flussgraphen ... 279
10.6 Threadlokaler Speicher ... 282
10.7 Speicherallokation ... 283
10.8 Ausnahmen und Abbruch ... 284

11 Parallele Programmierung mit Java ... 287
11.1 Threads ... 288
11.1.1 Threaderzeugung ... 288
11.1.2 Threadpools ... 289
11.1.3 Threadlokaler Speicher ... 291
11.2 Synchronisationsmechanismen ... 292
11.2.1 Sperren ... 292
11.2.2 Spezielle Synchronisationsmechanismen ... 296
11.2.3 Atomare Operationen ... 298
11.3 Taskparallelität ... 299
11.3.1 Tasks und Futures ... 299
11.3.2 Starten von Tasks ... 300
11.3.3 Rekursive Tasks ... 301
11.3.4 Blockierende Operationen in Tasks ... 303
11.4 Datenparallelität ... 303
11.5 Datenstrukturen ... 304
11.6 Speichermodell ... 305

12 Parallele Programmierung mit .NET ... 309
12.1 Threads ... 309
12.1.1 Threaderzeugung ... 309
12.1.2 Threadpools ... 311
12.1.3 Threadlokaler Speicher ... 313
12.2 Synchronisationsmechanismen ... 314
12.2.1 Sperren ... 314
12.2.2 Spezielle Synchronisationsmechanismen ... 319
12.2.3 Atomare Operationen ... 319
12.2.4 Einmalige Ausführung ... 320
12.3 Taskparallelität ... 321
12.3.1 Tasks und Futures ... 322
12.3.2 Fortsetzungstasks ... 324

12.4 Datenparallelität ... 326
12.4.1 Schleifen ohne Datenabhängigkeiten ... 326
12.4.2 Parallele Aggregation ... 328
12.4.3 PLINQ ... 330
12.5 Datenstrukturen ... 331
12.6 Ausnahmen und Abbruch ... 332
12.7 Speichermodell ... 333

13 Blick über den Tellerrand ... 337
13.1 Funktionale Sprachen ... 338
13.2 Aktorbasierte Programmierung ... 340
13.3 Transaktionsbasierter Speicher ... 342

Literaturverzeichnis ... 347

Index ... 351

Teil I

Grundlagen der parallelen Programmierung

1 Einführung

Parallele Programmierung ist nichts Neues. Sie beschäftigt die Informatik schon seit den 1960er-Jahren. Hauptanwendung war lange Zeit das Lösen von numerischen Problemen auf Parallelrechnern im wissenschaftlichen Umfeld. Mit kommerziell nutzbaren Anwendungen, vorwiegend aus dem Bereich der Simulation, fand das parallele Rechnen weite Verbreitung. Einsatzbereiche dafür sind unter anderem die Baustatik, Strukturberechnungen im Maschinenbau, Crashtestsimulationen im Fahrzeugbau, Strömungssimulationen in der Luft- und Raumfahrttechnik und die Wettervorhersage.[1] Heutzutage sind wir alle zumindest indirekt Anwender parallel arbeitender Systeme. So nutzen wir Suchmaschinen im Internet, unsere Kontobewegungen werden von den Datenbanksystemen der Banken verwaltet, und wenn wir in den Urlaub fliegen, sind bei der Buchung und der gesamten Logistik des Flugbetriebs ebenfalls entsprechende Systeme im Einsatz.

Eines hat sich in all den Jahren jedoch geändert. Bis vor nicht allzu langer Zeit wurde parallele Software nur von einer kleinen Minderheit entwickelt. Nur Mitarbeiter von Forschungseinrichtungen, Universitäten oder großen Unternehmen hatten Zugriff auf massiv parallele Rechner mit Hunderten oder gar Tausenden von Prozessoren. Selbst klassische Parallelrechner mit eng gekoppelten Prozessoren standen nur einer relativ kleinen Anzahl von Entwicklern zur Verfügung. Heute hat jeder einen Parallelrechner auf oder unter dem Schreibtisch stehen, und die parallele Programmierung wird zum Standard. Die Anzahl der Prozessorkerne wird in den nächsten Jahren weiter steigen, während die Leistung der einzelnen Kerne annähernd gleich bleibt.

Der C++-Experte Herb Sutter formulierte das 2005 plakativ mit den Worten »the free lunch is over« [54]. Gemeint ist, dass existierende, nicht parallelisierte Software nicht mehr automatisch von der Leistungssteigerung der Hardware profitiert, wie das noch zu Zeiten ständig steigender Taktfrequenzen der Fall war. Zusätzliche Leistung bekommen wir nur über parallel arbeitende Software, die in der Lage ist, mehrere Rechenkerne zu nutzen. Aus diesem Grund kommt kein Softwareentwickler – damit sind Programmierer *und* Softwarearchitekten gemeint – mehr um das Thema Parallelität herum.

[1] Ein weitverbreitetes Simulationsverfahren ist die Finite-Element-Methode (FEM).

1.1 Paradigmenwechsel in der Softwareentwicklung

Ein Problem der klassischen parallelen Programmierung ist der vergleichsweise hohe Entwicklungsaufwand. Man muss die Systeme, auf denen eine Software ausgeführt wird, sehr genau kennen, um die Leistung der Hardware bestmöglich zu nutzen. Als Folge davon hat die zugrunde liegende Hardwarearchitektur einen starken Einfluss auf die Softwarearchitektur und auf die Implementierung der Algorithmen.

Mit Multicore-Prozessoren wird die Entwicklung paralleler Software zum Standard. Damit steht nicht mehr nur die Leistungsoptimierung im Vordergrund, sondern auch die Wirtschaftlichkeit der kommerziellen Softwareentwicklung. Die drei wichtigsten und vielleicht auch schwierigsten Anforderungen an die Entwickler von Multicore-Software sind:

Effizienz der Softwareentwicklung Die Entwicklung paralleler Software ist komplexer und damit aufwendiger und teurer als die Entwicklung einer vergleichbaren Software für Single-Core-Prozessoren. Falsche Entwurfsentscheidungen wirken sich stark auf die Systemleistung aus und Fehler sind schwer zu finden.

Portierbarkeit Es existieren viele Möglichkeiten, eine Software auf maximale Leistung zu optimieren. Beispielsweise können prozessorinterne Vektoreinheiten oder Grafikkarten zur Beschleunigung verwendet werden, und Synchronisationsmechanismen lassen sich hochoptimiert realisieren. Allerdings sind solche Lösungen stark von der verwendeten Hardware abhängig. Beim Entwurf der Software sind die hardwareabhängigen Komponenten austauschbar zu gestalten, und Basismechanismen, die hardwareabhängig optimiert werden sollen, sind über eine geeignete Abstraktionsschicht zu isolieren.

Skalierbarkeit Die Anzahl der parallel arbeitenden Prozessorkerne wird weiter steigen. Dadurch bekommt die Forderung nach Skalierbarkeit ein neues Gewicht. Software muss nicht nur bestmöglich mit der Problemgröße, sondern auch mit der Anzahl der verfügbaren Prozessorkerne skalieren.

Um diesen Anforderungen gerecht zu werden, entstehen neue Bibliotheken, und neue (oder wiederentdeckte) Programmiermodelle halten Einzug in die etablierten Programmiersprachen. Die steigende Rechenleistung erlaubt aufwendige Laufzeitsysteme, die dem Programmierer immer mehr hardwareabhängige Aufgaben abnehmen und es ihm erlauben, sich mehr auf das eigentliche Problem zu konzentrieren.

1.2 Anwendungsbereiche

Doch was lässt sich überhaupt parallelisieren? Sind nicht viele der heutigen Anwendungen inhärent sequenziell? Heute parallel realisierte Systeme lassen sich grob in zwei Kategorien unterteilen [46]:

- Probleme mit hoher Datenparallelität, die sich gut in viele kleine Teilprobleme zerlegen lassen, wie das bei der Simulation und im Bereich der Computergrafik der Fall ist.
- Systeme, die eine große Anzahl von Anwendern bedienen, wobei die einzelnen Aufgaben voneinander unabhängig sind. Es geht also darum, die Anzahl der Anfragen auf mehrere Rechner zu verteilen, wobei die auf den einzelnen Rechnern laufende Software überall derselbe ist. Ein Beispiel dafür ist die Suche im Internet.

Kurz gesagt kann parallele Software die Bearbeitung einer Aufgabe *beschleunigen* oder mehrere, relativ unabhängige Aufgaben *gleichzeitig* bearbeiten. Derartige Anwendungen profitieren natürlich von der breiten Verfügbarkeit paralleler Hardware. Gerade in Anwendungen wie industriellen Anlagen oder medizinischen Geräten, die keinen Rechnercluster nutzen können, schafft die zusätzliche Leistung Raum für neuartige Verfahren und effizientere Lösungen.

Im Alltag werden kurzfristig Anwendungen profitieren, die heute schon durch die Rechenleistung begrenzt sind. Das sind auf PCs klassischerweise Computerspiele und 3-D-Simulationen, aber auch die Suche nach Bildinhalten (z. B. Personen, Gegenständen, Gebäuden, Orten) in Fotobeständen oder Videos. Mehr Rechenleistung kommt auch der Erkennung und Verarbeitung menschlicher Sprache zugute.

1.3 Parallelität in der Hardware

Nicht alle auf der Hardwareebene parallel ausgeführten Aktivitäten sind unmittelbar für die Software sichtbar. Sie haben jedoch indirekt Auswirkungen auf die Softwareentwicklung und bilden die Grundlage für durchaus relevante Themen wie Speichermodelle, denen wir uns in diesem Buch widmen. Wir müssen verstehen, welchen Einfluss beispielsweise »Hyper-Threading« oder die Speicherarchitektur eines Multiprozessorsystems auf die zu erwartende Leistung hat, wenn wir ein Stück Software mit viel Mühe parallelisieren. Deshalb unternehmen wir zunächst einen Streifzug durch die verschiedenen Ebenen der Parallelität auf Hardwareebene. Wir beginnen »ganz unten« mit der Parallelität im Innersten des Prozessors und beenden diesen Abschnitt mit Multiprozessor-Architekturen und verteilten Systemen.

1.3.1 Prozessorarchitektur

Große Teile eines jeden PC-Prozessors arbeiteten auch schon vor dem Aufkommen von Multicore-Prozessoren parallel. Für den Programmierer unsichtbar, versuchen die Prozessoren Befehle oder Teile von Befehlen parallel auszuführen. Compiler unterstützen sie dabei durch entsprechende Optimierungen. Die wichtigsten Techniken, um Parallelität auf Befehlsebene (engl. *instruction-level parallelism*, kurz ILP) zu nutzen, sind Pipelining, Superskalarität, Vektoreinheiten und Coprozessoren.

Pipelining

Jeder Maschinenbefehl besteht aus mehreren Teilaufgaben. Um den Durchsatz zu erhöhen, werden diese Teilaufgaben überlappend ausgeführt. Man spricht von einer Befehlspipeline (engl. *instruction pipeline*). Eine einfache Pipeline besteht aus folgenden Schritten:

1. Befehl aus dem Arbeitsspeicher laden (engl. *fetch*)
2. Befehl decodieren (engl. *decode*) und ggf. Daten aus Registern oder dem Arbeitsspeicher laden (engl. *load* oder *memory access*)
3. Befehl ausführen (engl. *execute*)
4. Ergebnis in Register oder Arbeitsspeicher zurückschreiben (engl. *write back*)

Die Teilaufgaben werden *Stufen* der Pipeline genannt. Die Anzahl und Funktion der Stufen unterscheiden sich für verschiedene Prozessorarchitekturen.

Nachdem eine Instruktion von der ersten Stufe geholt wurde, wird sie in der zweiten Stufe decodiert. Parallel dazu wird durch die erste Stufe schon der nächste Befehl geholt usw. Abbildung 1.1 zeigt die überlappende Ausführung mehrerer Befehle in einer vierstufigen Pipeline.

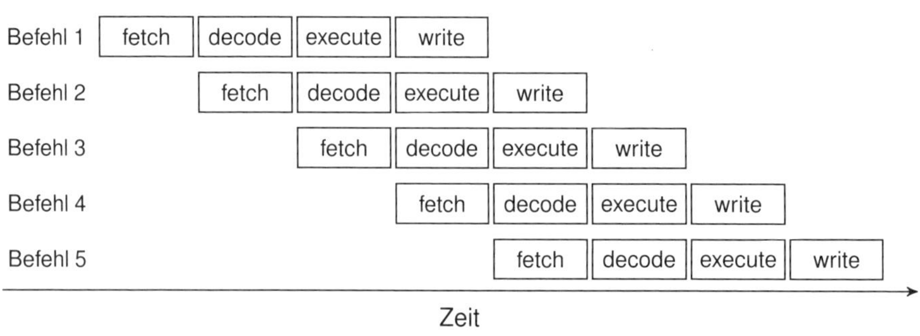

Abbildung 1.1 *Befehlspipeline*

Sofern Abhängigkeiten zwischen den Befehlen existieren, muss bei einfachen Prozessorpipelines gewartet werden, bis das jeweilige Ergebnis zur Verfügung steht. Dazu werden Wartezyklen eingeführt. Das betrifft sowohl Datenabhängigkeiten (ein Befehl benötigt das Ergebnis eines anderen) als auch Abhängigkeiten im Kontrollfluss, zum Beispiel bei bedingten Sprungbefehlen. Durch geschicktes Umordnen der Befehlssequenz können Compiler die Auslastung der Pipeline erhöhen, ohne die Semantik des Programms zu verändern.

Optimierungen der Pipeline

Nicht nur der Compiler kann die Reihenfolge der Befehle ändern, sondern in gewissen Grenzen auch der Prozessor selbst. Dazu werden mehrere aufeinanderfolgende Befehle auf Abhängigkeiten untersucht und so umsortiert, dass die Funktionseinheiten des Prozessors bestmöglich ausgelastet sind. Dies wird als *Out-of-order Execution* bezeichnet.

Weitere Optimierungen adressieren die Abhängigkeiten zwischen einzelnen Befehlen. Gibt es zwischen zwei Befehlen zwar keine echte Datenabhängigkeit, verwenden sie aber dieselben Register, können sie nicht parallel ausgeführt werden. Mittels Registerumbenennung (engl. *register renaming*) werden solche künstlichen Abhängigkeiten eliminiert.

Ein Problem bei Befehlspipelines sind bedingte Sprunganweisungen. Erst nach Auswertung der Bedingung ist klar, an welche Adresse gesprungen werden soll. Bis dahin läuft die Pipeline leer. Mithilfe von Heuristiken führt der Prozessor eine Sprungvorhersage (engl. *branch prediction*) durch. Auf Verdacht werden dann Instruktionen ausgeführt, die wieder rückgängig gemacht werden müssen, wenn die Vorhersage falsch war.

In die Kategorie der spekulativen Ausführung (engl. *speculative execution*) fällt auch das *Prefetching*. Dabei werden Daten aus dem Hauptspeicher weit vor der eigentlichen Benutzung geladen. Damit vermeidet man Wartezeiten, nimmt aber in Kauf, dass unter Umständen mehr Daten geladen als tatsächlich verwendet werden.

Superskalarität

Sogenannte *superskalare* Prozessoren enthalten mehrere gleichartige Funktionseinheiten, die parallel zueinander arbeiten. Das betrifft vor allem Rechenwerke für Ganz- und Gleitkommazahlen, aber auch Lade- und Speichereinheiten. Stehen für mehrere aufeinanderfolgende Befehle genügend Funktionseinheiten zur Verfügung, können die Befehle komplett parallel ausgeführt werden. Voraussetzung ist auch hier, dass keine Abhängigkeiten zwischen den Befehlen existieren.

Hardwareseitiges Multithreading

Üblicherweise werden auf einem Prozessor mehrere Threads ausgeführt, die aus Prozessorsicht (mit wenigen Ausnahmen) unabhängige Befehle ausführen. Um Wartezeiten, die beispielsweise bei Hauptspeicherzugriffen entstehen können, zu überbrücken, bietet es sich an, währenddessen Befehle eines anderen Threads auszuführen. Dazu müssen im Prozessor mehrere Registersätze vorgehalten werden, um die Umschaltzeit auf einen anderen Thread kurz zu halten. Die Fähigkeit, Threads auf Prozessorseite zur Optimierung der Befehlsausführung zu nutzen, nennt sich *hardwareseitiges Multithreading* (engl. *simultaneous multithreading*, kurz SMT). Intel vermarktet SMT unter dem Namen *Hyper-Threading*.

Aus Benutzersicht erscheinen die Hardwarethreads als eigenständige Prozessoren oder Prozessorkerne (siehe Abschnitt 1.3.2). Ein Dual-Core-Prozessor mit jeweils zwei Hardwarethreads erscheint somit als System mit vier Prozessoren (Kernen). Die mit hardwareseitigem Multithreading tatsächlich erreichbare Leistungssteigerung ist stark anwendungsabhängig, liegt aber weit unter der Leistungssteigerung, die mit vollständigen Kernen erreicht wird. In der Regel liegt die Leistung eines Prozessorkerns mit zwei Hardwarethreads um etwa zehn bis zwanzig Prozent höher als die eines Kerns ohne hardwareseitiges Multithreading.

Vektoreinheiten

Im Jahr 1997 brachte Intel den ersten Pentium-Prozessor mit dem Zusatz *MMX* auf den Markt. Dahinter verbirgt sich ein sogenannter *SIMD*-Befehlssatz. SIMD steht für *Single Instruction, Multiple Data*, d. h., ein einzelner Befehl wirkt auf mehreren Daten gleichzeitig. So lassen sich beispielsweise mehrere Pixel eines Bildes in einem Schritt modifizieren.

MMX arbeitet mit 64-Bit-Registern, die für SIMD-Befehle mit acht Bytes, vier 16-Bit-Wörtern oder zwei 32-Bit-Wörtern gefüllt werden können. Nachfolgende Vektorerweiterungen wie *SSE* (*Streaming SIMD Extensions*) und *AVX* beschleunigen auch Gleitkommaoperationen und verbreitern die Vektorregister auf 128 bzw. 256 Bit.

Exkurs

Die Einteilung von Rechnerarchitekturen in SISD (Single Instruction, Single Data), SIMD (Single Instruction, Multiple Data), MISD (Multiple Instruction, Single Data) und MIMD (Multiple Instruction, Multiple Data) ist als *Flynn'sche Klassifikation* bekannt. SISD beschreibt die klassische Von-Neumann-Architektur und SIMD die parallele Bearbeitung mehrerer Daten durch einen Befehl (Vektoreinheiten). Die Klasse MISD ist eher theoretischer Natur und ergibt nur bedingt Sinn. Am ehesten kann man ihr Systeme zuordnen, die aus Sicherheitsgründen redundant ausgelegt sind. Vertreter der Klasse MIMD sind Multiprozessor- und Multicore-Systeme.

Coprozessoren

Coprozessoren sind Hilfsprozessoren, die für bestimmte Aufgaben optimiert sind. Bis zur 386-Reihe der x86-Prozessoren von Intel ließ sich die Leistung für Gleitkommaberechnungen durch eine externe Gleitkommaeinheit (engl. *floating point unit*, kurz FPU) um den Faktor 10 bis 30 erhöhen. Inzwischen ist eine FPU in die meisten Prozessoren integriert.

Die bekanntesten Vertreter heutiger Coprozessoren sind auf Grafikkarten zu finden (engl. *graphics processing unit*, kurz GPU). Sie arbeiten nicht nur parallel zum Hauptprozessor, sondern bestehen intern aus vielen parallelen Recheneinheiten, die Daten nach dem SIMD-Prinzip verarbeiten. Aufgrund ihrer hohen Rechenleistung werden GPUs auch für numerische Berechnungen verwendet (engl. *general purpose computation on graphics processing units*, kurz GPGPU).

Daneben gibt es spezielle Coprozessoren, die zum Beispiel auf das Decodieren von Videos ausgelegt sind. Sie sind oft in mobilen Geräten zu finden, da sie nur dann Strom verbrauchen, wenn sie verwendet werden, und weil sie energieeffizienter als Standardprozessoren arbeiten.

1.3.2 Multicore-Prozessoren und Multiprozessorsysteme

Die nächste Ebene der Parallelität bilden *Multicore-Prozessoren*, die mehrere Prozessorkerne auf einem Chip vereinen. Die Kerne sind voneinander unabhängig und können parallel arbeiten, teilen sich aber zentrale Einheiten wie die Peripherieanbindung. Multicore-Prozessoren gehören in PCs schon seit einigen Jahren zum Standard und halten zunehmend auch in mobilen Geräten Einzug.

Die Architektur von Multicore-Prozessoren ähnelt der von *Multiprozessorsystemen*, in denen mehrere Prozessoren über ein Verbindungsnetzwerk gekoppelt sind. Dazu gehören nicht nur große Parallelrechner, sondern auch Serversysteme, die häufig mehr als einen Prozessor enthalten. Sie gibt es in verschiedenen Ausprägungen, die sich unter anderem in der Topologie des Verbindungsnetzwerks unterscheiden. Tatsächlich bestehen heutzutage die meisten Multiprozessorsysteme aus Multicore-Prozessoren, die miteinander verschaltet sind.

Sowohl Multicore- als auch Multiprozessorsysteme können grundsätzlich in zwei Klassen eingeteilt werden. *Homogene Architekturen* sind aus gleichartigen Prozessoren bzw. Prozessorkernen aufgebaut, während *heterogene Architekturen* verschiedenartige kombinieren.

Multicore-Prozessoren

Multicore-Prozessoren sind ein vergleichsweise neues Thema, das seit einiger Zeit die Prozessorlandschaft dominiert. Die Gründe dafür liegen vorwiegend in der Physik.

> »Die Anzahl der Transistoren pro Chip verdoppelt sich etwa alle zwei Jahre.«

Diese Aussage ist als das Moore'sche Gesetz bekannt. Tatsächlich kann man diese Entwicklung über die letzten fünfzig Jahre nachvollziehen. Aussagen über die zukünftige Entwicklung werden jedoch immer schwieriger, zumal sich die Fertigungsprozesse immer mehr an physikalische Grenzen annähern. Dennoch wird eine Fortsetzung dieses Trends für die nächsten zehn bis zwanzig Jahre als wahrscheinlich angesehen.

Eine andere physikalische Grenze ist dagegen heute schon wesentlich sichtbarer. Die Taktfrequenzen, mit denen die Prozessoren betrieben werden, verdoppelten sich in den 1990er-Jahren alle 18 bis 20 Monate. In den ersten 5 Jahren dieses Jahrtausends ist diese Entwicklung jedoch eingebrochen. Die Taktfrequenzen sind zwar noch gestiegen, allerdings wurde die Maximalfrequenz von 4 GHz im Desktop- und Serverbereich in den folgenden Jahren nicht überboten. Der Grund für diese als *Frequency Wall* bekannte Grenze liegt primär in der hohen Verlustleistung. Um die Taktfrequenz steigern zu können, ist eine Erhöhung der Betriebsspannung notwendig, was zu einem überproportionalen Anstieg des Stromverbrauchs führt. Die entstehende Wärme lässt sich dann nicht mehr mit vertretbarem Aufwand abführen. Diese Grenze wird als *Power Wall* bezeichnet.

Aufgrund der fortschreitenden Miniaturisierung nach dem Moore'schen Gesetz sind die Prozessorhersteller dazu übergegangen, mehrere Prozessorkerne auf einem Chip zu integrieren. Die Steigerung der Rechenleistung durch Erhöhung der Taktfrequenz oder durch architektonische Verbesserungen einzelner Kerne wurde somit von der Vervielfältigung der Kerne abgelöst. Homogene Multicore-Prozessoren, die einen gemeinsamen Hauptspeicher nutzen, gehören zur Klasse der *SMP-Systeme* (engl. *symmetric multiprocessing*), siehe Abbildung 1.2. Um Wartezeiten beim Zugriff auf den Hauptspeicher zu reduzieren, kommt eine Hierarchie von Caches zum Einsatz. Sogenannte L1-Caches – L1 steht für Level-1 – sind kleine, dafür aber sehr schnelle Puffer-Speicher. Die Caches auf den darunterliegenden Hierarchieebenen sind größer und langsamer. L1-Caches werden in der Regel exklusiv von einem Prozessorkern genutzt, während L2- oder L3-Caches gemeinsam verwendet werden.

In heterogenen Multicore-Prozessoren werden meist ein Allzweckkern (engl. *general purpose core*) mit einem oder mehreren Spezialkernen (engl. *special purpose cores*) auf einem Chip integriert. Hauptanwendungsbereich solcher asymmetrischer Multicore-Prozessoren sind in erster Linie eingebettete Systeme. Die Integration auf einem Chip reduziert nicht nur die Kosten, sondern ermöglicht auch eine schnelle Kommunikation der Kerne untereinander.

Im Bereich von PC-Prozessoren ist zu beobachten, dass diese nicht mehr nur gleichartige Kerne enthalten, sondern zusätzlich Teile der umgebenden Peripherie. So gibt es beispielsweise den Trend, Grafikprozessor und Hauptprozessor auf einem Chip zu integrieren (vgl. Coprozessoren, S. 8). Damit entstehen hybride Architekturen, die in Summe heterogen sind, obwohl zumindest der Hauptprozessor aus homogenen Kernen besteht.

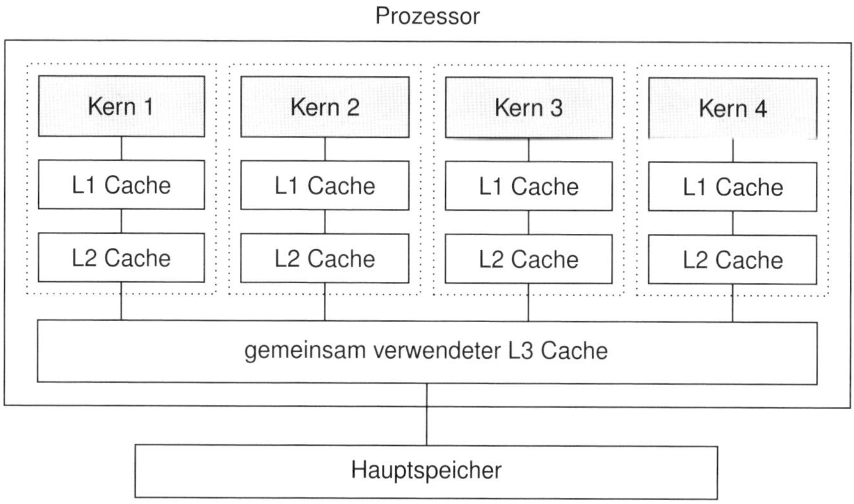

Abbildung 1.2 *Aufbau eines symmetrischen Multicore-Prozessors*

Speicherarchitekturen

Ein wichtiges Unterscheidungsmerkmal paralleler Architekturen ist die Art der Kommunikation und des Speicherzugriffs. Die meisten Multicore-Prozessoren teilen sich, wie bereits erwähnt, einen gemeinsamen Speicher (engl. *shared memory*). Gleiches gilt für Multiprozessorsysteme, die aus wenigen Prozessoren bestehen. Je nach Anbindung des Speichers wird zwischen *UMA*- und *NUMA-Architekturen* unterschieden. Die Abkürzung UMA steht für *uniform memory access* und bedeutet, dass es einen zentralen Hauptspeicher gibt, auf den von allen Prozessoren oder Kernen in gleicher Weise zugegriffen werden kann.

In NUMA-Systemen hingegen ist der physikalische Speicher einzelnen Prozessoren oder Kernen zugeordnet (eine Einheit aus Prozessoren und Speicher wird als Knoten bezeichnet). Auf den Speicher eines anderen Knotens kann deshalb nur indirekt zugegriffen werden. Abbildung 1.3 zeigt schematisch den Aufbau eines NUMA-Systems. Da in derartigen Systemen in der Regel auch die Caches untereinander synchronisiert werden, spricht man auch von *ccNUMA*-Systemen (*cache coherent NUMA*). Ein Vorteil von NUMA-Architekturen ist, dass mehrere Speicherzugriffe parallel stattfinden können. So skaliert die Hauptspeicheranbindung besser, die in UMA-Systemen zum Flaschenhals werden kann.

Aus Sicht der Software ist in ccNUMA-Systemen nur ein globaler Adressraum vorhanden. Auf Daten, die im Speicher eines anderen Knotens liegen, kann transparent zugegriffen werden, allerdings dauert ein solcher Zugriff länger als auf lokal vorhandene Daten. Bei Systemen, deren Knoten über ein Hochgeschwindig-

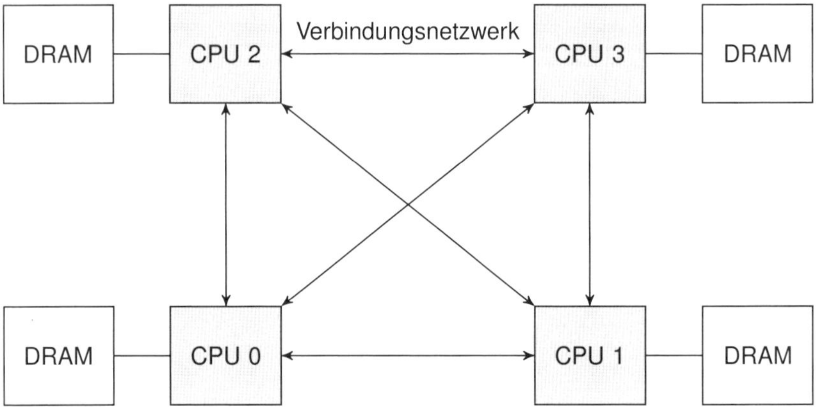

Abbildung 1.3 *Mögliche NUMA-Speicherorganisation bei vier Prozessoren*

keitsnetzwerk[2] verbunden sind, ist der Zugriff auf den Speicher eines benachbarten Knotens ungefähr um den Faktor zwei langsamer als der lokale Zugriff.

Cluster sind verteilte Systeme, in denen verschiedene Rechner über ein Netzwerk gekoppelt sind. Bei derartigen Architekturen kann ein Prozessor nur auf seine lokalen Daten direkt zugreifen. Parallel zu bearbeitende Daten müssen explizit verteilt werden – man spricht auch von *nachrichtengekoppelten Systemen.* Ein wesentlicher Vorteil ist die bessere Skalierbarkeit im Vergleich zu speichergekoppelten Systemen. Deshalb basieren heutzutage praktisch alle Supercomputer, die aus Tausenden von Prozessoren bestehen, auf einer nachrichtengekoppelten Architektur. Mit steigender Integrationsdichte gibt es vermehrt auch Ansätze, nachrichtengekoppelte Systeme auf einem Chip unterzubringen.

Die Speicherarchitektur hat naturgemäß Einfluss auf das Programmiermodell. In Anlehnung an die Hardware unterscheidet man zwischen nachrichtenorientierten Programmiermodellen und solchen mit gemeinsamem Speicher. Bei ersteren werden Daten explizit in Form von Nachrichten zwischen den beteiligten Prozessen ausgetauscht, während bei letzteren die Kommunikation über den gemeinsamen Speicher stattfindet. Diese Programmiermodelle sind nicht zwangsläufig auf eine bestimmte Speicherarchitektur beschränkt. So kann man Anwendungen, die auf einem nachrichtenorientierten Programmiermodell aufbauen, problemlos auch auf Systemen mit gemeinsamem Speicher ausführen. Der umgekehrte Weg ist auch möglich, wenngleich nicht ganz so einfach.

Beide Modelle haben ihre Vor- und Nachteile. Gemeinsamer Speicher ist für viele Probleme die komfortabelste Lösung, SMP-Hardware bestmöglich auszunutzen. Um Konsistenzprobleme zu vermeiden, müssen Speicherzugriffe jedoch synchronisiert werden. Darüber hinaus steigt das Risiko von Programmierfehlern, die nur schwer zu reproduzieren sind. Verzichtet man auf den gemeinsamen

[2]Intel vermarktet dies als *QuickPath Interconnect*, AMD nennt es *HyperTransport.*

Speicher, muss der Datenaustausch explizit mittels Schnittstellen wie MPI (*message passing interface*) geschehen. Dies erfordert eine genaue Analyse des Problems, um die Daten optimal verteilen zu können. In diesem Buch beschränken wir uns auf das Programmiermodell mit gemeinsamem Speicher.

1.4 Parallelität in der Software

Machen wir einen Sprung in die Software und betrachten, welche Mittel uns zur Verfügung stehen, um Parallelität auf Hardwareebene nutzen zu können. Pipelining und Superskalarität parallelisieren auf Befehlsebene und sind für den Softwareentwickler transparent. Softwareseitig ordnet lediglich der Compiler einige Befehle für eine bessere Auslastung der Einheiten um.

Vektoreinheiten müssen explizit durch den Programmierer angesprochen werden. Dazu verwendet man die Vektorbefehle direkt auf Maschinenebene (Assembler). Etwas komfortabler geht das mit vom Compiler zur Verfügung gestellten Spracherweiterungen (engl. *intrinsics*) oder mithilfe spezieller Bibliotheken. Ähnlich verhält es sich mit Coprozessoren, für die es meist eigene Compiler und Bibliotheken gibt.

Bei hardwareseitigem Multithreading, Multicore-Prozessoren und Multiprozessorsystemen haben wir es mit Parallelität zu tun, die nur genutzt werden kann, wenn die Software ihre Berechnungen auf mehrere Threads oder Prozesse verteilt. Für einzelne Anwendungen bedeutet das, dass parallel ausführbare Teile aus der Anwendung herausgelöst und rechenintensive Aufgaben durch parallele Algorithmen ersetzt werden müssen.

Die zusätzliche Leistung von Multicore-Prozessoren gibt uns die Möglichkeit, größere oder komplexere Aufgaben auf einem Prozessor – und damit auf einem Rechner – auszuführen, als das bisher möglich war. Das ist interessant für Systeme, die aus mehreren, zum Teil verschiedenartigen Prozessoren bestehen. Die Bandbreite derartiger Systeme reicht von eingebetteten Systemen bis hin zu Clustern. Ziel ist hier nicht unbedingt die Beschleunigung der Software, sondern die *Konsolidierung* der Hardware, indem ein Multicore-Prozessor die Aufgaben mehrerer Prozessoren übernimmt.

1.4.1 Prozesse und Threads

Prozesse und Threads erlauben es in heutigen Betriebssystemen, nebenläufige Programme »mit Bordmitteln« zu realisieren. Sie bilden aus Sicht des Betriebssystems die kleinste Einheit paralleler Aktivität. Auf Single-Core-Prozessoren laufen Prozesse und Threads in der Regel verschränkt ab, d. h., sie werden abwechselnd bearbeitet. Der Vorgang des Umschaltens von einem Thread auf den nächsten nennt sich *Kontextwechsel*. Der Kontextwechsel besteht im Wesentlichen aus dem

Sichern der Prozessorregister des laufenden Threads und dem Wiederherstellen des Registersatzes des nächsten Threads.

Stehen mehrere Prozessorkerne zur Verfügung, verteilt das Betriebssystem die Prozesse und Threads auf die verfügbaren Kerne (mehr dazu in Abschnitt 2.2). Beim Scheduling und der Verteilung auf die Kerne unterscheiden heutige Betriebssysteme kaum mehr zwischen Prozessen und Threads. So kann man ein Problem parallelisieren, indem man die zu erledigende Arbeit auf mindestens so viele Prozesse oder Threads aufteilt, wie Kerne vorhanden sind. In diesem Fall spricht man von Parallelität auf Thread- oder Prozessebene (engl. *thread-level parallelism*, kurz TLP, bzw. *process-level parallelism*, kurz PLP).

Hinweis

Zwei Programmteile sind *nebenläufig*, wenn sie prinzipiell parallel zueinander ausgeführt werden können. Insbesondere werden keine Annahmen über die zeitliche Abfolge der Ausführung gemacht. Abhängig vom Zielsystem kann die tatsächliche Ausführung variieren. Die Programmteile können *sequenziell*, *verschränkt* (engl. *interleaved*) oder *parallel* ausgeführt werden. Auf Single-Core-Systemen werden nebenläufige Programmteile sequenziell oder verschränkt ausgeführt. Auf Multicore-Systemen ist eine *parallele* Ausführung möglich, da die Programmteile auf verschiedenen Prozessorkernen laufen können. Wir verwenden die Begriffe *nebenläufig* und *parallel* im weiteren Verlauf des Buches teilweise synonym, da wir an der parallelen Ausführung interessiert sind – streng genommen wird aber nebenläufig programmiert und (hoffentlich) parallel ausgeführt.

Prozesse

Jedes Programm, das auf heutigen Desktop- oder Serversystemen ausgeführt wird, besteht mindestens aus einem Prozess. Das Betriebssystem sorgt mithilfe der Speicherverwaltungseinheit (engl. *memory management unit*, kurz MMU) des Prozessors für den Speicherschutz. Das heißt, einem Prozess ist es nicht ohne Weiteres möglich, auf den Speicher eines anderen Prozesses zuzugreifen. Ein Prozess besteht wiederum aus mehreren Threads (siehe unten), mindestens jedoch aus einem Hauptthread. Neben dem Speicherschutz werden einige Systemressourcen wie Dateideskriptoren oder Handles pro Prozess verwaltet.

Es mag trivial erscheinen, aber die einfachste Möglichkeit, einen Multicore-Prozessor auszunutzen, ist es, ein Programm k-mal zu starten (beispielsweise über ein Shell-Skript), wobei k die Anzahl der Kerne ist. Ein praktisches Beispiel dafür ist `make`. Über die Option `-j` (oder `-jobs`) wird die Anzahl der parallel gestarteten Prozesse angegeben.[3] So bewirkt die Angabe von `-j 4` beim Übersetzen eines größeren Softwareprojektes, dass der Quelltext von bis zu vier Compilerinstanzen bearbeitet wird. Sinnvollerweise setzt man also `-j 4`, wenn man auf ei-

[3] *http://www.gnu.org/software/make/manual/make.html#Parallel*

nem Quad-Core-Prozessor arbeitet und die gesamte Leistung für die Übersetzung nutzen möchte. Voraussetzung für derartige Lösungen ist, dass die bearbeiteten Daten voneinander unabhängig sind. Im Falle von `make` arbeitet die Compiler verschiedene Quelltextdateien ab.

Selbstverständlich können Prozesse auch miteinander kommunizieren und auf gemeinsame Daten zugreifen. Da ein Prozess jedoch nicht direkt auf den Speicher eines anderen Prozesses zugreifen kann, existieren verschiedene Möglichkeiten zur *Interprozesskommunikation* (IPC). Dazu gehören Betriebssystemmechanismen wie Mailboxen, Queues, Pipes und Sockets sowie explizit eingerichtete, gemeinsame Speicherbereiche (engl. *shared memory*). Darüber hinaus existieren weitere Mechanismen wie Remote Procedure Calls (RPC), die Funktionsaufrufe über Prozessgrenzen hinweg erleichtern.[4] Diese eignen sich auch für die Kommunikation zwischen Prozessen in nachrichtengekoppelten Systemen.

Interprozesskommunikation (auf demselben Rechner) ist langsamer als die Kommunikation zwischen Threads. Das liegt daran, dass sie über globale, vom Betriebssystem verwaltete Mechanismen erfolgt. Ist eine schnelle Kommunikation zwischen parallel arbeitenden Teilaufgaben auf *einem* Rechner notwendig, sind Threads Prozessen vorzuziehen. Dennoch gibt es gute Gründe, die für eine Parallelisierung auf Prozessebene sprechen:

Entwicklungsaufwand Kann man eine Anwendung durch mehrfaches Starten eines Prozesses parallelisieren (wir erinnern uns an `make -j`), erreicht man damit oft eine ausreichende Beschleunigung und eine zufriedenstellende Auslastung der Prozessorkerne, ohne tief in die Implementierung eingreifen zu müssen.

Verteilung auf mehrere Rechner Die parallel laufenden Prozesse können auf verschiedene Rechner eines Rechnerverbundes (Cluster) verteilt werden. Beispielsweise können verschiedene Sequenzen einer Videoanimation effizient auf einem Cluster berechnet werden. Auf jedem Rechner läuft derselbe Algorithmus; die berechneten Sequenzen werden danach zusammengesetzt.

Robustheit Ein verbreiteter Grund für die Verwendung mehrerer Prozesse ist die Abschottung durch den Speicherschutz. Ein unerlaubter Speicherzugriff eines einzelnen Prozesses beeinträchtigt nicht die anderen Prozesse. Beispielsweise starten einige Internetbrowser für jedes Fenster einen eigenen Prozess. Außerdem erhöht der Speicherschutz die Sicherheit gegen Angriffe.

Sofern parallel laufende Prozesse auf gemeinsame Daten zugreifen, ist es aufgrund der langsameren Kommunikation wichtig, die Daten weitestgehend zu separieren und auf lokalen Kopien zu arbeiten. Das gilt insbesondere bei einer Verteilung auf mehrere Rechner.

[4] Beispiele für RPC-Implementierungen sind CORBA, Java RMI, .NET Remoting und DCOM.

Threads

Threads sind nebenläufige Programmteile innerhalb eines Prozesses und werden auch als *unabhängige Instruktionsströme* bezeichnet. Alle Threads teilen sich den Speicherbereich des Prozesses sowie Betriebssystem-Ressourcen, z. B. Timer oder Dateisystem-Handles. Die Möglichkeit, von verschiedenen Threads auf dieselben Daten im Hauptspeicher zugreifen zu können, erleichtert vieles, ist aber auf den zweiten Blick wesentlich komplizierter als gedacht. In Kapitel 3 gehen wir ausführlich darauf ein. Daten, die für die Ausführung des Instruktionsstroms notwendig sind, existieren für jeden Thread separat. Dazu gehören der Stack, Registerinhalte und Scheduling-Parameter (Priorität, Affinität etc.). Dazu kommen je nach Implementierung weitere, den Thread betreffende Datenstrukturen wie Signalmasken oder Daten für die Fehlerbehandlung (zum Beispiel `errno`).

Die Verwendung von Threads für die Parallelisierung von Anwendungen ist erst auf Multicore- oder Multiprozessorsystemen ein Thema. Auf Single-Core-Prozessoren gibt es im Wesentlichen drei Einsatzgebiete für Threads:

Responsivität der Benutzeroberfläche Die grafische Oberfläche soll bedienbar bleiben, also auf Ereignisse reagieren, während im Hintergrund eine rechenintensive Aktivität ausgeführt wird.

Asynchrones Warten Überbrückung von Wartezeiten, z. B. bei asynchroner Ein-/Ausgabe, indem andere Aktivitäten fortgeführt werden. Beispielsweise kann ein Browser schon das Layout einer Internetseite aufbauen, während im Hintergrund weitere Daten empfangen werden.

Trennung von Teilaufgaben Voneinander unabhängige Aktivitäten sollen separat implementiert werden (engl. *separation of concerns*). Man stelle sich vor, man müsste Musik, Ablauf und grafische Darstellung eines Computerspiels ohne Threads realisieren.

Hinweis

In der Theorie der parallelen Programmierung wird häufig nicht zwischen Prozessen und Threads unterschieden, sondern allgemein von *Units of Execution* (kurz UE) gesprochen. Dabei wird von der konkreten Art der Kommunikation abstrahiert. An dieser Stelle sei auch noch auf ein zweites, häufig anzutreffendes Akronym hingewiesen: PE für *Processing Element* bezeichnet eine Hardwarekomponente, die einen sequenziellen Befehlsstrom ausführen kann. Ein PE kann also ein Prozessorkern, ein Prozessor in einem Multiprozessorsystem oder ein Rechner in einem Cluster sein. Da wir uns in diesem Buch mit Multicore-Prozessoren und nicht mit Clustern beschäftigen, beschränken wir uns auf den Ausdruck *Core* bzw. *Prozessorkern.*

Wie schon erwähnt, übernimmt das Betriebssystem die Verteilung von Threads auf die verfügbaren Prozessorkerne. Eine Ausnahme bilden Bibliotheken und Laufzeitsysteme, die einen eigenen Scheduler für Threads implementieren. Dazu gehören zum Beispiel virtuelle Maschinen der ersten Stunde für Java. Sie bilden ihre Threads nicht auf Betriebssystemthreads ab. Man spricht auch von *Green Threads*.

1.4.2 Virtualisierung

Multicore- und Multiprozessorsysteme eignen sich nicht nur für die parallele Ausführung von einzelnen Anwendungen. Mit ihnen lassen sich auch Teilsysteme konsolidieren, indem bislang verteilt laufende Anwendungen auf einem Prozessor ausgeführt werden. Dabei ist oftmals eine starke Abschottung der konsolidierten Teilsysteme gefordert. Zu diesem Zweck können mittels Virtualisierungstechniken voneinander unabhängige Umgebungen geschaffen werden, in denen die einzelnen Teilsysteme laufen. Virtualisierung kann auf verschiedenen Ebenen stattfinden:

Typ 1 Hypervisor Auf dem Prozessor wird nicht direkt ein Betriebssystem ausgeführt, sondern eine Virtualisierungssoftware, auch *Hypervisor* genannt. Der Hypervisor startet mehrere gleichartige oder verschiedene Betriebssysteme und verwaltet die verwendeten Systemressourcen wie Hauptspeicher, Rechenzeit und Peripheriegeräte.

Typ 2 Hypervisor Der Hypervisor ist eine gewöhnliche Anwendung, die auf einem Host-Betriebssystem läuft. Der Hypervisor stellt eine virtuelle Hardware zur Verfügung, auf der sich weitere Betriebssysteme installieren lassen.

Container Auf Betriebssystemebene existieren Lösungen, die einzelne Anwendungen voneinander so isolieren, dass zwischen ihnen so gut wie keine Abhängigkeiten existieren (engl. auch *virtual environment*, kurz VE, oder *virtual private server*, kurz VPS). Die Anwendungen verhalten sich so, als würden sie exklusiv auf einem eigenen Rechner laufen. Dazu können jedem Container bestimmte Systemressourcen zugewiesen werden. Diese Technologie wird häufig von Webhostern angewendet, um verschiedenen Kunden eine Plattform auf einem Rechner anzubieten. Auf Linux können dazu die sogenannten *Linux-Containers*[5] eingesetzt werden, die sich auf im Betriebssystemkern verfügbare Mechanismen stützen. Eine weitere Implementierung ist zum Beispiel das Open-Source-Projekt *OpenVZ*[6].

Im Detail wird zwischen *Vollvirtualisierung* und *Paravirtualisierung* unterschieden. Vollvirtualisierte Systeme können unmodifizierte Betriebssysteme ausführen, während auf paravirtualisierten Systemen die Gastsysteme angepasst werden müssen. Dafür sind paravirtualisierte Systeme oftmals effizienter. Da immer mehr Prozessoren Hardwareunterstützung für die Virtualisierung anbieten, nimmt die Effizienz der Vollvirtualisierung jedoch stetig zu.

[5] *http://lxc.sourceforge.net/*
[6] *http://wiki.openvz.org/*

Kommen wir zurück zur Konsolidierung. Die häufigsten Gründe für eine Virtualisierung sind:

Robustheit Die Subsysteme dürfen sich nicht gegenseitig beeinflussen oder gar zum Absturz bringen. Das gilt insbesondere für Systeme, die vorher auf unterschiedlichen Prozessoren liefen.

Echtzeitanforderungen Einzelne Subsysteme müssen gewisse Latenzzeiten oder einen minimalen Durchsatz garantieren. Mittels Virtualisierung lässt sich die Rechenzeit der einzelnen Gastsysteme steuern und Peripheriegeräte lassen sich exklusiv zuordnen. Auf Multicore-Systemen kann man dedizierte Prozessorkerne exklusiv für Echtzeitaufgaben reservieren.

Altsysteme Wird für eine neue Produktgeneration das Betriebssystem gewechselt, gibt es immer wieder Subsysteme, die aus verschiedenen Gründen nicht portiert werden können oder sollen. Mittels Virtualisierung lassen sich diese wiederverwenden, im besten Fall unverändert.

1.4.3 Parallelisierende Compiler

Am schnellsten ließe sich eine Software parallelisieren, wenn die Parallelisierung vom Compiler übernommen würde. Damit könnten viele Fehler vermieden werden, die bei einer manuellen Parallelisierung entstehen. Tatsächlich unterstützen einige Compiler automatische Parallelisierung sowie Vektorisierung:

Parallelisierung Ziel der automatischen Parallelisierung ist die Berechnung von Teilproblemen auf verschiedenen Prozessorkernen.

Vektorisierung Bei der Vektorisierung wird versucht, Programmfragmente mit den Vektoreinheiten des Prozessors auszuführen.

Beides bedarf einer genauen Kenntnis der Abhängigkeiten im Code. Dazu werden der Kontrollfluss und der Datenfluss des Programms analysiert. Eine Schwierigkeit der Datenflussanalyse ist das sogenannte *Alias-Problem*: Bei den meisten Programmiersprachen ist es oft nicht möglich festzustellen, ob zwei Zeiger auf dieselben Daten zeigen. Nur wenn der Compiler nachweisen kann, dass das niemals der Fall ist, besteht keine Datenabhängigkeit. Dies ist eine Voraussetzung für die Parallelisierung.[7]

Die praktische Anwendung der automatischen Parallelisierung bzw. Vektorisierung ist bislang auf Schleifen beschränkt. Bei verschachtelten Schleifen wird

[7] In C/C++ lässt sich das Alias-Problem mildern, indem man Zeiger mittels `restrict` markiert. Damit versichert der Programmierer dem Compiler, dass auf die entsprechenden Daten ausschließlich über den markierten Zeiger zugegriffen wird. Der Compiler muss dazu den C99-Standard unterstützen. Manche Compiler fordern bei C++-Code `__restrict` oder `__restrict__`.

üblicherweise die äußere parallelisiert, um eine möglichst grobgranulare Aufteilung zu erreichen. Das mindert den Mehraufwand für die parallele Ausführung. Innere Schleifen werden nach Möglichkeit vektorisiert, wenn der Schleifenrumpf numerische Berechnungen enthält. Problematisch sind Schleifen, deren Iterationen voneinander abhängen. In vielen Fällen sind die Compiler jedoch in der Lage, Schleifen so zu transformieren, dass zwischen den Iterationen keine Datenabhängigkeiten mehr bestehen.

Die Compiler geben teilweise recht präzise Informationen darüber aus, warum eine Schleife *nicht* parallelisiert oder vektorisiert werden konnte. Der Intel-Compiler zum Beispiel begründet seine Entscheidung gegen eine Parallelisierung mit der Art der Abhängigkeit bezogen auf die jeweiligen Codezeilen. Grundsätzlich unterscheidet man zwischen drei Arten von Abhängigkeiten:

Echte Datenabhängigkeit (engl. *flow dependence*) Ein Befehl liest ein Datum, das von einem vorhergehenden Befehl geschrieben wird (engl. *read-after-write*, kurz RAW).

Gegenabhängigkeit (engl. *anti-dependence*) Ein Befehl überschreibt ein Datum, das von einem vorhergehenden Befehl gelesen wird (engl. *write-after-read*, kurz WAR).

Ausgabeabhängigkeit (engl. *output dependence*) Zwei Befehle beschreiben dieselbe Speicherstelle (engl. *write-after-write*, kurz WAW).

Parallelisierende Compiler können genutzt werden, um ohne großen Aufwand einzelne Algorithmen zu beschleunigen. Man sollte jedoch keine Wunder erwarten, da die automatische Parallelisierung auf bestimmte Arten von Schleifen beschränkt ist. Wenn man zudem von Hand parallelisiert, kann die automatische Parallelisierung sogar kontraproduktiv sein, da je nach Implementierung und verwendeten Bibliotheken zusätzliche Threads gestartet werden, die die Anzahl der Kontextwechsel unnötig erhöhen und das Cache-Verhalten unter Umständen negativ beeinflussen. In vielen Anwendungen muss deshalb mit der Parallelisierung auf wesentlich höherer Ebene angesetzt werden, als es die automatische Parallelisierung heutiger Compiler vermag.

1.4.4 Parallele Bibliotheken

Eine Anwendung zu parallelisieren, muss nicht zwingend bedeuten, parallelen Code zu schreiben. Gerade im Bereich der Bildverarbeitung und der Numerik existieren etliche Bibliotheken, die grundlegende Algorithmen bereits in parallelisierter Form zur Verfügung stellen. Damit lässt sich der Aufwand für die Parallelisierung erheblich senken. Es lohnt sich also eine frühzeitige Recherche. Der Grad der Parallelität, wie insgesamt die Güte der Implementierung, ist dabei sehr unterschiedlich. Daher kommt man nicht um einen umfassenden Test und eine auf die Anwendung und das Zielsystem zugeschnittene Laufzeitevaluierung herum.

Im zweiten Teil dieses Buches werden wir einige Bibliotheken vorstellen, die grundlegende Funktionen für die Parallelisierung mitbringen. Damit lassen sich beispielsweise parallele Schleifen leicht implementieren, ohne sich um die Details der Threadverwaltung und Synchronisation kümmern zu müssen.

1.4.5 Amdahl'sches Gesetz

Das *Amdahl'sche Gesetz* darf in keinem Buch über parallele Programmierung fehlen. Es zeigt die Grenzen der Leistungssteigerung auf, die mittels Parallelisierung möglich ist. Diese Grenzen haben ihre Wurzeln in der Tatsache, dass ein paralleles Programm immer aus einem parallelen und einem sequenziellen Anteil besteht. Selbst wenn man alles parallelisiert, was sich parallelisieren lässt, bleibt ein sequenzieller Anteil übrig. Wir nennen den parallelen Anteil an der ursprünglichen, sequenziellen Laufzeit P. Werden 80 % des durchlaufenen Codes parallelisiert, ist $P = 0{,}8$. Der verbleibende sequenzielle Anteil ist also $(1 - P) = 0{,}2$.

Die Beschleunigung (engl. *speedup*) S eines Programms auf einem System mit N Kernen oder Prozessoren ist:

$$S(N) = \frac{T(1)}{T(N)}$$

Dabei ist $T(1)$ die Ausführungszeit der sequenziellen Variante und $T(N)$ die der parallelen. Die Beschleunigung ist theoretisch bestenfalls gleich N. In der Praxis gibt es Ausnahmen, doch generell gilt $S(N) \leq N$.

Amdahls Feststellung klingt zunächst recht banal: Egal wie gut wir parallelisieren und wie viele Prozessoren oder Prozessorkerne wir einsetzen, das parallele Programm ist nie schneller als der sequenzielle Anteil. In obigem Beispiel kämen wir also nie unter die 20 % der Laufzeit des sequenziellen Teils. Amdahl formuliert das so:

$$S(N)_{max} \leq \frac{1}{1 - P}$$

Selbst wenn wir die 80 % des parallelen Teils beliebig schnell ausführen könnten, hätten wir eine maximale Beschleunigung von fünf.

Das zeigt deutlich, wie stark sich der sequenzielle Anteil auf das Endergebnis einer Parallelisierung auswirkt. Wenn man konkrete Zahlen einsetzt, ist man immer wieder erstaunt, wie niedrig die maximal erreichbare Beschleunigung ist. Umso wichtiger ist es, sich dessen schon *vor* der Parallelisierung bewusst zu sein und sich auf die Teile der Software zu konzentrieren, die einen großen Anteil an der Gesamtlaufzeit haben.

Die maximale Beschleunigung für eine konkrete Anzahl von N Kernen oder Prozessoren sollte natürlich die Zeit für den parallelen Anteil $\frac{P}{N}$ berücksichtigen. Die daraus folgende Formel ist als das Amdahl'sche Gesetz bekannt:

$$S(N)_{max} = \frac{1}{(1 - P) + \frac{P}{N}} \leq \frac{1}{1 - P}$$

Abbildung 1.4 zeigt die maximal erreichbare Beschleunigung bei unterschiedlich großem parallelen Anteil P in Abhängigkeit von der Anzahl der verwendeten Prozessorkerne N.

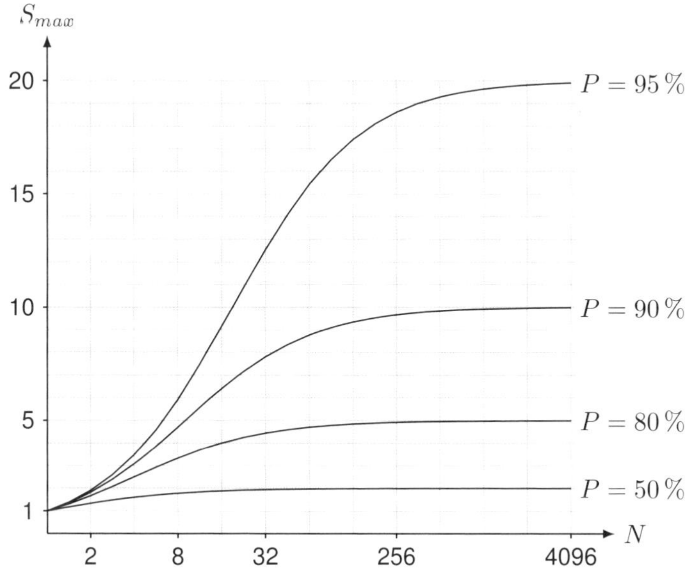

***Abbildung 1.4** Maximale Beschleunigung nach Amdahl*

Eine erweiterte Variante des Amdahl'schen Gesetzes bezieht den Zusatzaufwand für die Koordination, Synchronisation und Kommunikation der parallelen Programmteile als $o(N)$ ein:

$$S_{max} = \frac{1}{(1-P) + o(N) + \frac{P}{N}} \leq \frac{1}{1-P}$$

Wichtig bei all diesen Überlegungen ist die Tatsache, dass es sich hier um ein pessimistisch berechnetes, theoretisches Maximum für die Beschleunigung bei unveränderter Problemgröße handelt. Die Problemgröße nimmt jedoch erfahrungsgemäß von Jahr zu Jahr zu. Das erhöht wiederum den Einfluss der parallelen Teile auf die Gesamtlaufzeit. Je mehr Parallelität vorhanden ist, desto größere Probleme können gelöst werden. Letzteres ist als das *Gustafson'sche Gesetz* bekannt. Ein Programm wird also nicht unbedingt schneller, kann in derselben Zeit aber wesentlich mehr berechnen.

2 Threads

Threads sind die Grundbausteine paralleler Software und bilden – wie in Abschnitt 1.4 bereits erwähnt – aus Sicht des Betriebssystems die kleinste Einheit der Parallelität [55]. Im Prinzip werden Threads auf Multicore-Prozessoren genauso benutzt wie auf Systemen mit nur einem Prozessorkern. Dennoch lohnt sich auch für Entwickler, denen Threads wohlbekannt sind, ein Blick auf einige Aspekte, die erst auf Multicore-Prozessoren zum Tragen kommen. In diesem Kapitel gehen wir auf die wichtigsten Aspekte ein und zeigen typische Probleme beim Umstieg auf parallele Systeme auf. Dabei interessiert uns, wie das Betriebssystem die Threads auf die Kerne verteilt, was sich an ihrem Verhalten gegenüber der Ausführung auf Single-Core-Systemen ändert und welche Rolle Speicherzugriffe bei der Programmierung mit Threads spielen.

2.1 Arbeiten mit Threads

Das Konzept von Threads reicht in die Anfangszeit der Betriebssystementwicklung zurück. Heutzutage unterstützen nahezu alle Betriebssysteme Threads, was insbesondere für grafische Benutzeroberflächen unerlässlich ist. Während Threads in der Vergangenheit vor allem dafür eingesetzt wurden, voneinander unabhängige Abläufe zu entkoppeln, ist auf Multicore-Systemen der Aspekt der Geschwindigkeitssteigerung durch Parallelisierung hinzugekommen. Bevor wir näher auf die Parallelisierung mit Threads eingehen, widmen wir uns jedoch den Grundkonzepten der threadbasierten Programmierung.

2.1.1 Erzeugung und Beendigung

Es gibt zwei Grundoperationen, die für das Arbeiten mit Threads von Bedeutung sind: die Erzeugung eines neuen Threads und das Warten auf die Beendigung eines Threads. Listing 2.1 zeigt ein einfaches Beispiel. Aus dem Hauptprogramm wird durch Aufruf von `createThread` ein neuer Thread gestartet. Die zu erledigende Arbeit besteht in diesem Fall aus der Funktion `doWork`. Am Ende von `main` wird mittels `join` gewartet, bis der Thread seine Arbeit vollendet hat. Falls der Thread schon vor dem Aufruf von `join` fertig ist, kann in `main` sofort mit eventuellen Aufräumarbeiten fortgefahren werden.

```
void main() {
  // ... Initialisierung
  // starte neuen Thread
  Thread t = createThread(lambda () {doWork();});
  // ... Hauptprogramm
  // warte auf Thread
  t.join();
  // ... Aufräumarbeiten
}

doWork() {
  // ... Berechnungen des Threads
}
```

Listing 2.1 Arbeiten mit Threads

Je nach Programmiersprache bzw. Bibliothek gibt es verschiedene Möglichkeiten, bei der Erzeugung eines Threads den auszuführenden Programmteil anzugeben. In Sprachen wie C wird dazu ein Funktionszeiger übergeben, in objektorientierten Sprachen typischerweise eine Methode oder eine Instanz einer ausführbaren Klasse. Mit »ausführbar« ist hier gemeint, dass die Klasse über eine bestimmte Methode verfügt (z. B. `run`), die von dem neu erzeugten Thread aufgerufen wird. Sofern die Sprache Lambda-Ausdrücke und Closures unterstützt (siehe Kasten auf S. 25), können auch diese einem Thread übergeben werden, was insbesondere die Parameterübergabe erleichtert. In unserem Pseudocode verwenden wir eine Lambda-Notation.

2.1.2 Datenaustausch

Da alle Threads eines Prozesses Zugriff auf denselben Speicherbereich haben, können sie über gemeinsame Variablen bzw. Objekte Daten austauschen (engl. *shared memory programming*). Dabei ist jedoch in mehrerlei Hinsicht Vorsicht geboten. Zum einen muss sichergestellt werden, dass die Threads immer die aktuellen Daten »sehen«. Das ist selbst auf Single-Core-Systemen nicht zwangsläufig der Fall, da Variablen nach Möglichkeit in Prozessorregistern gehalten werden und nicht jede Änderung sofort in den Hauptspeicher zurückgeschrieben wird. Zum anderen können beim Zugriff auf gemeinsame Daten Konflikte auftreten, die Inkonsistenzen zur Folge haben. Auf die Lösung dieser Probleme werden wir in Abschnitt 2.3 und in Kapitel 3 detailliert eingehen.

Fehler beim Datenaustausch sind oft nur schwer zu erkennen, da das tatsächliche Verhalten von verschiedenen Faktoren wie dem Scheduling (siehe Abschnitt 2.2) und den Optimierungen durch den Compiler abhängt. So werden beispielsweise bei deaktivierter Optimierung die Registerinhalte meist sofort in den Speicher zurückgeschrieben, weshalb das Problem der Sichtbarkeit oft nur

Exkurs

Bei der parallelen Programmierung müssen wir häufig Funktionen als Argumente an andere Funktionen übergeben. Beispiele dafür sind die Threaderzeugung (wir übergeben die Einsprungfunktion) und die Übergabe von Rückruffunktionen (engl. *call back*). In C werden dazu Funktionszeiger übergeben, objektorientierte Sprachen arbeiten üblicherweise mit Funktionsobjekten (Funktoren). Ein Funktionsobjekt repräsentiert eine Funktion, kann aber wie jedes andere Objekt in einer Variable gespeichert oder einer Funktion übergeben werden. Im Pseudocode verwenden wir für Funktionsobjekte den generischen Typ:

```
Function<Parameter1, Parameter2, ..., Return>
```

Die Typparameter definieren die Typen der Argumente und den Typ des Rückgabewerts der Funktion. Funktionsobjekte werden je nach Programmiersprache auf verschiedene Weise definiert. Zunehmend setzen sich sogenannte *Lambda-Funktionen* durch. Wir verwenden folgende Syntax:

```
lambda (Argumente) Anweisungsblock
```

Das Schlüsselwort `lambda` kennzeichnet eine Lambda-Funktion, es folgt eine Liste von Argumenten und ein Anweisungsblock. Damit lässt sich z. B. folgende Additionsfunktion definieren:

```
Function<int, int, int> add =
  lambda (int a, int b) {return a + b;};
```

Lambda-Funktionen, die einer anderen Funktion als Argument übergeben werden, lassen sich direkt innerhalb der Argumentliste definieren:

```
// Aufruf mit Lambda-Funktion
int result = calculate(47, 11,
  lambda (int a, int b) {return a + b;});

int calculate(int x, int y, Function<int, int, int> f) {
  return f(x, y); // Aufruf der durch das Funktionsobjekt
}                 // repräsentierten Funktion
```

Darüber hinaus unterstützen Lambda-Funktionen das Konzept von *Closures*. Damit ist gemeint, dass freie Variablen der Funktionsdefinition über den lexikalischen Kontext gebunden werden. Betrachten wir dazu folgendes Beispiel:

```
int offset = 42;
int result = calculate(47, 11,
  lambda (int a, int b) {return a + b + offset;});
```

Die Variablen `a` und `b` sind durch die Funktionsdefinition gebunden, `offset` jedoch nicht: Diese Variable existiert nur im Kontext des Aufrufers. Der Compiler bindet nun diese Variable an die Lambda-Funktion. In unserem Beispiel wird der Wert von `offset` in das Funktionsobjekt kopiert, damit er auch nach dem Verlassen des Aufrufkontextes zur Verfügung steht. Dadurch kann die Lambda-Funktion an einen anderen Thread übergeben und dort ausgeführt werden.

bei aktivierter Optimierung zutage tritt. Auf Single-Core-Systemen kommen zudem viele Konflikte aufgrund der verschränkten Ausführung nur sehr selten zum Vorschein.

Hinweis

Aktivieren Sie Compileroptimierungen für den Test und führen Sie die Tests auf Multicore-Systemen aus, um Fehler beim Datenaustausch erkennen zu können.

Wenn es nur darum geht, einem Thread zu Beginn Daten zur Verfügung zu stellen, gibt es meist einen einfacheren Weg: Bei den gängigen Programmiersprachen bzw. Bibliotheken kann man einem Thread bei dessen Erzeugung ein oder mehrere Argumente übergeben. Damit erübrigt sich der Datenaustausch über gemeinsame Variablen. Darüber hinaus kann man zum Teil auch Attribute angeben, beispielsweise um die Threadpriorität zu setzen. Die Art und Weise der Übergabe von Argumenten bzw. Attributen hängt jedoch stark von der eingesetzten Sprache bzw. Bibliothek ab. Details dazu finden sich im zweiten Teil dieses Buches.

Kommen wir noch einmal auf das Programmiermodell des gemeinsamen Speichers zurück. Eine Variable ist von mehreren Threads aus zugreifbar, wenn sie global deklariert ist oder auf dem Heap liegt. Da lokale Variablen immer auf dem Stack liegen, sind sie nur für einen Thread sichtbar, da jeder Thread über einen eigenen Stack verfügt. Voraussetzung ist jedoch, dass keine Referenzen oder Zeiger auf Objekte, die auf dem Stack liegen, zwischen den Threads ausgetauscht werden. Die in Listing 2.2 gezeigte Funktion, die die Anzahl der Vorkommen eines Zeichens in einem String bestimmt, kann man bedenkenlos aus mehreren Threads gleichzeitig aufrufen, da die Variablen `n` und `i` lokal sind. Allerdings muss sichergestellt sein, dass der String nicht durch einen anderen Thread verändert wird. In C++ ist das für Argumente, die als Wert übergeben werden (engl. *call by value*), automatisch sichergestellt. In Sprachen wie Java und C# werden Strings jedoch als Referenz übergeben. Falls der übergebene String parallel durch einen anderen Thread verändert wird, muss deshalb eine Kopie angelegt werden.

```
int count(string s, char c) {
  int n = 0;
  for(int i = 0; i < s.length(); i++) {
    if(s.get(i) == c) {
      n++;
    }
  }
  return n;
}
```

***Listing 2.2** Funktion zum Zählen der Vorkommen eines Zeichens in einem String*

2.1.3 Threadpools

Bei der Parallelisierung hat man es oftmals mit zahlreichen, relativ kleinen Aufgaben (engl. *tasks*) zu tun. Beispielsweise lassen sich viele Algorithmen aus der Bildverarbeitung parallelisieren, indem man das Ausgangsbild in Teile zerlegt und diese parallel verarbeitet. Für jede Teilaufgabe eines Problems einen neuen Thread zu erzeugen, kostet jedoch unnötig viel Zeit, da die zur Threaderzeugung notwendigen Betriebssystemaufrufe teuer sind. Deshalb liegt es nahe, Threads wiederzuverwenden. Zu diesem Zweck gibt es Threadpools. Ein Threadpool besteht aus einer Menge von Threads, die einmal zu Beginn erzeugt werden und so lange die anfallenden Aufgaben abarbeiten, bis der Threadpool beendet wird.

Die Aufgaben werden üblicherweise als Taskobjekte in eine Warteschlange (engl. *queue*) eingereiht. Ein Taskobjekt besteht mindestens aus einem Zeiger auf die auszuführende Funktion, ergänzt um eventuelle Argumente, die dieser Funktion übergeben werden. Sofern die Programmiersprache es unterstützt, kann dem Threadpool auch eine Lambda-Funktion zur Ausführung übergeben werden. Die Threads des Pools entnehmen die Taskobjekte der Warteschlange und führen die dazugehörigen Funktionen aus. Abbildung 2.1 illustriert die grundlegende Funktionsweise eines Threadpools.

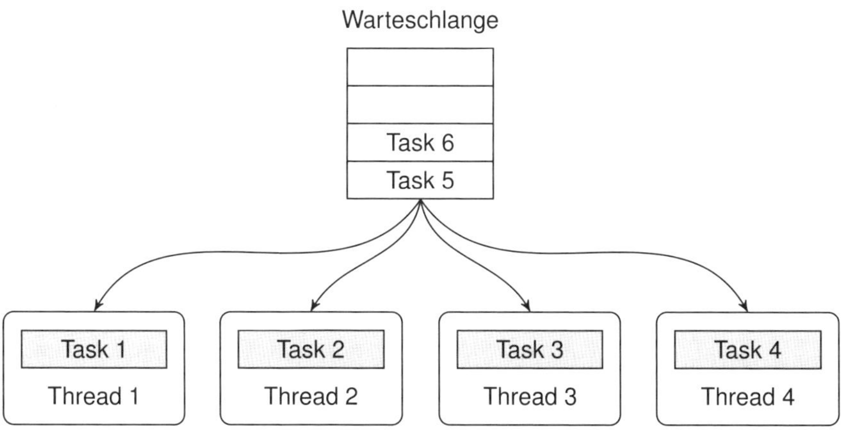

Abbildung 2.1 *Threadpool*

Der Einsatz von Threadpools ist immer dann sinnvoll, wenn über die Laufzeit eines Programms viele unabhängige Aufgaben zu bearbeiten sind. Dies ist zum Beispiel bei Webservern, die fortwährend Anfragen bearbeiten müssen, der Fall. Listing 2.3 skizziert die Implementierung eines Webservers mithilfe eines Threadpools. Um mehrere Clients gleichzeitig bedienen zu können, wird für jede Anfrage dem Threadpool ein Task übergeben, der die Funktion `handleClient` aufruft. Glücklicherweise muss man sich in der Regel nicht um die Implementierung des

Threadpools kümmern. Java und C# bringen Threadpools von Haus aus mit, und auch für C/C++ sind fertige Implementierungen verfügbar.

```
ServerSocket serverSocket;
ThreadPool threadPool;
// ... Initialisierung
while(true) {
  ClientSocket clientSocket = serverSocket.accept();
  threadPool.execute(lambda () {handleClient(clientSocket);});
}
```

Listing 2.3 *Implementierung eines Webservers mithilfe eines Threadpools*

Ein Vorteil von Threadpools gegenüber der manuellen Verwendung von Threads ist, dass man die Anzahl der zu startenden Threads an zentraler Stelle konfigurieren kann. Dies kann automatisch erfolgen, indem man die Anzahl der verfügbaren Prozessorkerne beim Programmstart abfragt und die Anzahl der Threads abhängig von der Systemauslastung anpasst. Auf diese Weise erreicht man ein hohes Maß an Portabilität bei optimaler Auslastung der vorhandenen Hardware. Allerdings wird die zentrale Warteschlange bei vielen Threads und kleinen Aufgaben schnell zu einem Flaschenhals. Wir kommen beim Thema Taskparallelität in Abschnitt 4.1 darauf zurück.

2.2 Scheduling

Die Zuteilung von Rechenzeit an die Threads übernimmt der *Scheduler* des Betriebssystems. Auf einem Single-Core-System werden Threads meistens verschränkt ausgeführt, also abwechselnd dem Prozessor zugeteilt (engl. *interleaving*). Es handelt sich in diesem Fall also nur um eine logische Form der Parallelität. Der Scheduler arbeitet auf Single-Core-Systemen in der Regel nach dem Zeitscheibenverfahren (engl. *time slicing*). Das heißt, dass er den laufenden Thread nach Ablauf seiner Zeitscheibe unterbricht und auf einen anderen Thread umschaltet. Auf diese Weise werden alle Threads der Reihe nach bedient (engl. *round robin*). Die Auswahl des nächsten Threads geschieht anhand der Threadpriorität, die vom Programmierer gesetzt wurde. Im Detail gibt es hier Unterschiede zwischen den verschiedenen Betriebssystemen, die wir hier jedoch nicht näher betrachten. Ebenso existieren neben prioritätsgesteuerten Zeitscheibenverfahren weitere Scheduling-Strategien, die vorwiegend in Echtzeitsystemen zum Einsatz kommen.

Multicore-Systeme hingegen erlauben eine echt parallele Ausführung mehrerer Threads. Jeder Prozessorkern bearbeitet mindestens einen Thread und kann üblicherweise auch mehrere Threads verschränkt ausführen. So ist die Anzahl der Threads nicht durch die Anzahl der Kerne beschränkt.

2.2.1 Lastverteilung

Auf Multicore- und Multiprozessorsystemen versucht das Betriebssystem, die Last optimal auf die verfügbaren Kerne zu verteilen. Dazu verschiebt der Scheduler Threads zwischen den Kernen bzw. Prozessoren. Das Verschieben eines Threads von einem Prozessorkern auf einen anderen kostet jedoch Zeit. Erschwerend kommt hinzu, dass das Betriebssystem nichts über das Speicherzugriffsverhalten der Anwendung weiß. Genau das kann sich negativ auf die Laufzeit auswirken, wenn zwei Threads intensiv an denselben Daten arbeiten, aber auf verschiedenen Kernen oder gar Prozessoren ausgeführt werden. So müssen die Daten bei jeder Änderung vom Cache des einen Kerns in den des anderen transportiert werden, worunter die Geschwindigkeit leidet. Da die kleinste Verwaltungseinheit des Cache-Kohärenzprotokolls eine Cache-Zeile ist, passiert das auch dann, wenn der zweite Thread nur Daten liest, die zufällig in derselben Cache-Zeile liegen. Wir vertiefen das Thema in Abschnitt 2.3.2.

Es gibt verschiedene Strategien, um den Aufwand, der mit dem Verschieben eines Threads einhergeht, zu reduzieren. Zunächst versuchen die Scheduler in der Regel, einen Thread auf dem Kern auszuführen, auf dem er zuvor bereits ausgeführt wurde (engl. *soft affinity*). Sinn und Zweck dieser Vorgehensweise ist, dass sich mit einer relativ hohen Wahrscheinlichkeit noch Daten des Threads in dem Cache des Kerns befinden. Falls der Thread auf einen anderen Kern verschoben werden muss, sollte dies unter Berücksichtigung der Hardwarearchitektur erfolgen. So kennt beispielsweise der Linux-Scheduler die Cache-Hierarchie und versucht, einen »benachbarten« Kern zu finden, der sich mit dem ursprünglich verwendeten Kern einen Cache teilt. Nur wenn es gar nicht anders geht, wird ein Thread auf einen anderen Prozessor verschoben. In diesem Fall müssen die Daten natürlich neu in den entsprechenden Cache geladen werden. Die Strategie der Lastverteilung variiert jedoch zwischen den Betriebssystemen und sogar zwischen verschiedenen Versionen desselben Betriebssystems.

Ob ein Thread verschoben werden muss, hängt unter anderem davon ab, wie viele Threads vorhanden sind. Bei der Parallelisierung stellt sich deshalb schnell die Frage, wie viele Threads gestartet werden sollen. Es liegt nahe, mindestens so viele Threads zu starten, wie Prozessorkerne zur Verfügung stehen. Nur so können alle Kerne auch wirklich genutzt werden. Werden mehr Threads gestartet, als Kerne zur Verfügung stehen, muss der Scheduler wie auf Single-Core-Systemen periodisch zwischen den einzelnen Threads umschalten. Die mit einer solchen Überbelegung (engl. *oversubscription*) verbundenen Kontextwechsel kosten jedoch Zeit und machen einen Teil des Geschwindigkeitsgewinns zunichte. Deshalb sollte man bei der Erzeugung von Threads nicht nach dem Motto »viel hilft viel« verfahren. Im Idealfall führt jeder Kern einen Thread aus. Entscheidend ist allerdings, ob alle Threads die CPU wirklich nutzen. Enthalten sie blockierende Operationen wie das Warten auf Peripheriegeräte, können und sollen wesentlich mehr Threads gestartet werden, als Kerne vorhanden sind. Ansonsten kommt es zu einer Unterbelegung (engl. *undersubscription*) des Systems.

2.2.2 Affinitäten und Prioritäten

Die meisten Betriebssysteme bieten Mechanismen an, mit denen sich verhindern lässt, dass ein Thread auf einen anderen Prozessorkern verschoben wird. Dazu wird der Thread fest an einen Kern gebunden (engl. *pinning*). In der Regel geschieht dies mithilfe sogenannter Affinitäten, die dem Scheduler vorschreiben, auf welchem Kern ein Thread ausgeführt werden soll. Deshalb spricht man in diesem Zusammenhang auch von harten Affinitäten (engl. *hard affinities*). Affinitäten sind nicht auf einen einzelnen Kern beschränkt. Meist kann man eine Teilmenge von Kernen angeben, die vom Scheduler verwendet werden dürfen, beispielsweise in Form einer Bitmaske. Die Zuordnung eines Threads zu einem oder mehreren Kernen durch den Programmierer schränkt jedoch die Portabilität der Anwendung ein. Sofern man keine Echtzeitanwendungen für genau eine festgeschriebene Hardwarekonfiguration entwickelt, sollte man deshalb darauf verzichten. Schließlich möchte man sich als Anwendungsentwickler normalerweise ja gerade nicht um die zugrunde liegende Hardware kümmern.

Außer durch Affinitäten lässt sich das Scheduling auch durch Prioritäten beeinflussen. Obwohl Prioritäten bekanntlich auch auf Systemen mit nur einem Kern Verwendung finden, gibt es auf Multicore-Systemen einen wichtigen Unterschied: Niederpriore Threads können parallel zu hochprioren laufen. Werden beispielsweise vier Threads unterschiedlicher Priorität auf einem Prozessor mit vier Kernen ausgeführt, können diese durchaus gleichzeitig laufen. Dahingegen wird auf Single-Core-Prozessoren ein Thread nur dann ausgeführt, wenn kein höherpriorer bereit ist. Dieser Unterschied ist vor allem dann von Bedeutung, wenn bei der Entwicklung einer Anwendung davon ausgegangen wurde, dass bestimmte Threads andere mit niedrigerer Priorität verdrängen. Solche Anwendungen führen auf Multicore-Rechnern zu Problemen, obwohl sie auf Single-Core-Rechnern einwandfrei funktionieren.

2.3 Speicherzugriff

In der Literatur über parallele Algorithmen spielt der Zugriff auf gemeinsamen Speicher oft nur eine untergeordnete Rolle. Das liegt nicht zuletzt daran, dass die meisten Anwendungen für Cluster oder massiv parallele Rechner auf einem nachrichtenorientierten Programmiermodell beruhen. Auf speichergekoppelten Systemen ist die richtige Nutzung des gemeinsamen Speichers dagegen ein entscheidender Teil des Programmentwurfs. Wie in Abschnitt 2.1.2 bereits angedeutet, muss beim Datenaustausch zwischen zwei Threads beispielsweise klar sein, wann welche Daten des einen Threads für den anderen sichtbar sind. Das ist ein wesentlicher Punkt, der durch das Speichermodell definiert wird. Abschnitt 2.3.1 erklärt die Hintergründe, die auch für Single-Core-Architekturen gelten. Auf Multicore-Systemen hat die Speicherarchitektur zudem Einfluss auf die Geschwindigkeit eines Programms. In Abschnitt 2.3.2 beschreiben wir die Gründe dafür und was zu beachten ist, um architekturbedingte Flaschenhälse zu umschiffen.

2.3.1 Speichermodelle

Angenommen wir haben zwei Threads, die den Code aus Abbildung 2.2 ausführen. Initial seien `a` und `b` beide 0. Welche Werte haben `x` und `y`, nachdem beide Threads ausgeführt wurden? Offensichtlich hängt das Ergebnis von der Ausführungsreihenfolge ab. Allerdings würde man erwarten, dass mindestens eine der beiden Variablen den Wert 0 hat, da `x = a` oder `y = b` ausgeführt wird, bevor `a` und `b` verändert werden. Tatsächlich ist das nicht unbedingt der Fall.

`a == 0 && b == 0`	
Thread 1	**Thread 2**
`x = a;`	`y = b;`
`b = 2;`	`a = 1;`

Abbildung 2.2 *Beispiel für den Einfluss des Speichermodells*

Wie bereits in Kapitel 1 erwähnt, dürfen Compiler zur Optimierung Befehle umsortieren, und moderne Prozessoren arbeiten diese nicht immer in der gegebenen Reihenfolge ab, um die internen Einheiten bestmöglich auszulasten. Diese Umsortierungen ändern das Endergebnis eines *sequenziellen* Befehlsstroms zwar nicht, können aber in Kombination mit anderen Threads zu unerwarteten Ergebnissen führen. Abbildung 2.3 zeigt einen Ablauf, der zu dem Ergebnis `x == 1` und `y == 2` führt.

`a == 0 && b == 0`	
Thread 1	**Thread 2**
`b = 2;`	
	`y = b;`
	`a = 1;`
`x = a;`	
`x == 1 && y == 2`	

Abbildung 2.3 *Möglicher Ablauf im Falle einer Umsortierung*

Derartige Transformationen passieren auf mehreren Ebenen. Neben dem Prozessor und dem Compiler der Hochsprache führen auch Just-in-time-Compiler der

Laufzeitumgebungen (virtuellen Maschinen), wie sie bei Java oder .NET zum Einsatz kommen, Optimierungen durch. Darüber hinaus wird auf den Hauptspeicher nicht direkt, sondern über Caches zugegriffen. Auch an dieser Stelle kann die Reihenfolge von Speicherzugriffen noch einmal verändert werden. So werden benötigte Daten mitunter schon vor der eigentlichen Verwendung in den Cache geladen (engl. *prefetching*). Dies geschieht je nach Hardwarearchitektur entweder durch vom Compiler eingefügte Befehle oder durch den Prozessor selbst.

Ohne weitere Hilfsmittel ist es daher nicht möglich, kontrolliert Daten zwischen Threads über den Hauptspeicher auszutauschen. An dieser Stelle kommt das Speichermodell (engl. *memory model*), auch Konsistenzmodell genannt, ins Spiel. Das Speichermodell einer Programmiersprache beschreibt, wann durch einen Thread geschriebene Werte für andere Threads sichtbar sind. Es legt also fest, wann geänderte Werte in den Hauptspeicher geschrieben werden. Dabei sind drei Aspekte interessant, die in gegenseitiger Abhängigkeit stehen:

Reihenfolge Was darf zur Optimierung von Compilern oder Prozessoren umsortiert werden?

Sichtbarkeit Wann sind Schreibzugriffe eines Threads für andere Threads sichtbar?

Atomarität Welche Operationen sind für andere Threads entweder komplett oder gar nicht sichtbar, bzw. ist es möglich, inkonsistente Zustände zu lesen?

Die Frage nach Atomarität stellt sich beispielsweise beim Schreiben von 64-Bit-Werten auf einer 32-Bit-Architektur.

Lange Zeit gab es für die meisten etablierten Programmiersprachen keine klare Definition des Speichermodells. Eine Ursache dafür war, dass Threads vor dem Erscheinen von Java in der Regel nicht Bestandteil der Sprache waren, sondern separat in Bibliotheken realisiert wurden. Selbst für Java wurde ein klares Speichermodell erst 2004 mit Java 5.0 definiert [23]. Für C# existiert ebenfalls eine Definition des Speichermodells [17, 18], und bei C++ ist das Speichermodell mittlerweile Bestandteil des neuesten Standards [35].

Sequenzielle Konsistenz

Das strikteste Speichermodell ist das der *sequenziellen Konsistenz* [36], das keinerlei wahrnehmbare Umsortierungen erlaubt. Die möglichen Ergebnisse eines parallel ausgeführten Programms sind in diesem Fall nur die, die man durch eine beliebig verschachtelte sequenzielle Ausführung erhält. Abbildung 2.4 zeigt einige sequenziell konsistente Abläufe des Eingangsbeispiels aus Abbildung 2.2.

Sequenzielle Konsistenz ist naheliegend und leicht nachzuvollziehen, schränkt aber die möglichen Optimierungen durch den Compiler und die Hardware stark ein. Aus diesem Grund definieren die meisten Programmiersprachen ein abgeschwächtes Konsistenzmodell, bei der Konsistenz nur zum Zeitpunkt einer Synchronisationsoperation garantiert wird. Zwischen den Synchronisationspunkten

Ablauf 1	Ablauf 2	Ablauf 3
`x = a;`	`y = b;`	`y = b;`
`b = 2;`	`a = 1;`	`x = a;`
`y = b;`	`x = a;`	`a = 1;`
`a = 1;`	`b = 2;`	`b = 2;`

Abbildung 2.4 Sequenziell konsistente Abläufe

existieren keine Einschränkungen hinsichtlich der Reihenfolge von Lese- und Schreiboperationen, sofern es sich um legale Transformationen innerhalb eines Threads handelt.

Speicherbarrieren und Acquire/Release-Semantik

Um das im Speichermodell definierte Verhalten zu realisieren, bieten die gängigen Compiler und Prozessoren entsprechende Unterstützung an. Atomarität kann – für nicht sowieso schon atomare Operationen – über Synchronisationsmechanismen (siehe Kapitel 3) erreicht werden. Um Reihenfolge und Sichtbarkeit zu steuern, gibt es sogenannte Speicherbarrieren (engl. *memory barriers* oder *memory fences*). Sie schränken die Freiheiten von Compiler und Prozessor ein. Auf Prozessorebene existieren dafür spezielle Befehle, über welche nicht oder nur eingeschränkt optimiert werden darf. Je nach Prozessorarchitektur werden verschiedene Arten von Speicherbarrieren unterstützt. Die geläufigsten sind:

Full Fence Ein Full Fence stellt sicher, dass alle Lese- und Schreiboperationen, die vor der Speicherbarriere auftreten, vor der ersten Lese- oder Schreiboperation nach der Barriere ausgeführt werden. Umsortierungen in beide Richtungen über die Barriere hinweg sind verboten. Vor und nach der Barriere ist dies natürlich wieder erlaubt.

Store Fence Ein Store Fence verhält sich wie ein Full Fence, beschränkt sicher aber auf Schreiboperationen. Leseoperationen dürfen über einen Store Fence hinweg verschoben werden.

Load Fence Analog zum Store Fence beschränkt sich der Load Fence auf Leseoperationen.

Acquire Fence Manche Prozessorarchitekturen, z. B. die Itanium-Architektur, bieten zusätzlich die Möglichkeit, sich auf eine Richtung der Umsortierung zu beschränken. Ein Acquire Fence verhindert, dass Lese- oder Schreiboperationen über die Barriere hinweg nach vorne wandern. Operationen vor einem Acquire Fence dürfen aber durchaus dahintergeschoben werden.

Release Fence Im Gegensatz zum Acquire Fence verhindert ein Release Fence, dass Lese- oder Schreiboperationen, die vor der Barriere liegen, hinter diese verschoben werden.

Die Acquire/Release-Semantik ist wichtig, weil sie die minimalen Anforderungen an die Synchronisation beschreibt, wie sie in vielen Speichermodellen definiert ist. Was erwarten wir, wenn ein kritischer Abschnitt ausgeführt wird? Wir erwarten, dass alle Speicherzugriffe eines anderen Threads beendet sind, der zuvor denselben kritischen Abschnitt durchlaufen hat. Genau das erreichen wir mit einem Release Fence beim Verlassen des kritischen Abschnitts und einem Acquire Fence beim Betreten.

Abbildung 2.5 verdeutlicht die Acquire/Release-Semantik anhand eines Beispiels mit zwei Threads. Haben wir in Thread 1 an der Stelle `lock.release()` einen Release Fence, dürfen die Zuweisungen `x = a` und `b = 2` nicht dahinterverschoben werden. In Thread 2 wird folglich `y` auf 2 gesetzt, vorausgesetzt dass `lock.acquire()` nach `lock.release()` ausgeführt wird und einen Acquire Fence enthält. Zur Optimierung kann `c = 3` aber durchaus vor `lock.release()` und `d = 4` hinter `lock.acquire()` verschoben werden. Bei Prozessoren, die keine Acquire und Release Fences unterstützen, kommt jeweils ein Full Fence zum Einsatz, der solche Umsortierungen verhindert. Das kann die Ausführungszeit erhöhen, weil die Optimierungsmöglichkeiten dadurch eingeschränkt werden.

Thread 1	Thread 2

`x = a;`
`b = 2;`
`lock.release();`
	`...`
	`d = 4;`
	`...`

`...`
`c = 3;`
`...`
	`lock.acquire();`
	`y = b;`
	`a = 1;`

Abbildung 2.5 *Beispiel für Acquire/Release-Semantik*

Die Umsetzung von Speicherbarrieren auf Compilerebene ist von Compiler zu Compiler sehr unterschiedlich und nicht unbedingt eingängig. So erhält man zum Beispiel beim GNU C-Compiler eine Speicherbarriere über eine leere Assembleranweisung mit der Kennzeichnung `volatile` und dem Schlüsselwort `memory` in der Clobber-Liste[1]:

```
asm volatile ("" : : : "memory")
```

Andere Compiler bieten entsprechende Intrinsics[2] an. Allerdings muss man aufpassen, dass die Barriere sowohl auf Compiler- als auch auf Prozessorebene gilt.

[1] Die Clobber-Liste gibt an, welche Werte verändert werden. Dabei können einzelne Register angegeben werden oder eben `memory` für den gesamten Hauptspeicher.

[2] Intrinsics sind Funktionen, die durch den Compiler definiert werden. Meist werden sie eingesetzt, um prozessorspezifische Operationen ohne Assemblerbefehle nutzen zu können. Ein Vorteil davon ist die bessere Portierbarkeit des Codes.

Darüber hinaus stellen manche Bibliotheken Makros bzw. Methoden zur Verfügung, mit denen sich Speicherbarrieren »errichten« lassen. In .NET zum Beispiel gibt es dafür die Methode `Thread.MemoryBarrier`.

Auch wenn sich durch explizite Speicherbarrieren parallele Zugriffe optimieren lassen, sei mit allem Nachdruck davon abgeraten, sofern man nicht an den Interna eines Betriebssystems arbeitet. Man kann einfach zu viele Fehler machen. Zudem ist die Korrektheit einer Implementierung extrem schwer zu testen, da der ausführende Prozessor und/oder das Laufzeitsystem oftmals ein strikteres Speichermodell implementieren, als es in der Spezifikation der Programmiersprache, des Compilers oder der verwendeten Bibliothek definiert ist. Folglich führt eine fehlerhafte Implementierung unter Umständen erst in einer anderen Umgebung überhaupt zu einem Fehlverhalten. Und selbst dann treten die Fehler meist nur sehr selten auf.

Glücklicherweise braucht man bei der Anwendungsprogrammierung meist keine expliziten Speicherbarrieren, da die höheren Synchronisationsmechanismen (siehe Kapitel 3) implizit die richtigen Barrieren enthalten. So enthalten beispielsweise Mutexe und Semaphore, `synchronized`-Anweisungen (Java) und Methoden der `Interlocked`-Klasse (C#) Speicherbarrieren beim Betreten und Verlassen der geschützten Bereiche. Auf diese Weise ist sichergestellt, dass alle Speicherzugriffe im kritischen Abschnitt erst nach dem erfolgreichen Betreten des Abschnitts stattfinden (Acquire Fence) und dass alle Speicherzugriffe im kritischen Abschnitt beim Verlassen abgeschlossen sind (Release Fence). Dennoch ist es wichtig, die Speicherbarrieren zu kennen und sich deren Notwendigkeit bewusst zu sein.

Hinweis

Vermeiden Sie explizite Speicherbarrieren und setzen Sie stattdessen die vom Betriebssystem bzw. der Programmiersprache angebotenen Synchronisationsmechanismen ein.

Das Schlüsselwort *volatile* in C und C++

Auch wenn wir in diesem Teil des Buches nur am Rande auf die Eigenheiten einzelner Sprachen eingehen, lohnt sich beim Schlüsselwort `volatile` eine Ausnahme, da es häufig im Zusammenhang mit Speicherbarrieren genannt wird. Dieses Schlüsselwort existiert in C, C++, Java und C#, hat aber in C und C++ eine andere Semantik als in Java und C#. Das liegt nicht zuletzt daran, dass die Spezifikationen von C und C++ aus den Jahren 1999 bzw. 2003 noch keine Angaben zum Speichermodell für Threads enthalten. Aus diesem Grund ist das Verhalten von `volatile` bei Datenzugriffen durch mehrere Threads abhängig vom Compiler und dem Prozessor. Tatsächlich fügen viele Compiler keinerlei Speicherbarrieren ein. Beispielsweise garantiert der Compiler von Microsofts Visual Studio 2003 lediglich, dass keine Umsortierungen zwischen Zugriffen auf verschiedene `volatile`-Variablen stattfinden. Der Compiler von Visual Studio 2005 dagegen setzt einen Acquire Fence für Lesezugriffe und einen Release Fence für Schreibzugriffe ein. In diesem Fall hat man ein ähnliches Verhalten wie in Java und C# (siehe unten).

Man sollte sich im Klaren darüber sein, dass das Schlüsselwort `volatile` in C und C++ nie für die parallele Programmierung gedacht war. Es hat weder Einfluss auf die Atomarität einer Operation noch auf die Reihenfolge der Speicherzugriffe auf Variablen, die nicht als `volatile` deklariert sind. Ziel war lediglich, eine Möglichkeit zu schaffen, Werte direkt in den Speicher schreiben zu können, anstatt sie wie üblich in prozessorinternen Registern vorzuhalten. Außerdem dürfen Lese- und Schreibzugriffe auf `volatile`-Variablen nicht wegoptimiert werden. Das ist notwendig, um auf in den Adressraum eingeblendete Hardware (engl. *memory mapped I/O*) zugreifen zu können. Alle für die Kommunikation zwischen zwei oder mehr Threads verwendeten Variablen als `volatile` zu deklarieren, würde die Laufzeit dramatisch verschlechtern, da in diesem Fall jeder Variablenzugriff einen Zugriff auf die Caches bzw. den Hauptspeicher zur Folge hätte.

Hinweis

Setzen Sie in C/C++ das Schlüsselwort `volatile` nicht für den Datenaustausch zwischen Threads ein.

Das Schlüsselwort *volatile* in C# und Java

In C# und Java folgen Zugriffe auf `volatile`-Variablen der Acquire/Release-Semantik. Wird eine `volatile`-Variable gelesen, verhält sich dies wie das Erwerben (acquire) einer Sperre: Kein Speicherzugriff danach wandert vor das Lesen. Das Schreiben einer `volatile`-Variablen verhält sich wie das Freigeben (release) einer Sperre: Kein davor stattfindender Speicherzugriff wandert hinter das Schreiben. Das Verbot der Umsortierung gilt im Gegensatz zu C und C++ also nicht nur zwischen `volatile`-Variablen.

Damit wird eine Synchronisation über `volatile`-Variablen nach dem Muster in Listing 2.4 möglich.[3] Werden `reader()` und `writer()` von unterschiedlichen Threads aufgerufen, ist garantiert, dass `x` den Wert 42 hat, wenn `v == true` ist. Vorsicht ist jedoch bei älteren Implementierungen von Java geboten. Wie schon erwähnt, gab es bis zur Version 5.0 keine klare Definition des Speichermodells; das Verhalten wäre hier also undefiniert.

[3]Das Beispiel ist Teil der *JSR 133 FAQ* (*http://www.cs.umd.edu/users/pugh/java/memoryModel/jsr-133-faq.html*) auf den Seiten von Bill Pugh, einem der Autoren des aktuellen Java-Speichermodells. Ein fast identisches Beispiel findet sich im Abschnitt *Volatile Fields* der C# Language Specification [17].

```
class VolatileExample {
  int x = 0;
  volatile boolean v = false;
  public void writer() {
    x = 42;
    v = true;
  }
  public void reader() {
    if(v == true) {
      // wird hier x gelesen, ist es garantiert gleich 42.
    }
  }
}
```

Listing 2.4 Synchronisation mittels `volatile` *in Java*

2.3.2 Speicherhierarchie

Bei der parallelen Programmierung hat die effiziente Nutzung der Speicherhierarchie, bestehend aus Prozessorregistern, Caches und Hauptspeicher, Einfluss auf die erzielbare Leistung. Obwohl ein Großteil der Arbeit dafür vom Compiler und dem Betriebssystem sowie direkt durch den Prozessor erledigt wird, gilt es, einige Punkte zu beachten. Im Folgenden gehen wir auf zwei für Multicore-Systeme typische Probleme ein.

False Sharing

Beim sogenannten *False Sharing*, sinngemäß »scheinbar gemeinsame Nutzung«, handelt es sich um einen Effekt, der mit der Funktionsweise der Caches zu tun hat. Die kleinste Einheit, die aus dem Hauptspeicher geladen werden kann, ist eine Cache-Zeile[4]. Mehrere Prozessorkerne können gleichzeitig Kopien derselben Zeile in ihren lokalen Caches vorhalten, sofern sie nur lesend darauf zugreifen. Sobald ein Prozessorkern diese Zeile verändert, müssen jedoch alle Kopien invalidiert und neu geladen werden, um Inkonsistenzen zu vermeiden. False Sharing tritt immer dann auf, wenn zwei Threads schreibend auf *unterschiedliche* Objekte zugreifen, die in derselben Cache-Zeile liegen (siehe Abbildung 2.6). Dies führt bei wiederholten Zugriffen zu einer Art »Ping-Pong-Spiel«, bei dem die komplette Zeile ständig von einem Cache zum anderen und wieder zurück transportiert wird. Vor allem auf NUMA-Systemen kann die Leistung infolgedessen dramatisch einbrechen.

Tückischerweise müssen die beteiligten Threads gar nichts miteinander zu tun haben, weshalb auch keine Synchronisation erforderlich ist. Das macht es so schwer, False Sharing zu erkennen. Oft hilft nur die manuelle Inspektion des

[4] Auf aktuellen Systemen umfasst eine Cache-Zeile zwischen 32 und 128 Bytes.

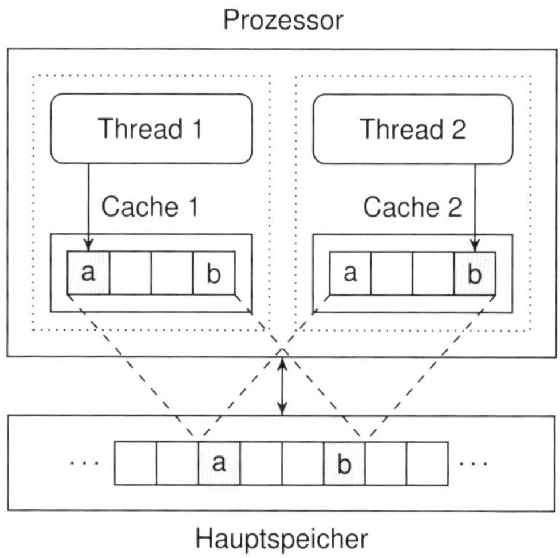

Abbildung 2.6 *False Sharing*

Quelltextes. Deshalb sollte man sich schon bei der Implementierung Gedanken darüber machen, bei welchen Datenzugriffen False Sharing auftreten kann.

Eine andere Möglichkeit, False Sharing auf die Schliche zu kommen, ist die Auswertung von Statistiken über die Anzahl der Cache-Fehlzugriffe (engl. *cache misses*). Solche Statistiken lassen sich mithilfe sogenannter *Hardware Performance Counters* gewinnen, die Bestandteil vieler Prozessoren sind. Diese Zähler werden jedes Mal, wenn ein bestimmtes Ereignis eintritt, erhöht und lassen sich mittels geeigneter Werkzeuge auslesen.

Um False Sharing zu vermeiden, muss man sicherstellen, dass Variablen bzw. Objekte, die nichts miteinander zu tun haben, in unterschiedlichen Cache-Zeilen platziert werden. Bei der dynamischen Speicherallokation ist es die Aufgabe des Allokators, dafür zu sorgen, dass sich zwei Speicherbereiche nicht eine Cache-Zeile teilen. Hat man die Wahl zwischen verschiedenen Allokatoren, sollte man einen verwenden, der dies berücksichtigt. Bei Objekten, deren Position im Speicher bereits zur Übersetzungszeit festgelegt wird, gibt es zumindest in C/C++ die Möglichkeit, Objekte über spezielle Compileranweisungen an den Cache-Zeilen auszurichten. Im zweiten Teil dieses Buches werden wir Möglichkeiten kennenlernen, um bei der Programmierung mit POSIX-Threads, Windows-Threads und den Threading Building Blocks (TBB) Daten an Cache-Zeilen auszurichten.

Bei Feldern kann es sich lohnen, die Elemente künstlich »aufzublähen«, sofern sie nicht einzeln ausgerichtet sind, damit zwei benachbarte Elemente nicht in einer Cache-Zeile liegen können. Angenommen wir möchten ein Feld von 120 Bytes großen Objekten anlegen. Dann kann es bei einer Zeilengröße von 64 Bytes ratsam sein, die Objekte auf 128 Bytes aufzufüllen (engl. *padding*), sodass sie jeweils genau zwei Cache-Zeilen in Anspruch nehmen. Threads, die gleichzeitig auf benachbarte Feldelemente schreibend zugreifen, laufen damit nicht Gefahr, False Sharing zu verursachen, vorausgesetzt dass das Feld insgesamt ausgerichtet ist.

Hinweis

Achten Sie wenn möglich darauf, dass unterschiedliche Objekte, die von mehreren Threads verwendet werden, in unterschiedlichen Cache-Zeilen platziert werden.

Abschließend noch ein Wort zur Cache-Lokalität. Generell gilt der Grundsatz, dass Daten nach Möglichkeit im Cache gehalten werden sollten, da Zugriffe auf den Hauptspeicher viele Prozessorzyklen kosten. Um die Cache-Lokalität einer Anwendung zu erhöhen, ist es auf Single-Core-Systemen eine sinnvolle Strategie, die Daten möglichst dicht zu »packen«, um Leerräume zu vermeiden. Auf Multicore-Systemen bewirkt man damit jedoch oft das Gegenteil, da ein kompaktes Speicherlayout die Wahrscheinlichkeit von False Sharing erhöht.

Speicherallokation

Neben False Sharing ist das Thema Speicherverwaltung noch in einem anderen Zusammenhang von Bedeutung. Bei NUMA-Systemen (siehe Abschnitt 1.3.2) stellt sich die Frage, auf welchem Knoten ein Speicherbereich alloziert werden soll. Die Verteilung der Daten auf die Knoten eines NUMA-Systems hat nämlich erheblichen Einfluss auf die Leistung, da Zugriffe auf den lokalen Speicher schneller vonstattengehen als Zugriffe auf den Speicher eines anderen Knotens. Letztlich haben wir es hier also wieder mit einer Form der Datenlokalität zu tun. Im Gegensatz zu Caches »wandern« die Daten aber nicht automatisch zwischen verschiedenen Knoten hin und her. Wenn ein Speicherbereich einmal auf einem Knoten alloziert wurde, bleibt er dort.[5]

Um Zugriffe auf entfernte Knoten zu minimieren, sollten die durch einen Thread bearbeiteten Daten auf dem Knoten liegen, auf dem der Thread läuft. Da ein Knoten in der Regel mehrere Prozessorkerne umfasst, können natürlich auch mehrere Threads parallel auf dieselben Daten zugreifen, ohne aufwendige Datentransfers zu verursachen. Wie aber kann man auf NUMA-Systemen Datenlokalität erreichen? Zu diesem Zweck existieren spezielle Werkzeuge und Bibliotheken, mit denen sich das Scheduling und die Verteilung der Daten auf die Knoten beeinflussen lassen. Unter Linux ist dies zum Beispiel mit dem Kommandozeilentool `numactl` oder der *NUMA policy library* möglich. Damit lassen sich große Datenstrukturen auf mehrere Knoten verteilen, sodass von diesen Knoten ohne Geschwindigkeitsverlust auf die entsprechenden Teile der Datenstruktur zugegriffen werden kann.

[5] Es gibt Ansätze, einzelne Speicherseiten automatisch zwischen den Knoten eines NUMA-Systems zu verschieben. Diese haben sich jedoch zumindest bei den aktuellen Betriebssystemen noch nicht durchgesetzt.

Ein anderer, einfacherer Ansatz ist es, sich auf die Heuristiken des Betriebssystems zu verlassen. Eine häufig verwendete Heuristik arbeitet nach dem folgenden Prinzip: Bei der Speicherallokation wird – wie auch sonst üblich – zunächst nur ein Bereich im virtuellen Adressraum reserviert, aber noch keine Zuordnung der Seiten auf den physikalischen Speicher vorgenommen. Zu diesem Zeitpunkt steht also noch nicht fest, auf welchen Knoten die Speicherseiten tatsächlich liegen werden. Wenn ein Thread nun auf eine Adresse innerhalb des virtuellen Speicherbereichs zugreift, wird ein Seitenfehler (engl. *page fault*) ausgelöst, der das Betriebssystem veranlasst, der virtuellen Seite eine physikalische zuzuordnen. Dafür wird eine Seite aus dem Speicher des Knotens ausgewählt, auf dem der Thread läuft. Datenlokalität wird somit beim ersten Zugriff hergestellt, weshalb dieses Prinzip auch *First-Touch Placement* genannt wird. Ein Vorteil dieses Prinzips ist, dass es sich auch für Anwendungen mit irregulären Speicherzugriffsmustern eignet und für eine automatische Verteilung großer Datenstrukturen auf die einzelnen Knoten sorgt.

Hinweis

Auf NUMA-Systemen sollte der erste Zugriff auf einen Speicherbereich durch den Thread erfolgen, der am häufigsten auf den Bereich zugreift.

3 Synchronisation

Eine der Hauptaufgaben bei der parallelen Programmierung besteht darin, konkurrierende Zugriffe auf gemeinsame Ressourcen zu *synchronisieren*, um Konflikte zu vermeiden. Unter Ressourcen sind dabei sowohl Datenstrukturen, im einfachsten Fall Variablen, als auch Betriebsmittel wie Peripheriegeräte zu verstehen. Wenn beispielsweise mehrere Threads auf eine Liste zugreifen, muss sichergestellt sein, dass sich die Liste zu jedem Zeitpunkt in einem ordnungsgemäßen Zustand befindet. Andernfalls kann es passieren, dass Änderungen an der Liste verloren gehen oder nur unvollständig ausgeführt werden. Solche Fehler sind in der Praxis leider oft nur schwer zu finden [37, 38].

In diesem Kapitel beschreiben wir verschiedene Arten von Synchronisationsmechanismen und erläutern deren Verwendung anhand einiger Beispiele. Außerdem zeigen wir typische Fallstricke auf und geben Richtlinien für die korrekte und effiziente Verwendung der vorgestellten Operationen. Bevor wir jedoch ins Detail gehen, beschäftigen wir uns mit der Entstehung von Konflikten und stellen ein grundlegendes Konzept für die Konfliktvermeidung vor. Eine umfassende Beschreibung verschiedener Synchronisationsmechanismen und der zugrunde liegenden Theorie ist in [56] zu finden. Wer eine leichter verdauliche Einführung in das Thema Synchronisation sucht, ist mit [57] gut bedient.

3.1 Konflikte

Wenn mehrere Threads unkoordiniert auf eine gemeinsame Ressource zugreifen und mindestens ein Thread die Ressource verändert, spricht man von einem Konflikt oder einer Wettlaufsituation (engl. *data race* oder *race condition*). Im Folgenden konzentrieren wir uns auf Konflikte, die beim Zugriff auf gemeinsame Daten entstehen können. Solche Konflikte können immer dann auftreten, wenn mehrere Threads Informationen untereinander austauschen oder von einem globalen Zustand abhängen. Letztlich spielt es aber keine Rolle, um welche Art von Ressourcen es sich handelt. Die in diesem Kapitel vorgestellten Konzepte und Methoden sind nicht auf Datenzugriffe beschränkt.

3.1.1 Entstehung

Listing 3.1 zeigt ein Beispiel für die Entstehung eines Konflikts beim Zugriff zweier Threads auf eine gemeinsame Variable (die Variable a wird von beiden Threads benutzt, x und y werden dagegen nur von jeweils einem Thread beschrieben). Auf den ersten Blick würde man erwarten, dass die Bedingung in der assert-Anweisung erfüllt ist, also x nach der Ausführung des Programms den Wert 0 und y den Wert 1 enthält. Das ist jedoch nicht immer der Fall, da die Variablenzuweisungen verschränkt ausgeführt werden können. Folglich ist der Wert, welcher der Variable a zugewiesen wurde, nicht unbedingt identisch mit dem gelesenen Wert.

```
int a, x, y;
// Thread 2
void thread2() {
  a = 1;
  y = a;
}
// Thread 1
void main() {
  Thread t = createThread(lambda () {thread2();});
  a = 0;
  x = a;
  t.join();
  assert(x == 0 && y == 1); // nicht immer erfüllt!
}
```

Listing 3.1 *Konflikt beim Zugriff auf eine gemeinsame Variable*

Abbildung 3.1 zeigt drei mögliche Ausführungssequenzen für das Programm aus Listing 3.1. Am Ende einer Sequenz ist die jeweilige Nachbedingung bzgl. x und y angegeben. Die erste Sequenz spiegelt den erwarteten Ablauf ohne verschränkte Ausführung der Zuweisungen wider. Bei den anderen beiden Sequenzen wird der zuerst an die Variable a zugewiesene Wert unmittelbar danach überschrieben und geht somit verloren. In der englischsprachigen Literatur wird dies als *lost update* bezeichnet. Infolgedessen enthalten x und y am Ende denselben Wert.

Der Einfachheit halber haben wir in Abbildung 3.1 Umsortierungen durch den Compiler oder den Prozessor weggelassen (siehe Abschnitt 2.3.1). Außerdem haben wir nur die verschränkte Ausführung betrachtet, wie sie auf einem Prozessor mit einem Kern stattfindet. Auf einem Multicore-Prozessor haben wir zusätzlich den Fall, dass x und y parallel beschrieben werden. Obwohl dies an den möglichen Ergebnissen nichts ändert, gibt es einen wesentlichen Unterschied zur verschränkten Ausführung: Auf einem Single-Core-Prozessor tritt die erste Sequenz mit einer sehr viel höheren Wahrscheinlichkeit auf als die anderen beiden. Das liegt daran, dass nur in relativ großen zeitlichen Abständen ein Kontextwechsel stattfindet. Deshalb ist es in unserem Beispiel eher unwahrscheinlich, dass ein Thread durch den jeweils anderen unterbrochen wird. Auf einem Multicore-Prozessor hingegen haben wir es mit echter Parallelverarbeitung zu tun, wodurch Konflikte mit einer höheren Wahrscheinlichkeit auftreten. Dennoch sei angemerkt, dass sich selbst auf einem Multicore-Prozessor viele potenzielle Konflikte nur unter bestimmten Voraussetzungen manifestieren. Manche Fehler bei der Synchronisation treten so selten auf, dass sie auch durch ausgiebiges Testen nicht gefunden werden. Derartige Fehler können mit Werkzeugen für die Analyse von Synchronisationsproblemen lokalisiert werden (siehe Abschnitt 3.3.1).

Thread 1	Thread 2
`a = 0;`	
`x = a;`	
	`a = 1;`
	`y = a;`
`x == 0 && y == 1`	

Thread 1	Thread 2
	`a = 1;`
`a = 0;`	
`x = a;`	
	`y = a;`
`x == 0 && y == 0`	

Thread 1	Thread 2
`a = 0;`	
	`a = 1;`
	`y = a;`
`x = a;`	
`x == 1 && y == 1`	

Abbildung 3.1 *Mögliche Ausführungssequenzen des Programms aus Listing 3.1*

Bei dem Programm aus Listing 3.1 lag die Ursache des Konflikts in der Unterbrechung zusammengehöriger Anweisungen. Doch auch scheinbar elementare Anweisungen können zu Konflikten führen. Betrachten wir zum Beispiel das Inkrementieren einer ganzzahligen Variable `x`. Sofern der Wert von `x` nicht in einem Prozessorregister vorgehalten wird, sind für die Ausführung der Anweisung `x++` auf einem RISC-Prozessor drei Maschinenbefehle erforderlich:

```
load  R1, (x);     // lade den Wert von x in Register R1
add   R1, R1, #1;  // inkrementiere R1
store (x), R1;     // speichere R1 unter der zu x gehörenden Adr.
```

Wenn mehrere Threads versuchen, die Variable zu inkrementieren, kann es auch hier wieder passieren, dass Änderungen verloren gehen, sei es aufgrund von Kontextwechseln oder einer parallelen Ausführung der Threads. Abbildung 3.2 zeigt einen fehlerhaften Ablauf der obigen Sequenz von Befehlen auf einem Multicore-System mit zwei Threads. Da beide Threads den Wert von `x` laden, noch bevor der jeweils andere Thread das Ergebnis zurückgeschrieben hat, wird `x` nur um 1 anstatt um 2 erhöht.

3.1.2 Kritische Abschnitte

Programmteile, die nicht verschränkt oder parallel ausgeführt werden dürfen, bezeichnet man als *kritische Abschnitte* (engl. *critical sections*). Solche Abschnitte eines Programms sind immer dort anzutreffen, wo auf gemeinsame Ressourcen zugegriffen wird. Wie wir in den oben betrachteten Beispielen gesehen haben,

x == n	
Thread 1	**Thread 2**
	`load r1, (x);`
`load r1, (x);`	
`add r1, r1, #1;`	
`store (x), r1;`	`add r1, r1, #1;`
	`store (x), r1;`
x == n+1	

Abbildung 3.2 *Fehlerhafte Inkrementierung einer Variable durch zwei Threads*

kann die Ausführung von kritischen Abschnitten durch mehrere Threads zu fehlerhaften Ergebnissen führen. Deshalb gilt es bei der Entwicklung paralleler Programme, kritische Abschnitte zu schützen, indem sichergestellt wird, dass sich zu jedem Zeitpunkt höchstens ein Thread in einem kritischen Abschnitt bzgl. einer oder mehrerer Ressourcen befindet. Während ein kritischer Abschnitt ausgeführt wird, darf kein anderer Thread denselben kritischen Abschnitt betreten. Dies wird als *wechselseitiger Ausschluss* (engl. *mutual exclusion*) bezeichnet. Die Ausführung kritischer Abschnitte wird somit sequenzialisiert, wobei die Reihenfolge, in der die Abschnitte betreten werden, in der Regel nicht vorgegeben ist und von Mal zu Mal variieren kann.

Abbildung 3.3 illustriert die Ausführung kritischer Abschnitte anhand von drei Threads. Die Pfeile geben an, auf welche der Ressourcen R_1 und R_2 in den kritischen Abschnitten A_1 bis A_3 zugegriffen wird. Da sowohl Thread 1 als auch Thread 2 auf die gemeinsame Ressource R_1 zugreifen, dürfen sich die kritischen Abschnitte A_1 und A_2 nicht überlappen. Thread 1 führt in diesem Fall seinen kritischen Abschnitt zuerst aus, während Thread 2 warten muss, bis Thread 1 Abschnitt A_1 verlassen hat. Der kritische Abschnitt A_3 hingegen kann durchaus parallel zu A_1 ausgeführt werden, da Thread 3 nur auf R_2, nicht aber auf R_1 zugreift.

Kehren wir noch einmal zu dem Programm aus Listing 3.1 zurück. Um Konflikte zu verhindern, müssen wir sicherstellen, dass die Zuweisungen zu den Variablen `a` und `x` bzw. `y` nicht verschränkt oder parallel ausgeführt werden. Zu diesem Zweck packen wir zusammengehörige Zuweisungen in jeweils einen kritischen Abschnitt. Listing 3.2 zeigt den Pseudocode, wobei die kritischen Abschnitte durch das Schlüsselwort `critical` gekennzeichnet sind.[1]

[1]Aus Gründen der Einfachheit gehen wir an dieser Stelle davon aus, dass alle durch `critical` gekennzeichneten Abschnitte auf dieselben Ressourcen zugreifen.

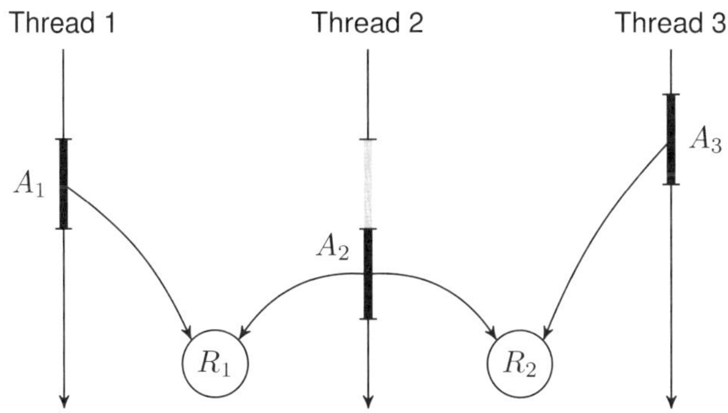

Abbildung 3.3 *Kritische Abschnitte beim Zugriff auf gemeinsame Ressourcen*

```
int a, x, y;
// Thread 2
void thread2() {
  critical {
    a = 1;
    y = a;
  }
}
// Thread 1
void main() {
  Thread t = createThread(lambda () {thread2();});
  critical {
    a = 0;
    x = a;
  }
  t.join();
  assert(x == 0 && y == 1);
}
```

Listing 3.2 *Geschützter Zugriff auf eine gemeinsame Variable*

3.2 Synchronisationsmechanismen

In diesem Abschnitt lernen wir verschiedene Synchronisationsmechanismen kennen, mit denen sich kritische Abschnitte in heute üblichen Programmiersprachen schützen lassen. Die grundlegenden Mechanismen sorgen für wechselseitigen Ausschluss und veranlassen den Scheduler des Betriebssystems, den Threads Rechenzeit zu entziehen, wenn sie auf den Eintritt in einen kritischen Abschnitt warten müssen, und zuzuteilen, wenn sie diesen betreten dürfen. Darüber hinaus gibt es komplexere Synchronisationsmechanismen, die beispielsweise mehreren Threads Zugriff auf eine gemeinsame Ressource gestatten oder die explizite Benachrichtigung von Threads unterstützen.

3.2.1 Mutexe

Die einfachste Möglichkeit, kritische Abschnitte zu schützen, besteht in der Verwendung von Mutexen. Der Begriff *Mutex* ist vom englischen *mutual exclusion* abgeleitet und bezeichnet ein Objekt, das den wechselseitigen Ausschluss mehrerer Threads beim Zugriff auf gemeinsame Ressourcen sicherstellt.[2] Ein Mutex hat zwei Zustände, entweder er ist *frei* oder *gesperrt*. Der Zugriff auf einen Mutex erfolgt über die Operationen `lock` und `unlock`:

- Durch Aufruf von `lock` signalisiert ein Thread, dass er einen kritischen Abschnitt betreten möchte. Ist der Mutex frei, kann der Thread den kritischen Abschnitt betreten. Andernfalls wird der Thread schlafen gelegt.
- Durch die `unlock`-Operation wird der Mutex am Ende eines kritischen Abschnitts freigegeben. Falls andere Threads auf den Mutex warten, wird einer dieser Threads aufgeweckt.

Abbildung 3.4 illustriert das Verhalten eines Mutex, wobei der gesperrte Zustand grau markiert ist.

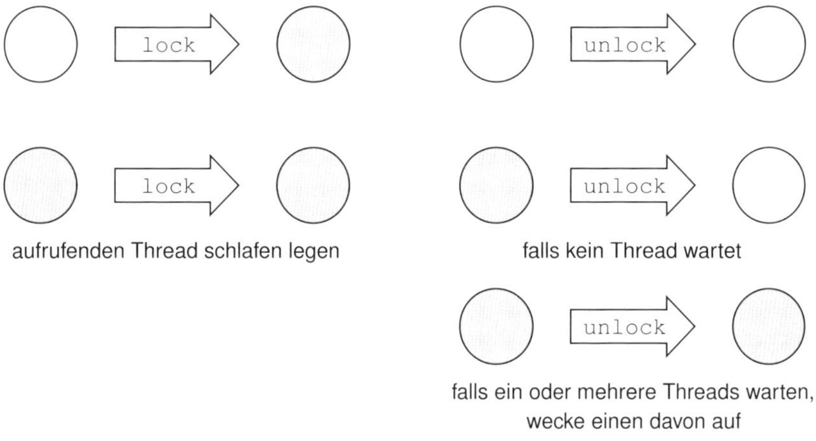

Abbildung 3.4 *Verhalten eines Mutex*

Viele Mutex-Implementierungen bieten zudem eine Methode `tryLock` an, die den aufrufenden Thread nicht schlafen legt, wenn der Mutex bereits gesperrt ist, sondern sofort zurückkehrt. Anhand des booleschen Rückgabewertes lässt sich ablesen, ob der Mutex gesperrt werden konnte (`true`) oder nicht (`false`). Die `tryLock`-Methode wird unter anderem für die Vermeidung von Verklemmungen eingesetzt (siehe Abschnitt 3.3.2).

[2] Mutexe werden auch als Sperren (engl. *locks*) bezeichnet. Leider ist die Terminologie in der Literatur jedoch nicht einheitlich. Wir verwenden in diesem Buch den Begriff *Sperre* als Oberbegriff für verschiedene Arten von Synchronisationsoperationen.

Um sicherzustellen, dass sich zu jedem Zeitpunkt höchstens ein Thread in dem zu schützenden Abschnitt befindet, muss auch die `lock`-Operation frei von Konflikten sein. Obwohl es prinzipiell möglich ist, wechselseitigen Ausschluss ohne Unterstützung durch die Hardware zu implementieren [5], machen fast alle Mutex-Implementierung von speziellen Maschinenbefehlen Gebrauch (siehe Abschnitt 3.2.9). Als Entwickler paralleler Software muss man sich um solche Details glücklicherweise nicht kümmern, da die gängigen Programmiersprachen und Betriebssysteme Mutexe von Haus aus unterstützen.

Ein typisches Anwendungsgebiet von Mutexen ist die gemeinsame Nutzung von Datenstrukturen, die nicht threadsicher sind, durch mehrere Threads. Dazu muss sichergestellt sein, dass zu jedem Zeitpunkt höchstens ein Thread auf die Datenstruktur zugreift.[3] Im Folgenden betrachten wir beispielhaft den threadsicheren Zugriff auf eine Warteschlange vom Typ `Queue<Type>`, wobei `Type` den Elementtyp angibt. Über die Methoden `enqueue` und `dequeue` werden Elemente in die Warteschlange eingereiht bzw. aus ihr entnommen. Listing 3.3 zeigt die Implementierung unserer threadsicheren Klasse `ConcurrentQueue`. Die eigentlichen Zugriffe auf die Warteschlange sind dabei durch einen Mutex geschützt.

```
class ConcurrentQueue<Type> {
private:
  Queue<Type> q;
  Mutex m;
public:
  void enqueue(Type x) {
    m.lock();
    q.enqueue(x);
    m.unlock();
  }
  Type dequeue() {
    m.lock();
    if(q.isEmpty()) {
      m.unlock();
      throw Exception("Queue is empty");
    }
    Type x = q.dequeue();
    m.unlock();
    return x;
  }
}
```

Listing 3.3 *Zugriff auf eine Warteschlange mit einem Mutex*

[3]Das globale Sperren einer Datenstruktur führt schnell zu einem Flaschenhals und schränkt die Skalierbarkeit ein. In Kapitel 5 werden wir ausgefeiltere Methoden kennenlernen, um auf gemeinsame Daten zuzugreifen.

Man beachte, dass in der Methode `dequeue` an zwei Stellen der Mutex freigegeben werden muss: vor dem `throw`-Befehl und vor dem `return`-Befehl. Andernfalls kann es passieren, dass die Sperre nicht aufgehoben wird. Trotzdem hat das Programm noch einen Haken: Falls während der Ausführung von `q.dequeue()` eine Ausnahme geworfen wird, was wir ohne Kenntnis der Implementierung von `Queue<Type>` nicht ausschließen können, bleibt der Mutex gesperrt, da die Programmausführung unmittelbar an die Ausnahmebehandlung übergeht. Folglich ist die Warteschlange blockiert und kein Thread kann mehr darauf zugreifen. Daher müssen alle Ausnahmen gefangen werden, um gesperrte Mutexe wieder freizugeben.

Hinweis

Achten Sie bei der Verwendung von Mutexen darauf, alle Ausnahmen zu fangen, und geben Sie gesperrte Mutexe in der Ausnahmebehandlung frei.

Rekursive Mutexe

Eine Variante klassischer Mutexe sind rekursive Mutexe. Solche Mutexe können von einem Thread mehrfach gesperrt werden, weshalb sie auch als *reentrant* bezeichnet werden. Dennoch gewährleisten sie wechselseitigen Ausschluss, da immer nur ein Thread den Mutex sperren darf. Damit andere Threads den Mutex sperren können, muss er genauso oft freigegeben werden, wie er gesperrt wurde. Über die Anzahl der `lock`- und `unlock`-Operationen wird mithilfe eines Zählers Buch geführt. Bei einem Aufruf von `lock` wird der Zähler inkrementiert und bei einem Aufruf von `unlock` dekrementiert. Ein Thread kann einen rekursiven Mutex somit nur dann sperren, wenn der Zähler null ist oder der Thread selbst den Mutex bereits gesperrt hat. Zu diesem Zweck muss neben dem Zähler die Thread-ID gespeichert werden. Der Nachteil rekursiver Mutexe ist der Mehraufwand für das Zählen und die Überprüfung der Thread-ID, weshalb sie nicht so effizient wie klassische Mutexe sind.

Wie die Bezeichnung schon andeutet, eignen sich rekursive Mutexe für den Einsatz in rekursiven Funktionen. Bei der Synchronisation muss man dabei nicht zwischen dem initialen Funktionsaufruf und weiteren, rekursiven Aufrufen unterscheiden. Stattdessen kann man jedes Mal zu Beginn der Funktion den Mutex sperren und am Ende freigeben. Listing 3.4 zeigt ein Minimalbeispiel für die Verwendung rekursiver Mutexe.

In der Praxis sind rekursive Mutexe häufig in verschachtelten, aber nicht unbedingt rekursiven Funktions- bzw. Methodenaufrufen anzutreffen. Betrachten wir noch einmal unsere Warteschlange. Angenommen wir möchten eine Methode `rotate` zur Verfügung stellen, die den Inhalt der Warteschlange um ein Element rotiert. Dazu entnehmen wir das erste Element und reihen es am Ende der Warte-

```
RecursiveMutex m;
void fun(int n) {
  m.lock();
  if(n > 0) {
    fun(n-1);
  }
  m.unlock();
}
```

Listing 3.4 Beispiel für den Einsatz rekursiver Mutexe

schlange wieder ein. Dabei ist jedoch Vorsicht geboten: Zwischen dem Aufruf von `dequeue` und `enqueue` darf kein anderer Thread ein Element in die Warteschlange einreihen. Folglich genügt es nicht, nur auf die Sperren innerhalb der beiden Methoden zu bauen. Die Kombination aus `dequeue` und `enqueue` bildet selbst einen kritischen Abschnitt und muss somit geschützt werden (siehe Listing 3.5). Ohne den Einsatz eines rekursiven Mutex würde bei einem Aufruf von `rotate` die Methode `dequeue` blockieren, da der Mutex bereits gesperrt ist.

```
class ConcurrentQueue<Type> {
private:
  // ...
  RecursiveMutex m;
public:
  // ...
  void rotate() {
    m.lock();
    enqueue(dequeue());
    m.unlock();
  }
}
```

Listing 3.5 Zugriff auf eine Warteschlange mit einem rekursiven Mutex

Hinweis

Setzen Sie bei verschachtelten Funktions- bzw. Methodenaufrufen rekursive Mutexe ein, oder achten Sie darauf, dass ein Thread nicht mehrfach versucht, einen Mutex zu sperren.

Alternativ zu der Lösung mit einem rekursiven Mutex könnten wir für die Methoden `enqueue`, `dequeue` und `rotate` jeweils eine nicht synchronisierte, interne Version implementieren und entsprechende `public`-Methoden zur Verfügung stellen, in denen die Synchronisation durchgeführt wird. Der Mutex wird dann immer nur einmal beim Aufruf der öffentlichen Methode gesperrt. Diese Vorgehensweise ist in der Literatur zu Entwurfsmustern als *Thread-safe Interface* bekannt. Dennoch haben rekursive Mutexe ihre Berechtigung, wenn sich die Synchronisation über mehrere Komponenten erstreckt oder wenn in einer abgeleiteten Klasse synchronisierte Methoden der Oberklasse aufgerufen werden. Rekursive Mutexe verbessern dabei die Lesbarkeit und Wartbarkeit.

3.2.2 Scoped Locking

Wie wir im vorherigen Abschnitt gesehen haben, muss man akribisch darauf achten, dass ein Mutex auch im Falle einer Ausnahme freigegeben wird. In Sprachen wie C++, bei denen lokale Objekte mit dem Ende des Sichtbarkeitsbereichs automatisch zerstört werden, gibt es eine ebenso einfache wie elegante Lösung dieses Problems. Beim sogenannten *Scoped Locking* erfolgt das Sperren und Freigeben eines Mutex im Konstruktor bzw. Destruktor eines eigens dafür angelegten Objekts.

Die Implementierung unserer threadsicheren Warteschlange mithilfe von Scoped Locking ist in Listing 3.6 zu sehen (die Klasse `ScopedLock` erhält im Konstruktor eine Referenz auf den zu sperrenden Mutex). Diese Implementierung löst nicht nur das Problem mit Ausnahmen, sondern ist offensichtlich auch kompakter und einfacher zu lesen (vgl. Listing 3.3, S. 47).

```
class ConcurrentQueue<Type> {
private:
  // ...
public:
  void enqueue(Type x) {
    ScopedLock s(m);
    q.enqueue(x);
  }
  Type dequeue() {
    ScopedLock s(m);
    if(q.isEmpty()) {
      throw Exception("Queue is empty");
    }
    return q.dequeue();
  }
}
```

Listing 3.6 *Zugriff auf eine Warteschlange mittels Scoped Locking*

Ein Vorteil von Scoped Locking ist, dass man das Freigeben eines Mutex nicht vergessen kann. Insbesondere bei großen Programmen mit tief verschachtelten Methodenaufrufen kann ein Aufruf von `unlock` nämlich leicht untergehen. Eine typische Ursache für fehlende Mutex-Freigaben, Ausnahmen, haben wir bereits angesprochen. Aber auch `return`-Befehle, die nicht am Ende einer Methode stehen, sowie Sprünge (`goto`) sind eine potenzielle Gefahrenquelle. Gleiches gilt für Befehle zur Schleifensteuerung (`break`, `continue`). Ohne Scoped Locking muss man dafür Sorge tragen, dass innerhalb einer Schleife deklarierte Mutexe vor der Ausführung dieser Befehle freigegeben werden.

Hinweis

Setzen Sie wenn möglich Scoped Locking zum Sperren und Freigeben von Mutexen ein.

Der Einsatz von Scoped Locking schließt das manuelle Freigeben von Mutexen jedoch nicht aus. Aus Effizienzgründen kann es durchaus sinnvoll sein, einen Mutex noch vor dem Ende des Sichtbarkeitsbereichs mittels `unlock` freizugeben. Wenn sich beispielsweise aufgrund der Eingabedaten entscheidet, dass eine weitere Sperrung der gemeinsamen Ressource nicht notwendig ist, kann auf diese Weise der Weg für andere Threads vorzeitig freigemacht werden.

3.2.3 Monitore

Ein mit Scoped Locking verwandtes Konzept sind Monitore, die in den 1970er-Jahren entwickelt wurden [30]. Ein Monitor ist ein abstrakter Datentyp (in objektorientierten Sprachen eine Klasse), der implizit synchronisierte Zugriffe auf seine Daten unterstützt. Die Synchronisation erfolgt in der Regel über speziell gekennzeichnete Monitoroperationen, die sich wechselseitig ausschließen. Voraussetzung dafür ist, dass die eingesetzte Programmiersprache Monitore unterstützt. In objektorientierten Sprachen lassen sich Methoden oder – wenn eine feingranularere Synchronisation erwünscht ist – auch Folgen von Anweisungen als Monitoroperationen kennzeichnen. In Java beispielsweise geschieht dies mit dem Schlüsselwort `synchronized`.

Jedes Monitorobjekt verfügt über einen dem Benutzer nicht direkt zugänglichen Mutex, der für die Synchronisation eingesetzt wird. Das Sperren und Freigeben des Mutex erfolgt automatisch durch vom Compiler eingefügte Anweisungen. Die Vorteile von Monitoren sind die gleichen wie beim Scoped Locking: bessere Lesbarkeit, automatische Freigabe des Mutex im Falle einer Ausnahme und Schutz vor dem Vergessen einer `lock`- bzw. `unlock`-Operation.

Monitore sind vor allem in Programmiersprachen mit automatischer Speicherbereinigung von Bedeutung, in denen Objekte nicht unmittelbar beim Verlassen des Sichtbarkeitsbereichs zerstört werden. In solchen Sprachen lässt sich Scoped Locking wie oben beschrieben nicht realisieren. Wir folgen an dieser Stelle den Java-Konventionen und versehen Methoden, die wechselseitigen Ausschluss erfordern, mit dem Schlüsselwort `synchronized`. Die threadsichere Variante unserer Warteschlange lässt sich dann gemäß Listing 3.7 umsetzen.

Monitore werden aus historischen Gründen oft in einem Atemzug mit Bedingungsvariablen (siehe Abschnitt 3.2.6) genannt. Letztlich sind Bedingungsvaria-

```
class ConcurrentQueue<Type> {
private:
  Queue<Type> q;
public:
  synchronized void enqueue(Type x) {
    q.enqueue(x);
  }
  synchronized Type dequeue() {
    if(q.isEmpty()) {
      throw Exception("Queue is empty");
    }
    return q.dequeue();
  }
}
```

Listing 3.7 Zugriff auf eine Warteschlange mit einem Monitor

blen aber unabhängig vom Monitorkonzept und lassen sich auch in Verbindung mit »einfachen« Mutexen einsetzen. Deshalb gehen wir an dieser Stelle nicht näher darauf ein und verweisen auf Abschnitt 3.2.6.

3.2.4 Lese-/Schreibsperren

Synchronisationsmechanismen wie Mutexe dienen dazu, inkonsistente Zustände durch Schreibzugriffe zu unterbinden. Was aber, wenn mehrere Threads nur lesend auf eine gemeinsame Ressource zugreifen? In solchen Fällen ist ein wechselseitiger Ausschluss nicht notwendig. Es muss lediglich gewährleistet sein, dass neben einem Schreibzugriff keine anderen Zugriffe stattfinden, ob lesend oder schreibend. Dazu dienen Lese-/Schreibsperren[4] (engl. *reader-writer locks*). Wenn ein Thread einen kritischen Abschnitt betreten möchte, muss er angeben, um welche Art von Zugriff es sich handelt. Schreibzugriffe sind dabei immer exklusiv, wohingegen mehrere Lesezugriffe parallel ablaufen können. Bei häufigen Lesezugriffen wird dadurch eine bessere Skalierbarkeit erreicht.

Zur Illustration der Verwendung von Lese-/Schreibsperren erweitern wir unsere Warteschlange um eine Methode `front`, die das erste Element zurückgibt, ohne es aus der Warteschlange zu entfernen. Für diese Methode reicht es aus, Schreibzugriffe durch andere Threads zu unterbinden. Es können aber durchaus mehrere Threads lesend auf die Warteschlange zugreifen. Die Implementierung ist in Listing 3.8 zu sehen, wobei wir mittels der Klassen `ScopedWriteLock` und `ScopedReadLock` wieder von Scoped Locking Gebrauch machen.

Manche Lese-/Schreibsperren bieten die Möglichkeit, einen reinen Lesezugriff auf einen Schreibzugriff hochzustufen (engl. *upgrade*). Voraussetzung dafür ist

[4] Solche Sperren sind streng genommen keine Mutexe, werden aber gelegentlich als solche bezeichnet.

```
class ConcurrentQueue<Type> {
private:
  Queue<Type> q;
  ReaderWriterLock rwl;
public:
  void enqueue(Type x) {
    ScopedWriteLock w(rwl);
    q.enqueue(x);
  }
  Type dequeue() {
    ScopedWriteLock w(rwl);
    if(q.isEmpty()) {
      throw Exception("Queue is empty");
    }
    return q.dequeue();
  }
  Type front() {
    ScopedReadLock r(rwl);
    if(q.isEmpty()) {
      throw Exception("Queue is empty");
    }
    return q.front();
  }
}
```

Listing 3.8 *Zugriff auf eine Warteschlange mit einer Lese-/Schreibsperre*

natürlich, dass keine anderen Lesezugriffe aktiv sind. Eine solche Änderung des Modus ist nützlich, wenn man zu Beginn eines kritischen Abschnitts noch nicht weiß, ob Daten verändert werden. Ein Beispiel dafür ist das Einfügen eines Elements in eine Menge. Um zu überprüfen, ob das Element schon in der Menge enthalten ist, genügt es, zunächst eine Lesesperre anzufordern. Ist das Element bereits vorhanden, muss man nichts weiter tun und kann die Sperre freigeben. Während dieser Zeit können andere Threads ebenfalls lesend auf die Menge zugreifen. Falls das Element noch nicht Bestandteil der Menge ist, wird die Sperre auf einen Schreibzugriff hochgestuft und das Element eingefügt. Analog dazu gibt es auch die Möglichkeit, einen Schreibzugriff auf einen Lesezugriff herunterstufen (engl. *downgrade*), z. B. wenn eine Änderung abgeschlossen ist, man aber weiterhin Daten lesen möchte.

Ein potenzielles Problem von Lese-/Schreibsperren ist, dass ein schreibender Thread erst dann zum Zuge kommt, wenn alle lesenden Threads den kritischen Abschnitt verlassen haben. Wenn jedoch fortlaufend lesende Threads den Mutex sperren, kann es passieren, dass die Sperre nie freigegeben wird und der schreibende Thread somit »verhungert«. Eine Lösung dieses Problems ist, neue Lesezugriffe nur dann zu erlauben, wenn keine Anforderungen auf einen Schreibzugriff vorliegen. Dazu muss jedoch über die eingetroffenen Anforderungen Buch geführt werden, was sich im Vergleich zu klassischen Mutexen nachteilig auf die Effizienz auswirkt. Zudem wird der Vorteil von Lese-/Schreibsperren dadurch relativiert, dass selbst bei Leseanforderungen der interne Zustand der Sperre aktualisiert werden muss. Dies kann zu Konkurrenzsituationen führen, da bei jeder Anforderung die geänderte Cache-Zeile in den Hauptspeicher zurückgeschrieben bzw. von diesem geladen werden muss. Wenn die zu schützenden kritischen Abschnitte klein sind, was anzustreben ist, kommt es faktisch zu einer Sequenzialisierung der Zugriffe. In solchen Fällen kann man getrost auf Lese-/Schreibsperren verzichten und stattdessen klassische Mutexe einsetzen.

Hinweis

Setzen Sie Lese-/Schreibsperren mit Bedacht ein. In der Praxis lohnen sie sich üblicherweise nur dann, wenn die zu schützenden Operationen lange andauern und Schreibzugriffe selten sind. Überprüfen Sie in einem solchen Fall, ob der kritische Abschnitt nicht vielleicht verkürzt werden kann.

3.2.5 Semaphore

Bei Lese-/Schreibsperren wird das Prinzip des wechselseitigen Ausschlusses dahingehend gelockert, dass mehrere Threads parallel auf eine gemeinsame Ressource zugreifen können, sofern diese nicht verändert wird. Sie bieten jedoch keine Möglichkeit, die Anzahl der zugreifenden Threads auf einen vordefinierten Wert zu beschränken. Für solche Zwecke sind Semaphore die richtige Wahl. Semaphore wurden in den 1960er-Jahren von Edsger W. Dijkstra vorgeschlagen und können als eine Verallgemeinerung von Mutexen aufgefasst werden. Ebenso wie rekursive Mutexe führen Semaphore mithilfe eines Zählers Buch über die Anzahl der Sperroperationen und Freigaben. Die Semantik ist jedoch eine andere. Betrachten wir dazu die beiden Grundoperationen `acquire` und `release`:[5]

- Durch Aufruf von `acquire` signalisiert ein Thread, dass er auf eine Ressource zugreifen möchte. Ist der Wert des Zählers größer als null, wird der Thread durchgelassen und der Zähler um eins erniedrigt. Andernfalls wird der Thread schlafen gelegt.
- Die `release`-Operation erhöht den Zähler um eins, es sei denn, der Zähler steht auf null und es warten Threads darauf, in den kritischen Abschnitt eingelassen zu werden. In diesem Fall wird einer dieser Threads aufgeweckt.

[5] In der Literatur findet man unterschiedliche Bezeichnungen für die beiden Operationen. Dijkstra bezeichnete sie als P (`acquire`) und V (`release`).

Abbildung 3.5 veranschaulicht die Semantik von `acquire` und `release`. Blockierende Zustände sind grau markiert.

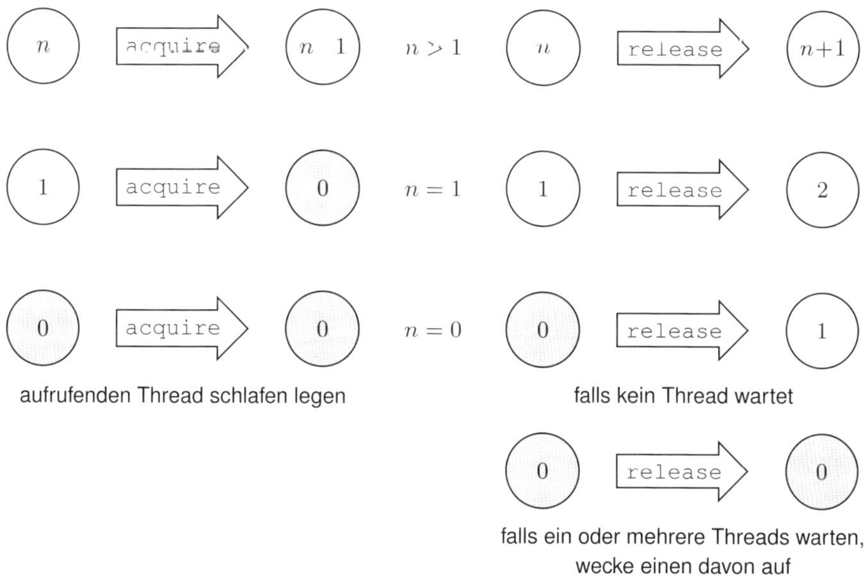

***Abbildung 3.5** Verhalten eines Semaphors*

Die Funktionsweise eines Semaphors kann man sich wie ein Parkhaus mit mehreren Ein- und Ausfahrten vorstellen. Der Initialwert des Semaphors entspricht dabei der Gesamtzahl der Stellplätze. Ein Fahrzeug darf nur dann einfahren, wenn mindestens noch ein Stellplatz frei ist. In diesem Fall wird die Anzahl der freien Stellplätze um eins dekrementiert (`acquire`-Operation). Andernfalls muss es warten, bis ein anderes Fahrzeug das Parkhaus verlassen hat. Wenn ein Fahrzeug das Parkhaus verlässt, wird die Anzahl der freien Stellplätze um eins erhöht (`release`-Operation).

Ein Szenario für den Einsatz von Semaphoren ist der Zugriff auf einen Pool gleichartiger Betriebsmittel (Peripheriegeräte). Wenn wir zum Beispiel drei Betriebsmittel zur Verfügung haben, auf die mehrere Threads zugreifen möchten, initialisieren wir das Semaphor mit dem Wert 3:

```
Semaphore s(3);
```

Bevor ein Thread auf eines der Betriebsmittel zugreifen darf, muss er durch Aufruf von `acquire` überprüfen, ob noch mindestens eines frei ist. Ist dies der Fall, darf der Thread den kritischen Abschnitt betreten. Andernfalls wird er schlafen gelegt.

Am Ende des kritischen Abschnitts muss der Thread das Betriebsmittel natürlich wieder freigeben:

```
s.acquire();
// kritischer Abschnitt
s.release();
```

Auf diese Weise ist sichergestellt, dass nie mehr Betriebsmittel verwendet werden, als vorhanden sind. Allerdings regeln Semaphore nicht die Auswahl eines Betriebsmittels und den eigentlichen Zugriff darauf. Dafür sind zusätzliche Maßnahmen erforderlich, z. B. unter Verwendung von Mutexen.

Kommen wir auf unser Beispiel, die Warteschlange, zurück. Bei unseren bisherigen Implementierungen wirft die `dequeue`-Methode eine Ausnahme, wenn die Warteschlange leer ist. Das ist noch unbefriedigend, weil wir in solchen Fällen nicht jedes Mal eine Ausnahmebehandlung bemühen möchten. Praktischer wäre es, wenn der aufrufende Thread so lange schlafen gelegt würde, bis wieder ein Element in die Warteschlange eingereiht wird. Mit einem Semaphor lässt sich das leicht erreichen (Listing 3.9). Dabei nutzen wir den Wert des Semaphors, um den Füllstand der Warteschlange zu speichern. Vor der Entnahme eines Elements rufen wir die `acquire`-Methode auf. Wenn die Warteschlange nicht leer ist, können wir wie gewohnt darauf zugreifen.[6] Wir müssen lediglich darauf achten, dass der Mutex erst dann gesperrt wird, wenn der Thread den Aufruf von `acquire` passiert hat. Andernfalls provozieren wir eine Verklemmung. Beim Einreihen eines Elements gehen wir umgekehrt vor: Nachdem das Element in die Warteschlange eingereiht wurde, erhöhen wir durch Aufruf von `release` den Füllstand um eins.

Semaphore in der oben beschriebenen Form werden zur Unterscheidung von *binären* Semaphoren auch als *zählende* Semaphore bezeichnet. Binäre Semaphore können – wie der Name schon sagt – nur zwei Werte annehmen, entweder null oder eins. Zumindest aus theoretischer Sicht sind sie somit äquivalent zu Mutexen. In der Praxis bedeutet das jedoch nicht, dass ein mit dem Wert eins initialisiertes zählendes Semaphor sich immer genauso verhält wie ein Mutex. So kann der Zähler zum Beispiel durch eine unnötige `release`-Operation einen Wert größer als eins annehmen. Infolgedessen können mehrere Threads einen kritischen Abschnitt betreten, was bei Mutexen nicht möglich ist. Wenn wechselseitiger Ausschluss erwünscht ist, sollten deshalb Mutexe eingesetzt werden.

3.2.6 Bedingungsvariablen

Bedingungsvariablen (engl. *condition variables*) erlauben es, Threads in Abhängigkeit einer Bedingung zu synchronisieren. Damit können schlafende Threads gezielt aufgeweckt werden, ohne dass sie aktiv auf das Eintreten der Bedingung warten müssen. Bedingungsvariablen sind ein mächtiges und flexibles Instrument,

[6] Den Mutex brauchen wir nach wie vor, da die zugrunde liegende Implementierung von `Queue` nicht threadsicher ist.

```
class ConcurrentQueue<Type> {
private:
  Queue<Type> q;
  Mutex m;
  Semaphore s(0); // Warteschlange ist zu Beginn leer
public:
  void enqueue(Type x) {
    ScopedLock s(m);
    q.enqueue(x);
    s.release();
  }
  Type dequeue() {
    s.acquire();
    ScopedLock s(m);
    return q.dequeue();
  }
}
```

Listing 3.9 *Zugriff auf eine Warteschlange mit einem Semaphor*

mit denen sich auch Semaphore leicht nachbilden lassen. Im Gegensatz zu Semaphoren enthalten Bedingungsvariablen jedoch nicht die der Bedingung zugrunde liegenden Daten. Stattdessen ist es die Aufgabe der Threads, das Eintreten der Bedingung zu überprüfen und sich ggf. schlafen zu legen oder wartende Threads zu benachrichtigen. Bedingungsvariablen treten in der Regel zusammen mit einem Mutex auf, der sicherstellt, dass sich zu jedem Zeitpunkt höchstens ein Thread in einem kritischen Abschnitt befindet. Der Mutex ist je nach Programmiersprache entweder Bestandteil eines Monitors oder explizit durch den Programmierer vorgegeben. Im Folgenden gehen wir von letzterer Variante aus. Die Synchronisation mittels Bedingungsvariablen erfolgt über die Methoden `wait`, `notifyOne` und `notifyAll`:[7]

- Durch die `wait`-Methode, die als Parameter eine Referenz auf einen Mutex entgegennimmt, wird der aufrufende Thread schlafen gelegt. Der Mutex wird dabei automatisch freigegeben, damit andere Threads den kritischen Abschnitt betreten können. Beim Aufwecken des Threads wird der Mutex automatisch wieder gesperrt.
- Durch Aufruf von `notifyOne` wird einer der schlafenden Threads aufgeweckt. Diese Methode dient dazu, einen beliebigen Thread zu benachrichtigen, dass die Bedingung erfüllt ist und er weiterarbeiten kann.
- Die `notifyAll`-Methode weckt alle schlafenden Threads auf. Da jedoch nur ein Thread den Mutex sperren kann, müssen alle anderen Threads so lange

[7] Die Methoden `notifyOne` und `notifyAll` heißen je nach Implementierung auch `signal` bzw. `broadcast`, `wake` bzw. `wakeAll` oder `pulse` bzw. `pulseAll`.

warten, bis sie an der Reihe sind und den kritischen Abschnitt betreten dürfen. Durch den vergeblichen Versuch, den Mutex zu sperren, werden diese Threads wieder schlafen gelegt.

Wenn kein schlafender Thread vorhanden ist, der auf eine Bedingungsvariable wartet, bleiben die Methoden `notifyOne` und `notifyAll` wirkungslos.

In Abschnitt 3.2.5 haben wir für die Implementierung unserer Warteschlange ein Semaphor benutzt, um Threads bei einem Aufruf von `dequeue` schlafen zu legen, falls die Warteschlange leer ist. Wie in Listing 3.10 gezeigt, können wir dies auch mithilfe einer Bedingungsvariable erreichen. Dazu benachrichtigen wir jedes Mal, wenn ein Element in die Warteschlange eingereiht wird, einen der wartenden Threads mittels `notifyOne`, dass ein neues Element zur Abholung bereitsteht.[8] Wenn kein Thread wartet, müssen wir nichts weiter unternehmen, da in diesem Fall der Aufruf von `notifyOne` folgenlos bleibt.

```
class ConcurrentQueue<Type> {
private:
  Queue<Type> q;
  Mutex m;
  ConditionVariable c;
public:
  void enqueue(Type x) {
    ScopedLock s(m);
    q.enqueue(x);
    c.notifyOne();
  }
  Type dequeue() {
    ScopedLock s(m);
    while(q.isEmpty()) {
      c.wait(m);
    }
    return q.dequeue();
  }
}
```

Listing 3.10 Zugriff auf eine Warteschlange mit einer Bedingungsvariable

Kommen wir zur `dequeue`-Methode. Bevor wir ein Element entnehmen können, müssen wir überprüfen, ob die Warteschlange leer ist. Ist sie leer, legen wir den aufrufenden Thread mittels `wait` schlafen. Wozu aber dient die `while`-Schleife? Würde an dieser Stelle nicht auch eine einfache `if`-Abfrage genügen? Der Grund für die Schleife ist, dass noch vor dem Aufwachen des benachrichtigten Threads

[8] Bei manchen Implementierungen von Bedingungsvariablen ist es sinnvoll, den Mutex vor dem Aufruf von `notifyOne` freizugeben, damit der aufgeweckte Thread nicht unnötigerweise blockiert, solange die `enqueue`-Methode noch nicht verlassen wurde.

ein anderer Thread das Element entnehmen kann. Folglich kann es passieren, dass die Warteschlange schon wieder leer ist, wenn der aufgeweckte Thread die Sperre für den Mutex bekommt. Deshalb müssen wir immer wieder aufs Neue überprüfen, ob die Warteschlange mindestens ein Element enthält. Glücklicherweise müssen wir uns aber nicht um das Sperren und Freigeben des Mutex im Falle einer leeren Warteschlange kümmern, da dies von der `wait`-Methode erledigt wird.

Hinweis

Überprüfen Sie mithilfe einer Schleife, ob die Bedingung auch wirklich erfüllt ist.

Abbildung 3.6 veranschaulicht die Synchronisation zweier Threads mithilfe einer Bedingungsvariable beim Zugriff auf die Warteschlange. Thread 1 reiht ein Element in die Warteschlange ein (`enqueue`), und Thread 2 versucht, ein Element aus der Warteschlange zu entnehmen (`dequeue`). Wir nehmen an, dass die Warteschlange zu Beginn leer ist. Wie aus der Abbildung ersichtlich ist, erwirbt Thread 2 als Erster eine Sperre auf den Mutex, weshalb Thread 1 beim Aufruf von `lock` schlafen gelegt wird. Da kein Element vorhanden ist, ruft Thread 2 anschließend die `wait`-Methode auf. Infolgedessen wird Thread 2 schlafen gelegt und der Mutex freigegeben. Somit kann Thread 1 mit der Ausführung fortfahren. Nachdem er das Element in die Warteschlange eingereiht hat, benachrichtigt er Thread 2 mithilfe von `notifyOne`, dass ein Element zur Abholung bereitsteht. Daraufhin versucht die `wait`-Methode, den Mutex wieder zu sperren. Anschließend gibt Thread 1 den Mutex durch Aufruf von `unlock` frei. Thread 2 bekommt nun wieder exklusiven Zugriff auf die Warteschlange. Nachdem er das Element entnommen hat, verlässt auch er den kritischen Abschnitt und gibt den Mutex für weitere Zugriffe frei.

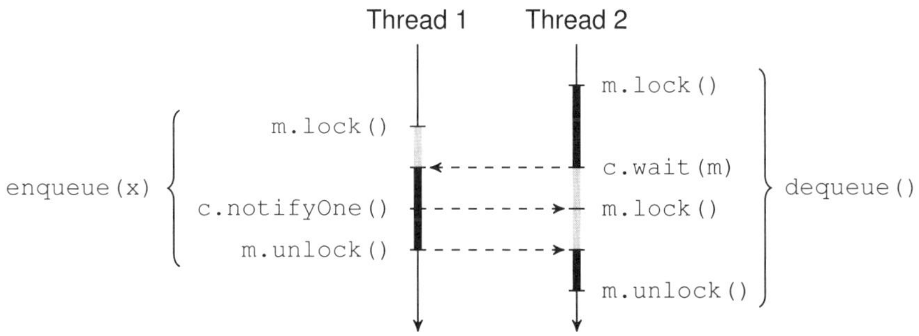

***Abbildung 3.6** Ablauf einer Synchronisation mithilfe einer Bedingungsvariable*

In unserem Beispiel genügt es, bei jedem Aufruf von `enqueue` genau einen Thread aufzuwecken. Es wäre zwar nicht falsch, stattdessen alle wartenden Threads mittels `notifyAll` aufzuwecken, aber unnötig und der Effizienz abträglich. Bei vielen wartenden Threads würde dies einen erheblichen Mehraufwand verursachen, da letztlich nur ein Thread zum Zuge kommt und alle anderen »leer ausgehen«. Dennoch gibt es Situationen, in denen der Einsatz von `notifyAll` sinnvoll ist. Wenn wir beispielsweise mehrere Elemente auf einmal in die Warteschlange einfügen möchten, müssen wir dafür Sorge tragen, dass auch alle wartenden Threads bedient werden. Eine entsprechende Erweiterung unserer Klasse `ConcurrentQueue` könnte wie folgt aussehen:

```
void enqueueList(List<Type> list) {
  ScopedLock s(m);
  foreach(Type x in list) {
    q.enqueue(x);
  }
  m.unlock();
  c.notifyAll();
}
```

Hinweis

Setzen Sie aus Effizienzgründen `notifyAll` nur dann ein, wenn es nötig ist.

Eine nützliche Eigenschaft von Bedingungsvariablen ist die Möglichkeit, unterschiedliche Ereignisse mit einem kritischen Abschnitt zu verbinden. Das bedeutet, dass sich mehrere Bedingungsvariablen einen Mutex teilen können. Wenn wir zum Beispiel die Kapazität unserer Warteschlange begrenzen möchten, können wir eine weitere Bedingungsvariable einführen, die anzeigt, ob die Warteschlange voll ist. Auf diese Weise können Threads, die Elemente in eine volle Warteschlange einreihen möchten, bei der Entnahme von Elementen darüber benachrichtigt werden, dass Platz freigeworden ist.

Bedingungsvariablen gibt es in verschiedenen Varianten [10], nicht nur in der Form, die wir kennengelernt haben. Ein Unterscheidungsmerkmal ist die Semantik der Signalisierung [31]. In der oben beschriebenen Variante läuft der aufrufende Thread weiter, während die benachrichtigten Threads zunächst noch auf die Freigabe des Mutex warten müssen. Die Benachrichtigung mittels `notifyOne` bzw. `notifyAll` ist also nichtblockierend. Eine andere Möglichkeit ist, den benachrichtigenden Thread bei einem Aufruf von `notifyOne` oder `notifyAll` schlafen zu legen, sodass die wartenden Threads sofort aktiv werden können. Dazu muss der benachrichtigende Thread, ähnlich wie bei einem Aufruf von `wait`, den Mutex vorübergehend freigeben. In diesem Fall spricht man von blockierenden Bedingungsvariablen.

- *Nichtblockierende* Bedingungsvariablen räumen dem *benachrichtigenden* Thread Vorrang ein.
- *Blockierende* Bedingungsvariablen räumen den *benachrichtigten* Threads Vorrang ein.

Der ursprüngliche Vorschlag von Hoare [30] bezog sich auf blockierende Bedingungsvariablen. Heutzutage findet man jedoch meist die nichtblockierende Variante.

3.2.7 Barrieren

Es gibt Situationen, in denen es sinnvoll ist, einen Algorithmus in aufeinanderfolgende Phasen zu unterteilen, die durch Synchronisationspunkte, sogenannte *Barrieren*[9], getrennt sind. Ein Thread darf dabei erst dann in eine neue Phase eintreten, wenn alle beteiligten Threads die aktuelle Phase abgeschlossen haben. Somit muss ein Thread, der auf eine Barriere stößt, während andere Threads noch rechnen, so lange warten, bis die anderen Threads ebenfalls an der Barriere angekommen sind. Erst dann dürfen die Threads die Barriere überschreiten und mit der nächsten Phase fortfahren. Die Threads arbeiten also im Gleichschritt, wobei die Barrieren dafür sorgen, dass die Threads »im Takt« bleiben. Ein ähnliches Konzept ist die Rendezvous-Synchronisation, bei der zwei Threads an einem vorgegebenen Punkt aufeinander warten, um Daten auszutauschen.

Im Folgenden stellen wir Barrieren durch Objekte der Klasse `Barrier` dar. Dem Konstruktor dieser Klasse übergeben wir die Anzahl der Threads, die über eine Barriere synchronisiert werden sollen. Die Klasse stellt eine Methode `wait` zur Verfügung, die von den Threads aufgerufen wird, wenn sie die Barriere erreichen. Abbildung 3.7 illustriert die Funktionsweise einer Barriere `b` am Beispiel von vier Threads.

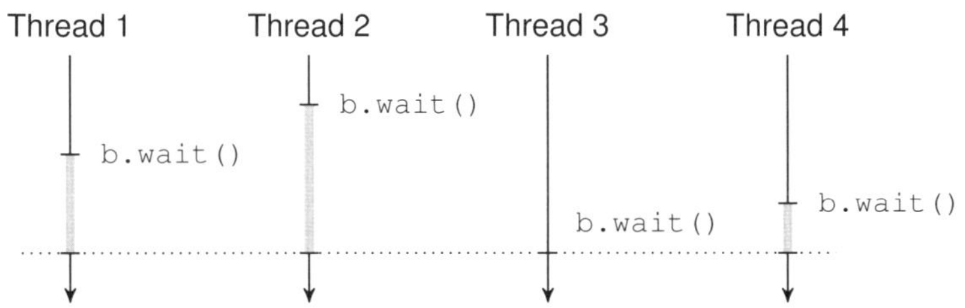

***Abbildung 3.7** Beispiel für den Ablauf einer Synchronisation mittels Barrieren*

Eine nützliche Erweiterung des Barrierenkonzepts besteht darin, bestimmte Operationen von nur einem Thread ausführen zu lassen. Zu diesem Zweck liefert unsere `wait`-Methode einen booleschen Wert zurück, der angibt, ob der aufrufende

[9] Barrieren für die Threadsynchronisation sind nicht mit Speicherbarrieren zu verwechseln (vgl. Abschnitt 2.3.1).

Thread für die Ausführung der entsprechenden Operationen ausgewählt wurde. Es erhält also immer genau ein Thread den Wert `true` zurück und alle anderen `false`. Wie wir weiter unten sehen werden, lassen sich damit Sonderfälle leicht behandeln.

Ein typisches Anwendungsgebiet für Barrieren sind numerische Algorithmen, bei denen zwischen den Phasen Datenabhängigkeiten bestehen. Durch den Einsatz von Barrieren wird sichergestellt, dass eine neue Phase erst dann beginnt, wenn alle Berechnungen aus der vorherigen Phase abgeschlossen sind. Sonst könnte es passieren, dass eine Berechnung mit falschen Daten begonnen wird. Betrachten wir zum Beispiel die parallele Verarbeitung eines Feldes von Gleitkommazahlen (in Abschnitt 4.2 gehen wir ausführlicher auf das Thema Datenparallelität ein). Wir möchten zunächst jedes Element des Feldes quadrieren und anschließend mit den resultierenden Werten der Nachbarelemente mitteln (das erste und das letzte Element haben jeweils nur einen Nachbarn). Um eine möglichst optimale Auslastung zu erzielen, teilen wir das Feld in so viele Blöcke auf, wie Prozessorkerne (Threads) vorhanden sind, und lassen jeden Thread einen Block bearbeiten. Zur Vereinfachung nehmen wir an, dass alle Blöcke die gleiche Größe haben. Zwischen der Berechnung der Quadrate und der Mittelwerte synchronisieren wir die Threads mithilfe einer Barriere. Ohne Synchronisation können wir nämlich nicht sicher sein, dass Nachbarelemente, die in einem anderen Block liegen, schon den richtigen Wert haben. Die Berechnung des ersten bzw. letzten Elements bildet einen Sonderfall, den wir durch einen einzelnen Thread behandeln. Listing 3.11 zeigt die Implementierung in Pseudocode.

Ein weiteres Einsatzgebiet von Barrieren sind nachrichtengekoppelte Anwendungen, die typischerweise in zwei sich wiederholende Phasen unterteilt werden. In der ersten Phase finden die eigentlichen Berechnungen statt, und in der zweiten Phase werden die Ergebnisse über das Kommunikationsnetzwerk verteilt. Die Unterscheidung von Berechnung und Kommunikation gleicht einem synchronen Programmiermodell, was die Entwicklung massiv paralleler Anwendungen vereinfacht.

Hinweis

Barrieren sind am effizientesten, wenn die beteiligten Threads annähernd gleich viel Zeit in Anspruch nehmen. Andernfalls sinkt die Effizienz aufgrund von Wartezeiten. Setzen Sie bei stark unterschiedlichen Laufzeiten andere Strategien ein (siehe Kapitel 4).

Barrieren finden auch in fehlertoleranten Systemen Verwendung, um im Fehlerfall den letzten konsistenten Systemzustand wiederherstellen zu können. Dazu werden in die Anwendung sogenannte Checkpoints eingefügt, bei deren Erreichen der aktuelle Zustand gesichert wird. Bei Auftreten eines Fehlers kann dann auf der Basis der gesicherten Daten weitergearbeitet werden. Durch den Einsatz von Barrieren kann bei Erreichen eines Checkpoints sichergestellt werden, dass

```
void compute(int[] x, int y[], int from, int to, Barrier b) {
  // quadriere die Feldelemente
  for(int i = from; i < to; i++) {
    x[i] = x[i] * x[i];
  }
  // warte, bis auch alle anderen Threads fertig sind
  bool single = b.wait();
  // berechne die Mittelwerte
  for(int i = max(from, 1); i < min(to, SIZE-2); i++) {
    y[i] = (x[i-1] + x[i] + x[i+1]) / 3.0;
  }
  // nur ein Thread berechnet y[0] und y[SIZE-1]
  if(single) {
    y[0] = (x[0] + x[1]) / 2.0;
    y[SIZE-1] = (x[SIZE-2] + x[SIZE-1]) / 2.0;
  }
  // warte, bis auch alle anderen Threads fertig sind
  b.wait();
}

void main() {
  assert(SIZE % THREADS == 0);
  int blocksize = SIZE / THREADS;
  double x[SIZE], y[SIZE];
  // ... initialisiere x
  Thread threads[THREADS];
  Barrier b(THREADS);
  for(int i = 0; i < THREADS; i++) {
    threads[i] = createThread(lambda () {
      compute(x, y, i*blocksize, (i+1)*blocksize, b);
    });
  }
  for(int i = 0; i < THREADS; i++) {
    threads[i].join();
  }
  // ... verwende y
}
```

Listing 3.11 *Beispiel für die Synchronisation mittels Barrieren*

sich das System in einem klar definierten Zustand befindet. Ein probates Mittel, um Fehler zu erkennen, ist, eine Berechnung durch mehrere Threads ausführen zu lassen und die Ergebnisse anschließend zu vergleichen. Auch hierfür leisten Barrieren wertvolle Hilfe, indem sie den Vergleich erst dann anstoßen, wenn alle Ergebnisse vorliegen.

3.2.8 Einmalige Ausführung

Kommen wir zu einer Methode, die es erlaubt, eine bestimmte Aktion nur einmal auszuführen (engl. *call once*). Das ist unter anderem bei der verzögerten Initialisierung großer Datenstrukturen nützlich. Deshalb findet man vergleichbare Methoden auch unter den Begriffen *lazy initialization* und *one-time initialization*. Dabei möchte man erreichen, dass eine Datenstruktur bzw. ein Objekt erst dann initialisiert wird, wenn es auch wirklich gebraucht wird. Zudem muss natürlich sichergestellt sein, dass die Initialisierung höchstens einmal erfolgt. Listing 3.12 zeigt eine einfache Implementierung.[10]

```
class CallOnce {
private:
  bool initialized = false;
  Mutex m;
public:
  void call(Function<void, void> function) {
    ScopedLock s(m);
    if(!initialized) {
      function();
      initialized = true;
    }
  }
}
```

Listing 3.12 *Einmalige Ausführung einer Funktion*

Es gibt verschiedene Möglichkeiten, diese Implementierung zu optimieren, z. B. mithilfe atomarer Operationen, auf die wir im nächsten Abschnitt eingehen, oder durch *Double-Checked Locking*. Letzteres sehen wir in Listing 3.13. Die Speicherbarriere nach dem Aufruf der Funktion ist wichtig, da sonst durch Umsortierungen `initialized` schon auf `true` gesetzt werden könnte, bevor die Ausführung der Funktion beendet ist. Andere Threads würden in diesem Fall in der Annahme aus `call` zurückkehren, dass die Funktion bereits ausgeführt sei, was aber nicht der Fall sein muss.[11] Ein Vorteil von Double-Checked Locking ist die schnelle Abarbeitung des Standardfalls: `call` wurde schon einmal aufgerufen, und `initialized` hat den Wert `true`. In diesem Fall muss der Mutex nicht gesperrt werden.

Listing 3.14 zeigt ein Beispiel für die verzögerte Initialisierung mittels einmaliger Ausführung. Die Klasse `Array` kapselt Zugriffe auf ein Feld beliebigen Typs. Entscheidend ist, dass die Methode `initialize` nur beim ersten Aufruf

[10] Zum Typ `Function` siehe Kasten auf Seite 25.

[11] Das Sperren und Freigeben des Mutex `m` impliziert ebenfalls eine Speicherbarriere. So ist sichergestellt, dass die Funktion nicht mehrfach aufgerufen wird.

```
class CallOnce {
private:
  bool initialized = false;
  Mutex m;
public:
  void call(Function<void, void> function) {
    if(!initialized) {
      ScopedLock s(m);
      if(!initialized) {
        function();
        memoryBarrier(); // wichtig!
        initialized = true;
      }
    }
  }
}
```

Listing 3.13 Einmalige Ausführung mittels Double-Checked Locking

von `getElement` oder `setElement` ausgeführt wird. Alle weiteren Aufrufe können dann direkt auf das Feld zugreifen.

```
class Array<Type> {
private:
  Type array[SIZE];
  CallOnce callOnce;
  void initialize() {
    for(int i = 0; i < SIZE; i++) {
      array[i] = ... // Initialisierung
    }
  }
public:
  Type getElement(int index) {
    callOnce.call(lambda () {initialize();});
    return array[index];
  }
  void setElement(int index, Type value) {
    callOnce.call(lambda () {initialize();});
    array[index] = value;
  }
}
```

Listing 3.14 Beispiel für verzögerte Initialisierung mittels einmaliger Ausführung

3.2.9 Atomare Operationen

Synchronisationsoperationen wie das Sperren eines Mutex sind tendenziell zeitaufwendige Operationen, auch wenn der Aufwand stark von der jeweiligen Implementierung abhängt. Sobald der Scheduler des Betriebssystems involviert wird, muss in den Betriebssystemkern gesprungen werden, was verhältnismäßig lange dauert. Hinzu kommen die Kosten für Kontextwechsel, die durch das Schlafenlegen und Aufwecken der beteiligten Threads entstehen. Wenn zum Beispiel der durch einen Mutex geschützte kritische Abschnitt eher klein ist, kann es passieren, dass der Aufwand für die Synchronisation den Aufwand für den eigentlichen Zugriff auf die gemeinsame Ressource bei Weitem übersteigt.

Atomare Operationen können in solchen Fällen Abhilfe schaffen. Sie bilden das Herzstück nichtblockierender Algorithmen bzw. Datenstrukturen (siehe Abschnitt 5.1.4) und sind in vielen Fällen effizienter als klassische Synchronisationsmechanismen. Allerdings sind sie in der Regel auf primitive Datentypen wie ganze Zahlen und Gleitkommazahlen beschränkt. Voraussetzung für den Einsatz atomarer Operationen ist eine Unterstützung durch die Hardware. Die meisten modernen Prozessoren bieten eine solche Unterstützung an, wenn auch in unterschiedlicher Form. Für den Benutzer ist dies in der Regel jedoch nicht von Belang, da die gängigen Programmiersprachen und Bibliotheken von den Eigenschaften der Hardware abstrahieren.

Die Grundlage atomarer Operationen bilden kombinierte Schreib- und Lesezugriffe, die ununterbrechbar sind. Eine atomare Operation wird also immer »am Stück« ausgeführt. Wie wir in Abschnitt 3.1.1 gesehen haben, gilt dies selbst für einfache Operationen wie das Inkrementieren einer Variable nicht unbedingt. Aus logischer Sicht ist eine atomare Operation vergleichbar mit einem kritischen Abschnitt, der durch einen Mutex o. Ä. geschützt ist. Allerdings lassen sich komplexe Berechnungen nicht als Ganzes in atomare Operationen packen. Dazu bedarf es ausgefeilter Algorithmen, die auf relativ einfachen Operationen aufbauen [27].

In der Literatur sind verschiedene Formen atomarer Operationen beschrieben, von denen wir im Folgenden zwei häufig verwendete herausgreifen, nämlich Fetch-and-Add (dt. *hole und addiere*) und Compare-and-Swap (kurz CAS, dt. *vergleiche und tausche*). Eine ausführlichere Aufstellung atomarer Operationen ist in [56] zu finden. Die Fetch-and-Add-Operation nimmt einen ganzzahligen Wert entgegen und addiert diesen dem Inhalt einer Variable auf. Als Rückgabe liefert sie den ursprünglichen Wert der Variable zurück. Die CAS-Operation nimmt zwei Argumente entgegen, einen erwarteten und einen gewünschten Wert. Wenn die Variable den erwarteten Wert beinhaltet, wird dieser mit dem gewünschten Wert überschrieben, andernfalls bleibt die Variable unverändert. Die meisten Implementierungen geben Erfolg (Wert wurde getauscht) oder Misserfolg (Variable enthielt nicht den erwarteten Wert) als booleschen Wert zurück. Listing 3.15 zeigt die Semantik der beiden Operationen in Pseudocode.

```
class Atomic<Type> {
private:
  Type value;
public:
  Type fetchAndAdd(Type x) {
    Type old = value;
    value += x;
    return old;
  }
  bool compareAndSwap(Type expected, Type desired) {
    if(value == expected) {
      value = desired;
      return true;
    }
    return false;
  }
}
```

***Listing 3.15** Semantik ausgewählter atomarer Operationen*

Man beachte, dass atomare Operationen natürlich nicht wie in Listing 3.15 gezeigt implementiert werden können, da der Compiler daraus eine unterbrechbare Sequenz von Maschinenbefehlen generieren würde. Stattdessen muss man, sofern in der jeweiligen Sprache überhaupt möglich, mithilfe spezieller Compileranweisungen oder durch den Einsatz von Assemblerbefehlen direkt von den Fähigkeiten des Prozessors Gebrauch machen [24]. Von eigenen Implementierungen sei an dieser Stelle jedoch abgeraten. Stattdessen sollten bestehende Bibliotheken eingesetzt werden, die von den technischen Details des Compilers und der Zielplattform abstrahieren. Neben der Portabilität sorgen solche Bibliotheken zudem für die korrekte Einhaltung von Speicherbarrieren (siehe Abschnitt 2.3.1). Im Folgenden gehen wir davon aus, dass alle atomaren Operationen einschließlich einfacher Schreib- und Lesezugriffe eine implizite Speicherbarriere beinhalten.[12]

Falls eine bestimmte Operation nicht zur Verfügung steht, kann man versuchen, sie auf eine andere zurückzuführen. Die Fetch-and-Add-Operation lässt sich beispielsweise mittels `compareAndSwap` leicht nachbilden:

```
Type fetchAndAdd(Type x) {
  Type old;
  do {
    old = value;
  } while(!value.compareAndSwap(old, old+x));
  return old;
}
```

[12] Nicht alle Implementierungen atomarer Operationen implizieren eine Speicherbarriere. Um Fehler zu vermeiden, muss das für die verwendete Implementierung geklärt werden.

Die Schleife ist notwendig, da zwischen dem Lesen des alten Werts von `value` und dem Aufruf von `compareAndSwap` ein anderer Thread `value` verändern kann. In diesem Fall schlägt die CAS-Operation fehl und muss wiederholt werden. Dieses Schema ist typisch für atomare Operationen. Wann immer sich eine Operation nicht in einem Schritt durch den Prozessor ausführen lässt, kann man versuchen, sie so aufzubrechen, dass nur das Zurückschreiben des Ergebnisses atomar erfolgt. Dabei muss man in Form einer Schleife überprüfen, ob die Operation erfolgreich ausgeführt werden konnte. Falls ein anderer Thread den Wert in der Zwischenzeit verändert hat, muss die Operation wiederholt werden. Auf den ersten Blick erscheint dies ziemlich ineffizient, zumal es keine Garantie dafür gibt, dass die umgebende Schleife terminiert. In der Praxis sind jedoch meist nur wenige Iterationen vonnöten, um eine Operation erfolgreich abzuschließen. Problematisch kann diese Vorgehensweise jedoch dann werden, wenn ein anderer Thread unbemerkt den Wert von A auf B und anschließend wieder auf A ändert. Dieses als ABA-Problem bezeichnete Phänomen tritt vor allem bei der nichtblockierenden Synchronisation in Datenstrukturen auf (siehe Abschnitt 5.1.4).

Listing 3.16 zeigt den Einsatz der Fetch-and-Add-Operation am Beispiel eines Erzeuger-Verbraucher-Problems. Bei dieser Implementierung können mehrere Threads durch Aufruf der `produce`-Methode neue Elemente erzeugen. Das Verbrauchen der Elemente geschieht in der Methode `consume`, die automatisch in einem eigenen Thread aufgerufen wird, wenn zu verbrauchende Elemente vorhanden sind. Dazu benutzen wir einen Threadpool (siehe Abschnitt 2.1.3), um nicht immer neue Threads erzeugen zu müssen.

```
class ProducerConsumer {
private:
  Atomic<int> count(0);
  ThreadPool threadPool;
public:
  void produce() {
    // ... erzeuge ein Element
    if(count.fetchAndAdd(1) == 0) {
      threadPool.execute(lambda () {consume();});
    }
  }
  void consume() {
    do {
      // ... verbrauche ein Element
    } while(count.fetchAndAdd(-1) > 1);
  }
}
```

Listing 3.16 *Erzeuger-Verbraucher-Problem mit atomaren Operationen*

Die Variable `count` speichert die Anzahl der erzeugten, aber noch nicht verbrauchten Elemente. Nach dem Erzeugen eines Elements wird `count` durch Aufruf von `fetchAndAdd` inkrementiert und `consume` gestartet, sofern `count` den Wert null hatte. Im Gegenzug wird in der `consume`-Methode `count` nach jedem verbrauchten Element dekrementiert, solange noch Elemente vorhanden sind. Durch die Verwendung atomarer Operationen ist sichergestellt, dass sich die Threads beim Abfragen bzw. Aktualisieren von `count` nicht in die Quere kommen und keine *lost updates* auftreten können (siehe Abschnitt 3.1.1). Zugriffe auf die Elemente können natürlich trotzdem zu Konflikten führen. Deshalb muss man den Transfer der Elemente vom Erzeuger zum Verbraucher ggf. separat synchronisieren.

Das obige Beispiel zeigt, dass man auch ohne aufwendige Synchronisationsmechanismen auskommen kann. Allerdings haben atomare Operationen einen Haken: Die meisten Werkzeuge zur Analyse paralleler Programme können Konflikte nur dann ausschließen, wenn kritische Abschnitte durch Synchronisationsmechanismen des Betriebssystems geschützt sind (siehe Abschnitt 3.3.1). Nach dem aktuellen Stand der Technik werden atomare Operationen und eigens entwickelte Synchronisationsmechanismen in der Regel nicht berücksichtigt.

Hinweis

Bedenken Sie vor der Parallelisierung, dass atomare Operationen den Einsatz von Analysewerkzeugen erschweren.

3.2.10 Spinlocks

Wenn die Wartezeit beim Betreten eines kritischen Abschnitts nur kurz ist, kann aktiv auf die Freigabe der Sperre gewartet werden (engl. *busy waiting*). Auf diese Weise lässt sich der bei klassischen Synchronisationsmechanismen entstehende Aufwand vermeiden. Solche Sperren werden als *Spinlocks* bezeichnet, da sich wartende Threads so lange »im Kreis drehen«, bis die Sperre wieder frei ist.

Um wechselseitigen Ausschluss sicherzustellen, genügt eine boolesche Variable, die angibt, ob sich ein Thread in dem kritischen Abschnitt befindet. Beim Betreten des kritischen Abschnitts wird die Variable auf `true` gesetzt und beim Verlassen auf `false`. Wenn ein Thread versucht, einen kritischen Abschnitt zu betreten, dessen Variable den Wert `true` hat, muss er warten. Listing 3.17 zeigt die prinzipielle Vorgehensweise.

Diese Implementierung ist so jedoch nicht korrekt, da zwischen der `while`-Schleife und dem Setzen der Variable `locked` ein anderer Thread ebenfalls versuchen kann, den kritischen Abschnitt durch Aufruf der `lock`-Methode zu sperren. Infolgedessen würden beide Threads `locked` auf `true` setzen und den kritischen Abschnitt betreten. Außerdem ist nicht sichergestellt, dass verschiedene

```
class Spinlock {
private:
  bool locked(false);
public:
  void lock() {
    while(locked) {} // aktives Warten (spinning)
    locked = true;
  }
  void unlock() {
    locked = false;
  }
}
```

Listing 3.17 Prinzipielle Vorgehensweise bei der Implementierung von Spinlocks

Threads den gleichen Wert von `locked` »sehen« (Speichermodell). Mithilfe der CAS-Operation lässt sich das Problem leicht lösen. Dazu deklarieren wir die Variable `locked` als atomar und ändern die `lock`-Methode wie folgt ab:

```
void lock() {
  while(!locked.compareAndSwap(false, true)) {}
}
```

Viele Implementierungen prozesslokaler Sperren nutzen eine Kombination aus Spinlocks und Mutexen, um die Vorteile beider Ansätze zu vereinen. Dazu wird zunächst mithilfe eines Spinlocks für eine begrenzte Zeit gewartet. Wenn die Sperre innerhalb dieses Zeitraums nicht freigeworden ist, erfolgt ein Betriebssystemaufruf, der den Thread schlafen legt. Auf diese Weise können kurze Wartezeiten effizient überbrückt werden, während lange Wartezeiten nicht unnötig Rechenzeit in Anspruch nehmen. Eine andere Möglichkeit ist, die Kontrolle nach Ablauf der Wartezeit abzugeben (engl. *yield*). Dadurch wird das aktive Warten für den Rest der aktiven Zeitscheibe unterbrochen. Damit kann ein anderer Thread die verfügbaren Ressourcen sinnvoll nutzen. Solche Verfeinerungen klassischer Spinlocks lassen sich auch auf Einprozessorsystemen guten Gewissens einsetzen. Abschließend sei darauf hingewiesen, dass Spinlocks nicht auf wechselseitigen Ausschluss beschränkt sind, sondern beispielsweise auch für die Implementierung von Lese-/Schreibsperren eingesetzt werden können.

Hinweis

Spinlocks lohnen sich nur dann, wenn die Wartezeit kürzer ist, als ein Wechsel in das Betriebssystem (und zurück) dauern würde. Insbesondere auf Single-Core-Prozessoren sind sie mit Vorsicht anzuwenden, da aktives Warten auch alle anderen Threads mit niedrigerer Priorität blockiert.

3.3 Fallstricke und Richtlinien

In den vorhergehenden Abschnitten haben wir verschiedene Synchronisationsmechanismen kennengelernt und an einigen Stellen schon gesehen, dass ihr Einsatz nicht immer einfach ist. Darüber hinaus gibt es eine Reihe weiterer Klippen, die bei der Synchronisation zu umschiffen sind. Dazu gehören typische Fehler wie Verklemmungen, aber auch Probleme, die die Geschwindigkeit eines parallelen Programms beeinträchtigen. Im Folgenden haben wir einige solcher Fallstricke zusammengefasst und geben Hinweise darauf, wie man diese vermeiden kann.

3.3.1 Konflikterkennung

Auf ein Grundproblem bei der Entwicklung paralleler Software, die Entstehung von Konflikten, sind wir in Abschnitt 3.1 bereits eingegangen. Wie aber kann man Konflikte erkennen? Synchronisationsmechanismen wie Scoped Locking und Monitore schützen uns zwar davor, dass eine Sperre versehentlich nicht freigegeben wird, aber nicht davor, dass eine Sperre gar nicht erst angefordert wird. Grundsätzlich sollten parallele Programme – wie sequenzielle auch – natürlich ausgiebig getestet werden. Für den Test sollte die Hardware unbedingt parallel arbeiten, da viele Konflikte auf Rechnern mit nur einem Prozessorkern unentdeckt bleiben. Trotz dieser Maßnahme kann es passieren, dass so mancher Fehler aufgrund der asynchronen Ausführung der Threads »durch das Sieb fällt«. Aus diesem Grund empfiehlt es sich, spezielle Werkzeuge für die Erkennung von Konflikten einzusetzen. Grundsätzlich unterscheidet man dabei zwischen *statischen* und *dynamischen* Analyseverfahren [3, 47].

Bei statischen Verfahren wird der Quelltext eines Programms eingelesen und auf potenzielle Konflikte untersucht. Dazu werden verschiedene Datenstrukturen aufgebaut, die den Programmfluss und die Datenabhängigkeiten zwischen den Teilen des Programms repräsentieren. Allerdings ist es nicht immer möglich, alle Pfade, die ein Programm durchläuft, exakt zu bestimmen. Ein Grund dafür ist, dass die möglichen Eingabedaten in der Regel nicht genau bekannt sind. Deshalb führen statische Analysewerkzeuge eine Art Überabschätzung durch, die unter Umständen Pfade umfasst, die nie durchlaufen werden. Eine Folge davon sind *False Positives*, also Meldungen über vermeintliche Fehler, die in Wirklichkeit gar nicht auftreten können. Die Qualität statischer Analysewerkzeuge steht und fällt deshalb mit der Fähigkeit, solche »Fehlalarme« auf ein Minimum zu reduzieren.

Das Grundprinzip dynamischer Verfahren ist mit dem Profiling vergleichbar, indem das ausführbare Programm vor der Analyse zunächst instrumentiert wird, um zur Laufzeit Informationen über den Programmablauf gewinnen zu können. Anschließend wird das Programm für eine gegebene Menge von Eingabedaten ausgeführt. Dabei wird protokolliert, welche Threads zu welchem Zeitpunkt auf gemeinsame Daten zugreifen. Anhand der gesammelten Informationen kann dann festgestellt werden, ob mehrere Threads ohne Synchronisation auf gemeinsame

Daten zugreifen. Dafür ist es nicht erforderlich, dass die Zugriffe gleichzeitig stattfinden und tatsächlich ein Konflikt entsteht. Bei den dynamischen Verfahren kann es jedoch passieren, dass ein potenzieller Konflikt nicht erkannt wird, weil der entsprechende Pfad nicht durchlaufen wurde (*False Negative*). Entscheidend für die Aussagekraft der Ergebnisse ist deshalb eine möglichst repräsentative Sammlung von Testdaten.

Beiden Ansätzen ist gemein, dass die Analysewerkzeuge die zugrunde liegenden Operationen für die Threadverwaltung und die Synchronisation kennen müssen. In der Regel sind das die vom Betriebssystem bzw. der Programmiersprache zur Verfügung gestellten Funktionen. Ohne Kenntnis dieser Funktionen und deren Semantik sind die Werkzeuge nicht in der Lage, zu entscheiden, ob ein Konflikt vorliegt. Das bedeutet, dass selbst entwickelte oder von Drittanbietern stammende Implementierungen zu *False Positives* führen. Dies gilt meist auch für atomare Operationen, weshalb ein korrekt synchronisiertes Programm mitunter zu einer langen Liste von Fehlermeldungen führt. Aus diesem Grund sollte man vor der Verwendung eines Analysewerkzeugs abklären, ob es die eingesetzten Funktionen für die Threadverwaltung und die Synchronisation unterstützt.

Um einen Eindruck von der Konflikterkennung in der Praxis zu bekommen, werfen wir einen kurzen Blick auf Helgrind, einem dynamischen Analysewerkzeug für Linux und Mac OS X aus der Valgrind-Sammlung[13]. Listing 3.18 zeigt ein mit POSIX-Threads (siehe Abschnitt 8.1) implementiertes Beispielprogramm in C, bei dessen Ausführung es zu einem Konflikt kommen kann. Die Ursache dafür ist, dass sowohl in `main` als auch in der Funktion `fun`, die in einem eigenen Thread abläuft, ohne Synchronisation auf die Variable `x` zugegriffen wird.

Abbildung 3.8 zeigt einen Ausschnitt aus den Analyseergebnissen von Helgrind für das obige Programm (Speicheradressen wurden der Übersichtlichkeit halber weggelassen). Wie der Ausgabe zu entnehmen ist, gibt es zwischen dem Lesezugriff in Zeile 15 (`x++`) und dem Schreibzugriff in Zeile 7 (`x = 1`) einen potenziellen Konflikt. Es gibt auch komfortablere Werkzeuge, welche die Ergebnisse in aufbereiteter Form mit einer grafischen Benutzeroberfläche zur Verfügung stellen.

```
Possible data race during read of size 4 at [...] by thread #1
   at [...]: main (beispiel.c:15)
 This conflicts with a previous write of size 4 by thread #2
   at [...]: fun (beispiel.c:7)
```

Abbildung 3.8 *Ergebnis der dynamischen Analyse mit Helgrind*

Zusammenfassend kann man sagen, dass statische Analysewerkzeuge in dem Sinne sicher sind, dass sie im Prinzip jeden möglichen Konflikt entdecken, unabhängig von den zur Verfügung stehenden Testdaten. Allerdings ist die Bezeichnung *statische Analyse* ein dehnbarer Begriff, unter den auch Werkzeuge fallen,

[13] *http://valgrind.org/*

```
#include <stdlib.h>
#include <pthread.h>

int x = 0;

void* fun(void* args) {
  x = 1;
  return NULL;
}

int main(int argc, char* argv[]) {
  pthread_t thread;
  // Führe die Funktion fun in einem eigenen Thread aus
  pthread_create(&thread, NULL, &fun, NULL);
  x++;
  pthread_join(thread, NULL);
  return(EXIT_SUCCESS);
}
```

Listing 3.18 Beispielprogramm für die dynamische Analyse von Konflikten

die den Quelltext lediglich auf Einhaltung bestimmter Muster und Programmierrichtlinien überprüfen. Solche Werkzeuge sind zwar hilfreich, können aber nicht alle Konflikte erkennen. Neben der Sicherheit sind die Kosten, die Geschwindigkeit und natürlich die Unterstützung der gewählten Programmiersprache wichtige Entscheidungskriterien bei der Wahl eines geeigneten Werkzeugs. Werkzeuge für die dynamische Analyse sind meist günstiger als statische Analysewerkzeuge, allerdings verlangsamt die Instrumentierung des Programms die Ausführung mitunter erheblich. Sie funktionieren jedoch auch für Programme in Sprachen wie C/C++ zuverlässig, die aufgrund von Zeigerarithmetik etc. nur schwer statisch zu analysieren sind. Ein weiteres Entscheidungskriterium ist der Funktionsumfang. So eignen sich einige Analysewerkzeuge zum Beispiel auch für das Auffinden von Verklemmungen, die wir im nächsten Abschnitt behandeln.

3.3.2 Verklemmungen

Eine Verklemmung (engl. *deadlock*) liegt unter anderem dann vor, wenn zwei Threads darauf warten, dass der jeweils andere eine Sperre freigibt [55]. Abbildung 3.9 zeigt ein Beispiel mit zwei Mutexen `m1` und `m2`. Thread 1 sperrt zunächst `m1` und versucht danach, auch `m2` zu sperren. Da `m2` aber schon durch den zweiten Thread gesperrt wurde, muss Thread 1 warten. Nun versucht Thread 2, den Mutex `m1` zu sperren. An dieser Stelle wird auch Thread 2 schlafen gelegt, da Thread 1 die Sperre auf `m1` weiterhin hält. Da so keiner der beiden Threads den Mutex freigeben kann, werden sie nie wieder aufgeweckt. Das Tückische an Verklemmungen ist, dass sie ebenso wie Konflikte nur dann auftreten, wenn die darin involvierten Operationen in einer ungünstigen Reihenfolge ausgeführt werden. Selbst wenn ein Programm einen Testfall mehrfach erfolgreich durchlaufen hat, kann eine weitere Ausführung mit denselben Eingabedaten in einer Verklemmung enden.

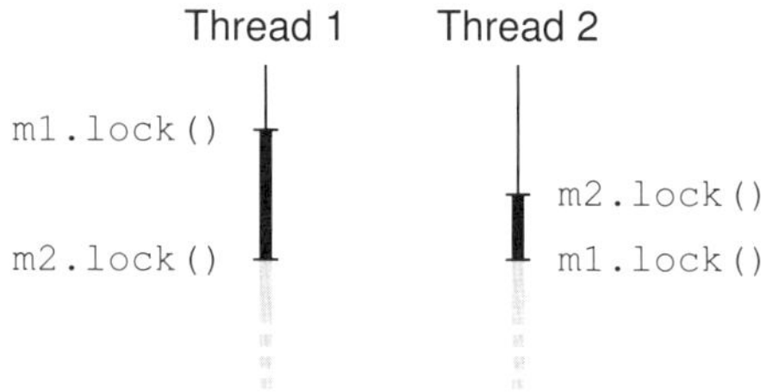

Abbildung 3.9 *Beispiel für eine Verklemmung mit zwei Threads*

Was wir in dem Beispiel für zwei Threads gesehen haben, gilt in ähnlicher Weise auch für mehrere Threads, die sich in Form eines »Teufelskreises« gegenseitig blockieren. Damit eine Verklemmung eintreten kann, müssen im Allgemeinen folgende Voraussetzungen erfüllt sein [14]:

- Der Zugriff auf gemeinsame Ressourcen ist exklusiv.
- Threads fordern weitere Sperren an, während sie andere Sperren halten.
- Threads werden nicht gezwungen, Sperren freizugeben.
- Zwischen mindestens zwei Threads besteht eine zirkuläre Abhängigkeit.

Verklemmungen lassen sich vermeiden, indem mindestens eine dieser Voraussetzungen eliminiert wird. Im Folgenden stellen wir zwei praxistaugliche Ansätze vor, mit denen die Gefahr von Verklemmungen gebannt werden kann.

Der erste Ansatz zielt darauf ab, zirkuläre Abhängigkeiten zu beseitigen. Dazu werden die Sperren immer in derselben Reihenfolge angefordert. In dem Beispiel aus Abbildung 3.9 können wir die Verklemmung ganz einfach vermeiden, indem wir sicherstellen, dass Thread 2 zuerst `m1` und danach `m2` sperrt. Einige der im zweiten Teil dieses Buches vorgestellten Sprachen und Bibliotheken bieten Konstrukte an, die dafür sorgen, dass Sperren immer in derselben Reihenfolge angefordert werden. Leider sind zirkuläre Abhängigkeiten jedoch oft nicht so einfach gestrickt wie in dem obigen Beispiel. Insbesondere bei großen Softwareprojekten kann es zu Verklemmungen kommen, wenn zwei Komponenten, die von verschiedenen Entwicklern implementiert wurden, sich gegenseitig aufrufen. Aus diesem Grund sollten Sperren freigegeben werden, bevor Code aufgerufen wird, der zu einer zirkulären Abhängigkeit führen kann, zum Beispiel durch Rückruffunktionen oder gemeinsam genutzte Sperren.

Der zweite Ansatz besteht darin, vor dem Eintritt einer Verklemmung einen »Schritt zurückzugehen« (engl. *backoff*) und eine oder mehrere Sperren freiwillig abzugeben. Die Reihenfolge, in der die Sperren angefordert werden, spielt dabei keine Rolle. Listing 3.19 verdeutlicht diese Vorgehensweise für das obige Beispiel. Zunächst sperren wir wie gewohnt den Mutex `m1`. Dann überprüfen wir mithilfe der `tryLock`-Methode, ob `m2` gesperrt werden kann. Falls nicht, geben wir `m1` frei und warten eine bestimmte Zeit, bevor wir einen neuen Versuch starten. Die Wartezeit dient dazu, dem jeweils anderen Thread genügend Zeit zu geben, `m1` zu sperren oder `m2` freizugeben. Idealerweise steigt die Wartezeit mit jedem weiteren Versuch an. So könnten wir mit einer kurzen Zeitspanne beginnen und diese in jeder Schleifeniteration verdoppeln (engl. *exponential backoff*). Ein Nachteil dieses Verfahrens ist, dass es nicht fair ist. Es gibt keine Garantie, dass ein Thread Zugriff auf die gemeinsamen Ressourcen bekommt. Außerdem ist es wegen der Wartezeiten langsamer als das Sperren in einer vorgegebenen Reihenfolge.

```
while(true) {
  m1.lock();
  if(m2.tryLock()) {
    break;
  }
  m1.unlock();
  // ... warte eine bestimmte Zeit
}
// ... kritischer Abschnitt
m2.unlock();
m1.unlock();
```

Listing 3.19 *Beispiel für die Vermeidung von Verklemmungen*

Eine Sonderstellung nehmen rekursive Verklemmungen ein, die auftreten können, wenn ein Thread mehrfach versucht, eine Sperre anzufordern. Typische Szenarien dafür sind rekursive und verschachtelte Funktions- bzw. Methodenaufrufe. Eine Lösung für solche Verklemmungen haben wir bereits in Abschnitt 3.2.1 kennengelernt: rekursive Mutexe (vgl. S. 48). Sie sorgen dafür, dass ein und derselbe Thread einen Mutex mehrfach sperren kann.

Hinweise

- Nutzen Sie die Möglichkeiten der eingesetzten Programmiersprache bzw. Bibliothek zum Sperren mehrerer Mutexe.
- Setzen Sie die Backoff-Strategie oder rekursive Mutexe ein.
- Verwenden Sie Analysewerkzeuge, um Verklemmungen aufzufinden.

Kommen wir zu einem nahen Verwandten des Deadlocks, dem Livelock. Als *Livelock* bezeichnet man eine Situation, in der mehrere Threads fortwährend zwischen verschiedenen Zuständen wechseln, das System als Ganzes aber keine Fortschritte macht. Im Unterschied zu Verklemmungen verharren die Threads bei einem Livelock also nicht in einem Wartezustand, sondern sind weiterhin aktiv. Würden wir in dem Beispiel aus Listing 3.19 keine Pause vor der nächsten Schleifeniteration einlegen, könnte dies zu einem Livelock führen, da in diesem Fall die beteiligten Threads ständig mit dem Sperren und Freigeben der Mutexe beschäftigt sind.

3.3.3 Nichtdeterminismus

Durch wechselseitigen Ausschluss mehrerer Threads werden inkonsistente Zustände vermieden, die beim Zugriff auf gemeinsame Ressourcen entstehen und zu unvorhergesehenen Ergebnissen führen können. Selbst bei korrekter Synchronisation kann es jedoch vorkommen, dass das Ergebnis einer Berechnung von Lauf zu Lauf variiert [37]. Die Ursache dafür ist, dass die Reihenfolge, in der kritische Abschnitte ausgeführt werden, nicht festgelegt ist. Die tatsächliche Ausführungsreihenfolge hängt von verschiedenen Faktoren ab: der Scheduling-Strategie des Betriebssystems, der Auslastung der Hardware, den Eingabedaten etc.

Das Programm in Listing 3.20 verdeutlicht den Einfluss der Reihenfolge auf das Ergebnis einer Berechnung. Wir haben zwei Threads, die auf eine gemeinsame Variable `x` zugreifen (`x` wird mit 0 initialisiert). Der erste Thread multipliziert den Wert von `x` mit 2, der zweite Thread addiert den Wert 1. Die Zugriffe auf `x` sind durch einen Mutex geschützt, sodass Konflikte ausgeschlossen sind. Je nachdem, welcher der beiden Abschnitte zuerst ausgeführt wird, enthält `x` am Ende entweder den Wert 1 oder 2.

Nichtdeterminismus erschwert die Fehlersuche, da es in der Regel nicht praktikabel ist, alle möglichen Ablaufkombinationen der Threads eines Programms zu betrachten. Während es in dem obigen Beispiel nur zwei Möglichkeiten gibt, ist die Anzahl der Ablaufkombinationen in realen Anwendungen sehr groß. Manche Fehler treten zudem nur selten zutage und sind somit durch klassische Testverfahren nur schwer zu finden. Hinzu kommt, dass es ohne geeignete Werkzeuge nahezu unmöglich ist, zu Testzwecken bestimmte Ablaufkombinationen gezielt herbeizuführen.

Hinweis

Achten Sie bei der parallelen Programmierung darauf, dass das Ergebnis einer Berechnung nicht von der zeitlichen Abfolge der einzelnen Operationen abhängt.

```
int x;
Mutex m;

void thread1() {
  m.lock();
  x = x+1;
  m.unlock();
}

void main() {
  x = 0;
  Thread t = createThread(lambda () {thread1();});
  m.lock();
  x = x*2;
  m.unlock();
  t.join();
  assert(x == 1 || x == 2);
}
```

Listing 3.20 *Nichtdeterminismus beim Zugriff auf eine gemeinsame Variable*

3.3.4 Fairness

Synchronisationsoperationen wie Mutexe oder Bedingungsvariablen gibt es in verschiedenen Ausprägungen. Ein wichtiges Unterscheidungsmerkmal ist Fairness. Bei einem fairen Mutex zum Beispiel werden die Threads in einer Warteschlange gespeichert und in der Reihenfolge ihres Eintreffens abgearbeitet. Auf diese Weise ist sichergestellt, dass kein Thread »verhungert«. Bei unfairen Mutexen hingegen kann es zumindest in der Theorie passieren, dass ein einmal schlafen gelegter Thread nie wieder aufgeweckt wird.

Faire Mutexe erfordern jedoch einen höheren Verwaltungsaufwand und sind nicht so effizient wir ihre unfairen Verwandten. Ein Grund dafür ist die Cache-Lokalität. Wenn ein Thread auf einen gesperrten Mutex trifft, wird er am Ende der Warteschlange eingereiht und muss warten, bis er an der Reihe ist. Bei hoher Auslastung kann dies dazu führen, dass die für den Thread relevanten Daten nicht mehr in den Cache-Speichern vorhanden sind, wenn der Thread aufgeweckt wird. Bei einem unfairen Mutex kann ein Thread stattdessen unmittelbar nach der Freigabe des Mutex wieder ausgeführt werden. Dadurch steigt die Wahrscheinlichkeit, dass die benötigten Daten noch im Cache sind. All dies gilt natürlich nicht nur für Mutexe, sondern für die meisten der in Abschnitt 3.2 vorgestellten Synchronisationsmechanismen. Ist man sich nicht sicher, ob eine Synchronisationsoperation fair ist oder nicht, lohnt sich ein Blick in die Dokumentation der Betriebssystem-API bzw. der eingesetzten Bibliothek.

3.3.5 Skalierbarkeit

Neben der Korrektheit spielt die Skalierbarkeit eine entscheidende Rolle bei der Parallelisierung. Leider ist es keine Seltenheit, dass ein mühevoll parallelisiertes Programm auf einem Prozessor mit beispielsweise vier Kernen gerade einmal um den Faktor zwei oder weniger beschleunigt wird. Oftmals ist die parallele Version sogar langsamer als das sequenzielle Programm. Eine der Hauptursachen dafür ist der wechselseitige Ausschluss beim Zugriff auf gemeinsame Ressourcen. Um Konflikte zu vermeiden, müssen die beteiligten Threads vor dem Betreten eines kritischen Abschnitts schließlich so lange warten, bis der kritische Abschnitt frei ist.[14] Der Preis, den man dafür bezahlt, ist eine teilweise Sequenzialisierung des parallelen Programms. Die kritischen Abschnitte bilden somit ein Nadelöhr, das nach dem Amdahl'schen Gesetz (siehe Abschnitt 1.4.5) die Beschleunigung begrenzt.

Diese Form der Sequenzialisierung ist vor allem dann problematisch, wenn in einem Zeitraum mehr Threads auf einen kritischen Abschnitt treffen, als in diesem Zeitraum den Abschnitt passieren können. Dadurch stauen sich die Threads, und die Auslastung des Systems sinkt. Solche Staus können durch die vorübergehende Suspendierung des Threads, der sich gerade in einem kritischen Abschnitt befindet, hervorgerufen werden. Ursachen dafür sind neben gewöhnlichen Unterbrechungen (Interrupts) z. B. Seitenfehler der virtuellen Speicherverwaltung oder der Ablauf der Zeitscheibe des Threads. Da der kritische Abschnitt solange gesperrt bleibt, bilden alle anderen Threads, die ebenfalls den kritischen Abschnitt betreten möchten, eine Schlange (engl. *convoying*). Erst wenn die Ausführung des suspendierten Threads wieder aufgenommen wird, kann dieser die Sperre freigeben und einem anderen Thread Zutritt zu dem kritischen Abschnitt ermöglichen. Abbildung 3.10 veranschaulicht diesen Effekt am Beispiel von zwei Threads.

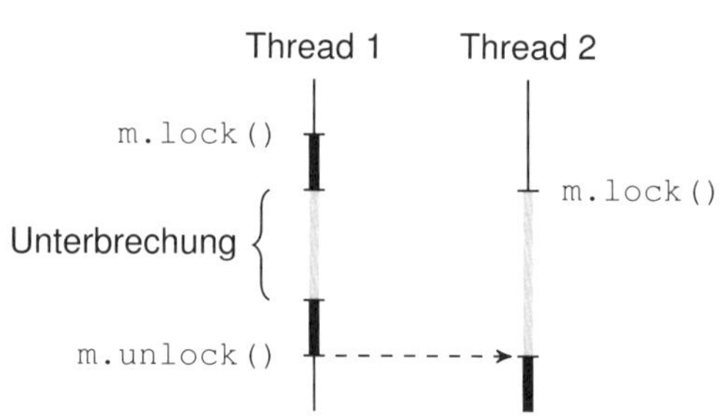

Abbildung 3.10 *Beispiel für Convoying*

Es gibt verschiedene Wege, die Skalierbarkeit eines Programms zu verbessern [2]. Zunächst sollte man versuchen, Synchronisationsoperationen so weit wie möglich

[14]Wenn Threads auf die Freigabe einer Sperre warten, spricht man im Englischen von *lock contention*.

zu eliminieren. Wie aber ist das möglich, ohne Konflikte zu riskieren? Ein Ansatz besteht darin, gemeinsame Ressourcen zu vervielfachen, sodass jeder Thread eine eigene Kopie davon hat. Damit entfällt die Notwendigkeit für die Synchronisation. Wenn wir zum Beispiel mitzählen möchten, wie oft ein bestimmtes Ereignis eintritt, bietet es sich an, für jeden Thread einen eigenen Zähler anstelle eines globalen Zählers anzulegen. Beim Inkrementieren der Zähler kommen wir dann vollständig ohne Synchronisation aus. Ein positiver Nebeneffekt davon ist die höhere Cache-Lokalität, da nicht bei jedem Ereignis alle Cache-Zeilen, die eine Kopie des Zählers beinhalten, aktualisiert werden müssen. Nur wenn wir die Gesamtsumme ermitteln möchten, um zum Beispiel statistische Informationen auszugeben, müssen wir die Werte der einzelnen Zähler aufaddieren.

Falls sich Synchronisationsoperationen nicht gänzlich vermeiden lassen, sollte man zumindest versuchen, die kritischen Abschnitte so feingranular wie möglich zu machen. So ist es oft nicht notwendig, eine Datenstruktur als Ganzes zu sperren, sondern nur in Teilen (siehe Kapitel 5). Auf diese Weise können mehrere Threads auf voneinander unabhängige Teile parallel zugreifen. Bei einer Hashtabelle könnte man beispielsweise für jeden Bucket eine eigene Sperre verwenden, sodass im Idealfall immer nur ein Element gesperrt wird. Die Kehrseite der Medaille ist, dass dadurch der Speicherplatzbedarf steigt. Außerdem muss ein Thread, der auf mehrere Elemente zugreifen möchte, für jedes Element die Synchronisationsoperationen durchlaufen. Aus diesem Grund sollte man Aufwand und Nutzen sorgfältig abwägen.

Oft helfen atomare Operationen (siehe Abschnitt 3.2.9) oder Spinlocks (siehe Abschnitt 3.2.10) anstatt schwergewichtiger, blockierender Synchronisationsmechanismen. Damit lässt sich der Aufwand für Betriebssystemaufrufe und Kontextwechsel vermeiden. In Sprachen wie C++ sind atomare Operationen geradezu prädestiniert für die Implementierung von Referenzzählern. Dabei ist es nicht notwendig, ein Objekt komplett zu sperren. Es genügt, beim Anlegen und Zerstören einer Referenz auf das Objekt den Referenzzähler atomar zu inkrementieren bzw. zu dekrementieren. Allerdings sollte man bedenken, dass jede Form der Synchronisation, ob mit Mutexen oder atomaren Operationen, eine Sequenzialisierung der Zugriffe zur Folge hat. Der Vorteil atomarer Operationen liegt darin, dass die Synchronisation direkt durch die Hardware erfolgt und somit sehr schnell vonstattengeht. Selbst die schnellsten Synchronisationsmechanismen können jedoch keine uneingeschränkte Skalierbarkeit gewährleisten, da sie letztlich immer einen Flaschenhals bilden.

Wenn der Einsatz atomarer Operationen nicht möglich ist, sollte man versuchen, die kritischen Abschnitte möglichst kurz zu halten. Das bedeutet, dass eine Sperre erst unmittelbar vor dem eigentlichen Zugriff auf eine gemeinsame Ressource akquiriert und unmittelbar danach freigegeben werden sollte. Je kürzer ein kritischer Abschnitt ist, desto geringer ist die Gefahr von Convoying. Allerdings verlangsamt die Synchronisation vieler kritischer Abschnitte wiederum das Programm, sodass man die Convoying-Gefahr gegen den Synchronisationsaufwand abwägen muss. Außerdem kann man versuchen, wechselseitigen Ausschluss durch Verwendung von Lese-/Schreibsperren (siehe Abschnitt 3.2.4) dahingehend zu vermeiden, dass mehrere Threads gleichzeitig von einer gemeinsamen Ressource lesen können. Dies lohnt sich jedoch nur dann, wenn Schreibzugriffe selten sind.

Hinweise

- ➔ Eliminieren Sie Synchronisationsoperationen durch Vervielfachung gemeinsamer Ressourcen (threadlokaler Speicher).
- ➔ Partitionieren Sie große Datenstrukturen in kleine Teile und sperren Sie diese separat.
- ➔ Halten Sie eine Sperre nur so lange wie unbedingt notwendig aufrecht.
- ➔ Verzichten Sie auf blockierende Synchronisationsmechanismen zugunsten atomarer Operationen.
- ➔ Verwenden Sie Lese-/Schreibsperren, sofern auf die zu schützende Ressource nur sporadisch schreibend zugegriffen wird.

3.3.6 Threadsicherheit und Wiedereintrittsfähigkeit

Schnittstellen, Datenstrukturen und allgemein Programmteile jeglicher Art sind *threadsicher*, wenn sie von mehreren Threads verwendet werden können, ohne dabei einen inkonsistenten Systemzustand zu riskieren. Im Kontext von Threadsicherheit fällt häufig auch der Begriff Wiedereintrittsfähigkeit (engl. *reentrancy*). Eine Methode (Funktion) ist wiedereintrittsfähig (engl. *reentrant*), wenn sie mehrfach betreten werden kann, bevor sie verlassen wird. Es gibt also Situationen, in denen eine Methode häufiger aufgerufen als mittels `return` verlassen wurde.

Wie unterscheiden sich nun die Begriffe Threadsicherheit und Wiedereintrittsfähigkeit? Threads sind nur eine Möglichkeit, eine Methode mehrfach auszuführen. Wiedereintrittsfähigkeit ist insofern allgemeiner, dass sie sich auf verschiedene Aspekte beziehen kann, zum Beispiel:

- Multithreading
- Unterbrechungen (Hardware Interrupts)
- Rekursive Aufrufe
- Signale (z. B. POSIX Signal Handlers)
- Ausnahmebehandlung (Exception Handlers)

Threadsicherer Code ist also wiedereintrittsfähig bezüglich Multithreading. Wenn Multithreading nicht die einzige Form der Nebenläufigkeit in einem System ist, müssen auch alle anderen Möglichkeiten betrachtet werden. So mögen Methoden, die einen geschützten kritischen Abschnitt enthalten, zwar threadsicher sein, dürfen aber beispielsweise nicht aus Signal-Handlern in POSIX aufgerufen werden. Wird der Signal Handler angesprungen, während sich die Methode in dem kritischen Abschnitt befindet, kommt es zu einer Verklemmung, da der Signal Handler den Abschnitt nicht betreten kann und die Methode ihn nicht freigibt.[15]

Methoden, die Funktionen im mathematischen Sinne sind, also keine Seiteneffekte aufweisen, sind in der Regel wiedereintrittsfähig in allen genannten Fällen. Das sind Methoden, die keine statischen oder globalen Variablen benutzen. Darüber hinaus sind atomare Zugriffe auf gemeinsam genutzte Daten unproblematisch, sofern nicht mehrere dieser Variablen in einem konsistenten Zustand sein müssen.

Das bedeutet, dass Methoden (Funktionen) keinen Zustand von einem Aufruf zum nächsten retten dürfen. Die POSIX-Funktion `strtok` zum Beispiel zerteilt einen String anhand eines vorgegebenen Trennzeichens. Jeder Aufruf liefert den Teilstring bis zum nächsten Trennzeichen zurück (wie der `StringTokenizer` in Java). Die Position des letzten Trennzeichens merkt sich `strtok` in einer statischen Variable, was bei der gleichzeitigen Nutzung durch mehrere Threads mit verschiedenen Strings zu einem undefinierten Verhalten führt. (Bei Java würde man unterschiedliche `StringTokenizer`-Objekte verwenden, die jeweils ihre eigene Position haben.) Aus diesem Grund wurde bei POSIX für derartige Funktionen eine wiedereintrittsfähige Variante mit angehängtem `_r` definiert, z. B. `strtok_r`. Dabei wird Speicher für den Status vom Aufrufer reserviert und als zusätzliches Argument übergeben.

Hinweise

- Achten Sie bei der Verwendung von Bibliotheken darauf, dass diese threadsicher sind. Das gilt für Eigenentwicklungen genauso wie für Open-Source-Bibliotheken und kommerzielle Produkte.
- Threadsicherheit ist keine komponierbare Eigenschaft. Ein Stück Code, das für sich genommen threadsicher ist, kann im Zusammenspiel mit anderen Komponenten wieder »threadunsicher« sein.

3.3.7 Schnittstellenentwurf

Abschließend machen wir einen kurzen Ausflug in den Schnittstellenentwurf. Hintergrund dafür ist, dass sich Änderungen bei der Parallelisierung bestehender Programme nicht nur auf den Schutz kritischer Abschnitte innerhalb der Implementierung einer Klasse beschränken. Die Parallelisierung einzelner Klassen

[15] Im POSIX-Umfeld wird Wiedereintrittsfähigkeit bezüglich Signal-Handlern auch als *async-signal-safe* bezeichnet.

zieht oft auch eine Überarbeitung der Schnittstellen nach sich. Dabei gilt es einige Grundprinzipien zu beachten, deren Vernachlässigung zu schwer auffindbaren Fehlern führen kann.

Zur Erläuterung der Probleme beim Schnittstellenentwurf bemühen wir noch einmal unsere Warteschlange. Bei den bisherigen Implementierungen haben wir in der `dequeue`-Methode zwei Möglichkeiten betrachtet, um auf das Fehlen von Elementen zu reagieren: Entweder es wird eine Ausnahme geworfen, oder der aufrufende Thread wird schlafen gelegt. Vielleicht möchte der Benutzer der Warteschlange aber selbst die Kontrolle darüber übernehmen, was passiert, wenn die Warteschlange leer ist. Die bei sequenziellen Programmen übliche Vorgehensweise besteht darin, eine Methode `isEmpty` zur Verfügung zu stellen, mit der der Benutzer vor dem Aufruf von `dequeue` überprüfen kann, ob die Warteschlange leer ist. Natürlich muss in der `isEmpty`-Methode ebenso wie in den anderen Methoden der Mutex zur Vermeidung von Konflikten gesperrt werden. Der Zugriff auf die Warteschlange durch den Benutzer könnte dann wie folgt aussehen:

```
ConcurrentQueue<int> q;
// ... starte weitere Threads
int x = 0;
if(!q.isEmpty()) {
  x = q.dequeue();
}
// ... verwende x
```

Wie man leicht sieht, ist dieses Programmstück fehlerhaft, da die grau unterlegten Zeilen keinen zusammenhängenden kritischen Abschnitt bilden. Wenn die Warteschlange beispielsweise genau ein Element enthält, könnte nach dem Aufruf von `isEmpty` ein anderer Thread das Element entnehmen, sodass beim Aufruf von `dequeue` die Warteschlange leer ist.

Ein Ansatz zur Lösung dieses Problems ist, die Klasse `ConcurrentQueue` um zwei Methoden zum Sperren und Freigeben des internen Mutex zu erweitern. Um eine korrekte Synchronisation zu gewährleisten, müssen wir das obige Programmstück folgendermaßen anpassen:

```
ConcurrentQueue<int> q;
// ... starte weitere Threads
int x = 0;
q.lock();
if(!q.isEmpty()) {
  x = q.dequeue();
}
q.unlock();
// ... verwende x
```

Vor dem Export von Synchronisationsmechanismen ist jedoch aus zwei Gründen abzuraten. Erstens widerspricht dies dem Prinzip, dass implementierungsabhängige Zugriffe auf interne Datenstrukturen vor dem Benutzer verborgen sein sollten. Die Schnittstellendefinition einer Klasse sollte sich auf die eigentliche Funktionalität beschränken. Zweitens ist die explizite Synchronisation durch den Benutzer eine potenzielle Fehlerquelle, da sie häufig vergessen wird. Hinzu kommt, dass man bei der Parallelisierung bestehender Anwendungen alle Komponenten, die eine bestimmte Klasse verwenden, auf entsprechende Zugriffe durchforsten muss. Es erübrigt sich zu erwähnen, dass zusammenhängende Methodenaufrufe dabei nicht immer einem so einfachen Schema wie dem oben gezeigten folgen.

Für die Schnittstelle unserer Warteschlange wäre es also besser, `isEmpty` und `dequeue` in einer Methode zusammenzufassen. Damit obliegt es der Implementierung dieser Methode, für die korrekte Synchronisation zu sorgen. Die in Listing 3.21 gezeigte Methode `tryDequeue` erledigt genau dies. Wenn die Warteschlange leer ist, liefert die Methode `null` zurück, sonst das erste Element. Durch das Verbergen der Synchronisation erhöhen wir zugleich die Wartbarkeit der Klasse. So können wir sie zu einem späteren Zeitpunkt ohne Änderungen an anderen Programmteilen beispielsweise durch eine nichtblockierende Implementierung austauschen (siehe Abschnitt 5.1.4).

```
class ConcurrentQueue<Type> {
private:
  Queue<Type> q;
  Mutex m;
public:
  // ...
  Type tryDequeue() {
    ScopedLock s(m);
    if(q.isEmpty()) {
      return q.dequeue();
    }
    return null;
  }
}
```

Listing 3.21 *Zugriff auf eine Warteschlange durch Methodenzusammenfassung*

Hinweise

- ➔ Vermeiden Sie die explizite Synchronisation durch den Benutzer einer Klasse.
- ➔ Fassen Sie typische Sequenzen von Methodenaufrufen zusammen und stellen Sie diese in gekapselter Form zur Verfügung.

Leider lassen sich diese Grundregeln in der Praxis nicht immer mit vertretbarem Aufwand einhalten. Wenn es nicht möglich ist, die Synchronisation vollständig zu verbergen, muss der Benutzer sich darum kümmern. Um der damit verbundenen Probleme Herr zu werden, lohnt sich ein Blick auf ein moderneres Konzept für die Synchronisation, den transaktionsbasierten Speicher, auf den wir in Abschnitt 13.3 eingehen.

Ein weiteres Problem stellt die Parameterübergabe sowie die Rückgabe von Objekten dar. Dies betrifft vor allem Sprachen ohne automatische Speicherbereinigung wie C/C++. Programme, die im sequenziellen Fall einwandfrei funktionieren, verursachen bei fehlerhafter Parallelisierung häufig Speicherzugriffsverletzungen. Solche Fehler treten unter anderem dann auf, wenn einer Methode ein Zeiger auf ein Objekt übergeben wird, das Objekt zum Zeitpunkt des Zugriffs aber nicht mehr existiert, da es in der Zwischenzeit von einem anderen Thread gelöscht wurde.

Ein Beispiel: In Abschnitt 3.2.4 haben wir die Klasse `ConcurrentQueue` um die Methode `front` erweitert, die das erste Element in der Warteschlange zurückliefert. Aus Effizienzgründen könnten wir versucht sein, einen Zeiger auf das Element zurückzugeben. In sequenziellen Programmen ist dies kein Problem, da die Methode das Element ja nicht aus der Warteschlange entfernt.[16] Beim Zugriff mehrerer Threads auf die Warteschlange kann es jedoch passieren, dass zwischen dem Aufruf von `front` und der Dereferenzierung des zurückgelieferten Zeigers ein anderer Thread `dequeue` aufruft. Dabei wird das Element, auf das sich der Zeiger bezieht, gelöscht. Infolgedessen kommt es im besten Fall zu einer Speicherzugriffsverletzung, im schlechtesten Fall arbeitet das Programm mit falschen Daten weiter, und der Fehler manifestiert sich erst zu einem späteren Zeitpunkt. Gleiches gilt für die Parameterübergabe. Wenn wir zum Beispiel der Methode `enqueue` einen Zeiger auf das in die Warteschlange einzureihende Element übergeben würden, könnte es passieren, dass das Objekt noch während der Ausführung von `enqueue` gelöscht wird. Solche Situationen können immer dann auftreten, wenn die Lebensdauer eines Objekts nicht an die Lebensdauer der Threads, die auf das Objekt zugreifen, gekoppelt ist.

Hinweise

- → Achten Sie in Sprachen wie C/C++ bei der Parallelisierung auf die Lebensdauer der Objekte.
- → Setzen Sie ggf. intelligente Zeiger (engl. *smart pointers*) ein, die eine automatische Speicherbereinigung ermöglichen.

[16] In C++ werden Objekte häufig per Referenz zurückgegeben. So gibt beispielsweise die Methode `front` der Klasse `queue` aus der Standardbibliothek eine Referenz auf das erste Element in der Warteschlange zurück. Ob eine Methode eine Referenz oder einen Zeiger auf ein Objekt zurückgibt, ist an dieser Stelle unerheblich, die Problematik ist dieselbe.

4 Task- und Datenparallelität

Die Parallelisierung von Anwendungen mithilfe von Threads ist ein mühsames Unterfangen. Man muss viel Zeit investieren, um ein Programm so zu parallelisieren, dass es die verfügbare Rechenleistung effizient ausnutzt. Ein Grund dafür ist, dass die Erzeugung und Verwaltung von Threads einen nicht unerheblichen Aufwand verursacht. Hinzu kommt, dass bei einem Threadwechsel der aktuelle Kontext (Prozessorregister etc.) gesichert und der des auszuführenden Threads wiederhergestellt werden muss. Sind wesentlich mehr Threads rechenbereit als Prozessorkerne vorhanden, kommt es zu einer Überbelegung des Systems, die aufgrund der damit verbundenen Kontextwechsel zu Leistungseinbußen führen kann. Deshalb eignen sich Threads in erster Linie für die Parallelisierung von Anwendungen, die sich in wenige, große Teile zerlegen lassen.

Um das Potenzial von Multicore-Prozessoren ausschöpfen zu können, ist es wünschenswert, Parallelität auf einer feineren Ebene nutzbar zu machen. Zu diesem Zweck bieten aktuelle Programmiersprachen, Bibliotheken bzw. Laufzeitumgebungen zunehmend taskbasierte Programmiermodelle an. Tasks erlauben es, ein Problem in kleine »Häppchen« zu zerlegen und parallel auszuführen. Die Erzeugung eines Tasks ist vergleichsweise einfach und geht je nach Implementierung um bis zu hundertmal schneller vonstatten als die Erzeugung eines Threads. Deshalb sind Tasks auch gut für die Implementierung datenparalleler Algorithmen geeignet, auf die wir in Abschnitt 4.2 eingehen. So lassen sich beispielsweise die Iterationen bestimmter Schleifen in Blöcke zusammenfassen und mithilfe von Tasks parallel ausführen. Zunächst widmen wir uns jedoch den Grundlagen der Taskparallelität.

4.1 Taskparallelität

Ein Task ist durch eine parallel zum Aufrufer ausführbare Einsprungfunktion definiert. In der Regel können dieser Funktion ein oder mehrere Argumente übergeben werden. Darüber hinaus bieten Tasks spezielle Mechanismen zur Synchronisation an. Diese Erweiterungen, zusammen mit einer auf Multicore-Systeme optimierten Implementierung des darunter liegenden Laufzeitsystems, machen Tasks zu einem mächtigen Programmiermodell für parallele Systeme [8, 15].

Ein Vorteil von Tasks ist die bessere Skalierbarkeit: Die meisten mit Tasks parallelisierten Programme lassen sich ohne nennenswerte Anpassungen auf Prozessoren mit unterschiedlich vielen Kernen effizient ausführen, vorausgesetzt dass genügend Parallelität zur Verfügung steht. Skalierbarkeit bedeutet zugleich Zukunftssicherheit. Ein Programm, das für eine bestimmte Prozessorgeneration entwickelt wurde, sollte natürlich auch von zukünftigen Prozessoren profitieren können. Die Programmierung mit Threads ist dagegen meist statisch in dem Sinne, dass eine fest vorgegebene Anzahl von Threads für bestimmte Aufgaben erzeugt wird. Ein Programm, das beispielsweise vier Threads erzeugt, läuft auf einem Prozessor mit acht Kernen bei gleicher Taktfrequenz nicht schneller als auf einem Prozessor mit vier Kernen.

Letztlich werden Tasks üblicherweise wieder auf Threads abgebildet, zumal die gängigen Betriebssysteme keine direkte Unterstützung für Tasks bieten. Die Grundidee dabei ist, für jeden Prozessorkern genau einen Thread anzulegen, der nach Möglichkeit immer auf demselben Kern ausgeführt wird. Auf diese Weise wird die Anzahl der Kontextwechsel auf ein Minimum reduziert. Die Zuweisung von Tasks zu den Threads geschieht zur Laufzeit durch einen sogenannten *Task Scheduler*. Abgesehen von der normalerweise einmaligen Erzeugung und Zerstörung der Threads sind dazu keine Betriebssystemaufrufe notwendig. Abbildung 4.1 zeigt schematisch die Zuordnung von Tasks zu Prozessorkernen.

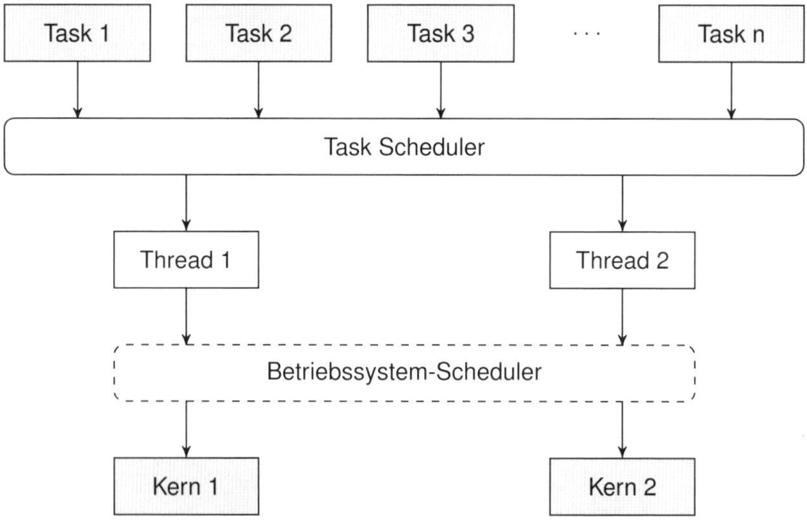

Abbildung 4.1 *Abbildung von Tasks auf die verfügbaren Prozessorkerne*

4.1.1 Erzeugung und Synchronisation von Tasks

Die Erzeugung eines Tasks entspricht dem Einstellen einer Aufgabe in einen Threadpool (siehe Abschnitt 2.1.3). Im Folgenden verwenden wir die Methode `spawn`, um einen Task zu erzeugen. Analog zu `join` bei Threads können wir mittels `wait` auf einzelne Tasks warten. Listing 4.1 zeigt ein einfaches Beispiel für den Umgang mit Tasks. Einige Implementierungen bieten zudem die Möglichkeit, mit nur einem Befehl auf mehrere Tasks zu warten. Wie wir weiter unten sehen werden, kann dies über Aufrufe wie `waitAll` (mit einer Liste von Tasks als Argument), über Eltern-Kind-Beziehungen oder mittels Taskgruppen geschehen. Die jeweilige Umsetzung variiert für verschiedene Sprachen und Bibliotheken. So stellt zum Beispiel Cilk, eine Erweiterung von C, `spawn` und `sync` als eigene Schlüsselwörter zur Verfügung, wobei `sync` auf die zuvor gestarteten Tasks wartet [8].

```
void main() {
  // ... Initialisierung
  // starte einen Task
  Task t = spawn(lambda () {doWork();});
  // ... Hauptprogramm
  // warte auf den Task
  t.wait();
  // ... Aufräumarbeiten
}

doWork() {
  // ... Berechnungen des Tasks
}
```

Listing 4.1 *Arbeiten mit Tasks*

Betrachten wir zum Beispiel die Decodierung von Videoströmen. Ein Strom von Videodaten besteht aus einzelnen Paketen, welche sowohl die Bild- als auch die Toninformationen für einen bestimmten Zeitraum enthalten. Da die Bild- und Toninformationen üblicherweise mit unterschiedlichen Verfahren komprimiert werden, kann die Decodierung parallel erfolgen.

Listing 4.2 zeigt einen vereinfachten Algorithmus für die Decodierung von Videoströmen. Der Algorithmus liest die eingehenden Pakete von einem Strom `e` und schreibt die decodierten Daten in einen Strom `d`. Um die Bild- und Toninformationen parallel decodieren zu können, werden die Methoden `decodeVideo` und `decodeAudio` mittels `spawn` in jeweils einem eigenen Task ausgeführt. Die beiden Aufrufe von `wait` stellen sicher, dass die Daten vor dem Schreiben auf den Ausgabestrom verfügbar sind. Ohne Synchronisation könnte es passieren, dass `v` oder `a` zum Zeitpunkt der Ausführung von `d.write(v, a)` ungültige Daten enthält.

```
EncodedStream e;
DecodedStream d;
// ... Initialisierung
while(!e.end()) {
  Packet p = e.read();
  VideoFrame v;
  AudioFrame a;
  Task tv = spawn(lambda () {v = p.decodeVideo();});
  Task ta = spawn(lambda () {a = p.decodeAudio();});
  tv.wait();
  ta.wait();
  d.write(v, a);
}
```

Listing 4.2 *Parallele Decodierung von Bild- und Toninformationen*

Die parallele Ausführung mehrerer Funktionen bzw. Methoden ist problemlos möglich, wenn diese voneinander unabhängig sind. Vorsicht ist immer dann geboten, wenn sie auf gemeinsame Variablen zugreifen, Ein-/Ausgabeoperationen durchführen oder andere Funktionen (Methoden) aufrufen. In solchen Fällen bedarf die Parallelisierung einer genauen Analyse der Implementierung und ggf. der Verwendung von Synchronisationsoperationen zur Vermeidung von Konflikten. Wir kommen darauf in Abschnitt 4.1.6 zurück. In dem obigen Beispiel muss also sichergestellt sein, dass die Methoden `decodeVideo` und `decodeAudio` nicht ungeschützt auf dieselben Variablen zugreifen. Außerdem dürfen sie keine Seiteneffekte haben, die bei der parallelen Ausführung zu Konflikten führen können.

Tatsächlich ist es nicht notwendig, beide Methoden in jeweils einem eigenen Task auszuführen. Eine parallele Decodierung der Bild- und Toninformationen erreichen wir auch dann, wenn nur für `decodeVideo` ein Task erzeugt wird und `decodeAudio` durch den aktuellen Thread abgearbeitet wird:

```
Task t = spawn(lambda () {v = p.decodeVideo();});
a = p.decodeAudio();
t.wait();
```

Auf diese Weise lässt sich der Mehraufwand für die Taskerzeugung reduzieren, was der Effizienz zugutekommt. Allerdings darf man die beiden Zeilen natürlich nicht vertauschen, da dies einer rein sequenziellen Ausführung gleichkommen würde. Bei den meisten Implementierungen ist der Mehraufwand für die Taskerzeugung jedoch vernachlässigbar. In diesem Buch verwenden wir aus Gründen der Einfachheit und Übersichtlichkeit in der Regel die erste Variante mit jeweils einem `spawn` pro Funktions- bzw. Methodenaufruf.

4.1.2 Parallelisierung rekursiver Algorithmen

Eine nützliche Eigenschaft von Tasks ist die Möglichkeit der verschachtelten Parallelität. Das bedeutet, dass innerhalb eines Tasks weitere Tasks erzeugt werden konnen. Auf diese Weise lassen sich rekursive Algorithmen nach dem »Teile und herrsche«-Prinzip einfach parallelisieren.

Rekursive Tasks

Beginnen wir mit einem einfachen Beispiel, der Berechnung der Fibonacci-Zahlen, die wie folgt definiert sind:

$$
\begin{aligned}
F_0 &= 0 \\
F_1 &= 1 \\
F_n &= F_{n-1} + F_{n-2} \text{ für } n \geq 2
\end{aligned}
$$

Listing 4.3 zeigt die Implementierung eines parallelen Algorithmus nach der obigen Definition. Dieser Algorithmus ist zwar ziemlich ineffizient aufgrund der mehrfachen Berechnung von Teilergebnissen, aber er eignet sich gut für die Illustration der Parallelisierung rekursiver Algorithmen [15]. Die Grundidee ist wie auch bei dem Beispiel im vorigen Abschnitt, die beiden Funktionsaufrufe parallel auszuführen. Das ist in diesem Fall offensichtlich kein Problem, da die beiden Aufrufe voneinander unabhängig sind und `fibonacci` keine Seiteneffekte hat.

```
int fibonacci(int n) {
  if(n < 2) {
    return n;
  }
  int x, y;
  Task t1 = spawn(lambda () {x = fibonacci(n-1);});
  Task t2 = spawn(lambda () {y = fibonacci(n-2);});
  t1.wait();
  t2.wait();
  return x+y;
}
```

Listing 4.3 *Parallele Berechnung der Fibonacci-Zahlen*

Eltern-Kind-Beziehung

Die verschachtelte Erzeugung von Tasks führt zu einer Eltern-Kind-Beziehung, bei der die neu erzeugten Tasks die Kinder des aufrufenden Tasks sind. Einige Implementierungen nutzen diese »Verwandtschaftsbeziehung« zwischen den Tasks und stellen eine Methode `waitForChildren` (o. Ä.) bereit. Dabei müssen die Tasks, auf die gewartet werden soll, nicht explizit angegeben werden. Wie in Listing 4.4 zu sehen, entfällt damit auch die Notwendigkeit für explizite Taskobjekte. Damit die Laufzeitumgebung diese erst gar nicht erzeugt, unterscheiden einige Implementierungen beim Erzeugen der Tasks zwischen »normalen« Tasks und Kind-Tasks. In Listing 4.4 deuten wir das mit der Methode `spawnChild` an, die nichts zurückgibt.[1]

```
int fibonacci(int n) {
  if(n < 2) {
    return n;
  }
  int x, y;
  spawnChild(lambda () {x = fibonacci(n-1);});
  spawnChild(lambda () {y = fibonacci(n-2);});
  waitForChildren();
  return x+y;
}
```

Listing 4.4 *Synchronisation von Kind-Tasks*

Abbildung 4.2 zeigt den Aufrufbaum für die Berechnung von `fibonacci(4)`. Jeder Knoten entspricht dabei einem Funktionsaufruf, wobei die Zahlen in den Knoten den Wert des Parameters `n` angeben. Wie aus der Abbildung ersichtlich ist, umfasst der längste Pfad von der Wurzel zu einem Blatt vier Knoten. Das bedeutet, dass das Ergebnis der Berechnung nach vier Schritten vorliegt, sofern genügend Prozessorkerne zur Verfügung stehen. Demgegenüber benötigt die sequenzielle Ausführung neun Schritte.

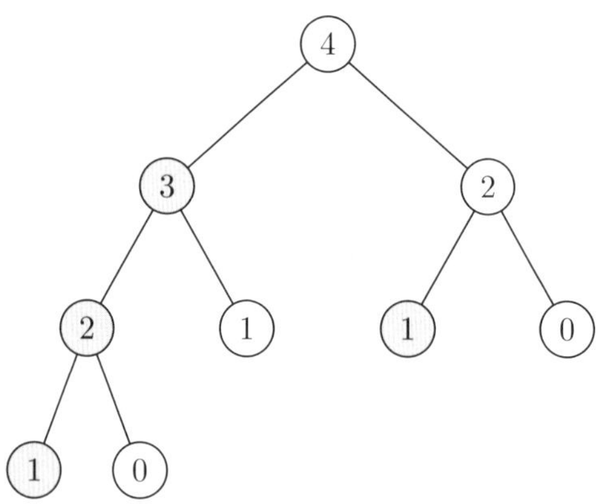

Abbildung 4.2 *Aufrufbaum für die Berechnung von* `fibonacci(4)`

Die Anzahl der erzeugten Tasks lässt sich auch hier wieder reduzieren, indem wir nur für die Berechnung von `fibonacci(n-1)` einen neuen Task erzeugen und

[1] Aus Gründen der Einfachheit gehen wir davon aus, dass es einen impliziten Wurzeltask gibt. In realen Implementierung muss man diesen ggf. explizit erzeugen.

`fibonacci(n-2)` in dem aufrufenden Task berechnen. In diesem Fall wird nur für die grau unterlegten Knoten ein neuer Task erzeugt. Trotz dieser Maßnahme werden für große Werte von `n` sehr viele Tasks erzeugt – in der Regel weit mehr, als Prozessorkerne vorhanden sind. Der Mehraufwand für die Taskerzeugung und -Synchronisation macht den Vorteil der parallelen Ausführung dabei unter Umständen zunichte.

Begrenzen der Rekursionstiefe

Um eine optimale Beschleunigung zu erzielen, genügt es, nur so viele Tasks zu erzeugen, dass alle Prozessorkerne ausgelastet sind. Bei rekursiven Algorithmen ist es deshalb nicht sinnvoll, bis zu den Blättern des Baums immer neue Tasks zu erzeugen. Stattdessen bricht man die parallele Ausführung bei einer gewissen Tiefe ab und berechnet die Teilergebnisse sequenziell. Auf diese Weise wird der Mehraufwand reduziert, ohne die Parallelität über ein sinnvolles Maß hinaus einzuschränken.

Betrachten wir dazu ein realistischeres Beispiel als die rekursive Berechnung der Fibonacci-Zahlen, den Quicksort-Algorithmus [15]. Bei diesem Algorithmus wird das zu sortierende Feld anhand eines Pivotelements zunächst in zwei Teile partitioniert. Ein Teil enthält alle Elemente, die kleiner als das Pivotelement sind, und der andere Teil die Elemente, die größer sind (Elemente, die gleich dem Pivotelement sind, können beliebig verteilt werden). Im zweiten Schritt müssen die beiden Teile sortiert werden. Dazu wird für jeden Teil wieder der Quicksort-Algorithmus aufgerufen. Wenn ein Teil nur noch ein Element enthält, wird die Rekursion abgebrochen.

Listing 4.5 zeigt die parallele Implementierung des Quicksort-Algorithmus (zur Vereinfachung verzichten wir an dieser Stelle auf die Darstellung der Funktion `partition`). Der Algorithmus nimmt eine Referenz auf das Feld sowie den zu sortierenden Bereich in Form eines halboffenen Intervalls `[from, to)` entgegen. Um den Mehraufwand durch die Taskerzeugung zu reduzieren, werden die beiden Aufrufe von `quicksort` nur dann parallel ausgeführt, wenn das zu sortierende Teilfeld mindestens die Größe `k` hat. Es bleibt jedoch die Frage, wie groß `k` in der Praxis sein sollte. Eine Möglichkeit ist, die Größe des Feldes durch die Anzahl der Prozessorkerne zu dividieren. Dabei sollte man eine Reserve einplanen, um Leerlaufzeiten zu vermeiden, die entstehen können, wenn die Tasks unterschiedliche Laufzeiten haben. Bei Quicksort kann es je nach Wahl des Pivotelements nämlich passieren, dass die Teile unterschiedlich groß sind und das Sortieren der Teilfelder somit unterschiedlich viel Zeit in Anspruch nimmt.

Wenn man aus den Parametern der Funktion die Größe der Teilprobleme nicht abschätzen kann, muss man auf andere Heuristiken ausweichen. Ein Ansatz in solchen Fällen besteht darin, die Erzeugung neuer Tasks von der Auslastung des Systems abhängig zu machen. Übersteigt die Anzahl der ausführbereiten Tasks die Anzahl der Prozessorkerne um einen vordefinierten Faktor, wird die

Rekursion abgebrochen. Dieser Ansatz hat den Vorteil, dass er sich dynamisch an das Problem anpasst. Allerdings muss man dazu wissen, wie viele Tasks ausführbereit sind.

```
void quicksort(Type x[], int from, int to) {
  int size = to-from;
  if(size <= 1) {
    return;
  }
  int pivot = partition(x, from, to);
  if(size >= k) {
    spawnChild(lambda () {quicksort(x, from, pivot);});
    spawnChild(lambda () {quicksort(x, pivot+1, to);});
    waitForChildren();
  }
  else {
    quicksort(x, from, pivot);
    quicksort(x, pivot+1, to);
  }
}
```

Listing 4.5 *Parallele Implementierung des Quicksort-Algorithmus*

Unsere Implementierung des Quicksort-Algorithms hat leider noch einen »Schönheitsfehler«: Wir haben nur die rekursive Zerlegung parallelisiert, die Partitionierung der Teilfelder aber nicht weiter betrachtet. Um eine möglichst optimale Beschleunigung zu erreichen, müssen wir dafür Sorge tragen, dass auch die Partitionierung parallel erfolgt. Weiterführende Informationen zu parallelen Sortierverfahren sind in [15, 42] zu finden.

Mehrdimensionale Datenstrukturen

Die Nutzung von Parallelität durch rekursive Zerlegung ist natürlich nicht auf eindimensionale Datenstrukturen beschränkt. Betrachten wir dazu noch ein Beispiel, die Matrizenmultiplikation. Das Produkt C zweier $n \times n$-Matrizen A und B ist wie folgt definiert, wobei c_{ij} das Element in Zeile i und Spalte j der Matrix C angibt (Gleiches gilt für A und B):

$$c_{ij} = \sum_{k=0}^{n-1} a_{ik} \cdot b_{kj}$$

Eine Methode zur Parallelisierung der Matrizenmultiplikation besteht darin, das Problem in mehrere Teilprobleme zu zerlegen. Dazu werden die Matrizen in gleich große Blöcke unterteilt (n muss eine gerade Zahl sein) [15]:

$$\begin{pmatrix} C_{00} & C_{01} \\ C_{10} & C_{11} \end{pmatrix} = \begin{pmatrix} A_{00} & A_{01} \\ A_{10} & A_{11} \end{pmatrix} \cdot \begin{pmatrix} B_{00} & B_{01} \\ B_{10} & B_{11} \end{pmatrix}$$
$$= \begin{pmatrix} A_{00} \cdot B_{00} + A_{01} \cdot B_{10} & A_{00} \cdot B_{01} + A_{01} \cdot B_{11} \\ A_{10} \cdot B_{00} + A_{11} \cdot B_{10} & A_{10} \cdot B_{01} + A_{11} \cdot B_{11} \end{pmatrix}$$

Die Berechnung der Teilprodukte lässt sich nach demselben Schema fortsetzen, sodass wir es mit einem klassischen »Teile und herrsche«-Ansatz zu tun haben. In jedem Task erzeugen wir dazu acht Kind-Tasks, bis die Teilmatrizen klein genug sind. Diese können dann gemäß der oben angegebenen Definition sequenziell multipliziert werden. Als Alternative zur rekursiven Zerlegung kann man auch die Schleifen für die Berechnung der Elemente c_{ij} parallelisieren (siehe Abschnitt 4.2).

4.1.3 Taskgruppen

Angenommen wir haben einen irregulären[2] Baum und möchten für jeden Knoten eine Methode `execute` aufrufen. Im sequenziellen Fall durchlaufen wir dazu den Baum rekursiv von der Wurzel zu den Blättern und rufen für jeden besuchten Knoten die Methode `execute` auf (Listing 4.6).

```
class Tree {
private:
  Node root;
  void traverse(Node node) {
    foreach(Node successor in node.getSuccessors()) {
      traverse(successor);
    }
    node.execute();
  }
public:
  void process() {
    traverse(root);
  }
}
```

Listing 4.6 *Sequenzieller Baumdurchlauf*

In einer parallelen Variante möchten wir nun für jeden Aufruf von `traverse` der Klasse `tree` einen eigenen Task starten, um größtmögliche Parallelität zu erreichen. Das Problem ist nur, dass die Methode `process` sehr schnell zurückkehrt, nämlich wenn alle Tasks gestartet sind. Wir interessieren uns aber für den Zeitpunkt, zu dem alle Tasks ihre Arbeit erledigt haben. Mit den bereits bekannten Konstrukten haben wir zwei Möglichkeiten: Entweder legen wir alle Taskobjekte in einer Liste ab und warten auf diese mittels `waitAll`, oder wir nutzen

[2]Ein Baum heißt irregulär, wenn die Anzahl der Kinder eines Knotens nicht fest ist.

die Eltern-Kind-Beziehung der Tasks und fügen spätestens nach `node.execute()` einen Aufruf von `waitForChildren` ein. Beides führt aber dazu, dass viele Taskobjekte unnötig lange am Leben erhalten werden. Für unser Beispiel genügt es zu wissen, wann *alle* Tasks beendet sind.

Für solche Zwecke bieten einige Sprachen bzw. Bibliotheken *Taskgruppen* als Hilfsmittel an. Im Folgenden beschreiben wir Taskgruppen durch Instanzen einer gegebenen Klasse `TaskGroup`. Diese Klasse verfügt analog zu `spawn` und `wait` für Tasks über gleichnamige Methoden. Die Methode `spawn` nimmt eine Lambda-Funktion entgegen und führt diese in einem neuen Task aus. Der Task wird dabei automatisch der entsprechenden Gruppe hinzugefügt. Die Methode `wait` wartet, bis alle Tasks der Gruppe fertig sind.

Listing 4.7 skizziert die Implementierung des parallelen Baumdurchlaufs. Die Methode `traverse` erzeugt für jeden Nachfolgerknoten einen Task und fügt diesen der Gruppe `group` hinzu. Da `traverse` unmittelbar nach der Ausführung von `execute` zurückkehrt, kann es passieren, dass zu diesem Zeitpunkt noch Teilbäume in Bearbeitung sind. Das ist jedoch kein Problem, da durch den Aufruf von `group.wait()` in der Methode `process` das Ende aller Tasks abgewartet wird.

```
class Tree {
private:
  TaskGroup group;
  Node root;
  void traverse(Node node) {
    foreach(Node successor in node.getSuccessors()) {
      group.spawn(lambda () {traverse(successor);});
    }
    node.execute();
  }
public:
  void process() {
    traverse(root);
    group.wait();
  }
}
```

***Listing 4.7** Paralleler Baumdurchlauf mit Taskgruppen*

Intern besteht `TaskGroup` im Wesentlichen aus einem Zähler, der beim Start eines Tasks in dieser Gruppe inkrementiert und am Ende des Tasks dekrementiert wird. Dadurch kann der Task Scheduler Verwaltungsinformationen von beendeten Tasks freigeben. Auf diese Weise lassen sich sehr große Bäume parallel durchlaufen, wohingegen die Synchronisation mittels Eltern-Kind-Beziehung schnell zu einem Stack-Überlauf führen kann, da die Verwaltungsinformationen eines Tasks so lange erhalten bleiben, bis deren Kinder ihre Arbeit erledigt haben. Auch Tasklisten würden eine immense Größe erreichen.

Die Verwendung einer »globalen« Taskgruppe funktioniert jedoch nur dann, wenn die Tasks voneinander unabhängig sind. Während wir also den Quicksort-Algorithmus aus Abschnitt 4.1.2 auf die gleiche Weise parallelisieren können wie den Baumdurchlauf aus Listing 4.7, ist dies bei der Berechnung der Fibonacci-Zahlen so nicht möglich. Der Grund dafür ist, dass das Ergebnis eines Tasks von den Rückgabewerten der Kind-Tasks abhängt und somit eine Synchronisation erforderlich ist. Dennoch lassen sich Eltern-Kind-Beziehungen leicht mit Taskgruppen nachbilden. Dazu legt man für jede »Generation« eine neue Gruppe an. Der folgende Ausschnitt verdeutlicht dies am Beispiel der Berechnung der Fibonacci-Zahlen (vgl. Listing 4.3):

```
TaskGroup group;
group.spawn(lambda () {x = fibonacci(n-1);});
group.spawn(lambda () {y = fibonacci(n-2);});
group.wait();
```

4.1.4 Spekulation

Die parallele Ausführung von Programmteilen ist in der Regel nur dann möglich, wenn zwischen den Programmteilen keine Abhängigkeiten bestehen. Dies betrifft sowohl Datenabhängigkeiten als auch Abhängigkeiten, die durch den Programmablauf (Kontrollfluss) gegeben sind. Manchmal lässt sich jedoch trotz Abhängigkeiten eine parallele Ausführung der Programmteile erreichen. Betrachten wir dazu das Beispiel in Listing 4.8. Obwohl es auf den ersten Blick unmöglich erscheint, die Funktionen `condition`, `fun1`, `fun2` und `use` parallel auszuführen, können wir eine Beschleunigung erreichen, indem wir beide Pfade der Verzweigung *spekulativ* ausführen. Sobald das Ergebnis des Aufrufs von `condition` vorliegt und beide Zweige abgearbeitet sind, wählen wir den entsprechenden Wert aus und übergeben ihn der Funktion `use`. Diese Form der Spekulation ist natürlich nur dann sinnvoll, wenn die Berechnung der Bedingung nicht trivial ist. Außerdem dürfen `fun1` und `fun2` keine Seiteneffekte haben.

```
Type x;
if(condition()) {
  x = fun1();
} else {
  x = fun2();
}
use(x);
```

Listing 4.8 *Bedingte Ausführung zweier Funktionen*

Listing 4.9 zeigt die Implementierung. Für die Funktionen `fun1` und `fun2` wird jeweils ein Kind-Task erzeugt und parallel zu `condition` ausgeführt. Durch den

Aufruf von `waitForChildren` ist sichergestellt, dass `x1` und `x2` vor der Ausführung der Verzweigung gültige Werte enthalten.

```
Type x1, x2;
spawnChild(lambda () {x1 = fun1();});
spawnChild(lambda () {x2 = fun2();});
bool cond = condition();
waitForChildren();
if(cond) {
  use(x1);
} else {
  use(x2);
}
```

Listing 4.9 *Spekulative Ausführung des Programms aus Listing 4.8*

Die spekulative Ausführung geht immer mit unnötigen Berechnungen einher, da nur die Ergebnisse *eines* Zweigs tatsächlich verwendet werden (die des jeweils anderen Zweigs werden verworfen). Der damit verbundene Mehraufwand kann bei einem voll ausgelasteten System sogar zu einer Verlangsamung führen, da wertvolle Rechenzeit, die für andere Aufgaben verwendet werden könnte, verschwendet wird. Aus diesem Grund sollte man vor dem Einsatz von Spekulation Aufwand und Nutzen sorgfältig abwägen.

Betrachten wir noch einmal das obige Beispiel. Legt man die in Tabelle 4.1 gezeigten Ausführungszeiten zugrunde, benötigt die sequenzielle Implementierung (Listing 4.8) 11 Zeiteinheiten, wenn die Bedingung erfüllt ist, und 9 Zeiteinheiten, wenn die Bedingung nicht erfüllt ist (in beiden Fällen ist die Rechenzeit gleich der Ausführungszeit). Die Ausführungszeit der spekulativen Variante (Listing 4.9) hängt von der Verteilung der Tasks auf die verfügbaren Prozessorkerne ab. Abbildung 4.3 zeigt einen möglichen Ablauf.[3] Die Ausführungszeit beträgt 7 Zeiteinheiten, unabhängig davon, ob die Bedingung erfüllt ist oder nicht (die Rechenzeit erhöht sich auf 14 Zeiteinheiten).

Funktion	Ausführungszeit
`condition`	4 Zeiteinheiten
`fun1`	5 Zeiteinheiten
`fun2`	3 Zeiteinheiten
`use`	2 Zeiteinheiten

Tabelle 4.1 *Ausführungszeiten der Funktionen aus dem Programm in Listing 4.8*

[3] Die weißen Kästchen sind alternativ, d. h., es wird entweder `use(x1)` oder `use(x2)` ausgeführt.

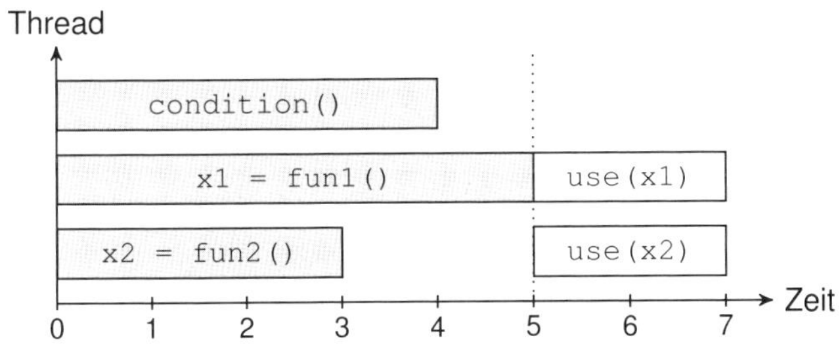

***Abbildung 4.3** Ablauf für das Programm aus Listing 4.9*

Wie in Abbildung 4.3 zu sehen, ist unsere Implementierung noch nicht optimal, da die Funktion `use` erst dann aufgerufen wird, wenn sowohl `fun1` als auch `fun2` ausgeführt wurden. Wenn die Bedingung falsch ist, besteht jedoch keine Notwendigkeit, auf das Ergebnis von `fun1` zu warten. Listing 4.10 zeigt eine bessere Implementierung. Die Idee bei dieser Implementierung besteht darin, in Abhängigkeit der Bedingung entweder nur auf `fun1` oder nur auf `fun2` zu warten.

```
Type x1, x2;
Task t1 = spawn(lambda () {x1 = fun1();});
Task t2 = spawn(lambda () {x2 = fun2();});
if(condition()) {
  t1.wait();
  use(x1);
} else {
  t2.wait();
  use(x2);
}
```

***Listing 4.10** Spekulative Ausführung mit bedingtem Warten*

Der Ablauf in Abbildung 4.4 veranschaulicht die spekulative Ausführung mit bedingtem Warten. Sobald der Wert der Bedingung feststeht, kann mit der Ausführung der Funktion `use` begonnen werden. Ist die Bedingung falsch, reduziert sich in unserem Beispiel die Ausführungszeit von sieben auf sechs Zeiteinheiten.

Nicht immer ist es sinnvoll, beide Pfade einer Verzweigung spekulativ auszuführen. Wenn ein Pfad mit einer hohen Wahrscheinlichkeit eingeschlagen wird, bietet es sich an, nur diesen spekulativ auszuführen und den anderen Pfad wie im sequenziellen Fall abzuarbeiten. Auf diese Weise wird im Mittel eine gute Beschleunigung erreicht und der Mehraufwand reduziert. Ein typisches Anwendungsszenario dieser asymmetrischen Form der Spekulation ist die Behandlung von Sonderfällen. Wenn nur sehr selten ein Sonderfall eintritt, lohnt es sich nicht, den entsprechenden Pfad im Voraus auszuführen. Listing 4.11 demonstriert die Vorgehensweise unter der Annahme, dass die Bedingung in der Regel erfüllt ist.

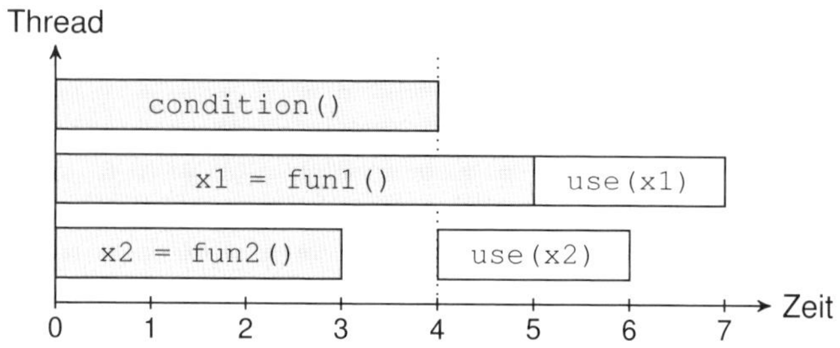

Abbildung 4.4 *Ablauf für das Programm aus Listing 4.10*

```
Type x;
Task t = spawn(lambda () {x = fun1();});
if(condition()) { // häufiger Fall
  t.wait();
  use(x);
} else { // seltener Fall
  use(fun2());
}
```

Listing 4.11 *Asymmetrische spekulative Ausführung*

Abbildung 4.5 zeigt einen möglichen Ablauf des Programm aus Listing 4.11. Im häufigen Fall profitieren wir von einer Reduzierung der Ausführungszeit um vier Zeiteinheiten, ohne den Mehraufwand von fünf Zeiteinheiten für die spekulative Ausführung des anderen Zweigs in Kauf nehmen zu müssen. Falls die Bedingung doch einmal falsch ist, liegt das Ergebnis wie bei der sequenziellen Ausführung nach neun Zeiteinheiten vor.

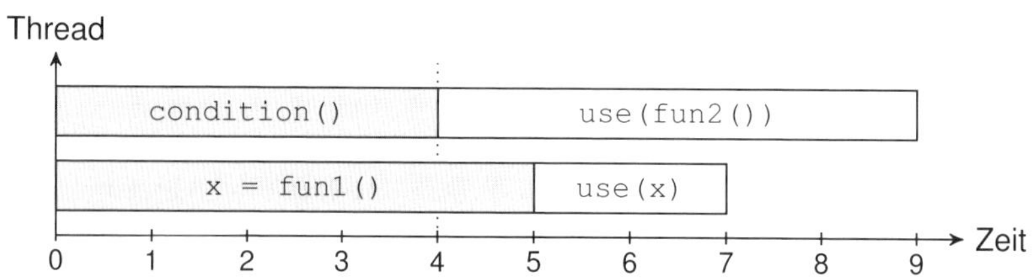

Abbildung 4.5 *Ablauf für das Programm aus Listing 4.11*

4.1.5 Implementierung eines Task-Schedulers

Für viele Programmiersprachen gibt es Bibliotheken bzw. Spracherweiterungen, mit deren Hilfe sich leicht taskbasierte Programme schreiben lassen (im zweiten Teil dieses Buches werden wir einige davon kennenlernen). Als Entwickler oder Architekt paralleler Software muss man sich deshalb normalerweise nicht mit den

Interna der Taskverwaltung und -Ausführung auseinandersetzen. Dennoch ist es hilfreich, die Grundprinzipien zu kennen, um typische Fallstricke zu vermeiden. Nachdem wir in den vorherigen Abschnitten Tasks aus Benutzersicht betrachtet haben, werfen wir im Folgenden einen Blick hinter die Kulissen. Im Anschluss daran zeigen wir einige Richtlinien auf, die bei der Entwicklung von taskbasierten Programmen zu beachten sind.

Die Abarbeitung von Tasks kann mit Threadpools organisiert werden. Wie wir in Abschnitt 2.1.3 gesehen haben, arbeiten Threadpools normalerweise mit einer globalen Warteschlange, in die die auszuführenden Tasks eingereiht werden. Sobald ein Thread einen Task abgearbeitet hat, entnimmt er der Warteschlange einen neuen Task und führt diesen aus. Mit einer steigenden Anzahl von Prozessorkernen entwickelt sich die globale Warteschlange jedoch schnell zum Flaschenhals. Insbesondere bei kleinen Tasks kann der Aufwand für die Synchronisation beim Zugriff auf die globale Warteschlange erheblich zu Buche schlagen. Außerdem steht der Einsatz einer globalen Warteschlange dem Bestreben nach Lokalität entgegen, da bei jedem Zugriff auf die Warteschlange Änderungen in den Hauptspeicher geschrieben bzw. von diesem geladen werden müssen.

Eine Lösung dieses Problems ist, jedem Thread eine eigene, lokale Warteschlange zuzuteilen. Alle in einem Thread erzeugten Tasks landen zunächst in der lokalen Warteschlange und werden in der Regel von genau diesem Thread abgearbeitet. Auf diese Weise wird der Flaschenhals beim Zugriff auf eine gemeinsame Warteschlange entschärft. Außerdem fördert dies die Datenlokalität: Tasks, die mit hoher Wahrscheinlichkeit auf dieselben Daten zugreifen, werden auf demselben Prozessorkern ausgeführt. Die lokalen Warteschlangen funktionieren üblicherweise nach dem LIFO-Prinzip (engl. *last in, first out*). Das bedeutet, dass der zuletzt eingereihte Task zuerst bearbeitet wird. Das Ziel dabei ist, die Caches »heiß« zu halten, also zu verhindern, dass mit jedem Task, der der lokalen Warteschlange entnommen wird, der Cache neu geladen werden muss.

Es fehlt nur noch ein Mechanismus, um die Last auf die Prozessorkerne zu verteilen. Hier kommt das sogenannte *Work Stealing* zum Tragen [9]. Wenn die Warteschlange eines Threads leer ist, »stiehlt« er einen Task aus der Warteschlange eines anderen Threads. Die Auswahl des »Opfers« erfolgt üblicherweise nach dem Zufallsprinzip, um eine gleichmäßige Auslastung zu erreichen. Das eigentliche Stehlen geht dabei nach dem FIFO-Prinzip (engl. *first in, first out*) vonstatten. Es wird also der Task entnommen, der am längsten auf seine Ausführung wartet. Zu diesem Zweck bietet sich die Verwendung von Double-Ended Queues an, für die effiziente, nichtblockierende Implementierungen existieren [27]. Auf das eine Ende einer Double-Ended Queue wird nur durch den dazugehörigen Thread zugegriffen, während das andere Ende für das Work Stealing benutzt wird.

Abbildung 4.6 illustriert die Vorgehensweise beim Work Stealing. Der obere Teil (Abb. 4.6 (a)) zeigt die Ausgangssituation, in der nur ein Task (Task 1) zur Abarbeitung ansteht. Dieser Task wird von Thread 1 der lokalen Warteschlange entnommen und ausgeführt. Wie in Abb. 4.6 (b) zu sehen ist, erzeugt Task 1 drei

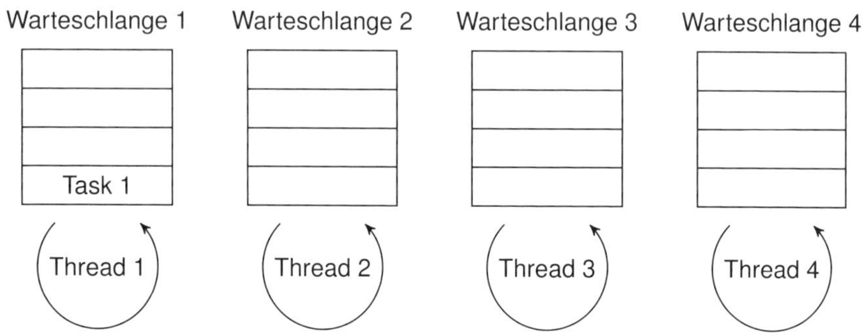

(a) Warteschlange 1 enthält einen Task (Task 1)

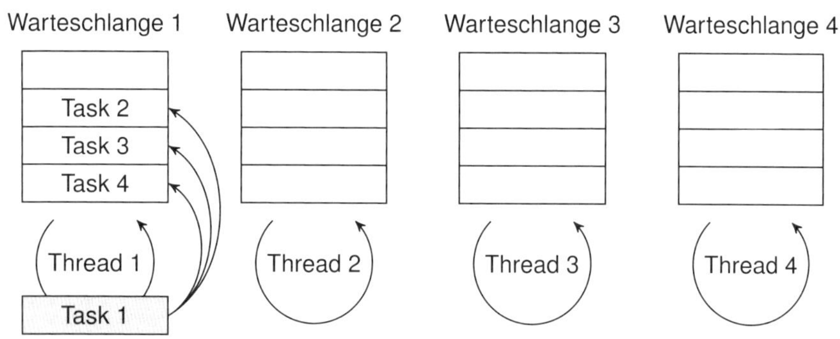

(b) Thread 1 führt Task 1 aus, der drei neue Tasks erzeugt (Tasks 2 – 4)

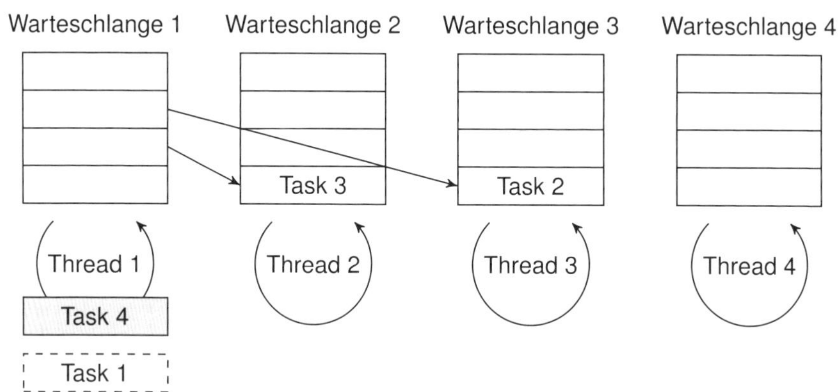

(c) Thread 1 führt Task 4 aus, Tasks 2 und 3 werden gestohlen

Abbildung 4.6 *Work Stealing auf einem System mit vier Prozessorkernen*

neue Tasks (Tasks 2 bis 4), die nacheinander in die lokale Warteschlange eingereiht werden. Anschließend wartet er, bis diese Tasks fertig sind. In Abb. 4.6 (c) stehlen die Threads 3 und 2 die beiden ältesten Tasks aus Warteschlange 1. Da Thread 1 nun auch wieder frei ist, beginnt er mit der Ausführung von Task 4.

Es gibt zahlreiche Varianten und Erweiterungen dieses Verfahrens. Beispielsweise kann man zusätzlich zu den lokalen Warteschlangen eine globale Warteschlange einsetzen, in die Tasks durch den Thread des Hauptprogramms oder durch andere Threads eingereiht werden. Die Lastverteilung geschieht dabei durch eine Kombination aus Threadpool und Work Stealing. Wenn eine Warteschlange leer ist, wird ein Task entweder der globalen Warteschlange entnommen oder von einer anderen Warteschlange gestohlen.

4.1.6 Programmierrichtlinien

Obwohl sich Threads und Tasks aus Benutzersicht sehr ähnlich sind, gibt es einige grundlegende Unterschiede. Ein Unterschied ist, dass Tasks aus logischer Sicht nicht preemptiv sind, da dies einen Kontextwechsel nach sich ziehen würde. Das bedeutet, dass ein Task nicht durch einen anderen Task verdrängt werden kann. Tasks werden nur dann unterbrochen, wenn sie auf andere Tasks warten müssen (z. B. durch `wait`, `waitAll`, `waitForChildren`). Die zu einem Task gehörenden Daten bleiben dabei auf dem Stack gespeichert, sodass nach Beendigung der Tasks, auf die gewartet wird, mit den ursprünglichen Daten weitergearbeitet werden kann. Während der Unterbrechung muss der bearbeitende Thread natürlich nicht »Däumchen drehen«, sondern kann solange andere Tasks ausführen.

Eine Konsequenz der Ununterbrechbarkeit von Tasks ist, dass Synchronisationsoperationen wie Mutexe nur mit Bedacht eingesetzt werden sollten. Versucht ein Task beispielsweise, einen bereits gesperrten Mutex zu sperren, wird der entsprechende Thread vom Betriebssystem schlafen gelegt und kann keine anderen Tasks abarbeiten. Als Folge davon kann eine Unterbelegung eintreten, wodurch die Leistung sinkt.[4] Deshalb sollten die Teile einer Anwendung, die häufig blockieren, in eigenen Threads ablaufen. Dazu gehören neben Ein-/Ausgabeoperationen auch solche Teile, die mittels Nachrichtenaustausch kommunizieren und nur sporadisch aktiv sind. In solchen Fällen ist eine Überbelegung eher zu tolerieren als eine Unterbelegung durch schlafende Threads.

Ein weiterer Unterschied zwischen Threads und Tasks betrifft die Zuteilung von Rechenzeit. Bei Threads garantiert das Betriebssystem eine faire Abarbeitung nach dem Zeitscheibenverfahren auch im Falle einer Überbelegung. Das bedeutet, dass jedem rechenbereiten Thread in Abhängigkeit seiner Priorität ein gewisser Teil der zur Verfügung stehenden Rechenzeit zugeteilt wird. Folglich kann es nicht passieren, dass ein Thread »verhungert«. Im Gegensatz dazu sind Task Scheduler in der Regel nicht fair. Wie wir im vorherigen Abschnitt gesehen haben,

[4] Manche Task Scheduler starten in solchen Fällen automatisch zusätzliche Threads (z. B. der .NET-Task-Scheduler, siehe Kapitel 12).

werden Tasks nach dem LIFO-Prinzip abgearbeitet und nach dem FIFO-Prinzip gestohlen. Die Reihenfolge der Ausführung hängt also vom Zeitpunkt der Erzeugung eines Tasks und der Auslastung des Gesamtsystems ab, wobei früh erzeugte Tasks oft erst sehr spät ausgeführt werden. Bei anhaltender Auslastung des Systems kann es sogar vorkommen, dass ein Task gar nicht ausgeführt wird. Kurz gesagt wird die Effizienz von Task-Schedulern durch den Verlust von Fairness erkauft. Dies kann beispielsweise bei Erzeuger-Verbraucher-Problemen dazu führen, dass unentwegt Elemente erzeugt, aber nicht verbraucht werden.

Hinweise

- → Tasks sind für rechenintensive Aufgaben gedacht. Lagern Sie Aufgaben, die mit häufigem Warten verbunden sind, in eigene Threads aus.
- → Vermeiden Sie blockierende Synchronisationsmechanismen und synchronisieren Sie Tasks stattdessen mittels `wait` etc.
- → Alternativ bieten sich atomare Operationen und Spinlocks an. Letztere sind jedoch nur dann sinnvoll, wenn die voraussichtliche Wartezeit kurz ist.
- → Es besteht keine Garantie auf eine faire Abarbeitung der Tasks.

Abschließend noch ein Wort zum Test taskbasierter Programme: Da sich erst zur Laufzeit entscheidet, ob zwei Tasks tatsächlich parallel ausgeführt werden, kann ein mit Tasks parallelisiertes Programm problemlos auch auf einem Prozessor mit nur einem Kern ausgeführt werden, meist ohne nennenswerten Geschwindigkeitsverlust im Vergleich zu einer sequenziellen Implementierung. Allerdings treten wie bei der Programmierung mit Threads manche Fehler erst dann zutage, wenn das Programm auf einem parallelen System ausgeführt wird. Deshalb gilt auch für die Programmierung mit Tasks der Grundsatz, dass man zum Testen einen Multicore-Rechner einsetzen sollte.

4.2 Datenparallelität

Während sich Taskparallelität um die parallele Abarbeitung mehrerer Funktionen dreht, stehen bei der Datenparallelität die zu verarbeitenden Daten im Vordergrund. Charakteristisch für Datenparallelität ist die parallele Ausführung eines sequenziellen Befehlsstroms auf einer Menge gleichartiger Daten. Datenparallele Anwendungen folgen somit dem SIMD-Prinzip und eignen sich gut für die Verarbeitung regulärer Datenstrukturen in Form von Schleifen.

Einige der im zweiten Teil dieses Buches vorgestellten Sprachen und Bibliotheken stellen Konstrukte für die parallele Ausführung von Schleifen zur Verfügung. In C# und TBB gibt es zum Beispiel vorgefertigte »Skelette« für parallele Schleifen, die man als Entwickler nur noch mit »Fleisch« füllen muss. Im Folgenden werfen wir einen Blick auf die Interna und zeigen, wie typische Schleifen mithilfe von Tasks parallelisiert werden können.

4.2.1 Schleifen ohne Datenabhängigkeiten

Schleifen ohne Datenabhängigkeiten zwischen den Iterationen lassen sich leicht parallelisieren, da im Prinzip alle Iterationen gleichzeitig ausgeführt werden können. Solche Schleifen finden sich in vielen Anwendungen, z. B. in der Bildverarbeitung. Betrachten wir als einfaches Beispiel die Anwendung einer seiteneffektfreien Funktion `f` auf ein Feld von ganzen Zahlen:

```
int x[SIZE];
// ... Initialisierung
for(int i = 0; i < SIZE; i++) {
  x[i] = f(x[i]);
}
```

Ein naiver Ansatz zur Parallelisierung dieser Schleife ist, für jede Iteration einen Task zu erzeugen, der die Funktion `f` auf das entsprechende Feldelement anwendet. In der Praxis ist dies jedoch sehr ineffizient, wenn das Feld groß ist und ein Aufruf von `f` nur wenig Zeit in Anspruch nimmt. In vielen Fällen übersteigt der Aufwand für die Erzeugung eines Tasks die »Kosten« für die Ausführung der Funktion `f`. Für große Felder würden außerdem weit mehr Tasks erzeugt werden, als Prozessorkerne zur Verfügung stehen. Wesentlicher effizienter ist es, den Iterationsbereich einer Schleife in Blöcke (engl. auch *chunks* genannt) zu unterteilen und diese jeweils sequenziell zu verarbeiten. Das bedeutet, dass anstatt für jede Iteration nur für jeden Block ein eigener Task erzeugt wird.

Bei der Partitionierung des Iterationsbereichs stellt sich die Frage nach einer möglichst optimalen Blockgröße. Die maximale Blockgröße wird üblicherweise als Körnung (engl. *grain size*) bezeichnet und ist ein Maß für die nutzbare Parallelität. Die Wahl der Körnung hängt von verschiedenen Faktoren ab und hat erheblichen Einfluss auf die erzielbare Beschleunigung. Im Folgenden gehen wir zunächst davon aus, dass die Körnung fest ist und alle Blöcke ungefähr die gleiche Größe haben. In Abschnitt 4.2.4 werden wir uns mit ausgefeilteren Partitionierungsstrategien beschäftigen, die auch variable Blockgrößen erlauben.

Die Partitionierung des Iterationsbereichs kann iterativ oder rekursiv erfolgen. Wir beschränken uns erst einmal auf die rekursive Variante. Die Grundidee ist, den Iterationsbereich so lange zu halbieren, bis die gewünschte Körnung erreicht oder unterschritten ist. Listing 4.12 zeigt die Implementierung. Die Funktion `parallelFor` erhält als Argumente den Iterationsbereich in Form eines halboffenen Intervalls `[from, to)`, die Körnung `grainSize` sowie eine Funktion `body`, die den Schleifenrumpf für eine Iteration ausführt. Falls die Differenz zwischen `to` und `from` größer als `grainSize` ist, wird der Bereich halbiert und für jede Hälfte ein neuer Task erzeugt. Andernfalls wird sequenziell für jedes Element in dem Bereich die Funktion `body` aufgerufen.

```
void parallelFor(int from, int to, int grainSize,
                 Function<int, void> body) {
  if(to-from > grainSize) {
    int mid = from+(to-from)/2;
    spawnChild(lambda () {
      parallelFor(from, mid, grainSize, body);
    });
    spawnChild(lambda () {
      parallelFor(mid, to, grainSize, body);
    });
    waitForChildren();
  }
  else {
    for(int i = from; i < to; i++) {
      body(i);
    }
  }
}
```

Listing 4.12 *Algorithmus für die parallele Ausführung von Schleifen*

Die eingangs betrachtete Schleife können wir mit `parallelFor` leicht parallelisieren:

```
parallelFor(0, SIZE, GRAINSIZE, lambda (int i) {
  x[i] = f(x[i]);
});
```

Aber auch komplexere Schleifen lassen sich in vielen Fällen auf einem Multicore-System parallel ausführen. Entscheidend ist nur, dass die Variablen bzw. Feldelemente, die in einer Iteration beschrieben werden, nicht in einer anderen Iteration gelesen werden. Betrachten wir zum Beispiel ein einfaches, symmetrisches Verschlüsselungsverfahren, bei dem der chiffrierte Text durch zeichenweise XOR-Verknüpfung des Klartexts mit dem Schlüssel erzeugt wird (Listing 4.13). Die Länge des Schlüssels muss dabei nicht mit der Länge des zu verschlüsselnden Textes übereinstimmen.

```
char plaintext[SIZE], ciphertext[SIZE], key[KEYLENGTH];
// ... Initialisierung
parallelFor(0, SIZE, GRAINSIZE, lambda (int i) {
  ciphertext[i] = plaintext[i] ^ key[i % KEYLENGTH];
});
```

Listing 4.13 *Einfacher paralleler Verschlüsselungsalgorithmus*

Hinweise

- Führen Sie auf NUMA-Systemen auch die Initialisierung großer Datenstrukturen mithilfe einer parallelen Schleife durch, um eine Verteilung der Daten auf die Knoten zu erreichen (siehe *First-Touch Placement* in Abschnitt 2.3.2, S. 39).
- Verwenden Sie nach Möglichkeit ein Partitionierungsverfahren, das die Datenlokalität über mehrere Schleifen hinweg berücksichtigt (siehe Abschnitt 4.2.4, S. 124).

Mehrdimensionale Datenstrukturen

Parallele Schleifen sind natürlich nicht auf eindimensionale Felder beschränkt, sondern finden auch bei mehrdimensionalen Datenstrukturen Anwendung. Ein Paradebeispiel hierfür ist die Bildverarbeitung, in der sich viele Algorithmen leicht parallelisieren lassen. Beispielsweise können bei sogenannten lokalen Filtern im Prinzip alle Pixel eines Bildes parallel verarbeitet werden.

Ein recht einfacher lokaler Filter ist der Mittelwertfilter, der unter anderem für die Glättung verrauschter Bilder eingesetzt wird. Der Wert eines Pixels im gefilterten Bild ergibt sich aus dem Mittelwert des entsprechenden Pixels im Originalbild und seiner Nachbarn. Abbildung 4.7 zeigt die Anwendung des Mittelwertfilters auf ein 5×5 Pixel großes »Bild«. Die Zahlen in den Kästchen geben die Graustufenwerte der Pixel an. Um den Wert des Pixels in der Mitte zu berechnen, müssen wir den Mittelwert der im linken Bild grau unterlegten Pixel bestimmen:

$$(7+5+2+2+9+4+3+5+8) \div 9 = 45 \div 9 = 5$$

Die in den Mittelwert einfließenden Pixel bilden somit ein Fenster, das bei einer sequenziellen Ausführung schrittweise über das Bild »geschoben« wird. Die einzelnen Berechnungen sind dabei voneinander unabhängig, sofern das Originalbild nicht überschrieben wird. Diese Vorgehensweise ist typisch für lokale Filter und wird beispielsweise auch bei der Kantendetektion eingesetzt.

5	2	4	2	0
2	7	5	2	1
1	2	9	4	1
4	3	5	8	3
2	0	1	1	6

⇨

4	4	4	2	1
3	4	4	3	2
3	4	5	4	3
2	3	4	4	4
2	3	3	4	5

***Abbildung 4.7** Beispiel für Mittelwertfilter*

Ein Ansatz zur Parallelisierung des Mittelwertfilters besteht darin, das Bild in horizontale Streifen zu unterteilen und diese parallel zu verarbeiten. Bei einer Auflösung von 1280 × 1024 Punkten würde die Körnung auf einem Prozessor mit vier Kernen dabei höchstens 256 betragen. Dies ist jedoch nicht weiter schlimm, weil die Verarbeitung eines Streifens genügend Zeit in Anspruch nimmt, um den Mehraufwand in einem angemessenen Rahmen zu halten. Listing 4.14 zeigt die Implementierung des Algorithmus, wobei wir zur Vereinfachung auf die Behandlung des Bildrandes und die Rundung der Pixelwerte verzichtet haben.

```
Image meanFilter(Image src, int rows, int cols, int grainSize) {
  Image dst;
  parallelFor(1, rows-1, grainSize, lambda (int x) {
    for(int y = 1; y < cols-1; y++) {
      Pixel p = 0;
      for(int i = -1; i <= 1; i++) {
        for(int j = -1; j <= 1; j++) {
          p += src[x+i][y+j];
        }
      }
      dst[x][y] = p/9;
    }
  });
  return dst;
}
```

Listing 4.14 Parallele Implementierung des Mittelwertfilters

Auch bei mehrdimensionalen Datenstrukturen (Feldern) stellt sich die Frage nach einer geeigneten Partitionierung. In dem obigen Beispiel haben wir uns für horizontale Streifen entschieden, da die meisten Programmiersprachen mehrdimensionale Felder zeilenweise im Speicher ablegen. Das bedeutet, dass ein Streifen (Block) einen zusammenhängenden Speicherbereich einnimmt. Auf diese Weise lässt sich eine hohe Cache-Lokalität erreichen und False Sharing reduzieren. Leider gibt es jedoch keine Partitionierungsstrategie, die für alle Anwendungen gleichermaßen gut geeignet ist. Die Wahl einer geeigneten Strategie hängt in erster Linie vom verwendeten Algorithmus und dessen Speicherzugriffsverhalten ab. In Abschnitt 4.1.2 haben wir am Beispiel der Matrizenmultiplikation bereits eine andere Form der Partitionierung kennengelernt, die Kachelung. Die Zerlegung einer Matrix in Kacheln ist vor allem dann sinnvoll, wenn sowohl zeilen- als auch spaltenweise auf die Elemente zugegriffen wird.

4.2.2 Reduktionen

Auch Schleifen mit Datenabhängigkeiten lassen sich in vielen Fällen parallelisieren. Eine häufig anzutreffende Abhängigkeit ist die Akkumulation von Werten in einer gemeinsamen Variable. Im Allgemeinen werden solche Berechnungen als Reduktionen (engl. *reductions*) bezeichnet. Betrachten wir die Berechnung der

Summe der Elemente eines Feldes. Eine sequenzielle Implementierung könnte wie folgt aussehen:

```
int x[SIZE];
// ... Initialisierung
int sum = 0;
for(int i = 0; i < SIZE; i++) {
  sum += x[i];
}
```

Das Problem bei der Parallelisierung dieser Schleife ist, dass in jeder Schleifeniteration auf die Variable `sum` zugegriffen wird. Eine naheliegende Lösung dieses Problems ist, die Zugriffe auf `sum` zu synchronisieren, sodass die Schleife mithilfe der in Abschnitt 4.2.1 vorgestellten Funktion `parallelFor` parallel ausgeführt werden kann. Da es sich bei der Summe um einen `int`-Wert handelt und im Schleifenrumpf lediglich eine Addition ausgeführt wird, könnten wir dafür eine atomare Operation einsetzen.

Dieser Ansatz ist jedoch alles andere als optimal, da in jeder Iteration auf die gemeinsame Variable `sum` zugegriffen wird. Dabei müssen jedes Mal die entsprechenden Cache-Zeilen aktualisiert werden. Eine signifikante Beschleunigung ist deshalb nicht zu erwarten. Wesentlich besser ist es, Teilsummen zu berechnen und diese dann aufzuaddieren.

Rekursive Reduktion

Eine Möglichkeit ist, die Teilsummen paarweise in Form eines Baums aufzuaddieren. Abbildung 4.8 verdeutlicht dies für ein Feld mit acht Elementen (in der Praxis lohnt sich eine parallele Ausführung natürlich nur für sehr viel größere Felder). Der Zeitbedarf dafür ist logarithmisch bzgl. der Anzahl der Elemente, sofern genügend Prozessoren bzw. Prozessorkerne verfügbar sind.

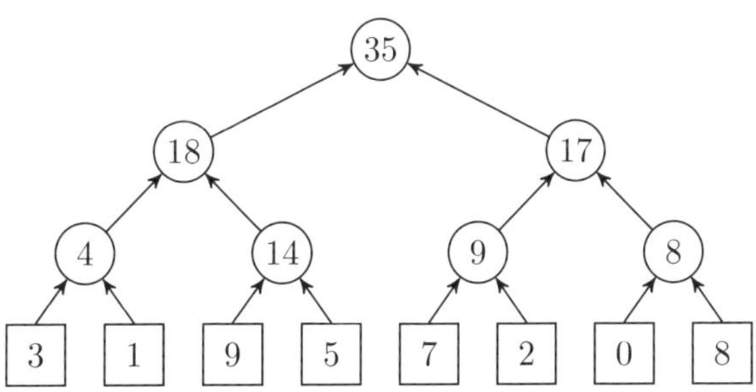

***Abbildung 4.8** Parallele Reduktion am Beispiel der Addition (rekursiv)*

Diese Vorgehensweise ist nicht auf die Addition beschränkt und funktioniert auch mit anderen Operationen. Voraussetzung ist lediglich, dass die verwendete Operation assoziativ ist (siehe Kasten auf S. 108). Dies ist beispielsweise auch bei den logischen Verknüpfungen AND, OR sowie XOR der Fall. Ein weiterer Anwendungsfall ist die Berechnung von Minima bzw. Maxima. Kommutativität ist nicht erforderlich, wenn sichergestellt ist, dass die Operanden nicht vertauscht werden. Somit können wir diesen Ansatz z. B. auch für die Stringkonkatenation und andere nichtkommutative Operationen wie die Matrizenmultiplikation verwenden. Mathematisch ausgedrückt besteht die Aufgabe darin, für eine Folge $x_0, x_1, \ldots, x_{n-1}$ den Wert $x_0 \oplus x_1 \oplus \cdots \oplus x_{n-1}$ zu berechnen. Aufgrund der Assoziativität spielt es keine Rolle, in welcher Reihenfolge die Teilausdrücke miteinander verknüpft werden.

Exkurs

Gegeben sei eine Menge S und eine zweistellige Operation $\oplus : S \times S \to S$.

- Die Operation $\oplus$ heißt *kommutativ*, wenn $x \oplus y = y \oplus x$ für alle $x, y \in S$ gilt, und *assoziativ*, wenn $x \oplus (y \oplus z) = (x \oplus y) \oplus z$ für alle $x, y, z \in S$ gilt.
- Ein Element $e \in S$ heißt *linksneutral*, wenn $e \oplus x = x$ für alle $x \in S$ gilt, und *rechtsneutral*, wenn $x \oplus e = x$ für alle $x \in S$ gilt. Ein Element $e \in S$ heißt *neutral*, wenn es sowohl links- als auch rechtsneutral ist.

Beispiel: Die Addition und die Multiplikation über den reellen Zahlen sind sowohl kommutativ als auch assoziativ. Das neutrale Element der Addition ist 0 und das der Multiplikation 1. Die Stringkonkatenation hingegen ist zwar assoziativ, aber nicht kommutativ (das neutrale Element ist der leere String).

Für die Implementierung bieten sich rekursive Algorithmen nach dem »Teile und herrsche«-Prinzip an. Wie bei `parallelFor` ist es jedoch wenig gewinnbringend, für jedes Element einen eigenen Task zu erzeugen. Deshalb partitionieren wir den Iterationsbereich der Schleife wieder in Blöcke, die jeweils sequenziell verarbeitet werden. Listing 4.15 zeigt die Implementierung. Die Funktion `parallelReduce` nimmt neben dem durch `from` und `to` gegebenen Iterationsbereich sowie der Körnung `grainSize` zwei Lambda-Funktionen `fn` und `op` entgegen, die den Schleifenrumpf repräsentieren. Erstere liefert den Wert für eine Schleifeniteration zurück und zweitere verknüpft die Teilergebnisse. Die Angabe des neutralen Elements ist bei dieser Implementierung nicht notwendig, da bei der Verarbeitung eines Blocks das erste Element des Blocks als Startwert herangezogen wird. Manche Bibliotheken erfordern jedoch die Angabe des neutralen Elements. Die parallele Variante des einführenden Beispiels sieht wie folgt aus:

```
int x[SIZE];
// ... Initialisierung
int sum = parallelReduce(0, SIZE, GRAINSIZE,
  lambda (int i) {return x[i];},
  lambda (int x, int y) {return x+y;});
```

```
Type parallelReduce(int from, int to, int grainSize,
                    Function<int, Type> fn,
                    Function<Type, Type, Type> op) {
  if(to-from > grainSize) {
    int mid = from+(to-from)/2;
    Type x, y;
    spawnChild(lambda () {
      x = parallelReduce(from, mid, grainSize, fn, op);
    });
    spawnChild(lambda () {
      y = parallelReduce(mid, to, grainSize, fn, op);
    });
    waitForChildren();
    return op(x, y);
  }
  else {
    Type x = fn(from);
    for(int i = from+1; i < to; i++) {
      x = op(x, fn(i));
    }
    return x;
  }
}
```

Listing 4.15 *Algorithmus für die parallele Reduktion (rekursiv)*

In dem vorhergehenden Beispiel haben wir den Iterationsbereich der Schleife dazu benutzt, um auf die Elemente des Feldes `x` zuzugreifen. Manchmal sind die zu verarbeitenden Daten jedoch nicht im Speicher abgelegt, sondern werden in Abhängigkeit der Schleifeniteration berechnet. Auch in solchen Fällen leistet uns die Funktion `parallelReduce` wertvolle Hilfe. Ein anschauliches Beispiel ist die Berechnung der Kreiszahl π durch die folgende nach Gottfried Wilhelm Leibniz benannte Reihe:

$$\pi = 4 \cdot \sum_{i=0}^{\infty} \frac{(-1)^i}{2i+1} = 4\left(1 - \frac{1}{3} + \frac{1}{5} - \frac{1}{7} + \frac{1}{9} - \cdots\right)$$

Da diese Reihe konvergiert, lässt sich π näherungsweise durch eine Schleife berechnen, wobei das Ergebnis umso genauer ist, je mehr Schleifeniterationen ausgeführt werden.[5] Listing 4.16 zeigt eine parallele Implementierung der Schleife mithilfe von `parallelReduce`.

[5]Die Reihe konvergiert nur sehr langsam und ist deshalb in der Praxis nicht für eine effiziente Berechnung von π geeignet.

```
double pi = 4.0 * parallelReduce(0, ITERATIONS, GRAINSIZE,
  lambda (int i) {
    return (i % 2 == 1 ? -1.0 : 1.0) / double(2*i+1);
  },
  lambda (double x, double y) {return x+y;});
```

Listing 4.16 Näherungsweise Berechnung der Zahl π mit `parallelReduce`

Iterative Reduktion

Anstelle des in Listing 4.15 gezeigten rekursiven Algorithmus können wir auch iterativ vorgehen, was sich immer dann anbietet, wenn die Daten in einem Feld gespeichert sind. Die Grundidee dabei ist, den Baum nicht explizit aufzubauen, sondern für jede Ebene des Baums die Teilsummen mithilfe von `parallelFor` zu berechnen. Dies ist mit einer Breitensuche vergleichbar, bei der zuerst die Knoten einer Ebene betrachtet werden, bevor mit der nächsten Ebene fortgefahren wird. Abbildung 4.9 illustriert das Prinzip am Beispiel der Addition für ein achtelementiges Feld, wobei wir in diesem Fall drei Aufrufe von `parallelFor` haben. Das Ergebnis steht am Ende im letzten Feldelement. Abbildung 4.10 zeigt den Inhalt eines Feldes im Verlauf der Reduktion (die in einem Schritt berechneten Elemente sind grau unterlegt). Eine Beschreibung des iterativen Algorithmus ist unter anderem in [7] zu finden.

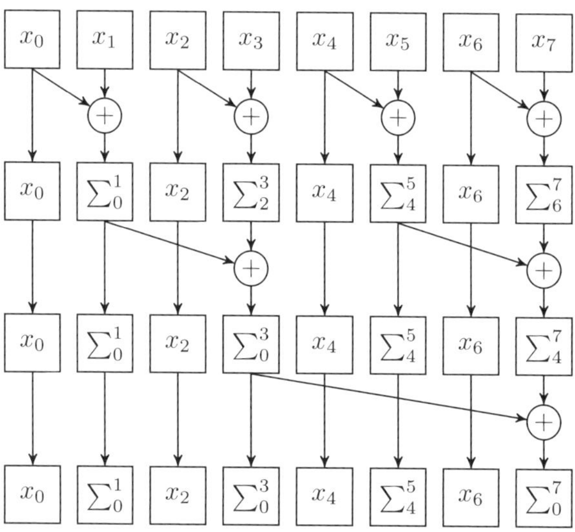

Abbildung 4.9 Parallele Reduktion am Beispiel der Addition (iterativ)

Ein anderer, ebenfalls iterativer Ansatz ist, mit einer parallelen Schleife zunächst blockweise Teilsummen zu berechnen. Ein Block wird dabei wie üblich durch eine sequenzielle Schleife bearbeitet. Für die Berechnung der Teilsummen ist so-

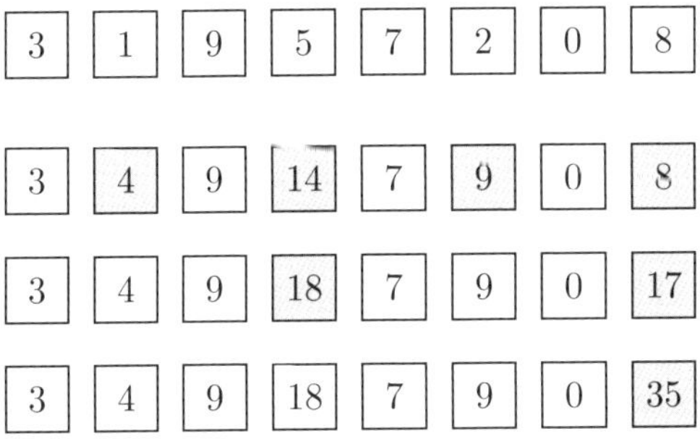

Abbildung 4.10 *Beispiel für die parallele Reduktion nach Abbildung 4.9*

mit keine Synchronisation notwendig. Mithilfe von threadlokalem Speicher, auf den wir in Abschnitt 6.1.2 eingehen, lässt sich dies auf einfache Weise bewerkstelligen. Die Grundidee dabei ist, dass jeder Thread über eine eigene Variable verfügt, in der er seine Teilsumme speichert und auf die nur er Zugriff hat. In einem abschließenden Schritt werden die Teilsummen dann sequenziell aufaddiert. Alternativ kann man die Endsumme gleich im Anschluss an die Berechnung einer Teilsumme aktualisieren, dann allerdings wieder synchronisiert. Einige Implementierungen bieten dafür angepasste parallele Schleifen an, die am Ende eines Blocks eine vom Benutzer angegebene Operation ausführen.

Hinweis

Aufgrund von Rundungsfehlern bei Gleitkommazahlen ist das Ergebnis einer parallelen Reduktion nicht unbedingt identisch mit dem eines sequenziellen Algorithmus.

4.2.3 Präfixberechnungen

Eine weitere, häufig anzutreffende Familie von Operationen sind die sogenannten *Präfixberechnungen* (engl. *prefix computations*, *prefix sums*, *partial sums* oder *scans*) [7, 29]. Präfixberechnungen kann man als Verallgemeinerung von Reduktionen auffassen. Letztere berechnen – wie wir in Abschnitt 4.2.2 gesehen haben – für eine Folge $x_0, x_1, \ldots, x_{n-1}$ und eine Operation $\oplus$ die Verknüpfung aller Elemente, also $x_0 \oplus x_1 \oplus \cdots \oplus x_{n-1}$. Präfixberechnungen wenden die Operation $\oplus$ auf alle Präfixe der Folge an. Das Ergebnis ist somit ein Feld mit folgenden Werten, wobei das letzte Element das Ergebnis der Reduktion ist:

$$[x_0, (x_0 \oplus x_1), (x_0 \oplus x_1 \oplus x_2), \ldots, (x_0 \oplus x_1 \oplus \cdots \oplus x_{n-1})]$$

Im sequenziellen Fall genügt eine einfache Schleife für die Präfixberechnung. Das folgende Programmstück berechnet z. B. alle Präfixsummen eines Feldes `x` (die Feldelemente werden mit den Ergebniswerten überschrieben):

```
int x[SIZE];
// ... Initialisierung
for(int i = 1; i < SIZE; i++) {
  x[i] += x[i-1];
}
```

Rekursive Präfixberechnung

Für die parallele Präfixberechnung lohnt es sich, noch einmal einen Blick auf die rekursive Reduktion zu werfen. Abbildung 4.11 (a) zeigt den Baum für die Berechnung der Summe eines Feldes. Jeder Knoten des Baums enthält eine Teilsumme, die wir für die Präfixberechnung heranziehen können. So wissen wir zum Beispiel, dass die Summe der vier Blätter des linken Teilbaums 18 beträgt. Damit ist die Präfixsumme für das fünfte Element $18 + 7 = 25$. Die Präfixberechnung lässt sich somit in zwei Phasen unterteilen: In der ersten Phase durchlaufen wir den Baum von den Blättern bis zur Wurzel (engl. *bottom-up*) und berechnen alle Teilsummen. In der zweiten Phase gehen wir umgekehrt vor (engl. *top-down*) und propagieren die Präfixsummen bis zu den Blättern, beginnend mit dem linksneutralen Element an der Wurzel. Das linke Kind bekommt dabei den aktuellen Wert und das rechte Kind den aktuellen Wert plus die Teilsumme für das linke Kind aus der ersten Phase. Die in der zweiten Phase berechneten Werte sind für unser Beispiel in Abbildung 4.11 (b) zu sehen. Abschließend müssen wir nur noch die Werte der Blätter aus den beiden Phasen aufaddieren. Abbildung 4.11 (c) zeigt die so erhaltenen Präfixsummen.

Der Pseudocode für die rekursive Berechnung der Präfixsummen ist in den Listings 4.17 und 4.18 zu sehen.[6] Die Funktion `up` baut einen Baum auf, in dem die in der ersten Phase berechneten Teilsummen gespeichert werden. Dieser Baum wird in der zweiten Phase von der Funktion `down` benutzt, um die Präfixsummen zu berechnen. Aufgrund der Unterteilung in zwei Phasen ist bei diesem Algorithmus allerdings erst auf Systemen mit mehr als zwei Kernen eine Beschleunigung zu erwarten.

Iterative Präfixberechnung

Es gibt verschiedene Varianten dieses Algorithmus und auch andere Ansätze, die ohne die explizite Konstruktion eines Baums auskommen. So kann man wie bei der Reduktion auch iterativ vorgehen. Abbildung 4.12 zeigt die Vorgehensweise am Beispiel der Addition für ein achtelementiges Feld. Im ersten Schritt berechnen wir für jedes Element bis auf das erste die Summe aus dem Element und dessen

[6] Die Knoten eines Baums werden durch Instanzen der Klasse `Node` repräsentiert, wobei die Variable `val` die Summe des entsprechenden Teilbaums speichert. Die Klassen `Branch` und `Leaf` sind von `Node` abgeleitet. Erstere enthält zwei Referenzen `left` und `right` auf die beiden Nachfolger und letztere zwei Indizes `from` und `to`, die den zugrunde liegenden Teilbereich angeben.

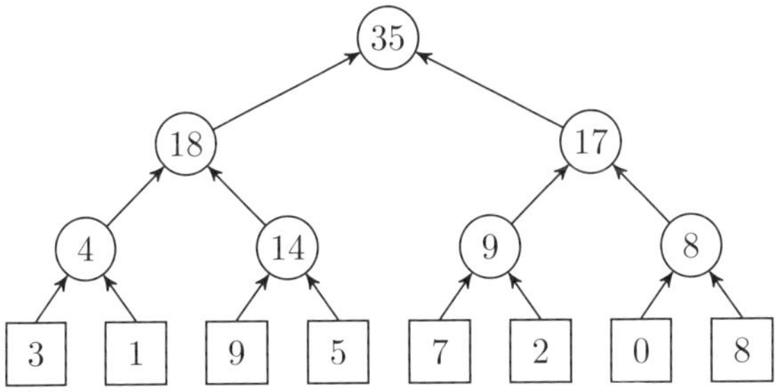

(a) Berechnung der Teilsummen in der ersten Phase

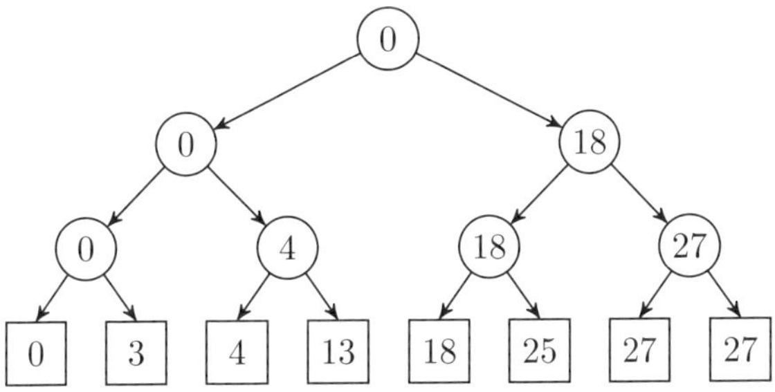

(b) Propagierung der Präfixsummen in der zweiten Phase

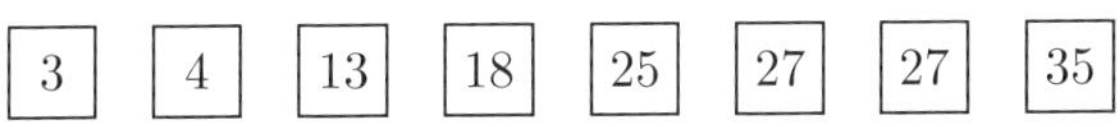

(c) Summen der Blätter aus beiden Phasen

Abbildung 4.11 *Parallele Präfixberechnung am Beispiel der Addition (rekursiv)*

Vorgänger. Im zweiten Schritt berechnen wir die Summe von bis zu vier aufeinanderfolgenden Elementen. Im dritten und letzten Schritt erhalten wir schließlich für jedes Element die Summe aus dem Element und der bis zu sieben Vorgänger. Dieses Prinzip lässt sich entsprechend auf größere Felder übertragen, wobei die Teilsummen mit `parallelFor` berechnet werden können. Abbildung 4.13 verdeutlicht die iterative Präfixberechnung für unser Beispiel (die in einem Schritt berechneten Elemente sind grau unterlegt).

Anwendungen

Präfixberechnungen finden sich in vielen Bereichen, angefangen bei Sortierverfahren über die Bildverarbeitung bis hin zur Lösung komplexer numerischer Probleme. Ein anschauliches Beispiel ist die Berechnung sichtbarer Punkte in einem Gelände [7]. Das Problem besteht darin, für jeden Punkt in dem Gelände zu bestimmen, ob er vom Standpunkt des Betrachters sichtbar ist oder durch eine dazwischen liegende Anhöhe verdeckt wird. Abbildung 4.14 (a) zeigt einen Quer-

```
void parallelPrefix(Type array[], int size, int grainSize,
                    Function<Type, Type, Type> op,
                    Type leftIdentity) {
  Node node = up(array, 0, size, grainSize, op);
  down(node, leftIdentity, array, op);
}

Node up(Type array[], int from, int to, int grainSize,
        Function<Type, Type, Type> op) {
  if(to-from > grainSize) {
    int mid = from+(to-from)/2;
    Branch left, right;
    spawnChild(lambda () {
      left = up(array, from, mid, grainSize, op);
    });
    spawnChild(lambda () {
      right = up(array, mid, to, grainSize, op);
    });
    waitForChildren();
    return new Branch(op(left.val, right.val), left, right);
  }
  else {
    Type val = array[from];
    for(int i = from+1; i < to; i++) {
      val = op(val, array[i]);
    }
    return new Leaf(val, from, to);
  }
}
```

Listing 4.17 *Algorithmus für die parallele Präfixberechnung (Teil 1)*

schnitt durch ein Gelände. Der Punkt P_1 ist vom Standpunkt des Betrachter B zu sehen, wohingegen der Punkt P_2 für B nicht sichtbar ist.

Um die Lösung dieses Problems in einen Algorithmus »gießen« zu können, müssen wir zunächst – wie in Abbildung 4.14 (a) angedeutet – das Gelände in endlich viele Punkte unterteilen. Dann berechnen wir für jeden Punkt P den Winkel zwischen der Horizontalen und der Geraden durch B und P (Sichtlinie). Ein Punkt ist genau dann sichtbar, wenn es keinen davorliegenden Punkt gibt, für den der entsprechende Winkel größer ist. In unserem Beispiel ist P_2 nicht sichtbar, da der Winkel zwischen der Horizontalen und der Geraden durch B und P_2 kleiner ist als der Winkel zwischen der Horizontalen und der Geraden durch B und P_1.

Für die Berechnung des Winkels stellen wir uns, wie in Abbildung 4.14 (b) gezeigt, ein rechtwinkliges Dreieck vor, dessen Hypotenuse der Sichtlinie entspricht. Nach den Gesetzen der Trigonometrie gilt dann $\alpha = \arctan(\frac{y}{x})$. Abbil-

```
void down(Node node, Type prefix, Type array[],
          Function<Type, Type, Type> op) {
  if(!node.isLeaf()) {
    Branch branch = (Branch)node;
    spawnChild(lambda () {
      down(branch.left, prefix, array, op);
    });
    spawnChild(lambda () {
      down(branch.right, op(prefix, branch.left.val),
        array, op);
    });
    waitForChildren();
  }
  else {
    Leaf leaf = (Leaf)node;
    for(int i = leaf.from; i < leaf.to; i++) {
      array[i] = op(prefix, array[i]);
    }
  }
}
```

Listing 4.18 *Algorithmus für die parallele Präfixberechnung (Teil 2)*

dung 4.14 (c) zeigt für jeden Punkt in dem Gelände den Winkel ($*$) und das Maximum bis zu dem jeweiligen Punkt ($\circ$). Fallen beide Symbole zusammen, ist der entsprechende Punkt sichtbar.

Listing 4.19 zeigt den Pseudocode. Die Funktion `visiblePoints` nimmt als ersten Parameter ein Feld `altitude` entgegen, das für jeden Punkt die Höhe angibt. Der Parameter `scale` gibt den Maßstab an, z. B. $\frac{1}{5}$ bei einem Abstand von fünf Metern zwischen zwei benachbarten Punkten, und `grainSize` wie üblich die Körnung. Die Funktion liefert ein Feld von booleschen Werten zurück, das für jeden Punkt angibt, ob er sichtbar ist (`true`) oder nicht (`false`). Zunächst berechnen wir mithilfe von `parallelFor` für jeden Punkt den entsprechenden Winkel und speichern ihn in dem Feld `angle` (der Betrachter steht auf dem Punkt mit Index 0). Anschließend benutzen wir `parallelPrefix`, um den maximalen Winkel bis zu dem jeweiligen Punkt zu bestimmen (Feld `maxAngle`). Schließlich müssen wir nur noch bestimmen, ob `angle[i] > maxAngle[i]` gilt, was wir wiederum mit `parallelFor` erledigen können.

4.2.4 Partitionierung und Abbildung

Die verfügbaren Implementierungen paralleler Schleifen unterstützen oft mehrere Strategien für die Partitionierung des Iterationsbereichs in Blöcke und die Abbildung der Blöcke (engl. *mapping*) auf die verfügbaren Threads bzw. Prozessorkerne. Dabei müssen zwei Dinge entschieden werden:

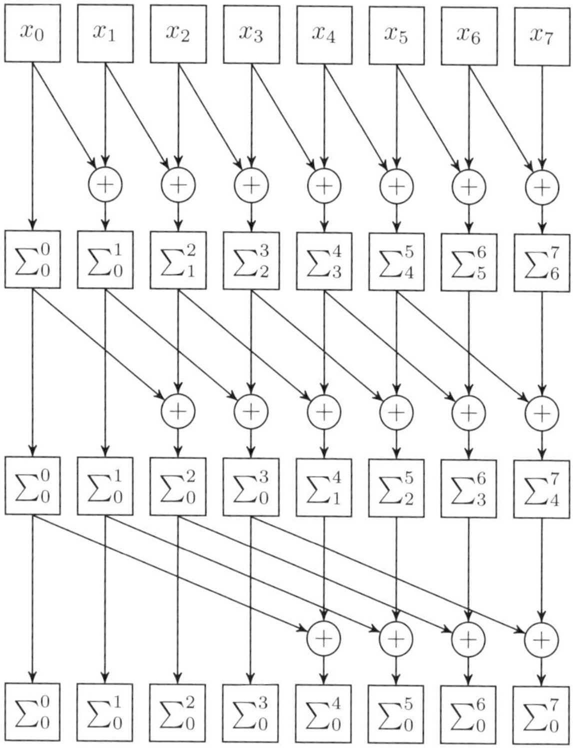

Abbildung 4.12 Parallele Präfixberechnung am Beispiel der Addition (iterativ)

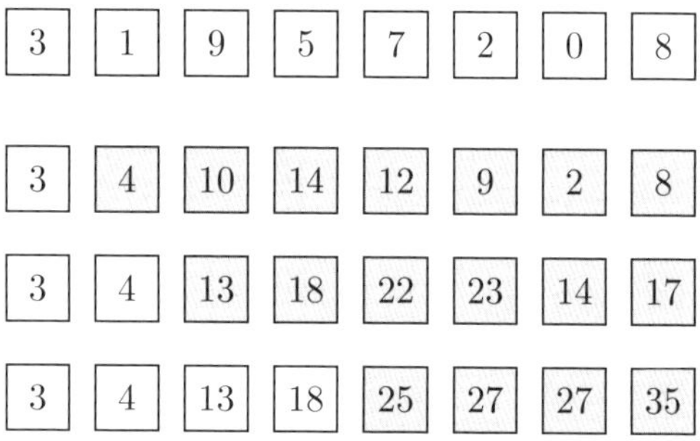

Abbildung 4.13 Beispiel für die parallele Präfixberechnung nach Abbildung 4.12

1. Wie groß sind die einzelnen Blöcke?
2. Wie werden die Blöcke den einzelnen Threads zugeordnet?

Als Programmierer kann man üblicherweise die Körnung vorgeben, wohingegen die Abbildung der Blöcke meist das Laufzeitsystem übernimmt, da dies von der Anzahl der verfügbaren Threads abhängt. Im Folgenden diskutieren wir verschiedene Varianten: feste und variable Blockgröße sowie statische und dynami-

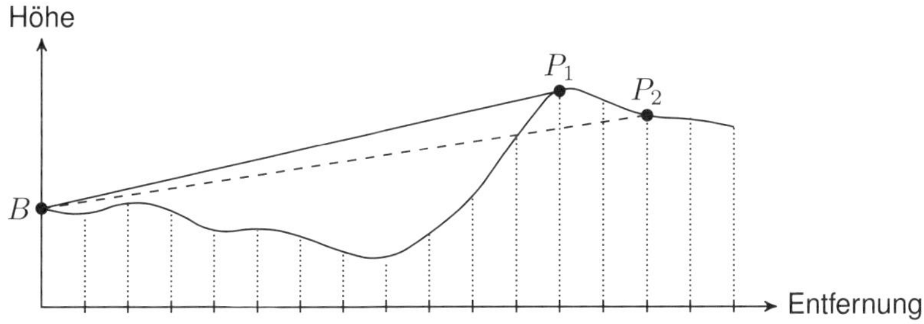

(a) Querschnitt durch ein Gelände mit Beobachter B und Punkten P_1, P_2

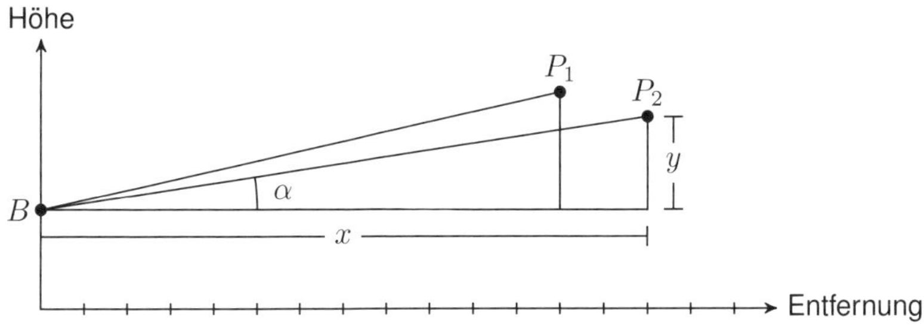

(b) Berechnung des Winkels zwischen der Horizontalen und der Sichtlinie

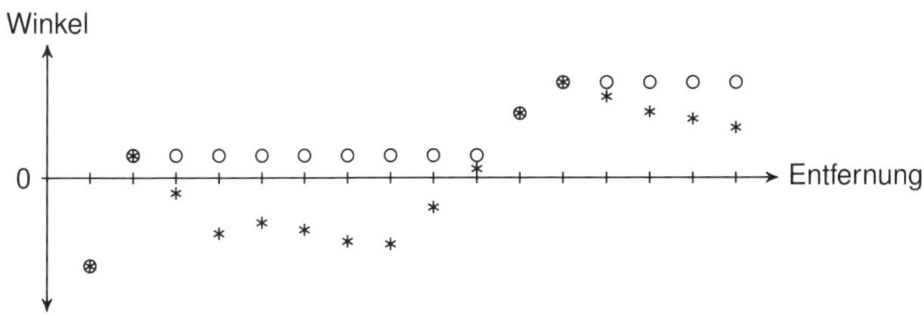

(c) Winkel für jeden Punkt $(*)$ und jeweiliges Maximum der Winkel $(\circ)$

Abbildung 4.14 *Berechnung sichtbarer Punkte in einem Gelände*

sche Abbildung. Betrachten wir zunächst, wie die Blöcke auf die bearbeitenden Threads verteilt werden.

Statische Abbildung

Bei der statischen Abbildung werden die Blöcke den Threads nach einem festen Schema zugeordnet, zum Beispiel reihum. Abbildung 4.15 zeigt die Aufteilung eines Iterationsbereichs von 0 bis 399 auf vier Threads in Blöcken von jeweils einhundert Iterationen. Im besten Fall benötigen alle Threads für die Bearbeitung

```
bool[] visiblePoints(double altitude[], int size, double scale,
                     int grainSize) {
  double angle[size];
  angle[0] = MIN_DOUBLE;
  parallelFor(1, size, grainSize, lambda (int i) {
    angle[i] = arctan(scale * (altitude[i]-altitude[0]) /
      double(i));
  });

  double maxAngle[size] = parallelPrefix(angle, grainSize,
    lambda (double a, double b) {return max(a, b);});

  bool visible[size];
  parallelFor(0, size, grainSize, lambda (int i) {
    visible[i] = angle[i] > maxAngle[i];
  });

  return visible;
}
```

Listing 4.19 *Berechnung sichtbarer Punkte in einem Gelände*

der ihnen zugeteilten Blöcke annähernd gleich viel Zeit. Ein Vorteil der statischen Abbildung ist der geringe Aufwand für die Entscheidung, welcher Block auf welchem Thread ausgeführt wird. Dies geschieht einmalig vor der Ausführung einer Schleife. Innerhalb der Schleife muss diesbezüglich nichts mehr getan werden.

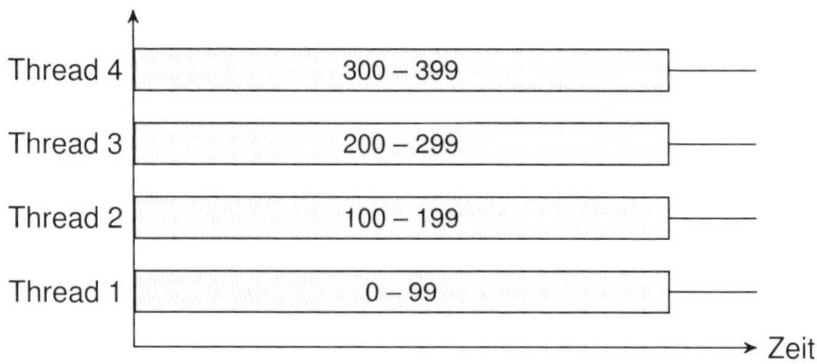

Abbildung 4.15 *Statische Abbildung mit annähernd gleicher Ausführungszeit*

Ist die Ausführungszeit der einzelnen Iterationen sehr unterschiedlich, führt diese Strategie allerdings dazu, dass einige Threads schon fertig sind, während andere noch zu tun haben (Abbildung 4.16). Aufgrund mangelnder Lastverteilung und der Tatsache, dass die meisten Ansätze heutzutage auf dynamisch abbildenden Task-Schedulern basieren, wird die statische Abbildung – abgesehen von OpenMP – nur von wenigen Implementierungen paralleler Schleifen unterstützt.

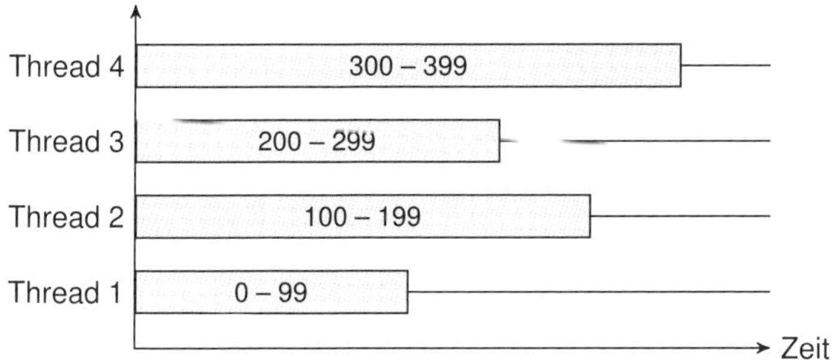

Abbildung 4.16 *Statische Abbildung mit unterschiedlichen Ausführungszeiten*

Dynamische Abbildung

Um bei unterschiedlichen Ausführungszeiten eine bessere Auslastung zu erreichen, muss die Arbeit zur Laufzeit an die Threads verteilt werden. Voraussetzung dafür ist eine Partitionierung in wesentlich mehr Blöcke, als Threads vorhanden sind. Auch wenn die Implementierungen sich im Detail unterschieden, lebt man gut mit dem Bild, dass sich Threads, die nichts zu tun haben, unbearbeitete Blöcke holen, bis alle Blöcke bearbeitet sind.

Abbildung 4.17 zeigt eine Aufteilung in 16 Blöcke von jeweils 25 Iterationen (diesmal haben wir Blocknummern anstelle des jeweiligen Iterationsbereichs verwendet). Gegenüber der statischen Abbildung übernehmen Threads, die schneller ausführbare Iterationen bearbeiten, mehr Blöcke als solche mit rechenintensiveren Iterationen. Bei Implementierungen, denen ein Task Scheduler zugrunde liegt, übernimmt der Scheduler die Lastverteilung, zum Beispiel mittels Work Stealing (siehe Abschnitt 4.1.5). Dazu wird, wie in den vorherigen Abschnitten beschrieben, für jeden Block ein Task erzeugt und dem Scheduler übergeben.

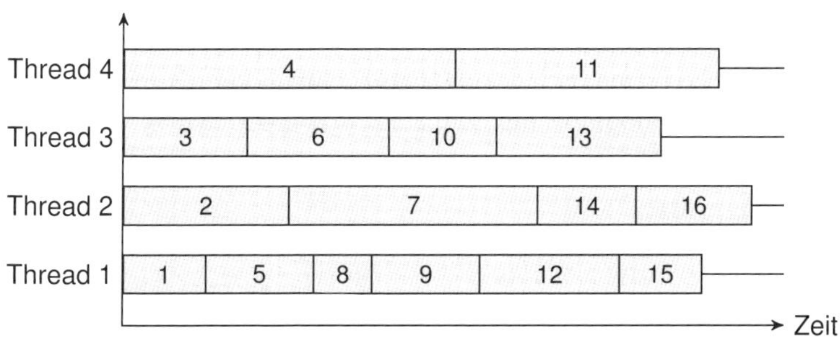

Abbildung 4.17 *Dynamische Partitionierung*

Feste Blockgröße

Entscheidend für eine effiziente Ausführung paralleler Schleifen ist die richtige Wahl der Blockgröße. Sind die Blöcke zu klein, besteht die Gefahr, dass der Mehraufwand zu Lasten der Beschleunigung geht. Sind sie zu groß, werden nicht alle Prozessorkerne ausgenutzt. Im einfachsten Fall wird ein Bereich von N Iterationen in Blöcke der Größe b unterteilt. Dabei entstehen $p = \lceil N/b \rceil$ Blöcke, wobei der letzte Block natürlich kleiner ausfallen kann. Abbildung 4.18 zeigt eine Partitionierung mit fester Blockgröße und dynamischer Abbildung. Bei einer statischen Abbildung kann man b so wählen, dass die Anzahl der Blöcke p gleich der Anzahl der zur Verfügung stehenden Threads ist. Das ist das Standardverhalten beim statischen Scheduling in OpenMP.

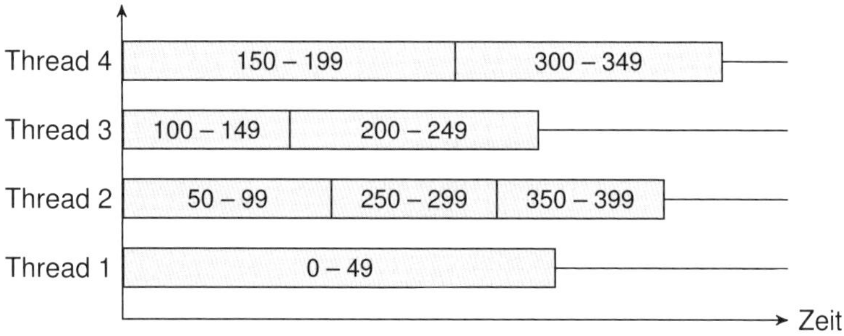

Abbildung 4.18 Partitionierung mit fester Blockgröße

Bei einer dynamischen Abbildung sollte die Anzahl der Blöcke wesentlich größer als die Anzahl der Threads sein, um genug Spielraum für die Lastverteilung zu haben. Sind die Blöcke jedoch zu klein, übersteigt der Verwaltungsaufwand den Gewinn durch die bessere Auslastung. Es ist also eine Lösung gefragt, die zum einen hinreichend viele Blöcke erzeugt, um dynamisch die Last verteilen zu können, und zum anderen die Blöcke hinreichend groß wählt, um den Aufwand für das Scheduling gering zu halten. Als Programmierer kann man daher in der Regel eine zu dem Problem passende Blockgröße angeben.

Variable Blockgrößen

Ein anderer Ansatz ist, die Blockgröße dynamisch anzupassen. Dazu liegt es nahe, den Threads große Blöcke zuzuteilen, solange genügend Arbeit da ist, und dann sukzessive immer kleinere Blöcke zu bearbeiten, um die Lastverteilung zu optimieren. Aus dieser Überlegung heraus entstand das *Guided Partitioning*, das einen Iterationsbereich in Blöcke abnehmender Größe zerteilt. Dabei werden zunächst die großen und dann immer kleinere Blöcke an die Threads verteilt. Die Blockgröße sollte eine Mindestgrenze jedoch nicht unterschreiten, um den Mehraufwand im Rahmen zu halten. Abbildung 4.19 zeigt ein Beispiel, bei dem

Thread 3 durch dynamische Abbildung mehr Blöcke als die anderen bearbeitet. Er übernimmt Blöcke von Thread 4, der für die ersten länger braucht.

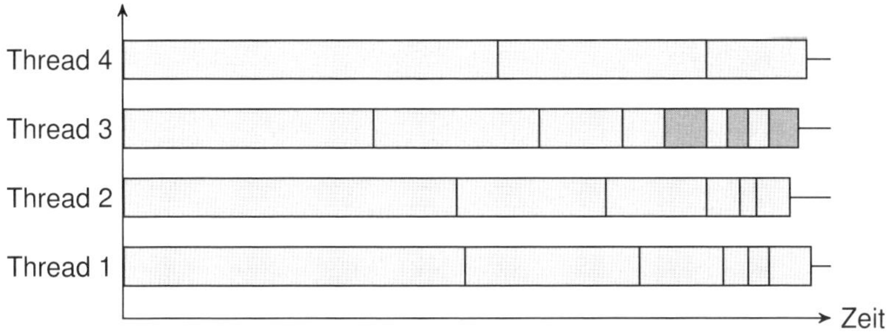

Abbildung 4.19 *Partitionierung mit abnehmender Blockgröße*

Hinweis

Verwenden Sie bei stark unterschiedlichen Laufzeiten eine dynamische Abbildung mit variablen Blockgrößen.

Partitionierung von Aufzählungen

Wenn man mit Feldern arbeitet, ist die Strategie »beginne mit großen Blöcken und werde gegen Ende des Iterationsbereichs kleiner« gut anwendbar. Bei der Verarbeitung von Listen oder anderen Aufzählungen (engl. *collections*) ist das oft nicht möglich, weil man die Größe im Voraus nicht kennt oder sich die Größe während der Bearbeitung ändert. Letzteres kann passieren, wenn ein weiterer Thread Elemente an eine Liste anhängt, die gerade durch eine parallele Schleife bearbeitet wird. Betrachten wir den Zugriff auf eine solche Datenstruktur mithilfe eines Iterators:

```
while(MyElement e = inputElements.getNextElement()) {
  doSomething(e);
}
```

Hier kann man mit festen Blockgrößen arbeiten, indem man versucht, Schritt für Schritt eine vorgegebene Anzahl von Elementen zu lesen und diese einem Thread zuzuteilen, bis das Ende erreicht ist. Es kann aber auch hier sinnvoll sein, mit variablen Blockgrößen zu arbeiten, um eine bessere Lastverteilung zu erreichen. In diesem Fall startet man mit kleinen Blöcken, die sukzessive vergrößert werden (Abbildung 4.20). Damit kann man beispielsweise Listen schon parallel bearbeiten, während sie noch gefüllt werden. Die Maximalgröße der Blöcke sollte allerdings nach oben begrenzt sein, um auch bei großen Datenmengen eine gute Lastverteilung zu ermöglichen.

Exkurs

Für die Berechnung abnehmender Blockgrößen (*Guided Partitioning*) gibt es verschiedene Algorithmen. Eine von mehreren Varianten, die in der OpenMP-Spezifikation [43] vorgeschlagen werden, basiert auf der folgenden Formel, wobei b_k die Größe des k-ten Blocks angibt ($k \in \mathbb{N}_0$):

$$b_k = \min\left(\left\lceil \frac{r_k}{2p} \right\rceil, r_k\right) \quad \text{mit } r_0 = N \text{ und } r_k = \max(r_{k-1} - b_{k-1}, 2pm) \text{ für } k > 0$$

Dabei ist p die Anzahl der Threads, N die Gesamtzahl der Iterationen, m die minimale Blockgröße und r_k die Anzahl der verbleibenden Iterationen bei der Berechnung des k-ten Blocks. Nach dieser Formel erhält man beispielsweise für 400 Iterationen und einer Mindestgröße von 25 Iterationen auf einem Quad-Core-Prozessor folgende Blockgrößen:

$$\{50, 44, 39, 34, 30, 26, 25, 25, 25, 25, 25, 25, 25, 2\}$$

Es gibt auch Implementierungen, die versuchen, den Threads immer gleich große Blöcke zuzuteilen. Dazu wird zunächst ein Teil des Iterationsbereichs (z. B. die Hälfte oder ein Drittel) in p Blöcke der Größe b_0 zerteilt, der Rest dann wieder in p Blöcke der Größe b_1, wobei b_k kleiner als b_{k-1} ist, z. B. $b_k = b_{k-1}/2$. In diesem Fall könnte die Partitionierung eines Iterationsbereichs von 1000 Iterationen auf einem Quad-Core-Prozessor so aussehen:

$$\{125, 125, 125, 125, 63, 63, 63, 63, 32, 32, 32, 32, 25, 25, 25, 25, 20\}$$

Auch hier haben wir wieder eine Mindestgröße von 25 Iterationen angenommen.

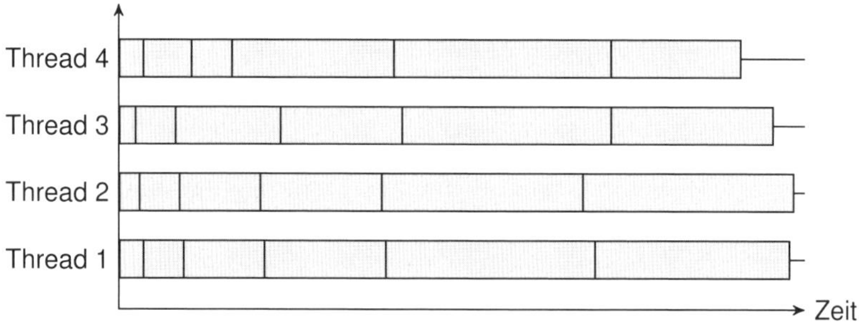

Abbildung 4.20 *Partitionierung mit zunehmender Blockgröße*

Diese Strategie wird für Aufzählungen in .NET unterstützt. Dahinter steckt die Absicht, eine generische Lösung für verschiedene Datenstrukturen anzubieten. Bei kleinen Datenstrukturen bleibt die Blockgröße klein, und bei großen steigt sie an, wodurch sich der Scheduling-Aufwand vermindert.

Partitionierung anhand der Cache-Größe

Eine optimale Partitionierung hängt auch von der Größe der Caches ab. Es kann durchaus vorkommen, dass kleine Blöcke trotz des Mehraufwands besser als große Blöcke sind, selbst wenn keine Leerlaufzeiten entstehen. Dies ist zum Beispiel dann der Fall, wenn ein Block mithilfe einer verschachtelten Schleife mehrfach durchlaufen wird, aber nicht vollständig in den Cache eines Kerns passt. In solchen Fällen müssen mit jedem Durchlauf Teile des Caches geleert und wieder gefüllt werden. Abbildung 4.21 veranschaulicht dieses Problem.

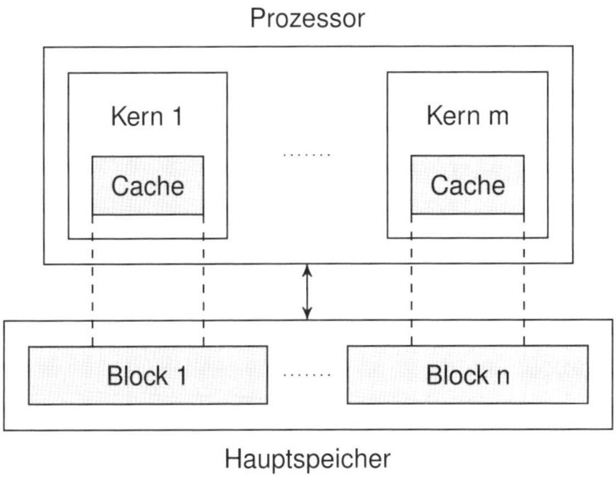

Abbildung 4.21 *Beziehung zw. Block- und Cache-Größe bei parallelen Schleifen*

Angenommen wir haben einen Prozessor mit vier Kernen, von denen jeder über einen 256 KiB großen Cache verfügt (aus Gründen der Einfachheit unterscheiden wir nicht zwischen L1-, L2- und L3-Cache). Um ein 4 MiB großes Feld zu verarbeiten, würde es ausreichen, das Feld in jeweils 1 MiB große Blöcke zu unterteilen, um alle Kerne auszulasten. Werden die Blöcke mehrfach durchlaufen, ist es aufgrund der Cache-Lokalität jedoch ratsam, die Blockgröße so zu wählen, dass ein Block vollständig in den Cache passt. Wenn ein Feldelement 4 Bytes hat, sollte ein Block also nicht mehr 256 KiB ÷ 4 B = 65536 Elemente umfassen.

Die parallele Ausführung von Schleifen wird zudem gebremst, wenn innerhalb verschiedener Blöcke auf dieselben Cache-Zeilen zugegriffen wird, sofern es sich nicht ausschließlich um Lesezugriffe handelt (siehe False Sharing in Abschnitt 2.3.2). In solchen Fällen sollte man die Partitionierung so wählen, dass sich die Kerne nicht »in die Quere kommen«. Dazu müssen die parallel ausgeführten Blöcke auf unterschiedlichen Cache-Zeilen arbeiten. Betrachten wir das folgende Beispiel:

```
int a[SIZE];
// ... Initialisierung
parallelFor(0, SIZE, GRAINSIZE, lambda (int i) {a[i]++;});
```

Bei einer Zeilengröße von 64 Bytes fasst eine Cache-Zeile sechzehn 32-Bit-Werte oder acht 64-Bit-Werte. Die Blockgröße ist dann idealerweise ein Vielfaches von 8 bzw. 16. Außerdem muss das Feld ausgerichtet sein. Auf NUMA-Systemen sollte man sich an der Seitengröße orientieren, die auf x86-Desktopsystemen üblicherweise 4 KiB, teilweise bis zu 64 KiB, in seltenen Fällen 4 MiB ist.[7]

Hinweise

- ➔ Wird auf verschiedene Elemente eines Blocks mehrfach zugegriffen, sollte die Blockgröße so gewählt werden, dass ein Block vollständig in den Cache eines Kerns passt.
- ➔ Jede Cache-Zeile (auf NUMA-Systemen jede Seite) sollte nur Daten eines Blocks enthalten.

Partitionierung über mehrere Schleifen

Werden dieselben Daten in mehreren Schleifen bearbeitet, sollten die Blöcke in jeder Schleife von denselben Prozessorkernen bearbeitet werden. Listing 4.20 zeigt ein einfaches Beispiel.

```
int a[SIZE];
// Initialisierung
parallelFor(0, SIZE, GRAINSIZE, lambda (int i) {a[i] = 0;});
// ... weiterer Code
// nochmaliger Zugriff in paralleler Schleife
parallelFor(0, SIZE, GRAINSIZE, lambda (int i) {a[i]++;});
```

***Listing 4.20** Beispiel für die Partitionierung über mehrere Schleifen*

Ist die Partitionierung oder die Abbildung auf die Kerne in der zweiten Schleife anders als in der ersten, müssen alle betroffenen Cache-Zeilen verschoben werden. Auch wenn die Daten nicht in den Cache passen sollten, lohnt es sich im Hinblick auf NUMA-Systeme, die gleiche Partitionierung vorzunehmen. Leider bieten nur wenige Implementierungen paralleler Schleifen die Möglichkeit, eine Partitionierung über mehrere Schleifen hinweg beizubehalten (siehe `static`-Klausel in OpenMP, Abschnitt 9.4.3, und `affinity_partitioner` in TBB, Abschnitt 10.3.1).

Komplexere Zugriffsmuster

Die bisher betrachteten Zugriffsmuster sind zugegebenermaßen recht einfach. Sie zeigen zwar gut die Problematik, es ist nur leider nicht die Regel, dass die Ite-

[7] Auf NUMA-Systemen ist zudem zu berücksichtigen, dass die Daten auf den richtigen Knoten liegen; siehe dazu Abschnitt 2.3.2 ab Seite 39.

rationen zusammenhängender Iterationsbereiche auch auf zusammenhängende Speicherbereiche zugreifen. Leider gibt es dafür keine allgemeingültige Lösung. Es muss problemspezifisch untersucht werden, ob eine der folgenden Alternativen möglich ist:

1. Transformation der Schleife in eine, die ein einfacheres Zugriffsmuster hat
2. Änderung der Datenanordnung, die eine an die Hardwarearchitektur angepasste Partitionierung erlaubt

Werden die Daten in mehreren Arbeitsschritten bearbeitet, kann sich auch das Umordnen der Daten zwischen den Schritten lohnen, um für jeden Schritt eine optimierte Anordnung zu erreichen.

5 Datenstrukturen

Eine wesentliche Rolle bei der Parallelisierung spielen die verwendeten Datenstrukturen. Sobald mehrere Threads auf einer gemeinsamen Datenstruktur arbeiten, stellt sich die Frage der korrekten Synchronisation: Wie stellt man sicher, dass die Datenstruktur bei jedem Zugriff konsistent ist? Im Gegensatz zur sequenziellen Programmierung rückt die Dauer eines einzelnen Zugriffs dabei in den Hintergrund. Entscheidend ist, dass sich die Zugriffszeiten bei *vielen parallelen* Zugriffen nicht wesentlich verschlechtern. Dieses Kapitel behandelt zunächst verschiedene Möglichkeiten, Datenstrukturen threadsicher zu machen (Abschnitt 5.1). Wir beginnen mit den Synchronisationsmechanismen aus Kapitel 3 und zeigen schrittweise Optimierungsmöglichkeiten für den Fall, dass viele parallele Zugriffe gleichzeitig erfolgen.

An dieser Stelle sei schon vorweggenommen, dass die wenigsten Entwickler derartige Optimierungen selbst vornehmen müssen. Es existiert eine Reihe von Bibliotheken, die entsprechend optimierte Implementierungen von Datenstrukturen enthalten, welche auf verschiedene Zugriffsmuster zugeschnitten sind. Sie unterscheiden sich in der Art, wie Threadsicherheit erreicht wird. Für den Entwickler ist es aber wichtig, die Eigenschaften der einzelnen Varianten zu kennen. Die Wahl der richtigen Datenstruktur entscheidet oft über die Leistungsfähigkeit parallel arbeitender Software. Einige Datenstrukturen enthalten inhärente Flaschenhälse in Form zentraler Verwaltungsdaten. Außerdem unterscheiden sie sich in Bezug auf die Datenlokalität. In Abschnitt 5.2 geben wir einen Überblick über für die parallele Programmierung besonders geeignete Datenstrukturen.

5.1 Threadsicherer Zugriff

In der parallelen Programmierung müssen Datenstrukturen auf Zugriffe aus verschiedenen Kontexten vorbereitet sein. Betrachten wir beispielsweise eine verkettete Liste. Jedes Element der Liste enthält einen Zeiger[1] auf das nachfolgende Element (Abbildung 5.1). Eine derartige Liste kann iterativ gelesen werden, indem man sich von Element zu Element hangelt.

Ohne weitere Maßnahmen kann die Liste aufgrund von Zugriffskonflikten inkonsistente Zustände einnehmen, wenn sie von mehreren Threads verändert

[1] Wir verwenden den Begriff *Zeiger* hier auch für Referenzen.

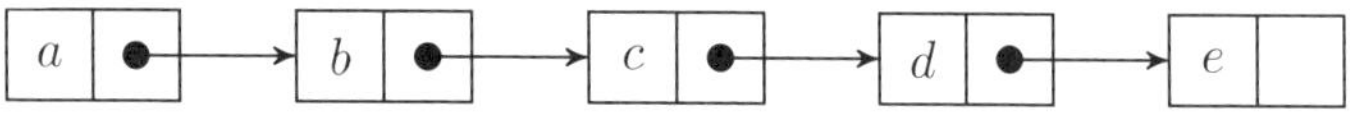

Abbildung 5.1 *Einfach verkettete Liste*

wird (vgl. Abschnitt 3.1). Abbildung 5.2 zeigt einen möglichen Ablauf beim Einfügen von Elementen durch zwei Threads. Die Threads lesen so lange Elemente aus der Liste, bis sie die passende Stelle zum Einfügen gefunden haben. In dem Beispiel identifizieren beide unabhängig voneinander *dieselbe* Stelle zum Einfügen des jeweils neuen Elements. In Abbildung 5.2 (a) ist das zwischen den Elementen *b* und *c*. Das Einfügen in die Liste erfolgt nun durch »Umbiegen« des Nachfolgerzeigers in Element *b* auf das neue Element. Der alte Nachfolger von *b*, Element *c*, wird als Nachfolger im neuen Element gesetzt. Abbildung 5.2 (b) zeigt das Einfügen von Element *e* durch Thread 1. Fügt Thread 2 nun ein Element *f* an derselben Stelle ein, ändert er ebenfalls den Nachfolgerzeiger von *b*. Abbildung 5.2 (c) zeigt das Endergebnis: Element *e* ist ungewollt nicht mehr Teil der Liste.

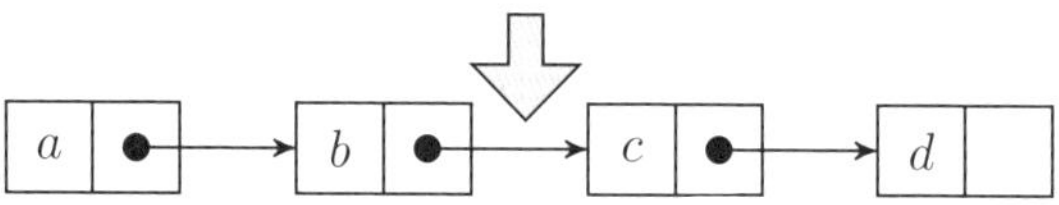

(a) zwei Threads möchten ein Element nach b einfügen

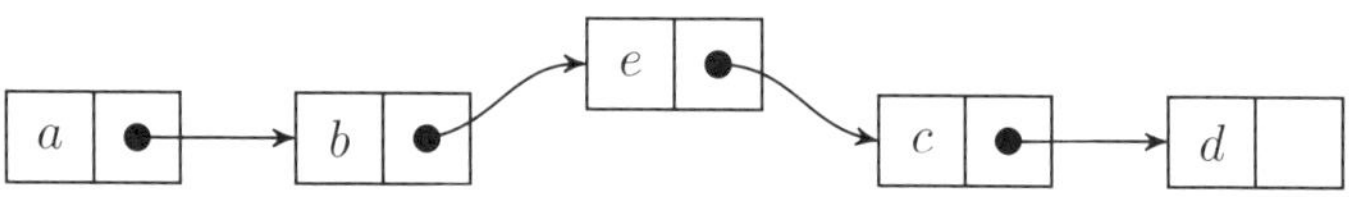

(b) Thread 1 fügt Element e ein

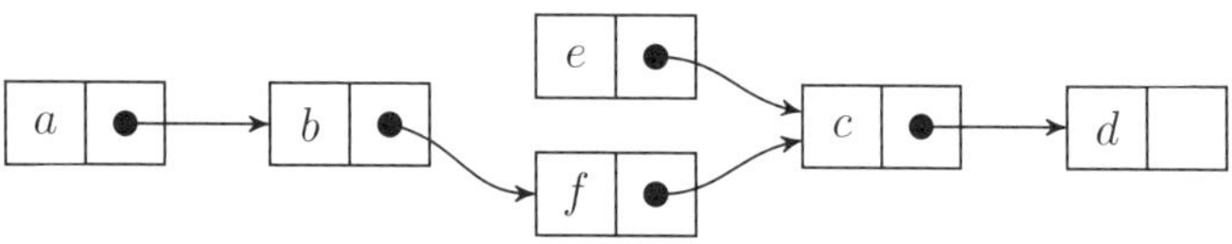

(c) Thread 2 fügt Element f ein – Element e geht verloren

Abbildung 5.2 *Konflikt beim Einfügen in eine nicht threadsichere Liste*

Wie das Beispiel zeigt, können neu eingefügte Listenelemente verloren gehen, wenn nach dem Durchlaufen der Liste, um die passende Stelle zu lokalisieren, und dem tatsächlichen Einfügen ein zweiter Thread an derselben Stelle Änderungen vornimmt. Aus diesem Grund muss dafür gesorgt werden, dass Zugriffe auf gemeinsam verwendete Verwaltungsdaten der Struktur – in diesem Fall also der Verweis von Element *b* auf das neu hinzugefügte Element – synchronisiert werden. Die folgenden Abschnitte beschreiben unterschiedliche Varianten der Synchronisation. Die Beispiele sind dem Buch von Herlihy und Shavit [27] entlehnt, das Datenstrukturen für die parallele Nutzung ausführlich behandelt.

5.1.1 Grobgranulare Synchronisation

Die einfachste Möglichkeit, eine Datenstruktur threadsicher zu machen, ist, dafür zu sorgen, dass zu jedem Zeitpunkt immer nur ein Thread auf der Datenstruktur arbeitet. Das erreicht man, indem jeder Zugriff auf die Datenstruktur über eine Sperre (z. B. einen Mutex) geschützt wird.

Listing 5.1 zeigt die internen Verwaltungsdaten einer grobgranular synchronisierten Menge auf der Basis einer verketteten Liste. Der Mutex `m` dient zur Synchronisation der Listenzugriffe. Der Einfachheit halber nehmen wir an, dass die Listenelemente lediglich eine ganze Zahl als Datum enthalten (`data`). Die Liste soll aufsteigend anhand der Werte von `data` sortiert sein. Um uns eine gesonderte Behandlung des ersten und letzten Elements zu ersparen, führen wir zwei Hilfselemente `head` und `tail` ein; `head.data` wird auf den kleinsten darstellbaren Wert gesetzt und `tail.data` auf den größten.

```
class Element {
public:
  int data;
  Element next; // Referenz auf nächstes Listenelement
}

class SynchronizedSet {
private:
  Mutex m;
  Element head = new Element(MIN_INT);
  Element tail = new Element(MAX_INT);
  // ...
}
```

Listing 5.1 *Grobgranular synchronisierte Menge mithilfe einer verketteten Liste*

Der Ablauf beim Einfügen eines neuen Elements ist folgender:

1. Sperre den Mutex.
2. Suche die passende Stelle zum Einfügen.
3. Füge das neue Element ein.
4. Gib den Mutex wieder frei.

Listing 5.2 zeigt die Implementierung. Die Schleife durchläuft die Liste bis zu der Stelle, an der das Element eingefügt werden soll. Falls das Element noch nicht vorhanden ist, wird es eingefügt. Dabei ist bereits das Suchen nach der richtigen Stelle durch den Mutex geschützt. Ansonsten hätten wir dasselbe Problem wie im eingangs beschriebenen Fehlerfall.

Das Entfernen eines Elements funktioniert auf die gleiche Weise. Listing 5.3 zeigt den Pseudocode. Zunächst suchen wir – durch den Mutex geschützt – das zu entfernende Element und dessen Vorgänger. Anschließend entfernen wir das

```
bool addElement(int data) {
  bool success = false;
  m.lock();
  Element preElement = head;
  Element curElement = head.next;
  // Suche die passende Stelle zum Einfügen
  while(curElement.data < data) {
    preElement = curElement;
    curElement = curElement.next;
  }
  // Wenn Element noch nicht vorhanden
  if(curElement.data != data) {
    // Erzeuge neues Listenelement
    Element newElement = new Element(data);
    // Hänge es in die Liste ein
    newElement.next = curElement;
    preElement.next = newElement;
    success = true;
  }
  m.unlock();
  return success;
}
```

Listing 5.2 *Einfügen eines Elements mit grobgranularer Synchronisation*

Element aus der Liste, indem wir den Nachfolgerzeiger des Vorgängers auf den Nachfolger des zu entfernenden Elements setzen.

Diese Art der Synchronisation entspricht dem Monitor-Konzept (siehe Abschnitt 3.2.3). Häufig werden existierende, nicht threadsichere Datenstrukturen um eine entsprechende Schnittstelle nach dem Synchronisationsproxy-Entwurfsmuster erweitert (siehe Abschnitt 6.1.4). Dabei wird die Datenstruktur nicht direkt verwendet, sondern über eine vorgeschaltete Stellvertreterkomponente (engl. *proxy*), die die Synchronisation übernimmt. Listing 5.4 verdeutlicht dies am Beispiel unserer Menge.

Derartige Stellvertreterkomponenten lassen sich einfach realisieren und reichen für viele Anwendungen völlig aus. Einige Bibliotheken bieten von Haus aus entsprechende Schnittstellen an. Bei Java erhält man über die `synchronizedXYZ`-Methoden der Klasse `java.util.Collections` threadsichere Proxys für die dort vorhandenen Implementierungen von Listen, Maps etc. Bei .NET haben die Datenstrukturen im Paket `System.Collections` jeweils eine statische Methode `Synchronized`, welche ein threadsicheres Stellvertreterobjekt erzeugt.[2]

[2] Für die Klassen aus `System.Collections.Generic` gibt es das allerdings nicht. In diesem Fall muss man sich selbst um die Synchronisation kümmern.

```
bool removeElement(int data) {
  bool success = false;
  m.lock();
  Element preElement = head;
  Element curElement = head.next;
  // Suche das Element in der Liste
  while(curElement.data < data) {
    preElement = curElement;
    curElement = curElement.next;
  }
  if(curElement.data == data) {
    // Lösche das Element
    preElement.next = curElement.next;
    success = true;
  }
  m.unlock();
  return success;
}
```

Listing 5.3 Entfernen eines Elements mit grobgranularer Synchronisation

```
class SynchronizedSet<Type> {
private:
  Set<Type> set;
  Mutex m;
public:
  bool addElement(Type element) {
    m.lock();
    bool b = set.add(element);
    m.unlock();
    return b;
  }
  bool removeElement(Type element) {
    m.lock();
    bool b = set.remove(element);
    m.unlock();
    return b;
  }
  // ...
}
```

Listing 5.4 Synchronisationsproxy für eine nicht threadsichere Menge

Die komplette Sperrung einer Datenstruktur ist jedoch ineffizient, wenn viele Threads (oder Tasks) auf derselben Datenstruktur arbeiten, und führt deshalb schnell zu einem Flaschenhals.

5.1.2 Feingranulare Synchronisation

Wenn mehrere Threads auf unterschiedlichen Teilen einer Datenstruktur arbeiten, ist es nicht notwendig, die komplette Datenstruktur zu sperren, sondern nur die Teile, die geändert werden. In diesem Fall spricht man von *feingranular synchronisierten Datenstrukturen*. Bei unserer verketteten Liste für die Speicherung von Mengen erhält jedes Element dazu einen eigenen Mutex (Listing 5.5).

```
class Element {
public:
  int data;
  Element next;
  Mutex m;
  void lock() {m.lock();}
  void unlock() {m.unlock();}
}
```

Listing 5.5 *Mutex für feingranulare Synchronisation*

Um die richtige Stelle zum Einfügen oder Entfernen eines Elements zu finden, werden die Elemente nacheinander gesperrt. Dabei wird der Vorgänger eines Elements erst dann freigegeben, wenn das Element erfolgreich gesperrt wurde (engl. *hand-over-hand* oder *chain locking*). Damit verhindert man, dass das Element währenddessen durch einen anderen Thread aus der Liste entfernt wird. In Abbildung 5.3 wird Element a erst dann freigegeben, wenn b erfolgreich gesperrt wurde. In der zweiten Iteration wird c gesperrt, während die Sperre von b noch gehalten wird. Auf diese Weise hangelt man sich sicher durch die Liste. Ist die gesuchte Stelle erreicht, bleiben das betroffene Element und dessen Vorgänger gesperrt. Abbildung 5.4 zeigt das Einfügen bzw. Entfernen eines Elements sowie die dabei gehaltenen Sperren. Zusammengefasst ergibt sich folgender Ablauf:

1. Sperre das Hilfselement `head` (`head.next` zeigt auf das erste Element der Liste).
2. Sperre das erste Element der Liste, es ist das »aktuelle Element«.
3. Solange das aktuelle Element nicht das gesuchte ist (und das Ende der Liste noch nicht erreicht ist):
   a. Gib den Vorgänger frei.
   b. Sperre den Nachfolger.
   c. Der Nachfolger wird zum aktuellen Element und das aktuelle zum Vorgänger.
4. Wenn das aktuelle Element das gesuchte ist, führe die Operation durch (Einfügen vor dem aktuellen Element oder Entfernen des aktuellen Elements).
5. Gib alle noch gehaltenen Sperren frei (das sind immer zwei).

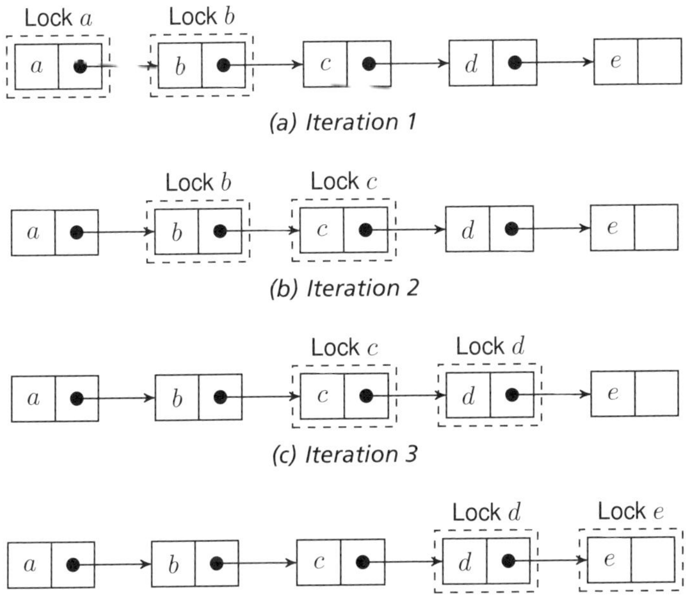

(a) Iteration 1

(b) Iteration 2

(c) Iteration 3

(d) Iteration 4

Abbildung 5.3 *Überlappendes Sperren bei feingranularer Synchronisation*

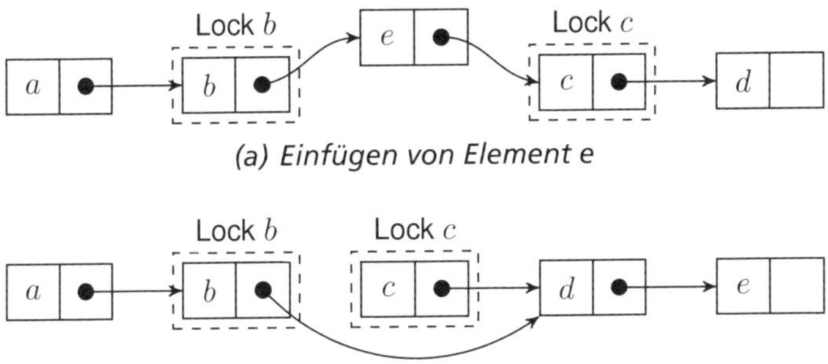

(a) Einfügen von Element e

(b) Entfernen von Element c

Abbildung 5.4 *Gesperrte Elemente bei feingranular synchronisiertem Zugriff*

Es reicht nicht, nur das Element zu sperren, dessen Zeiger geändert wird, da auch hier wieder ein anderer Thread parallel den Nachfolger entfernen könnte. Abbildung 5.5 verdeutlicht am Beispiel des Entfernens, was passieren kann, wenn nur das Element gesperrt wird, dessen `next`-Zeiger geändert wird. Thread 1 entfernt c, indem er den `next`-Zeiger von b auf d setzt. Parallel dazu hat ein anderer Thread schon begonnen, Element d zu entfernen, indem er den `next`-Zeiger von c auf e setzt. Durchläuft man nun die Liste, liest man a, b, d und e. Element d ist also noch Teil der Liste, obwohl ein Thread es entfernt hat.

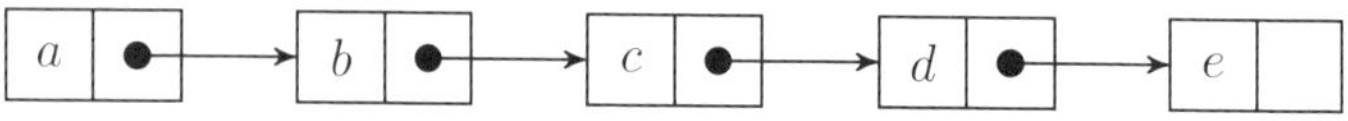

(a) Ausgangszustand der Liste

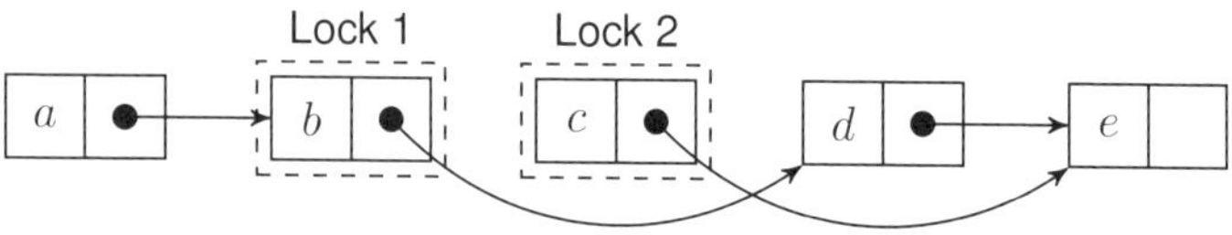

(b) Thread 1 entfernt c, Thread 2 entfernt gleichzeitig d

Abbildung 5.5 *Konflikt beim Entfernen eines Elements aus einer Liste*

Ein ähnlicher Effekt tritt auf, wenn Thread 1 Element c entfernt und gleichzeitig Thread 2 ein neues Element zwischen c und d einfügt. In diesem Fall wäre das neue Element f am Ende nicht Teil der Liste, da d der direkte Nachfolger von b ist (Abbildung 5.6).

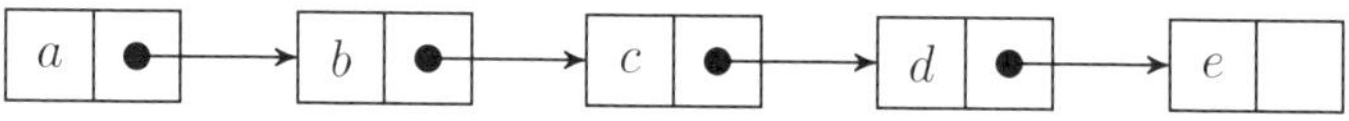

(a) Ausgangszustand der Liste

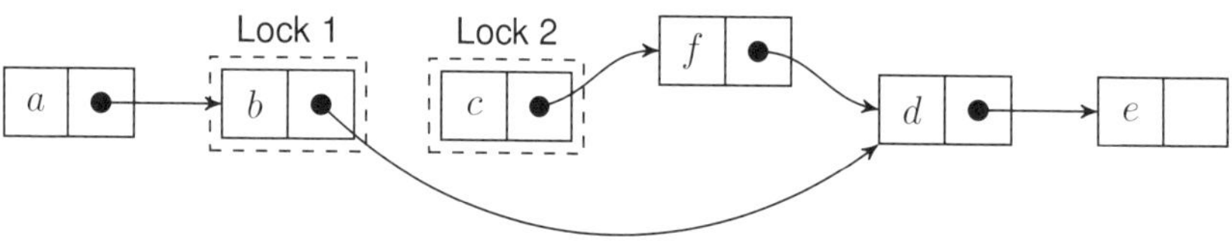

(b) Thread 1 entfernt c, Thread 2 fügt gleichzeitig f ein

Abbildung 5.6 *Konflikt beim Einfügen eines Elements in eine Liste*

Listing 5.6 zeigt die korrekte Implementierung der Methode `removeElement` nach dem oben beschriebenen Verfahren.

Mehrere Elemente hintereinander zu sperren, birgt die Gefahr von Verklemmungen. Deshalb muss bei derartigen Implementierungen peinlich genau darauf geachtet werden, dass die Sperren immer in derselben Reihenfolge angefordert werden. Im Fall unserer Liste darf also niemals der Vorgänger nach dem aktuellen Element gesperrt werden.

5.1.3 Optimistische Synchronisation

Ein Nachteil der feingranularen Synchronisation ist die große Anzahl von Sperrvorgängen beim Durchlaufen der Liste. Es wird zwar die Zeit minimiert, die ein konkurrierender Thread blockiert wird, aber die jeweilige Operation dauert unter Umständen länger als bei einer grobgranularen Synchronisation. Das ist immer

```
bool removeElement(int data) {
  bool success = false;
  // Beginne beim ersten Element der Liste
  head.lock();
  Element preElement = head;
  Element curElement = head.next;
  curElement.lock();
  // Suche das Element in der Liste
  while(curElement.data < data) {
    preElement.unlock(); // vorheriges Element freigeben
    preElement = curElement;
    curElement = curElement.next;
    curElement.lock();   // nachfolgendes Element sperren
  }
  if(curElement.data == data) {
    // Lösche das Element
    preElement.next = curElement.next;
    success = true;
  }
  curElement.unlock();
  preElement.unlock();
  return success;
}
```

Listing 5.6 Entfernen eines Elements mit feingranularer Synchronisation

dann der Fall, wenn die Zugriffe zu unterschiedlichen Zeiten erfolgen und somit kein Thread blockiert wird.

Eine naheliegende Optimierung ist, das Suchen – das ja nur aus Lesezugriffen besteht – ohne Sperren durchzuführen. In unserer Liste wird also zunächst die zu ändernde Stelle gesucht und erst dann werden das gefundene Element und dessen Vorgänger gesperrt. Da ein anderer Thread die Liste manipulieren kann, *nachdem* die Stelle lokalisiert wurde, aber *bevor* die Elemente gesperrt wurden, muss nach dem Sperren überprüft werden, ob sich die Liste immer noch in dem erwarteten Zustand befindet. Der Ablauf ist dann folgender:

1. Suche die passende Stelle zum Einfügen oder Entfernen.
2. Sperre das gefundene Element und dessen Vorgänger.
3. Überprüfe, ob der Vorgänger immer noch Bestandteil der Liste ist.
4. Überprüfe, ob der Vorgänger immer noch auf das gefundene Element zeigt.
5. Wenn eine der Überprüfungen fehlschlägt, beginne erneut bei Punkt 1.
6. Führe die entsprechende Operation aus (Einfügen vor dem gefundenen Element oder Entfernen des gefundenen Elements).
7. Gib die Sperren wieder frei.

Wichtig ist, dass beide Kriterien überprüft werden, nämlich nicht nur, dass das erste Element immer noch auf das zweite verweist (Punkt 4), sondern auch, dass sich das erste Element noch in der Liste befindet (Punkt 3). Es sind Abläufe möglich, in denen Punkt 4 erfüllt ist, aber beide Elemente zwischenzeitlich aus der Liste entfernt wurden. Listing 5.7 zeigt die Validierung nach dem Sperren der Elemente `preElement` und `curElement`.

```
bool validate(Element preElement, Element curElement) {
  Element tmpElement = head;
  // Suche Vorgänger
  while(tmpElement.data < preElement.data) {
    tmpElement = tmpElement.next;
  }
  // Wenn noch in der Liste
  if(tmpElement.data == preElement.data) {
    // Prüfe Nachfolgerzeiger
    return preElement.next == curElement;
  }
  return false;
}
```

Listing 5.7 Validierung nach dem Sperren bei optimistischer Synchronisation

Die optimistische Synchronisation hat allerdings zwei entscheidende Nachteile. Erstens wird die Liste mindestens zweimal bis zum gesuchten Element durchlaufen – einmal, um die Stelle zu finden, und einmal, um nach dem Sperren zu validieren, ob die betroffenen Elemente noch Teil der Liste sind. Zweitens kann eine Operation unbestimmt lange dauern, wenn die Validierung wiederholt fehlschlägt.

Eine Optimierung ist, die Validierung zu vereinfachen. Dabei interessiert uns der Fall, dass ein anderer Thread Elemente aus der Liste entfernt. Würde man auf einfache Weise erkennen, dass Elemente nicht mehr Teil der Liste sind, könnte man sich den zweiten Durchlauf durch die Liste ersparen. Das lässt sich über eine Markierung erreichen, die beim Entfernen gesetzt wird. Jedes Element erhält dazu eine boolesche Variable `removed`, über die es als entfernt markiert werden kann. Beim Entfernen wird diese Variable gesetzt. Die Validierung überprüft dann die Markierungen der beiden Elemente und ob sie noch aufeinander folgen (Listing 5.8). Die Markierung und Validierung erfolgen, solange die Elemente gesperrt sind. Somit ist diese Methode threadsicher. Es kann jedoch weiterhin passieren, dass die Validierung immer wieder fehlschlägt. Bei hoher Last sind unter Umständen mehrere Anläufe beim Einfügen oder Entfernen von Elementen notwendig.

```
bool validate(Element preElement, Element curElement) {
  return !preElement.removed && !curElement.removed &&
         preElement.next == curElement;
}
```

Listing 5.8 Optimierte Validierung nach dem Sperren

5.1.4 Nichtblockierende Synchronisation

Die bisher vorgestellten Strategien synchronisieren kritische Abschnitte über blockierende Operationen. Befindet sich ein Thread in einem kritischen Abschnitt, müssen alle anderen Threads warten, bis die entsprechende Sperre wieder frei ist. Im schlimmsten Fall führt das zu einer Sequenzialisierung, d. h., mehrere Threads stauen sich vor der Sperre und werden schließlich nacheinander ausgeführt. Die Sperroperationen erhöhen zudem die Zugriffszeit, selbst wenn es keine Konkurrenzsituation gibt.

Mittels atomarer Operationen lassen sich blockierende Synchronisationsoperationen vermeiden. Die kritischen Abschnitte werden sozusagen auf einzelne Operationen reduziert. Dabei kommt die Compare-and-Swap-Operation (CAS) zum Einsatz, die wir in Abschnitt 3.2.9 kennengelernt haben. Bezogen auf unsere Liste können wir den Nachfolgerzeiger eines Listenelements mittels CAS atomar verändern. Das Einfügen eines Elements besteht dann im Kern aus folgenden Anweisungen:

```
newElement.next = curElement;
bool success = preElement.next.compareAndSwap(curElement,
                                              newElement);
```

Dabei wird atomar überprüft, ob `preElement` immer noch der Vorgänger von `curElement` ist. Wenn dem so ist, wird `preElement.next` auf `newElement` gesetzt. Entfernt ein zweiter Thread zwischen den beiden Zeilen `curElement`, schlägt die CAS-Operation fehl. In diesem Fall muss die Stelle zum Einfügen noch einmal gesucht werden (wie bei der optimistischen Synchronisation). Das Entfernen von Elementen funktioniert nach demselben Prinzip:

```
bool success = preElement.next.compareAndSwap(curElement,
                                              curElement.next);
```

Auch hier muss so lange wiederholt werden, bis das Entfernen erfolgreich war. Leider reicht dies noch nicht aus, wie wir auf Seite 133 ff. gesehen haben (vgl. Abbildungen 5.5 und 5.6). Wir müssen zudem sicherstellen, dass der Nachfolgerzeiger gelöschter Elemente nicht verändert werden kann. Sonst merken wir beim Setzen eines Nachfolgerzeigers nicht, wenn das Element, das wir gerade ändern, schon längst gelöscht ist.

Wir müssen also innerhalb der CAS-Operation auch die im letzten Abschnitt beschriebene Markierung prüfen, mit der gelöschte Elemente gekennzeichnet werden. Dazu benötigen wir eine atomare CAS-Operation, die zusätzlich die Markierung überprüfen kann. Java bietet dafür das Konzept der atomar markierbaren Referenzen (engl. *atomic markable references*) an. Damit lassen sich eine Referenz und eine boolesche Markierung atomar prüfen und ändern. In C/C++ kann man sich dafür eines Tricks bedienen, indem man als Markierung das niedrigstwertige Adressbit des Zeigers verwendet.[3] Auf diese Weise kommt man mit einer einfachen CAS-Operation aus.

Nichtblockierende Verfahren lassen sich in zwei Klassen unterteilen:

Lock-free bedeutet, dass keine blockierenden Operationen zum Einsatz kommen, es aber durch Wiederholungen aufgrund inkonsistenter Zustände zu Verzögerungen kommen kann.

Wait-free bedeutet, dass keine blockierenden Operationen zum Einsatz kommen und die Anzahl der Rechenschritte begrenzt ist, unabhängig davon, wie viele Threads parallel dieselben Daten bearbeiten.

Die oben beschriebene Strategie ist zwar *lock-free*, da kein Thread blockiert, aber nicht *wait-free*, da es keine Obergrenze für die Anzahl der Wiederholungen gibt.

Das ABA-Problem

Mit der CAS-Operation können wir sicherstellen, dass eine Variable bei einer Änderung noch den Wert besitzt, den wir zu einem früheren Zeitpunkt gelesen haben. Wenn jedoch andere Threads in der Zwischenzeit die Variable modifizieren und anschließend auf den ursprünglichen Wert zurücksetzen, kann das über eine einfache CAS-Operation nicht erkannt werden. Das folgende Beispiel zeigt einen solchen Ablauf:

1. Thread 1 liest den Wert a einer Variable und wird danach durch andere Threads auf demselben Prozessorkern verdrängt.
2. Thread 2 ändert den Wert der Variable auf b.
3. Thread 2 (oder ein anderer) ändert den Wert zurück auf a, bevor Thread 1 wieder an die Reihe kommt.
4. Thread 1 wird weiter ausgeführt und liest in der CAS-Operation den Wert a. Die vorübergehende Änderung auf b kann nicht mehr festgestellt werden.

Das unbemerkte Ändern einer Variable durch parallel ablaufende Threads ist als *ABA-Problem* bekannt. Das kann dann problematisch sein, wenn a eine Referenz auf ein Objekt ist, das beispielsweise durch Thread 2 verändert wird. In

---

[3] Die meisten Compiler richten Daten in Abhängigkeit ihrer Größe im Speicher aus. So werden `int`-Werte auf einem 32-Bit-System üblicherweise an 4-Byte-Grenzen ausgerichtet. Damit sind die zwei niedrigstwertigen Adressbits 0 und können zur Markierung verwendet werden.

C/C++ kann es zudem passieren, dass `malloc` bzw. `new` eine vorher freigegebene Adresse wiederverwendet. In Sprachen mit automatischer Speicherbereinigung wie Java oder C# existiert das Problem allerdings auch. Ein typisches Szenario sind Objektpools. Werden Objekte eines bestimmten Typs immer nur für kurze Zeit benötigt, belastet das unnötig die Speicherverwaltung (schlechte Performance, Fragmentierung, hohe Last durch die Speicherbereinigung). Anstatt immer wieder neue Objekte einer bestimmten Klasse anzulegen und zu löschen, bietet es sich an, existierende Objekte wiederzuverwenden, indem sie lediglich neu initialisiert werden. So kann eine unveränderte Referenz zu unterschiedlichen Zeitpunkten auf verschiedene Objekte zeigen.

ABA-Fehler lassen sich auf verschiedene Arten erkennen. Die Realisierung hängt jedoch stark von der verwendeten Prozessorarchitektur ab. Beispielsweise kann man Speicherstellen mit einem Versionszähler versehen, der durch die CAS-Operation verändert (inkrementiert) wird. Dazu muss die CAS-Operation das gleichzeitige, atomare Tauschen *zweier* Werte erlauben. Versionszähler vermindern zwar das Risiko des ABA-Problems, bieten aber keine vollständige Sicherheit, da die Zähler überlaufen können. Deshalb wurde eine Reihe komplexerer Algorithmen zur ABA-Erkennung entwickelt (*Hazard Pointers* [41], *Pass-The-Buck-Algorithmus* [26]). Einige Prozessorarchitekturen bieten, ähnlich der CAS-Operation, das Befehlspaar Load-Link/Store-Conditional (LL/SC) an. LL lädt einen Wert, und SC schreibt den geänderten Wert nur dann erfolgreich zurück, wenn die Speicherstelle zwischenzeitlich nicht verändert wurde. Dabei wird auch das Schreiben eines identischen Wertes als Veränderung erkannt.

5.1.5 Weitere Optimierungen

Fehlgeschlagene Operationen führen zu Wiederholungen. Ändern viele Threads gleichzeitig dieselben Daten, wird das zu einem Flaschenhals. Für bestimmte Datenstrukturen gibt es jedoch Optimierungsmöglichkeiten. Eine Möglichkeit ist das Verzögern von sich gegenseitig aufhebenden Operationen. So kann beispielsweise eine `push`-Operation eines Stacks eine Weile auf eine `pop`-Operation eines anderen Threads warten (per Spinlock). Erst wenn in der vorgegebenen Zeit keine passende Operation stattgefunden hat, wird das Element in den Stack eingetragen (siehe z. B. *Elimination Backoff Stack* und *Elimination Tree* in [51]).

5.2 Auswahl der richtigen Datenstruktur

In den vorherigen Abschnitten haben wir gesehen, auf welche Arten sich threadsichere Datenstrukturen implementieren lassen. Glücklicherweise enthalten viele Bibliotheken schon effiziente Implementierungen (siehe Teil II), weshalb es in den meisten Fällen nicht notwendig ist, selbst Hand anzulegen. Wir raten sogar ausdrücklich von eigenen Implementierungen ab. Insbesondere bei nichtblockierenden Datenstrukturen gibt es viele Fallstricke. Das Risiko, Fehler zu übersehen, ist relativ hoch, da viele Fehler nur in Abhängigkeit des Speichermodells der Zielhardware auftreten. Es kann passieren, dass eine Implementierung über mehrere Jahre hinweg einwandfrei funktioniert und Fehler erst auf einem neuen Prozessor auftreten.

Sollte dennoch eine eigene Implementierung notwendig sein, ist man gut beraten, zunächst in der Fachliteratur zu recherchieren. Im bereits erwähnten Buch *The Art of Multiprocessor Programming* [27] von Herlihy und Shavit werden unter anderem Implementierungen von Listen, Warteschlangen und Stacks sowie paralleles Zählen, Sortieren und das Berechnen von Hashwerten behandelt.

Im Folgenden erläutern wir, welche Überlegungen bei der Auswahl einer Datenstruktur notwendig sind und auf was geachtet werden sollte. Dazu stellen wir einige Eigenschaften threadsicherer Datenstrukturen aus Nutzersicht dar. Das versetzt uns in die Lage, die richtigen Datenstrukturen auszuwählen und einzusetzen.

5.2.1 Kriterien

Alle Faktoren, die sich auf die Laufzeit auswirken, sind Kriterien für die Auswahl der richtigen Datenstruktur:

- Kosten für konkurrierende Schreibzugriffe auf dieselben Daten
- Kosten für nicht konkurrierende Schreibzugriffe
- Kosten für Lesezugriffe
- Datenlokalität

Die ersten drei Punkte beziehen sich auf die Kosten, die zur Absicherung paralleler Zugriffe entstehen. Der letzte Punkt hat indirekt Einfluss auf die Laufzeit aufgrund von Cache- und NUMA-Effekten.

Kosten für die Synchronisation

Widmen wir uns zunächst den Kosten für die Synchronisation. Nichtblockierende Implementierungen sind auf geringe Wartezeiten bei konkurrierenden Zugriffen optimiert, nicht jedoch auf minimale Zugriffszeiten. Je nach Zugriffsmuster sind sie mehr oder weniger effizient. Man sollte sich insbesondere der folgenden zwei Punkte bewusst sein:

Optimistische Synchronisationsverfahren führen bei hoher Last zu vielen Wiederholungen, bevor eine Änderung erfolgreich auf die Datenstruktur angewendet wird.

Nichtblockierende Synchronisationsverfahren benötigen Speicherbarrieren (siehe Abschnitt 2.3.1). Sind im Verlauf eines Programms viele Speicherbarrieren notwendig, bremsen diese das Programm aus, da Registerinhalte in den Speicher geschrieben werden müssen und Optimierungen durch den Compiler sowie den Prozessor erschwert werden.

Manchmal ist eine grobgranulare Synchronisation effizienter als eine feingranulare oder nichtblockierende. Das gilt vor allem dann, wenn mehrere Threads relativ selten auf eine Datenstruktur zugreifen, dann aber viele Daten auf einmal ändern. In diesem Fall ist es ineffizient, jeden einzelnen Zugriff zu synchronisieren. Stattdessen synchronisiert man grobgranular in den zugreifenden Threads. Eine Sperre wird nur einmal für mehrere aufeinanderfolgende Zugriffe angefordert. Die sauberste Lösung ist hier eine vorgeschaltete Stellvertreterkomponente, die die Synchronisation übernimmt, und eine anwendungsspezifische Schnittstelle für den Zugriff auf *mehrere* Datenelemente. Tabelle 5.1 zeigt im Überblick, wann welche Implementierung eingesetzt werden sollte.

Zugriffsmuster der Anwendung	Bevorzugte Implementierung
Zugriffe aus nur einem Thread	unsynchronisierte Datenstruktur
gelegentliche Zugriffe aus mehreren Threads	grobgranular synchronisierte Datenstruktur
seltene Zugriffe auf jeweils viele Elemente der Datenstruktur	unsynchronisierte Datenstruktur mit expliziter Synchronisation in den zugreifenden Threads oder in einer vorgeschalteten Stellvertreterkomponente
häufige, parallele Zugriffe aus vielen Threads	feingranular synchronisierte oder nichtblockierende Datenstruktur

Tabelle 5.1 *Bevorzugte Datenstrukturen in Abhängigkeit des Zugriffsmusters*

Datenlokalität

Wird von mehreren Threads auf dieselben oder auf nahe beieinanderliegende Daten zugegriffen, kann dies zu Verzögerungen durch das Aktualisieren der Cache-Speicher und zu False Sharing führen (siehe Abschnitt 2.3.2). Bei NUMA-Architekturen ist darüber hinaus der Zugriff auf entfernte Speicherbereiche viel langsamer als auf den lokalen Speicher. Es muss also unser Bestreben sein, dass verschiedene Threads möglichst auf unterschiedlichen Daten arbeiten. Das gilt auch für die internen Verwaltungsdaten einer Datenstruktur.

Die oben beschriebenen Listen zeichnen sich durch eine denkbar schlechte Lokalität aus, da alle Threads über die Liste iterieren, auch wenn sie beispielsweise an ganz unterschiedlichen Stellen Elemente einfügen. Auch solche Elemente, an denen man sich nur durchhangelt, müssen kurzzeitig in den Cache geladen werden. Andere klassische Datenstrukturen verhalten sich nicht viel besser.

Lokalität lässt sich auf zwei Arten erreichen. Eine Möglichkeit ist, die Daten im Anwendungscode von vornherein auf unterschiedliche Instanzen einer Datenstruktur zu verteilen. Die Daten werden dabei so aufgeteilt, dass jeder Thread überwiegend auf einer eigenen Instanz arbeiten kann. Das verringert auch die Anforderungen an die Synchronisation. Komfortabler ist es, wenn die Datenstruktur intern so aufgebaut ist, dass Zugriffe lokal beschränkt stattfinden. Das heißt, bei Lese- und Schreibzugriffen werden nur sehr wenige und optimalerweise nahe beieinanderliegende Daten »angefasst«. Beispiele dafür sind Skiplisten und Multimengen (siehe Abschnitte 5.2.2 bzw. 5.2.6) sowie poolbasierte Stacks [51]. Nach außen hin erscheint eine Instanz derartiger Datenstrukturen zusammenhängend, intern ist sie jedoch aus mehreren Substrukturen aufgebaut. Skiplisten erweitern Listen um Hilfsstrukturen, die die Zugriffe beim Durchlaufen reduzieren. Multimengen und poolbasierte Stacks instanziieren intern pro Thread eigene Substrukturen, auf die vorwiegend von jeweils einem Thread zugegriffen wird. Nur wenn es unbedingt nötig ist, wird auf die Substrukturen anderer Threads zugegriffen.

Verfügbare Bibliotheken

Die Wahl einer passenden Datenstruktur hängt in der Praxis auch davon ab, welche Implementierungen in der verwendeten Umgebung zur Verfügung stehen. Bei TBB sind das die *Concurrent Containers*, bei .NET und Java die *Concurrent Collections* aus `System.Collections.Concurrent` bzw. `java.util.concurrent`, die wir in Teil II dieses Buches beschreiben. Sie implementieren jeweils eine Auswahl aus den folgenden Datenstrukturen:

Listen Der Zugriff auf die Elemente einer Liste erfolgt durch sequenzielles Durchlaufen. Elemente können an beliebiger Stelle eingefügt werden.

Vektoren Wie Felder erlauben Vektoren einen wahlfreien Zugriff auf die Elemente. Vektoren passen ihre Größe aber im Gegensatz zu Feldern automatisch an.

Assoziative Felder Schlüssel-Datum-Paare werden in assoziativen Feldern (engl. *dictionaries*, *maps*, *hash maps*, *hash sets*) abgelegt und über den Schlüssel zugegriffen.

Warteschlangen und Stacks Bei Warteschlangen werden die Elemente in der Reihenfolge entnommen, in der sie eingereiht wurden. Bei Stacks werden sie in umgekehrter Reihenfolge entnommen.

Mengen und Multimengen Die Elemente sind nicht notwendigerweise geordnet.[4] Ein Element kann nur einmal in einer Menge vorkommen. Multimengen hingegen lassen Duplikate zu. Letztere lassen sich besonders gut für eine parallele Nutzung optimieren.

Im Folgenden beleuchten wir die grundlegenden Eigenschaften dieser Datenstrukturen und deren Implementierungen.

[4] Je nach Implementierung der Menge werden die Elemente intern sortiert abgelegt (wie in der oben beschriebenen verketteten Liste). Einige Implementierungen unterstützen das geordnete Auslesen der Elemente. In diesem Fall spricht man auch von einer sortierten Menge (engl. *sorted set*).

5.2.2 Listen

Trotz der Möglichkeit, die Elemente einer Liste feingranular zu sperren, sind bei der parallelen Bearbeitung zwei Fälle problematisch: erstens das Verändern einer Liste durch mehrere Threads und zweitens das parallele Bearbeiten aller Listenelemente. Das Problem im ersten Fall ist die große Anzahl der Lesezugriffe und die damit verbundene schlechte Lokalität beim Durchlaufen der Liste. Jeder Thread beginnt mit dem ersten Element und liest iterativ bis zur Stelle, an der sich das gesuchte Element befindet. Dieses Problem lässt sich mit Skiplisten eindämmen. Auf die parallele Bearbeitung aller Listenelemente kommen wir weiter unten zurück.

Skiplisten

Skiplisten fügen einer Liste weitere Hilfslisten hinzu, die es erlauben, in größeren Schritten über die Liste zu springen. Abbildung 5.7 verdeutlicht den Aufbau einer Skipliste. Auf der untersten Ebene befindet sich die eigentliche Liste. Darüber wird eine Liste gelegt, die jeweils ein Element überspringt. Darüber wird wiederum eine Liste gelegt, die über vier Elemente reicht. Jede Ebene n überspringt also $2^n - 1$ Elemente, wobei die unterste Ebene die Ebene 0 ist.

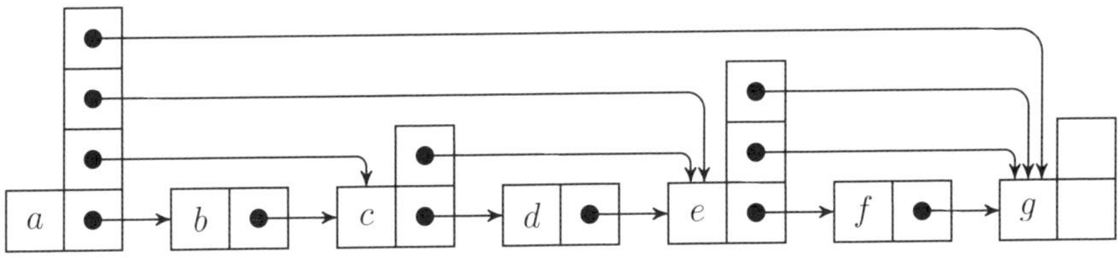

***Abbildung 5.7** Aufbau einer Skipliste*

Beim Suchen eines Elements beginnt man auf der höchsten Ebene. Wenn das gesuchte Element auf der aktuellen Ebene nicht gefunden wird, sucht man die beiden Elemente, zwischen denen es liegen muss, und geht schrittweise auf die niedrigeren Ebenen über, um es genauer zu lokalisieren. Damit wird die Anzahl der Lesezugriffe beim Suchen reduziert. Für neue Elemente muss entschieden werden, auf welchen Ebenen sie eingefügt werden. Häufig geschieht das nach dem Zufallsprinzip – die Wahrscheinlichkeit sinkt mit der Höhe der Ebene.

Skiplisten haben ähnliche Zugriffszeiten wie balancierte Suchbäume. Bäume müssen bei Einfügeoperationen jedoch neu ausbalanciert werden. Dabei müssen mehr Elemente als bei einer Skipliste geändert werden, was die Lokalität verschlechtert und feingranulares Sperren wesentlich komplexer macht. Skiplisten liegen beispielsweise den Java-Datenstrukturen `ConcurrentSkipListMap` und `ConcurrentSkipListSet` zugrunde.

Paralleles Bearbeiten der Listenelemente

In Abschnitt 4.2.1 haben wir uns mit parallelen Schleifen beschäftigt. Bei der Parallelisierung bestehender Software trifft man häufig auf Schleifen, die Operationen auf Listen ausführen. Dabei werden die Listen meist gar nicht modifiziert. Oft wird nur lesend auf die Listenelemente zugegriffen, oder es werden durch die Listenelemente referenzierte Daten verändert. Aufgrund ihrer Struktur sind Listen jedoch auf sequenziellen Zugriff ausgelegt. Es ist also nicht möglich, eine Liste für die parallele Bearbeitung zu partitionieren, ohne sie sequenziell zu durchlaufen.

Parallele Schleifen können daher auch nur sequenziell über eine Liste iterieren und die einzelnen Operationen, beispielsweise über einen Threadpool, nacheinander starten (zu Partitionierungsstrategien von Aufzählungen siehe auch Abschnitt 4.2.4, S. 121 ff.). In solchen Fällen kann es sich lohnen, gleich eine Datenstruktur mit wahlfreiem Zugriff zu verwenden oder die Liste in eine solche umzuwandeln.

5.2.3 Vektoren

Vektoren sind dann gut, wenn die Elemente parallel verarbeitet werden sollen und es keine Abhängigkeiten zwischen ihnen gibt. Beim Ändern einzelner Elemente muss man dafür sorgen, dass kein anderer Thread dieselben Elemente ändert. Das lässt sich mit den bekannten Sperrmechanismen erreichen, entweder grob- oder feingranular. Auch eine nichtblockierende Synchronisation ist möglich, zumindest wenn der Elementtyp atomare Operationen unterstützt. Beim Ändern von Elementen muss man nur sicherstellen, dass zwischen dem Lesen eines Elements und dem Zurückschreiben des geänderten Elements kein anderer Thread dasselbe Element verändert hat (z. B. über eine CAS-Operation).

Vektoren, die zur Laufzeit vergrößert werden können, verhalten sich je nach Implementierung unterschiedlich. Oft werden dabei alle Elemente umkopiert, um die Adressierung der Elemente so einfach wie möglich zu halten. Das führt jedoch dazu, dass Iteratoren aus anderen Threads nicht mehr gültig sind. Die in TBB verfügbaren Vektoren stellen die Gültigkeit von Iteratoren auch bei parallelen Zugriffen anderer Threads sicher. Ein Vektor kann durch einen Thread vergrößert werden, während andere Threads auf den schon vorhandenen Elementen weiterarbeiten können. Der Preis, den man dafür bezahlt, ist eine Fragmentierung des Vektors, die zu höheren Zugriffszeiten führt. Zugriffe auf einzelne Elemente synchronisiert die TBB-Implementierung allerdings nicht.

Ein guter Kompromiss bei der Synchronisation von Zugriffen auf die Vektorelemente ist, nicht für jedes Element eine Sperre bereitzuhalten, sondern mehrere Elemente durch eine Sperre zu schützen. Diese Strategie wird auch als streifenweises Sperren (engl. *lock striping*) bezeichnet. Die Streifen müssen dabei nicht aus nebeneinanderliegenden Elementen bestehen. So kann die Sperre für ein Element beispielsweise über den Index modulo die Anzahl der Sperren bestimmt werden.

Die Anzahl der Sperren muss in diesem Fall nicht verändert werden, wenn der Vektor wächst. Eine Sperre wird einfach für mehr Elemente verwendet. Das spart Platz und beschleunigt die Vergrößerung des Vektors.

5.2.4 Assoziative Felder

Assoziative Felder (engl. *dictionaries*, *maps*, *hash maps*, *hash sets*) basieren meistens auf einfachen Feldern oder Vektoren, wobei der Hashwert des Schlüssels als Index verwendet wird. Grundsätzlich gelten daher prinzipiell auch die Aussagen des vorangegangenen Abschnitts. Da mehrere Schlüssel denselben Hashwert haben können, enthalten die Felder jedoch nicht direkt die assoziierten Werte, sondern üblicherweise verkettete Listen. Dies führt je nach Implementierung und Zugriffsprofil zu einem erhöhten Synchronisationsaufwand.

5.2.5 Warteschlangen und Stacks

Warteschlangen bieten sich für die Übergabe von Daten zwischen parallelen Programmteilen nach dem Erzeuger-Verbraucher-Prinzip an. Dabei produziert ein Programmteil Daten und ein anderer konsumiert sie. Stacks werden für ähnliche Zwecke eingesetzt, drehen jedoch die Reihenfolge der Elemente um.

Warteschlangen

Warteschlangen unterscheiden sich in der Behandlung der Situationen »Schlange leer« und »Schlange voll«:

blockierend / nicht blockierend / mit Timeout Lesezugriffe auf eine leere Warteschlange blockieren, bis neue Elemente eingereiht werden, oder kehren sofort mit einer Fehlermeldung zurück. Eine Mischung aus beidem ist das Warten für eine bestimmte Zeit (Timeout). Nach Ablauf dieser Zeit kehren Lesezugriffe auf jeden Fall zurück.

begrenzt / nicht begrenzt Eine begrenzte (engl. *bounded*) Warteschlange kann nur eine bestimmte Anzahl von Elementen aufnehmen, während eine nicht begrenzte dynamisch wachsen kann. Wie im Falle einer leeren Warteschlange können Schreiboperationen auf eine volle, begrenzte Warteschlange blockieren oder mit einem Fehler zurückkehren.

Warteschlangen arbeiten nach dem FIFO-Prinzip (engl. *first in, first out*), d. h., dass die Elemente in der Reihenfolge entnommen werden, in der sie eingereiht wurden. Das lässt sich mithilfe eines Ringpuffers oder einer verketteten Liste leicht umsetzen. Warteschlangen eignen sich einerseits gut für parallele Zugriffe aus zwei Threads, da der einfügende und der entnehmende Thread an verschiedenen Enden der Warteschlange arbeiten (Abbildung 5.8). Deshalb ist nur in seltenen Fällen eine Synchronisation erforderlich. Andererseits steht dem FIFO-Prinzip eine niedrige Datenlokalität gegenüber: Elemente, die sich nach dem Einreihen in die Warteschlange noch im Cache befinden, werden mit hoher Wahrscheinlichkeit verdrängt, bevor sie entnommen werden.

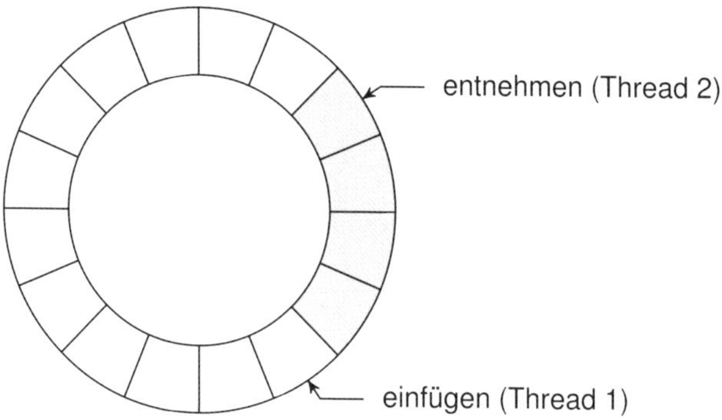

Abbildung 5.8 *Warteschlange als Ringpuffer implementiert*

Stacks

Stacks, auch *Stapel* oder *Keller* genannt, sind mit Warteschlangen verwandt. Im Gegensatz zu Warteschlangen werden die Elemente jedoch in LIFO-Reihenfolge (engl. *last in, first out*) verarbeitet. Die zuletzt hinzugefügten Elemente werden also zuerst entnommen (Abbildung 5.9). Ein Nachteil von Stacks ist, dass sowohl das Entnehmen als auch das Einfügen an demselben Ende stattfinden. Es gibt jedoch nichtblockierende Implementierungen, die gut mit der Anzahl der parallelen Zugriffe skalieren [51]. Der Vorteil gegenüber Warteschlangen ist die höhere Datenlokalität, da die Elemente verarbeitet werden, solange sie noch »heiß« sind.

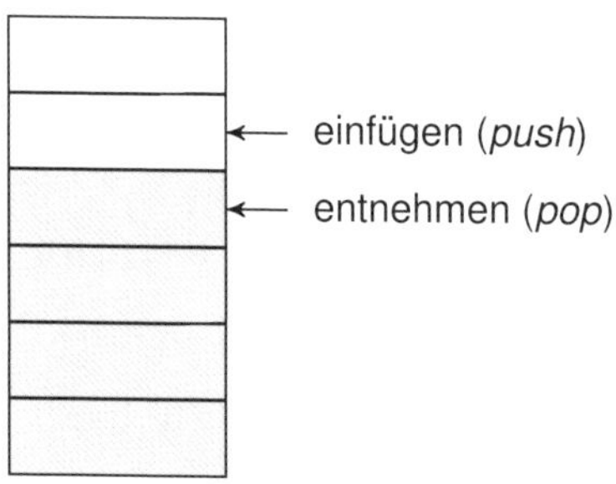

Abbildung 5.9 *Stack*

Deques

Eine Kombination aus Warteschlange und Stack sind *Deques*. Deque, gesprochen »Deck«, steht für *double-ended queue*. Das bedeutet, dass sowohl oben als auch unten Elemente hinzugefügt und entfernt werden können (Abbildung 5.10).[5] Deshalb werden Deques auch für die Implementierung von Work-Stealing-Schedulern verwendet (siehe Abschnitt 4.1.5). Dabei benutzt genau ein Thread die Deque als Stack, indem er von einem Ende Tasks entnimmt, abarbeitet und in diesem Kontext entstandene Tasks an demselben Ende der Deque einreiht. Die anderen Threads greifen hingegen ausschließlich auf das andere Ende zu, um Tasks zu »stehlen«.

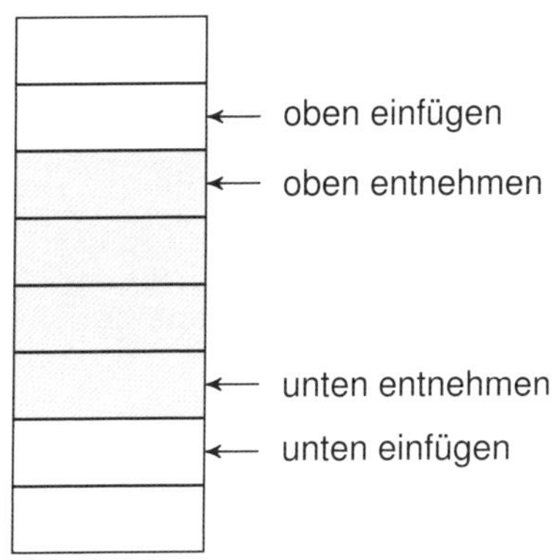

Abbildung 5.10 *Deque*

5.2.6 Multimengen

Listen, Warteschlangen und Stacks haben eine feste Reihenfolge. Mengen (engl. *sets*) hingegen haben keine definierte Ordnung, auch wenn sie oft als Listen oder Bäume implementiert sind. Der Unterschied ist, dass die Schnittstelle zum Auslesen der Elemente keinerlei Ordnung garantieren muss. In der parallelen Programmierung sind sogenannte Multimengen (engl. *multisets* oder *bags*) von Interesse. Sie haben nicht nur keine Ordnung, sondern lassen im Gegensatz zu Mengen auch Duplikate zu.

Ein Vorteil von Multimengen ist, dass sie hervorragend parallel befüllt werden können. Man stelle sich vor, mehrere Threads berechnen Teilergebnisse eines größeren Problems. Jeder Thread schreibt seine Ergebnisse in eine threadlokale Menge. Diese Mengen bilden zusammen eine Multimenge (Abbildung 5.11). Damit vermeidet man beim Befüllen jegliche Synchronisation zwischen den Threads. Auch das Entnehmen von Elementen geschieht bei Multimengen wenn möglich

[5] In der Literatur werden die Positionen zum Einfügen und Entnehmen auch mit *links* und *rechts* oder *vorne* und *hinten* bezeichnet.

immer lokal. Einzige Ausnahme ist der Fall, dass die lokale Menge beim Entnehmen leer ist. In diesem Fall muss das Element der Menge eines anderen Threads entnommen werden.

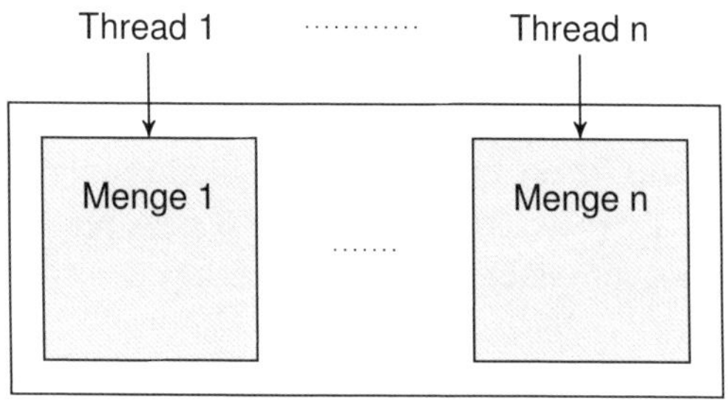

Abbildung 5.11 *Multimenge*

Seit der Version 4 enthält die .NET-Bibliothek mit der Klasse `ConcurrentBag` im Namensraum `System.Collections.Concurrent` eine derartige Multimengen-Implementierung.

6 Entwurfsmuster

Die Idee der Entwurfsmuster geht auf den Architekten Christopher Alexander zurück. Er dokumentierte wiederkehrende und bewährte Muster für den Entwurf von Gebäuden und Städten und setzte diese zueinander in Beziehung [4]. Die sogenannte »Gang of Four«, bestehend aus Erich Gamma, Richard Helm, Ralph Johnson und John Vlissides, griff Alexanders Idee auf und formulierte Entwurfsmuster für die objektorientierte Softwareentwicklung [20] (deutsche Übersetzung [21]). In den darauffolgenden Jahren wurden zahlreiche weitere Entwurfsmuster, auch für nicht objektorientierte Software, auf Konferenzen und in Büchern publiziert.

Entwurfsmuster beschreiben keine neuen Ansätze, sondern dokumentieren bewährte Lösungen für wiederkehrende Probleme. Sie beschleunigen die Architekturdefinition, weil der Softwarearchitekt auf einen Fundus erprobter Lösungen zurückgreifen kann. Die Qualität wird verbessert, da die Vor- und Nachteile der Lösungen bekannt und dokumentiert sind. Damit helfen Entwurfsmuster, die richtigen Entscheidungen in kurzer Zeit zu treffen. Bei der Implementierung helfen sie dem Softwareentwickler, von den Erfahrungen anderer zu profitieren, indem er auf existierenden Lösungen ähnlicher Probleme aufbaut.

Ein weiterer Vorteil von dokumentierten Entwurfsmustern ist eine einheitliche Nomenklatur. Sie erleichtert die Kommunikation in Entwicklungsteams ungemein. So wissen heute viele, was gemeint ist, wenn von einem *Singleton* oder einem *Besucher* (engl. *visitor*) gesprochen wird. Ist einem Entwickler ein Entwurfsmuster nicht bekannt, kann er eine klare Definition in einem Entwurfsmusterkatalog nachschlagen [21, 44, 49, 52].

Die Notation für Entwurfsmuster ist weitgehend vereinheitlicht. Jedes Entwurfsmuster hat einen möglichst eindeutigen Namen, ggf. ergänzt um alternative Namen, sofern in der Literatur mehrere für dasselbe Muster existieren. Die Beschreibung eines Musters gliedert sich in folgende Teilaspekte:

Kontext Entwurfssituation, in der das Problem auftritt

Problem Herausforderungen und Anforderungen an die Lösung

Lösung Statische Struktur der Lösung (Komponenten und deren Beziehung) sowie dynamisches Verhalten zur Laufzeit; vorzugsweise mit Beispiellösung, in der Regel in einer realen Programmiersprache

Vor- und Nachteile Vorzüge, Nachteile und Einschränkungen der Lösung

Varianten Abwandlungen oder Spezialisierungen des Entwurfsmusters, sofern solche existieren

Referenzen Verweise auf reale Beispiele, bei denen die Lösung gewählt wurde, sowie auf verwandte Entwurfsmuster und Quellen in der Literatur

Verschiedene Entwurfsmusterkataloge und Veröffentlichungen zu Entwurfsmustern variieren dieses Schema in Reihenfolge und Struktur. Grundsätzlich gehören aber alle genannten Punkte zu einer vollständigen Musterbeschreibung.

Mithilfe von Entwurfsmustern werden Lösungen auf allen Ebenen der Softwarearchitektur dokumentiert. Es gibt Muster mit relativ hohem Abstraktionsgrad, die die Struktur einer Anwendung beschreiben (beispielsweise die Aufteilung in Ebenen). Am anderen Ende stehen Muster auf niedriger Abstraktionsebene bis hin zu implementierungsspezifischen Problemen. Dazwischen existieren Muster unter anderem für Algorithmenstrukturen, numerische Berechnungen, Synchronisation und Kommunikation. Eine gängige Klassifikation ist die folgende Dreiteilung [52]:

Architekturmuster beschreiben die Strukturen einer Anwendung auf der höchsten Abstraktionsebene. Architekturentscheidungen auf dieser Ebene bestimmen globale Systemeigenschaften wie Erweiterbarkeit, Anpassbarkeit und Skalierbarkeit.

Entwurfsmuster beschreiben das Zusammenspiel einzelner Komponenten des Systems. Für wiederkehrende Teilprobleme werden die beteiligten Komponenten, deren Schnittstellen und deren Interaktion beschrieben.[1]

Implementierungsmuster innerhalb einzelner Komponenten beschreiben Lösungen für wiederkehrende Aufgaben, wie Synchronisations- oder Kommunikationsmechanismen auf unterster Ebene des Entwurfs. Die Umsetzung eines Implementierungsmusters in einer spezifischen Programmiersprache wird auch als *Idiom* bezeichnet.

Einige Muster bewegen sich an der Grenze zwischen Architekturmuster und Entwurfsmuster. Eine Arbeitsteilung nach dem Master-Slave-Prinzip, bei dem eine zentrale Komponente Aufgaben an Threads oder Prozesse verteilt, kann für eine Anwendung eine globale Entwurfsentscheidung sein, für eine andere hingegen nur die Optimierung eines Subsystems. Die Klassifizierung in der Literatur ist hier nicht einheitlich, in vielen Fällen aber auch nicht notwendig.

Aufgrund der großen Anzahl dokumentierter Muster ist es schwierig, den Überblick zu behalten und in jeder Entwurfssituation die richtigen Muster zu finden und auszuwählen. *Mustersysteme* [52] erleichtern die Arbeit mit Entwurfsmustern, indem sie Muster nach ihren Eigenschaften in Kategorien gruppieren

[1] Der Begriff *Entwurfsmuster* wird also nicht nur als Oberbegriff für Muster auf verschiedenen Ebenen verwendet, sondern auch für Muster, die das Zusammenspiel der Komponenten eines Systems betreffen.

und miteinander in Beziehung setzen. Etwas weiter gehen sogenannte *Mustersprachen* (engl. *pattern languages*). Eine Mustersprache führt von der Problemstellung schrittweise zur Lösung. In jeder Phase des Entwurfs helfen Muster dem Entwickler, die richtigen Entscheidungen zu treffen. Dabei können auch bewährte Vorgehensweisen bei der Problemanalyse als Muster formuliert werden (so geschehen in *Patterns for Parallel Programming* von Mattson, Sanders und Massingill [40]).

Es ist offensichtlich, dass keine Mustersammlung alle heutigen und zukünftig denkbaren Probleme der Softwareentwicklung zu erfassen vermag. Man wird also immer Probleme finden, für die noch keine Lösung als Entwurfsmuster dokumentiert ist. Wir behandeln in diesem Kapitel die aus heutiger Sicht wichtigsten Entwurfsmuster für die Entwicklung paralleler Software. Die grundlegenden Entwurfsmuster beschreiben wir nur knapp und verweisen auf weiterführende Literatur.

6.1 Zugriff auf gemeinsame Daten

Viele der in Kapitel 3 behandelten Konzepte lassen sich als Entwurfsmuster formulieren. Der nächste Abschnitt ordnet die grundlegenden Synchronisationsmechanismen den entsprechenden Entwurfsmustern zu. Die Nutzung von Datenparallelität haben wir ausführlich in Abschnitt 4.2 behandelt. Ergänzend zu den dort beschriebenen algorithmischen Aspekten gehen wir in diesem Kapitel auf die *parallele Aggregation* und die Verwendung *threadlokalen Speichers* ein (Abschnitt 6.1.2). Außerdem stellen wir das *Future* vor (Abschnitt 6.1.3), das als effizientes Mittel für den Datenaustausch zwischen parallel ausgeführten Aufgaben in vielen anderen Mustern verwendet wird.

Es folgen Entwurfsmuster, die auf einer höheren Ebene der Architektur ansetzen. Der *Synchronisationsproxy* (Abschnitt 6.1.4) und das *Active Object* (Abschnitt 6.1.5) basieren auf klassischen Entwurfsmustern, ergänzt um Multicore-spezifische Aspekte. Beide Lösungen helfen bei der Migration sequenzieller Anwendungen, indem Komponenten durch Vorschalten entsprechender Mechanismen threadsicher gemacht werden, ohne dass die Komponenten selbst verändert werden müssen.

6.1.1 Grundlegende Synchronisationsmuster

Die Tabellen 6.1 und 6.2 listen die wichtigsten Implementierungsmuster für die Synchronisation und entsprechende Literaturverweise auf. Wir beschränken uns bei den Referenzen auf die folgende Auswahl aus der Entwurfsmusterliteratur:

- *Pattern-Oriented Software Architecture, Volume 2* von Schmidt, Stal, Rohnert und Buschmann [49] (im Folgenden *POSA2*)
- *Pattern-Oriented Software Architecture, Volume 4* von Buschmann, Henney und Schmidt [11] (im Folgenden *POSA4*)

Entwurfs-muster	Beschreibung	Abschnitt in diesem Buch	Referenzen
Semaphor	Ein Semaphor ist ein Synchronisationsmechanismus, der die parallele Ausführung eines kritischen Abschnitts auf eine bestimmte Anzahl von Threads beschränkt.	3.2.5 (S. 54 ff.)	PPSD
Mutex	Über einen Mutex wird der wechselseitige Ausschluss mehrerer Threads beim Zugriff auf gemeinsame Ressourcen sichergestellt.	3.2.1 (S. 46 ff.)	PPP
Speicher-barriere	Eine Speicherbarriere (engl. *memory barrier* oder *memory fence*) erlaubt die Synchronisation über gemeinsame Variablen im Hauptspeicher.	2.3.1 (S. 33 ff.)	PPP
Kritischer Abschnitt	Ein kritischer Abschnitt wird häufig über Sprachmittel gekennzeichnet und dadurch synchronisiert ausgeführt (engl. *critical section* oder *critical region*). Es entfällt das explizite Sperren und Freigeben.	3.1.2 (S. 43 ff.)	PPSD
Scoped Locking	Beim Scoped Locking wird beim Betreten eines Anweisungsblocks implizit eine Sperre akquiriert und beim Verlassen automatisch freigegeben, unabhängig davon, auf welche Weise der Block verlassen wird.	3.2.2 (S. 50 ff.)	POSA4
Bedin-gungs-variable	In einem kritischen Abschnitt wird auf eine Bedingung gewartet, die durch einen anderen Thread erfüllt wird (engl. auch *guarded suspension*).	3.2.6 (S. 56 ff.)	POSA4
Barriere	Eine Barriere ist ein Synchronisationspunkt, der von allen Threads einer Gruppe erreicht werden muss, bevor sie weiterarbeiten können.	3.2.7 (S. 61 ff.)	PPP

Tabelle 6.1 *Grundlegende Implementierungsmuster für die Synchronisation*

- *Patterns for Parallel Programming* von Mattson, Sanders und Massingill [40] (im Folgenden *PPP*)
- *Patterns for Parallel Software Design* von Ortega-Arjona [44] (im Folgenden *PPSD*)

Die Muster aus Tabelle 6.1 bilden die Grundlage für das Arbeiten mit mehreren Threads. Aus Sicht des Softwareentwicklers befinden sie sich auf unterster Ebene.

Entsprechende Mechanismen werden, von einzelnen Ausnahmen abgesehen, auf allen geläufigen Plattformen bereitgestellt.

Nicht alle Basismechanismen für die Synchronisation und Koordination mehrerer Threads sind in der genannten Literatur über Entwurfsmuster dokumentiert. Es fehlen zum Beispiel Mechanismen für die ereignisgesteuerte Synchronisation, mit denen Threads blockierend auf bestimmte Ereignisse warten können, z. B. `ManualResetEvent` und `AutoResetEvent` unter Windows. Andere Mechanismen reagieren auf das Vorhandensein von Daten bei Leseoperationen (`select` in POSIX) oder das Ablaufen von Timern (vergleiche `Wait`*`XYZ`*-Funktionen unter Windows, u. a. `WaitForSingleObject` und `WaitForMultipleObjects`).

Tabelle 6.2 fasst Muster für die optimierte Synchronisation sowie klassische Muster aus der parallelen Programmierung (Monitor Object, Thread-safe Interface) zusammen. Letztere beschreiben objektorientierte Lösungen für den Zugriff auf gemeinsame Daten. Dabei fließt die Synchronisation direkt in den Entwurf der Klassen ein.

6.1.2 Threadlokaler Speicher

Die Zerlegung einer Aufgabe in parallel zu bearbeitende Teilaufgaben ist häufig nicht ohne Abhängigkeiten zwischen den Teilaufgaben möglich. Um Synchronisation zu vermeiden, löst man die Abhängigkeiten so weit auf, dass zumindest Teilergebnisse parallel berechnet werden können, die sich dann in einem weiteren Schritt zum Gesamtergebnis kombinieren lassen. In diesem Kontext spielt threadlokaler Speicher eine wichtige Rolle. *Threadlokaler Speicher* (engl. *thread-specific* oder *thread-local storage*) ist ein Implementierungsmuster, das bei der Programmierung von Multicore-Systemen eine neue Bedeutung erlangt.

Kontext und Problem

Ausgangspunkt ist ein Problem, das sich in parallel berechenbare Teilprobleme zerlegen lässt. Die parallelen Berechnungen ändern dabei den Zustand eines gemeinsam verwendeten Datenbereichs. Das kann ein Gesamtergebnis sein, das durch die Teilberechnungen verändert wird. Ein gutes Beispiel ist die Berechnung der Summe der Elemente eines Feldes (Listing 6.1, vgl. Abschnitt 4.2.2). Die `for`-Schleife kann man durch eine parallele Schleife ersetzen, wenn gewährleistet ist, dass es bei den Zugriffen auf die Variable `sum` nicht zu Konflikten kommt. Dies lässt sich mit atomaren Operationen erreichen (Listing 6.2).

Der Zugriff auf gemeinsame Variablen wird jedoch selbst bei der Verwendung atomarer Operationen zu einem Flaschenhals. In Abschnitt 4.2.2 haben wir zwei Lösungsmöglichkeiten für dieses Problem kennengelernt, die rekursive und die iterative Reduktion. Wie bereits angemerkt, kann man bei der iterativen Variante auch mit parallel berechneten Zwischenergebnissen pro Thread arbeiten.

Entwurfsmuster	Beschreibung	Abschnitt in diesem Buch	Referenzen
Double-Checked Locking	Vor dem Versuch, eine Sperre zu akquirieren, wird außerhalb des kritischen Abschnitts das Sperrkriterium überprüft. Je nach Speichermodell sind Speicherbarrieren notwendig.	3.2.8 (S. 64)	POSA2, POSA4
Einmalige Ausführung	Ein Codeabschnitt wird nur ein einziges Mal (und damit auch nur durch einen Thread) ausgeführt. Häufig im Kontext von Double-Checked Locking beschrieben, womit die einmalige Ausführung implementiert werden kann.	3.2.8 (S. 64 ff.)	–
Lese-/Schreibsperre	Lese-/Schreibsperren (engl. *reader-writer locks*) erlauben es mehreren lesenden Threads, gleichzeitig einen kritischen Abschnitt zu betreten. Das Schreiben ist hingegen exklusiv.	3.2.4 (S. 52 ff.)	PPP
Monitor Object	Synchronisierter Zugriff auf die Daten eines Objekts. Monitore unterstützen üblicherweise die Signalisierung mittels Bedingungsvariablen, um auf Ereignisse zu reagieren.	3.2.3 (S. 51 ff.)	PPSD, POSA2, POSA4
Thread-safe Interface	Die öffentlichen Methoden eines Objekts sind nur für die Synchronisation zuständig. Die Methoden, die die Funktionalität realisieren, sind privat und werden von den öffentlichen Pendants aufgerufen.	3.2.1 (S. 50 ff.)	POSA2, POSA4

Tabelle 6.2 *Muster für eine optimierte Synchronisation*

```
int x[SIZE];
// ... Initialisierung
int sum = 0;
for(int i = 0; i < SIZE; i++) {
  sum += x[i];
}
```

Listing 6.1 *Berechnung der Summe der Elemente eines Feldes*

Lösung

Eine Variante der Reduktion ist die *Aggregation*. Die Idee dabei ist, die Teilergebnisse unabhängig voneinander zu berechnen und in einem nachfolgenden Schritt

```
int x[SIZE];
// ... Initialisierung
Atomic<int> sum = 0;
parallelFor(0, SIZE, GRAINSIZE, lambda (int i) {
  sum.fetchAndAdd(x[i]);
});
```

Listing 6.2 *Parallele Berechnung der Summe der Elemente eines Feldes*

zum Gesamtergebnis zu aggregieren. Dafür reserviert man für jeden Thread einen eigenen Speicherbereich, in dem der Thread das von ihm berechnete Teilergebnis ablegt. Dieser Speicher ist nur von dem jeweiligen Thread zugreifbar.

Listing 6.3 zeigt, wie die Summenberechnung mit threadlokalem Speicher implementiert werden kann. Dabei repräsentiert `ThreadLocal<int> partialSum` nicht eine einzelne Variable, sondern einen Satz von Variablen. Für jeden Thread, der darauf zugreift, gibt es eine Instanz. Die Zeile `partialSum += x[i]` wird nun durch `parallelFor` von verschiedenen Threads ausgeführt. Jeder Thread arbeitet mehrere Blöcke des Iterationsbereichs ab und addiert für diese lokal das Teilergebnis auf. Die Berechnung der Teilergebnisse kann ohne Synchronisation erfolgen. Am Ende wird aus den Teilsummen in einem Aggregationsschritt die Gesamtsumme gebildet.

```
int x[SIZE];
// ... Initialisierung
ThreadLocal<int> partialSum = 0;
parallelFor(0, SIZE, GRAINSIZE, lambda (int i) {
  partialSum += x[i];
});
int sum = 0;
foreach(int value in partialSum.getAll()) {
  sum += value;
}
```

Listing 6.3 *Summenberechnung mit threadlokalem Speicher*

Vorteile

- *Erhöhte Parallelität.* Die implizite Erzeugung threadlokaler Kopien eines Objekts ermöglicht lokales Arbeiten, auch wenn nicht bekannt ist, wie viele Threads parallel Teilaufgaben bearbeiten.
- *Geringer Synchronisationsaufwand.* In der parallel arbeitenden Phase entsteht kein Synchronisationsaufwand.

Nachteile

- *Intransparente Struktur.* Threadlokale Daten verbergen Beziehungen zwischen den Komponenten eines Systems. Die Abhängigkeiten zwischen verschiedenen Tasks bzw. Threads sind nicht explizit, sondern hängen davon ab, in welchem Thread bestimmter Code ausgeführt wird. Threadlokale Variablen haben viel mit globalen Variablen gemein, die ähnliche Nachteile mit sich bringen.
- *Fallstrick Initialisierung.* Je nach Implementierung muss man darauf achten, dass die threadlokalen Instanzen richtig initialisiert werden.

Varianten

Die Unterstützung threadlokalen Speichers variiert je nach Sprache und Bibliothek. Das Klassentemplate `enumerable_thread_specific` in TBB und die *Combinables* in Microsofts Parallel Pattern Library[2] (PPL) kommen dem obigen Beispiel ziemlich nahe. In C++11 gibt es für die Deklaration threadlokalen Speichers ein eigenes Schlüsselwort (`thread_local`). Andere Sprachen bzw. Bibliotheken bieten parallele Schleifen mit Unterstützung für die parallele Aggregation an.

Referenzen

Die in TBB und PPL verfügbaren Klassen wurden bereits erwähnt. Parallele Aggregation wird in .NET von `Parallel.For` und `Parallel.ForEach` unterstützt. Beiden kann eine Aggregationsfunktion übergeben werden, die zum Schluss die Teilergebnisse kombiniert. Weitere Implementierungen sind:

- Win32 TLS (thread-local storage)
- `__declspec(thread)` (Windows C++, Microsoft- und Intel-Compiler)
- `__thread` (GCC)
- `[ThreadStatic]` und `ThreadLocal<T>` (.NET)
- `ThreadLocal<Type>` (Java)
- `threadprivate` (OpenMP)

Das klassische Beispiel für threadlokalen Speicher ist das aus der UNIX-Welt stammende `errno` zur Ablage von Fehlerinformationen. Ursprünglich als globale Variable definiert, leiten heutige Implementierungen Zugriffe auf `errno` auf eine threadlokale Instanz um.

Threadlokaler Speicher als Entwurfsmuster wird unter anderem in [11] und [49] ausführlich behandelt. Üblicherweise steckt hinter allen Implementierungen eine Tabelle, über die sich die threadlokalen Instanzen anhand eines threadspezifischen Schlüssels finden lassen.

[2] *http://msdn.microsoft.com/library/dd492418.aspx*

6.1.3 Futures

Die Idee für *Futures* (oder *Promises*) zur Synchronisation paralleler Berechnungen reicht in die 1970er-Jahre zurück. Sie stehen als Sprachkonstrukte oder in Form von Bibliotheksfunktionen für viele Sprachen zur Verfügung. Schlüsselfertige Future-Implementierungen gibt es unter anderem für C++, Java und C#.

Kontext und Problem

Man möchte parallel ablaufende Berechnungen anstoßen, ohne auf das Ergebnis zu warten. Zu einem späteren Zeitpunkt soll dann auf das Ergebnis zugegriffen werden.

Lösung

Futures sind Objekte, die Ergebnisse parallel ausgeführter Berechnungen repräsentieren. Beim Start einer Berechnung wird ein Future als Platzhalter für das eigentliche Ergebnis zurückgegeben. Fragt man das Ergebnis ab, bevor es bereitsteht, wird der lesende Thread blockiert, bis das Ergebnis verfügbar ist. Die prinzipielle Implementierung eines Futures ist in Listing 6.4 zu sehen.

```
class Future<Type> {
private:
  Type result = null;
public:
  Type getResult() {
     if(result == null) {
       wait(); // warten, bis Ergebnis da
     }
     return result;
  }
  void setResult(Type value) {
    result = value;
    wakeupWaitingThread(); // wartenden Thread aufwecken
  }
}
```

Listing 6.4 *Prinzip eines Futures*

Konkrete Implementierungen nutzen je nach Zielplattform Bedingungsvariablen oder andere Signalisierungsmechanismen. Der typische Ablauf ist in Abbildung 6.1 dargestellt. Eine parallele Berechnung läuft asynchron zum Aufrufer. Wenn das Ergebnis benötigt wird, steht es idealerweise beim Aufruf von `getResult` schon zur Verfügung. Ist das nicht der Fall, verzögert `getResult` die Ausführung so lange, bis das Ergebnis da ist (Abbildung 6.2).

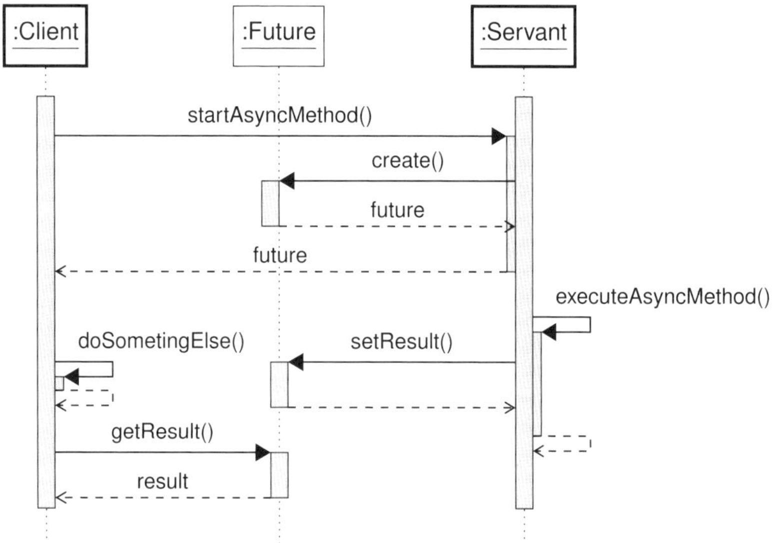

Abbildung 6.1 *Ergebnisrückgabe über ein Future*

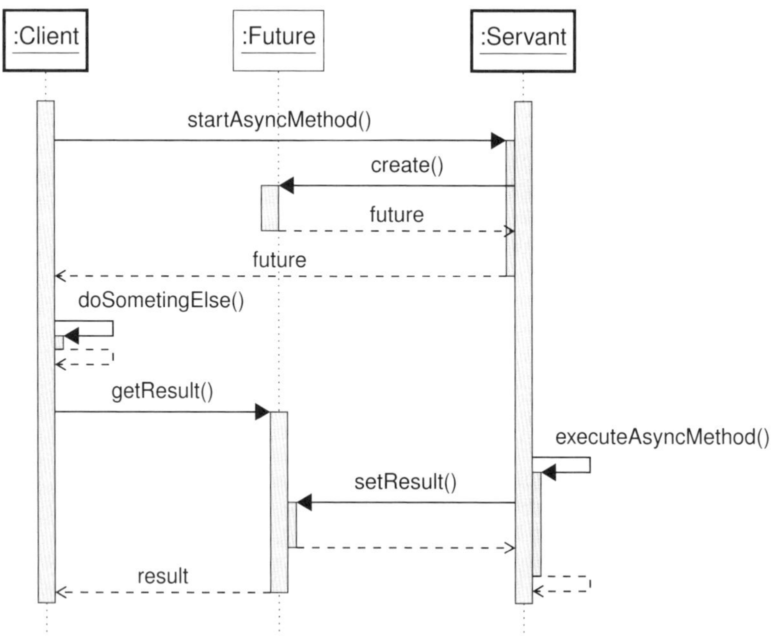

Abbildung 6.2 *Ergebnisrückgabe über ein Future mit Verzögerung*

Vorteile

- *Erhöhte Parallelität.* Futures erhöhen die Parallelität der Anwendung, da so spät wie möglich auf parallel berechnete Ergebnisse gewartet wird.
- *Wenige Änderungen gegenüber der sequenziellen Variante.* Mittels Futures lassen sich einige Algorithmen recht gut parallelisieren, ohne größere Änderungen an der Implementierung vornehmen zu müssen.

Nachteile

- *Beschränkter Nutzen und geringe Skalierbarkeit.* Der Nutzen von Futures ist gering, wenn die Ergebnisse bereits kurz nach Starten der asynchronen Berechnungen benötigt werden. In solchen Fällen werden die Berechnungen letztlich synchron ausgeführt.

Varianten

Es gibt verschiedene Implementierungen von Futures. Sie können als eigenständige Objekte realisiert sein, als Schnittstelle eines asynchron ausgeführten Funktionsobjekts oder implizit als Zugriffsoperator auf ein Ergebnis. Zudem kann der oben beschriebene Ablauf dahingehend variieren, dass das Future nicht auf Seite des `Servant`, sondern auf `Client`-Seite erzeugt und dem asynchronen Funktionsaufruf übergeben wird. Es existieren auch Implementierungen von Futures für die Interprozesskommunikation. Wichtiger im Kontext der Multicore-Programmierung sind jedoch prozessinterne Lösungen zur Synchronisation mehrerer Threads. Außerdem gibt es Futures, die nur eine begrenzte Zeitspanne auf ein Ergebnis warten und nach einer Zeitüberschreitung mit einem Fehler zurückkehren.

Referenzen

In Java und C# werden Futures über Funktionsobjekte realisiert. Die Klassen `FutureTask<Type>` bzw. `Task<Type>` repräsentieren asynchron auszuführende Aufgaben, die einen Rückgabewert vom Typ `Type` liefern. C++11 bietet mit `future<Type>` einen expliziten Future-Typ an, der asynchron berechnete Daten repräsentiert.

6.1.4 Synchronisationsproxy

Bei der Parallelisierung bestehender Software ist man bestrebt, die Eingriffe in den Code auf ein Minimum zu reduzieren. Das Muster *Synchronisationsproxy* (engl. *synchronization proxy*) gewährleistet Threadsicherheit auf einfache Weise.

Kontext und Problem

Viele Komponenten sind nicht threadsicher implementiert. Häufig hat man es mit statisch oder dynamisch gebundenen Bibliotheken zu tun, die nicht für den parallelen Zugriff durch mehrere Threads entwickelt wurden. In solchen Fällen ist es oft nicht möglich oder sinnvoll, die betroffene Komponente in eine threadsichere umzuschreiben. Das gilt vor allem dann, wenn der Quelltext der Komponente nicht zur Verfügung steht.

Lösung

Die Lösung besteht darin, dass der Zugriff auf nicht threadsichere Komponenten ausschließlich über eine vorgeschaltete, threadsichere Schnittstelle erfolgt. Dabei ist es wichtig, dass alle Zugriffe dieselbe Sperre verwenden. In objektorientierten Sprachen wird ein Stellvertreterobjekt mit threadsicherer Schnittstelle erzeugt. Abbildung 6.3 zeigt den Ablauf.

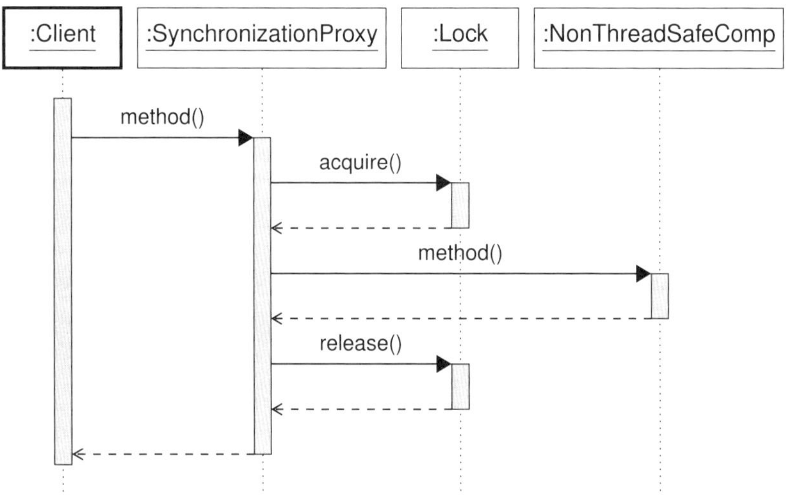

Abbildung 6.3 *Synchronisationsproxy*

Vorteile

- *Einfache Implementierung.* Die Trennung von Funktionalität und Synchronisation vereinfacht sowohl die Implementierung als auch die Benutzung, da die Synchronisation im Stellvertreterobjekt verborgen ist.
- *Unabhängigkeit von existierenden Implementierungen.* Die vorgeschaltete Stellvertreterkomponente erlaubt es, eine nicht threadsichere Komponente in einer parallelen Anwendung zu verwenden. Das ist essenziell bei zugekauften Komponenten, für die kein Quelltext verfügbar ist.
- *Robustheit.* Durch die grobgranulare Synchronisation können Verklemmungen und andere Fehler vermieden werden.

Nachteile

- *Schlechte Performance.* Zugriffe auf dieselbe Komponente werden sequenzialisiert. Um das zu verhindern, müsste innerhalb der Komponente feingranular synchronisiert werden.
- *Indirektion.* Die zusätzliche Indirektion durch die vorgeschaltete Stellvertreterkomponente bedeutet zusätzlichen Code und damit erhöhte Komplexität. Das wirkt sich negativ auf die Wartung und spätere Erweiterungen aus. Wird eine Komponente um neue Funktionalität erweitert, muss die Stellvertreterkomponente angepasst werden. Außerdem muss sichergestellt werden, dass auf eine Komponente nicht an der Stellvertreterkomponente vorbei zugegriffen wird.

Referenzen

Das Synchronisationsproxy-Muster ist eine Variante des Proxy-Musters [20]. Es ist zum Beispiel in den Standard-APIs von Java und .NET anzutreffen. Die `synchronizedXYZ`-Methoden aus `java.util.Collections` liefern threadsichere Stellvertreterkomponenten für die dort implementierten Datenstrukturen. Ebenso verhält sich die `Synchronized`-Methode der Datenstrukturen im .NET-Namensraum `System.Collections`.

Die Synchronisation eines ganzen Subsystems kann in einer Fassade [20] untergebracht werden, die eine einheitliche Schnittstelle für mehrere Komponenten des Subsystems bereitstellt. Anstatt eine Komponente zu sperren, können Zugriffe auch über eine Warteschlange sequenzialisiert werden. Das hat den Vorteil, dass der Aufrufer nicht warten muss, bis die entsprechende Methode aufgerufen wurde. Eine derartige Entkopplung beschreibt das Active-Object-Entwurfsmuster im nächsten Abschnitt.

6.1.5 Active Object

In vielen Fällen möchte man die Nutzung eines Subsystems zwar sequenzialisieren, den aufrufenden Thread aber nicht blockieren. In diesem Fall muss der Thread von der eigentlichen Methode im Subsystem entkoppelt werden. *Active Object* beschreibt dieses Muster.

Kontext und Problem

Schnittstellen, die nicht threadsicher sind, dürfen nicht von mehreren Threads gleichzeitig verwendet werden. Darüber hinaus möchte man vermeiden, dass lange laufende Methoden den Aufrufer blockieren.

Lösung

Der Methodenaufruf wird von der Ausführung über eine Warteschlange (engl. *activation queue*) entkoppelt. Alle Methoden der unsicheren Schnittstelle werden von demselben Thread ausgeführt. Abbildung 6.4 zeigt den Ablauf. Anstatt der gewünschten Methode wird eine Stellvertretermethode des `Proxy`-Objekts aufgerufen, die eine entsprechende Anfrage (`Request`-Objekt) in die Warteschlange (`Queue`) einreiht. Die Anfrage enthält Informationen darüber, welche Methode aufgerufen werden soll, und optional eine Menge von Argumenten, die der Methode übergeben werden sollen. Sobald die Anfrage in die Warteschlange eingereiht wurde, kehrt die Stellvertretermethode zurück. Für die Abarbeitung der Anfragen und den Aufruf der Zielmethoden ist ein eigener Thread zuständig (`Scheduler` in Abbildung 6.4). Dieser holt sich in einer Endlosschleife die Anfragen aus der Warteschlange und ruft die entsprechenden Methoden auf.

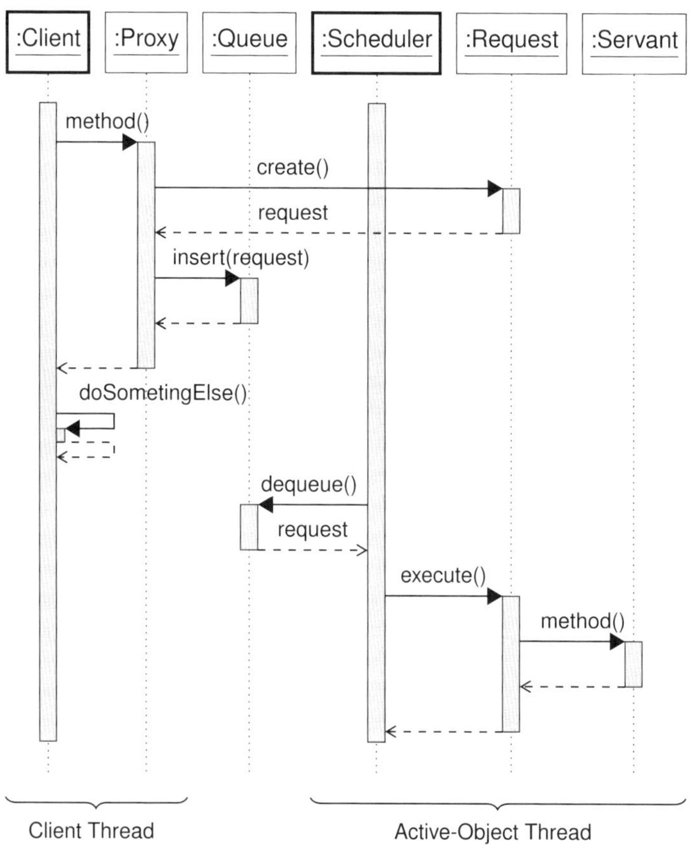

***Abbildung 6.4** Active Object*

Für die Rückgabe von Ergebnissen an den Aufrufer verwendet man ein Future (siehe Abschnitt 6.1.3), das der Anfrage hinzugefügt wird. Abbildung 6.5 zeigt den Ablauf. Wenn der Scheduler die Anfrage abarbeitet, muss das Ergebnis der Methode in das Future geschrieben werden. Das macht entweder der Scheduler selbst oder, wie in Abbildung 6.5, die Wrapper-Methode des `Request`-Objekts.

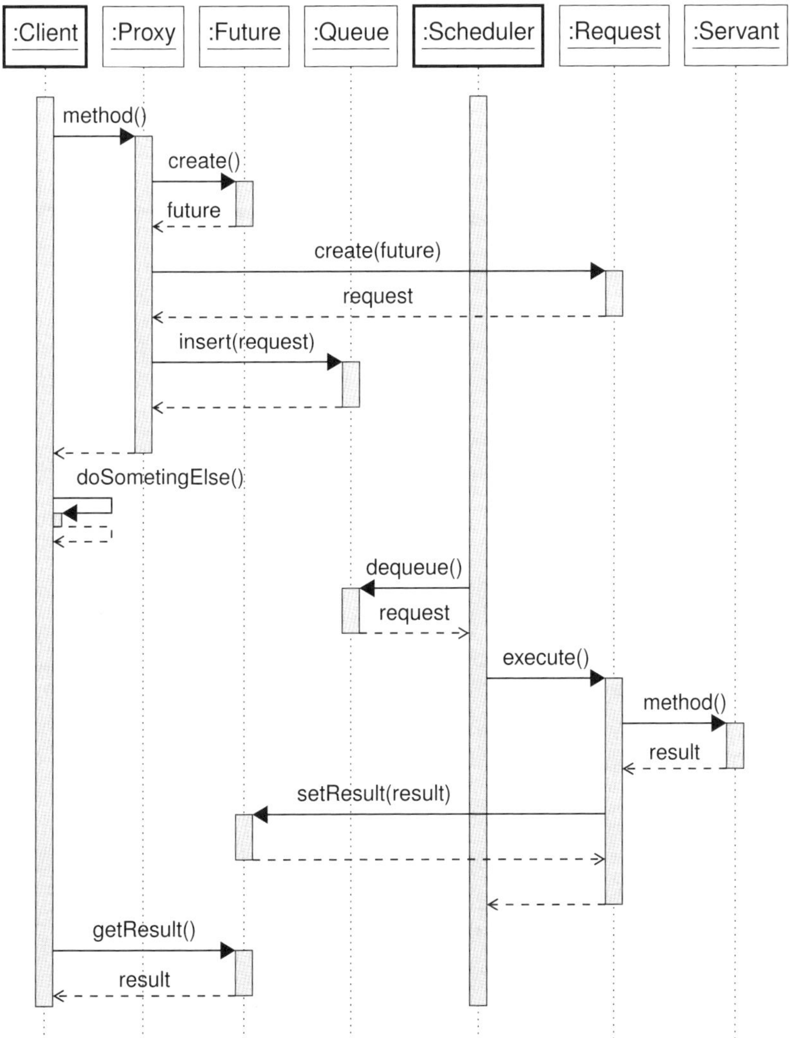

***Abbildung 6.5** Active Object mit Ergebnisrückgabe über Future*

Vorteile

- *Erhöhte Parallelität.* Die Nutzer (Clients) werden durch die auszuführenden Dienste nicht blockiert. Das erhöht die Parallelität, wenn in der Zwischenzeit andere Daten berechnet werden können.
- *Transparenz.* Die Parallelität ist weitgehend transparent für den Aufrufer. Er muss sich nicht um die Threadverwaltung und -synchronisation kümmern. Lediglich das Auslesen des Rückgabewerts ist über das Future etwas anders als gewohnt.
- *Einfache Synchronisation der Dienste.* Da der Scheduler nur einen Thread verwendet, werden alle Anfragen sequenzialisiert. Damit lassen sich recht einfach nicht threadsichere Dienste ohne weitere Synchronisation von mehreren Threads nutzen.

Nachteile

- *Performance.* Das Zwischenschalten einer Warteschlange und eines Schedulers kostet Rechenzeit. Außerdem verhindert die Sequenzialisierung der Anfragen eine parallele Abarbeitung. Es sollte also nur das sequenzialisiert werden, was nicht parallel ausgeführt werden kann.
- *Geänderte Reihenfolge.* Je nach Implementierung des Schedulers und der Warteschlange können sich Anfragen überholen, sodass die Zielmethoden nicht in der Reihenfolge ausgeführt werden, in der die Anfragen gestellt wurden. Das ist beispielsweise der Fall, wenn die Warteschlange priorisierte Anfragen unterstützt und hochpriore Anfragen vor niederprioren abgearbeitet werden.
- *Komplizierteres Debugging.* Wie bei allen Lösungen, die Indirektionen schaffen, ist auch hier die Fehlersuche erschwert. Man sieht beispielsweise in einer Zielmethode nicht mehr die Aufrufreihenfolge auf dem Call Stack. Man muss also auf andere Weise herausfinden, aus welchem Kontext eine Anfrage kam.
- *Parameterübergabe komplizierter.* Möchte man der Zielmethode Argumente übergeben, muss man sich bewusst sein, dass die Zielmethode asynchron, also zu einem beliebigen Zeitpunkt ausgeführt werden kann. Es muss also sichergestellt sein, dass die übergebenen Argumente noch zur Verfügung stehen, wenn die Methode ausgeführt wird.

Varianten

Es gibt viele Varianten des Active-Object-Entwurfsmusters. Die Warteschlange mit Prioritäten hatten wir schon erwähnt, ebenso die Variante mit Futures. Bei letzterer gibt es weitere Variationsmöglichkeiten. Die Implementierung des Futures kann eine blockierende Methode enthalten, in der der Client auf das Ergebnis wartet (wie oben beschrieben), oder der Client prüft wiederholt, ob das

Ergebnis vorliegt (engl. *polling*). Darüber hinaus gibt es Varianten, die es ermöglichen, Anfragen abzubrechen. Sind wir nicht an der Sequenzialisierung der Anfragen interessiert, kann der Scheduler die Anfragen in mehreren Threads abarbeiten. Es liegt nahe, dafür einen Threadpool zu nutzen. Für die Multicore-Programmierung bieten sich in diesem Fall Task-Scheduler-Implementierungen an (siehe Abschnitt 4.1).

Referenzen

Eine detaillierte Beschreibung des Active-Object-Musters ist in POSA2 [49] zu finden. Aus dem Blickwinkel der Multicore-Programmierung ist dieses Muster vor allem dann interessant, wenn man es mit nicht threadsicheren Komponenten zu tun hat, deren Aufrufe sequenzialisiert werden sollen. Ist das nicht notwendig, verwendet man am besten direkt einen der bestehenden Task Scheduler, wie den in TBB, das Paket `System.Threading.Tasks` in .NET oder den `ForkJoinPool` aus `java.util.concurrent` in Java. Die in Abschnitt 6.2.4 beschriebenen Aktoren sind häufig nach dem Active-Object-Muster implementiert.

6.2 Zerlegung in parallel bearbeitbare Teilprobleme

In Kapitel 4 haben wir schon einige Möglichkeiten kennengelernt, Probleme in parallel bearbeitbare Teilprobleme zu zerlegen. Im Folgenden betrachten wir weitere Entwurfsmuster, die sich für die Nutzung von Taskparallelität auf Multicore-Systemen bewährt haben. Zunächst gehen wir jedoch kurz auf einige grundlegende Muster aus der klassischen parallelen Programmierung ein.

6.2.1 Grundlegende Zerlegungsmuster

Die Muster in Tabelle 6.3 bilden die Basis für viele Probleme. Die einfachste Form der Zerlegung ist die *geometrische Zerlegung*, die bei der Nutzung von Datenparallelität zum Einsatz kommt. Dabei werden voneinander unabhängige Daten in Bereiche zerlegt, die parallel verarbeitet werden. Bei zweidimensionalen Datenstrukturen können dies Streifen oder Kacheln sein, bei mehr als zwei Dimensionen entsprechend mehrdimensionale Bereiche.

Orientiert man sich nicht an den zu verarbeitenden Daten, sondern am Kontrollfluss eines Programms, zerlegt man das Programm in voneinander unabhängige Teilaufgaben. Auf Multicore-Prozessoren optimierte Implementierungen von Task-Schedulern bieten hierfür komfortable Schnittstellen und befreien den Entwickler von der Abbildung der Aufgaben auf die verfügbaren Threads.

Einen Schritt weiter geht die *spekulative* Berechnung. Brachliegende Prozessorkerne können Berechnungen durchführen, deren Ergebnisse eventuell zu einem späteren Zeitpunkt gebraucht werden. Ein bekanntes Beispiel ist die Darstellung von Vorschaubildern beim Scrollen durch eine Liste von Bildern. Für angrenzende, aber aktuell nicht angezeigte Bilder werden kontinuierlich Vorschaubilder berechnet und wieder verworfen, wenn in die Gegenrichtung gescrollt wird. Eine Beschreibung dieses Musters ist z. B. in der Mustersammlung des *Parallel Computing Laboratory* der Universität Berkeley zu finden.[3]

Entwurfs-muster	Beschreibung	Abschnitt in diesem Buch	Referenzen
Geometrische Zerlegung	Zerlegung regulärer Datenstrukturen in voneinander unabhängige Bereiche, die parallel verarbeitet werden. Beispiele sind numerische Berechnungen und die Bildverarbeitung.	4.2 (S. 102 ff.)	PPP
Rekursive Zerlegung	Ein Problem wird rekursiv in Teilaufgaben zerlegt. Beispiele sind Berechnungen auf Bäumen und Algorithmen nach dem »Teile und herrsche«-Prinzip.	4.1.2 (S. 89 ff.), 4.2.2 (S. 106 ff.), 4.2.3 (S. 111 ff.)	PPP
Iterative Zerlegung	In mehreren Schritten werden parallel Zwischenergebnisse berechnet, die im jeweils nächsten Schritt zusammengefasst werden, bis das Endergebnis berechnet ist. Ein Beispiel dafür ist die iterative Reduktion (Mattson et al. nennen dieses Muster *Recursive Data*).	4.2.2 (S. 110 ff.) 4.2.3 (S. 112 ff.)	PPP
Task-parallelität	Unabhängige Teilaufgaben werden von unterschiedlichen Threads ausgeführt. Threadpools und Tasks erleichtern die Programmierung und abstrahieren von der Anzahl der verfügbaren Kerne.	4.1 (S. 85 ff.)	PPP
Spekulation	Es werden Berechnungen zu einem Zeitpunkt gestartet, zu dem noch nicht feststeht, welche Ergebnisse tatsächlich benötigt werden. Nicht benötigte Ergebnisse werden verworfen.	4.1.4 (S. 95 ff.)	–

Tabelle 6.3 *Grundlegende Muster für die parallele Zerlegung*

[3] *http://parlab.eecs.berkeley.edu/wiki/patterns/*

6.2.2 Master-Slave

Das *Master-Slave-Muster* beschreibt die Koordination parallel zu berechnender Teilaufgaben durch eine zentrale Komponente. Varianten dieses Entwurfsmusters sind in der Literatur auch unter den Namen *Master-Worker* [40] und *Manager-Worker* [44] zu finden.

Kontext und Problem

Eine komplexe Operation soll beschleunigt werden. Die Operation lässt sich in Teilprobleme zerlegen, die unabhängig voneinander gelöst werden können.

Lösung

Die zu erledigende Aufgabe wird von einer zentralen Instanz, dem *Master*, in parallel ausführbare Teilaufgaben zerlegt. Der Master koordiniert die parallele Ausführung der Teilaufgaben und fügt gegebenenfalls die in den Teilaufgaben berechneten Teilergebnisse zusammen (Abbildung 6.6). Die Teilergebnisse werden über Futures oder Rückruffunktionen (engl. *callback functions*) eingesammelt.

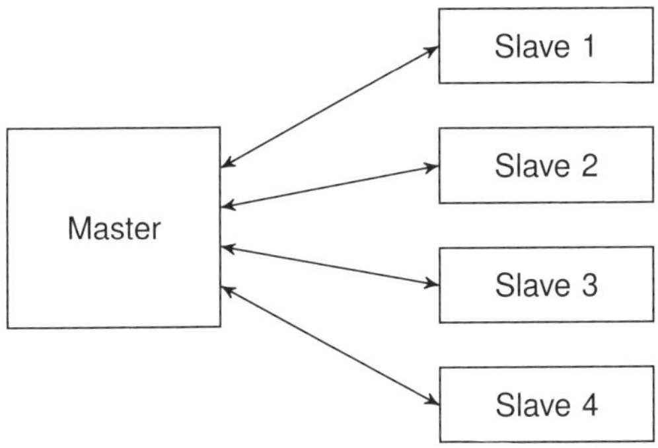

Abbildung 6.6 *Master-Slave-Muster*

Das Master-Slave-Prinzip ist relativ allgemein und kann auf verschiedenen Ebenen eingesetzt werden. Die Teilaufgaben werden je nach Implementierung auf Tasks, Threads oder Prozesse abgebildet (*Slaves*). Auf unterster Ebene kann es verwendet werden, um Datenparallelität zu nutzen (siehe Abschnitt 4.2). Der Master partitioniert dabei die Daten und startet gleichartige Tasks.

Die Abbildung der Teilaufgaben auf Prozesse bietet sich dann an, wenn man auf hoher Ebene Teilaufgaben findet, die parallel durch mehrere Prozesse bearbeitet werden können. Die einzelnen Prozesse können dabei sequenziell arbeiten. Damit erspart man sich die Parallelisierung der Prozesse selbst. Der Master kann denselben Prozess mehrfach starten und die verschiedenen Instanzen mit unterschiedlichen Daten versorgen. Genau das macht beispielsweise das Programm `make` mit der Option `-j`. Der Aufruf `make -j 4` versucht, zu jedem Zeitpunkt vier unabhängige Schritte eines Makefiles parallel auszuführen.

In verteilten Systemen können Master und Slave auf verschiedenen Rechnern laufen, man denke an das Rendern von Videosequenzen auf einem Cluster, von denen einer die Koordination übernimmt. Dabei ist man natürlich nicht darauf beschränkt, eine Aufgabe in *gleichartige* Teilaufgaben zu zerlegen. Es können auch unterschiedliche Teilschritte parallel ausgeführt werden, sofern sie voneinander unabhängig sind.

Vorteile

- *Performancegewinn.* Inhärent parallele Probleme lassen sich verhältnismäßig einfach und effizient nach dem Master-Slave-Prinzip parallelisieren.
- *Lastverteilung.* Der Master ist in der Lage, die Aufgaben so zu verteilen, dass die verfügbaren Ressourcen bestmöglich genutzt werden.
- *Definierte Reihenfolge.* Die Reihenfolge der Abarbeitung wird durch den Master kontrolliert, der die Ergebnisse an zentraler Stelle zusammenführt.

Nachteile

- *Eingeschränkte Skalierbarkeit.* Der Master kann zum Flaschenhals werden, da die Koordination und ggf. die Zusammenführung der Ergebnisse sequenziell erfolgt. Er muss auf alle Teilergebnisse warten, bevor er weiterarbeiten kann.
- *Komplizierteres Debugging.* Die Komplexität der Implementierung steigt und die Fehlersuche wird schwierig. Es müssen adäquate Strategien für die Fehlerbehandlung und den Abbruch von Berechnungen implementiert werden.

Varianten

Das Konzept eines Masters, der Teilaufgaben an verschiedene Slaves vergibt, ist recht allgemein. So existieren insbesondere folgende Varianten:

- Alle Slaves führen *dieselbe Aufgabe* auf unterschiedlichen Daten aus.
- Die Slaves führen *unterschiedliche Aufgaben* aus.
- Der Master vergibt die Aufgaben an die Slaves und sorgt für die Erhaltung der Reihenfolge beim Zusammenführen der Teilergebnisse.
- Die Slaves fragen nach jeder abgearbeiteten Aufgabe nach neuen Aufgaben. Sie holen die Aufgaben z. B. aus einer Warteschlange, die vom Master befüllt wird.
- Der Master ist entweder reiner Koordinator, oder er arbeitet selbst an den Teilaufgaben mit.

Anstatt eine Aufgabe in Teilaufgaben zu zerlegen, eignet sich der Master-Slave-Ansatz auch, um eine Aufgabe parallel auf verschiedene Arten zu lösen. In diesem Fall lässt sich eine Berechnung abkürzen, indem bei Vorliegen des ersten Ergebnisses die verbleibenden Slaves abgebrochen werden. Bei Näherungsverfahren lässt sich die Genauigkeit des Ergebnisses durch Kombination verschiedener Verfahren erhöhen, die parallel berechnet werden.

Wir betrachten das Master-Slave-Muster hier nur unter dem Aspekt der parallelen Verarbeitung. Ein weiteres Anwendungsszenario sind sicherheitskritische und fehlertolerante Systeme. In solchen Systemen verteilt der Master eine Aufgabe an mehrere Prozessoren, um Fehler erkennen und darauf reagieren zu können. Durch Mehrheitsentscheide bei unterschiedlichen Ergebnissen wird die Robustheit erhöht.

Referenzen

Es finden sich zahlreiche Varianten des Master-Slave-Prinzips in der Literatur über Entwurfsmuster [45, 11, 39, 52]. Insbesondere die dynamische Lastverteilung macht dieses Muster für Multicore-Anwendungen interessant, wenn die parallel auszuführenden Aufgaben in der Ausführungszeit variieren. Master-Slave-Algorithmen lassen sich effizient mit Tasks realisieren (siehe Abschnitt 4.1). Muss eine Berechnung auf unterschiedlichen Datenbereichen ausgeführt werden, macht man am besten von parallelen Schleifen Gebrauch (siehe Abschnitt 4.2), die intern nach dem Master-Slave-Prinzip arbeiten.

6.2.3 Erzeuger-Verbraucher

Das Entwurfsmuster *Erzeuger-Verbraucher* (engl. *producer-consumer*) ist an sich sehr einfach, bildet aber die Grundlage für komplexere Entwurfsmuster wie Aktoren und einige Formen des Pipelinings.

Kontext und Problem

Zwei Arbeitsschritte sollen voneinander entkoppelt und parallel ausgeführt werden, wobei die Eingabe des zweiten Arbeitsschritts das Ergebnis des ersten Arbeitsschritts ist.

Lösung

Erzeuger und Verbraucher laufen in eigenen Threads ab. Die Ergebnisse des Erzeugers werden in einer Warteschlange abgelegt und vom Verbraucher zur weiteren Verarbeitung entnommen. Abbildung 6.7 zeigt den Datenfluss. Produziert der Erzeuger schneller Daten, als der Verbraucher verarbeiten kann, wächst der Füllstand der Warteschlange kontinuierlich an. Um ein unkontrolliertes Wachsen zu vermeiden, sollte die Größe der Warteschlange begrenzt sein. Ist der maximale

Füllstand erreicht, muss der Erzeuger pausieren. Das lässt sich über eine blockierende Warteschlange erreichen (siehe Abschnitt 5.2.5).

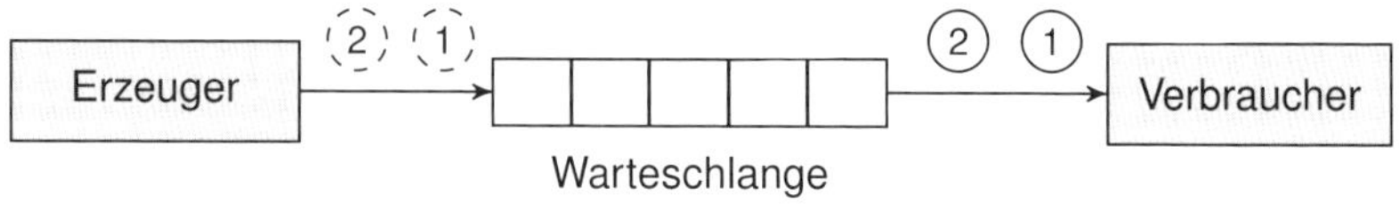

Abbildung 6.7 *Erzeuger-Verbraucher-Muster*

Vorteile

- *Parallelität.* Erzeuger und Verbraucher können parallel zueinander Daten verarbeiten.
- *Reihenfolge bleibt erhalten.* Die Reihenfolge der Daten wird nicht verändert.
- *Entkopplung.* Erzeuger und Verbraucher können mit unterschiedlicher Geschwindigkeit arbeiten. Wenn der Erzeuger schneller Ergebnisse produziert, als der Verbraucher verarbeiten kann, puffert die Warteschlange die Zwischenergebnisse.
- *Erleichtertes Debugging.* Die Aufteilung in Erzeuger und Verbraucher kann beim Debugging helfen, da die Zwischenergebnisse an definierter Stelle, der Warteschlange, beobachtet werden können.
- *Synchronisation an einer Stelle.* Synchronisation findet ausschließlich über die Warteschlange statt. Damit erreicht man auf einfache Weise Threadsicherheit.

Nachteile

- *Keine Lastverteilung.* Auch wenn die Warteschlange eine gewisse Menge an Daten puffern kann, sollte der Erzeuger im Mittel nicht mehr Daten produzieren, als der Verbraucher verarbeiten kann.
- *Eingeschränkte Parallelität.* Das Erzeuger-Verbraucher-Muster skaliert in seiner einfachen Form nicht. Dazu muss die Anzahl der Erzeuger und Verbraucher erhöht werden, oder es müssen komplexere, darauf aufbauende Muster eingesetzt werden (Aktoren oder Fließbandverarbeitung).
- *Schlechte Lokalität.* Werden Erzeuger und Verbraucher auf unterschiedlichen Kernen ausgeführt, müssen die Daten vom Cache des Erzeugers zu dem des Verbrauchers transferiert werden.

Varianten

Wenn Erzeuger und Verbraucher unterschiedlichen Durchsatz haben, lässt sich deren Anzahl erhöhen. So können mehrere Erzeuger Daten in die Warteschlange einreihen oder mehrere Verbraucher Daten entnehmen. Bei mehreren Verbrauchern kann allerdings die Reihenfolge, in der die Ergebnisse vorliegen, variieren.

Referenzen

Das Erzeuger-Verbraucher-Muster ist eine einfache Form des Datenaustausches zwischen zwei Threads oder Prozessen. Verschiedene Bibliotheken bieten Unterstützung dafür an, zum Beispiel die `BlockingQueue` in Java und C# [22, 59] sowie `concurrent_queue` und `concurrent_bounded_queue` in TBB.

6.2.4 Aktoren

Aktorbasierte Programme sind inhärent parallel. Deshalb eignen sie sich gut für die Entwicklung von Anwendungen für Multicore-Systeme.

Kontext und Problem

Probleme, die aus mehreren, voneinander unabhängigen Teilaufgaben bestehen, lassen sich nach dem Master-Slave-Muster parallelisieren. Der Master wird jedoch schnell zum Flaschenhals. Das ist vor allem dann der Fall, wenn die Abarbeitung der Teilaufgaben datenflussgetrieben ist, d. h. die Ausführung einer Aufgabe von dem Ergebnis anderer Aufgaben abhängt.

Lösung

Die Teilaufgaben werden von unterschiedlichen Threads oder Prozessen bearbeitet. Der Datenaustausch erfolgt nach dem Erzeuger-Verbraucher-Prinzip. Auf diese Weise lassen sich Netzwerke aufbauen. Im einfachsten Fall handelt es sich um eine Pipeline, bei der jede Stufe eine Teilaufgabe übernimmt.

Ein Aktor ist eine aktive Komponente, die mit anderen Komponenten asynchron über Nachrichten kommuniziert. Das Senden einer Nachricht ist also nicht blockierend. In einer idealen Aktor-Welt gibt es keine gemeinsam genutzten Daten (mit Ausnahme der Infrastruktur für den Nachrichtenaustausch), sondern nur die lokalen Daten des jeweiligen Aktors. Falls erforderlich, werden Kopien von Daten an andere Aktoren übergeben. Jeder Aktor kann:

- Nachrichten empfangen,
- Nachrichten senden,
- seinen lokalen Zustand verändern (zum Beispiel aufgrund einer empfangenen Nachricht) und
- weitere Aktoren starten.

Das Gesamtsystem kann ausschließlich aus Aktoren bestehen, wobei alle Aktoren nach diesem Muster aufgebaut sind (Abbildung 6.8).

Empfangene Nachrichten werden in eine Warteschlange eingereiht und nacheinander abgearbeitet. Listing 6.5 verdeutlicht das Prinzip. Die `run`-Methode wird in einem eigenen Thread ausgeführt. Die eigentliche Funktionalität ist in

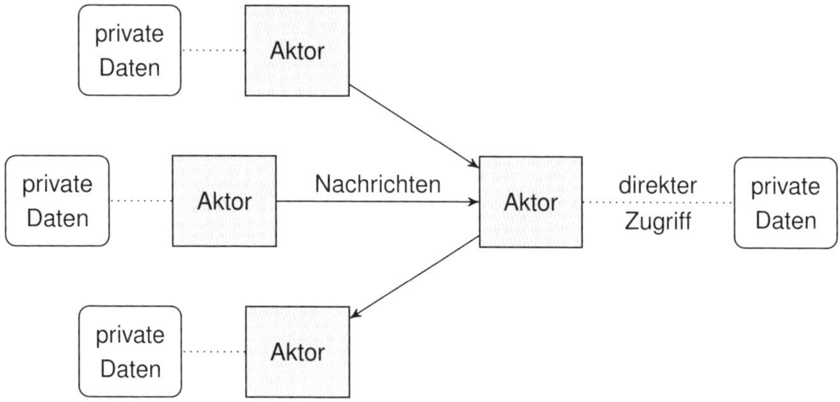

Abbildung 6.8 *Miteinander kommunizierende Aktoren*

der Methode `handleMessage` implementiert. Hier wird eine empfangene Nachricht ausgewertet und verarbeitet. Außerdem werden gegebenenfalls Nachrichten an andere Aktoren geschickt. Dazu wird für jeden Empfänger dessen `submit`-Methode aufgerufen.

```
class SimpleActor {
private:
  ConcurrentQueue<Message> queue;
  void handleMessage(Message message) {
    // ...
  }
public:
  void submit(Message message) {
    queue.enqueue(message);
  }
  void run() {
    while(active) {
      Message message = queue.dequeue(); // blockierend
      handleMessage(message);
    }
  }
}
```

Listing 6.5 *Prinzip eines Aktors*

Die konkrete Implementierung von Aktoren ist je nach verwendeter Programmiersprache und Aktor-Bibliothek unterschiedlich. Insbesondere muss nicht jeder Aktor als eigener Thread implementiert sein. Bei verteilten Anwendungen kann ein Aktor ein eigener Prozess sein, während bei der Multicore-Programmierung vorzugsweise Tasks zum Einsatz kommen.

Für das Verschicken von Nachrichten muss es eine Infrastruktur geben, die eine Nachricht dem Empfänger zukommen lässt. Befinden sich zwei Aktoren in demselben Prozess, reiht der Sender die Nachricht direkt in die Warteschlange des Empfängers ein (mittels `submit` wie in obigem Beispiel). Das ist die einzige Stelle, an der verschiedene Aktoren auf dieselben Speicherbereiche zugreifen. Muss über Prozessgrenzen hinweg kommuniziert werden, ist eine entsprechende Infrastruktur für die Kommunikation notwendig.

Vorteile

- *Keine explizite Synchronisation.* Aufgrund der sequenziellen Arbeitsweise der Aktoren kann es innerhalb eines Aktors keine Konflikte geben. Eine explizite Synchronisation durch den Programmierer ist also nicht erforderlich. Lediglich der Kommunikationsmechanismus für den Nachrichtenaustausch muss threadsicher sein.
- *Skalierbarkeit.* Aktorbasierte Architekturen skalieren gut, sofern hinreichend viele Aktoren vorhanden sind. Sie können auf Multicore-Systemen ebenso wie auf verteilten Systemen ausgeführt werden. Dabei variieren lediglich die Zeiten für den Nachrichtenaustausch.

Nachteile

- *Kopieraufwand.* Arbeitet man auf großen Datenmengen, müssen viele Nachrichten zwischen den Aktoren verschickt werden.
- *Kommunikationsaufwand.* Ein weiterer Nachteil ist der Mehraufwand für die asynchrone Kommunikation im Falle synchroner Aufrufe zwischen den Aktoren. Möchte man nur einen Wert eines anderen Aktors abfragen, sind zwei Nachrichten nötig: die Anfrage an den Aktor und die Antwort. Einige Implementierungen, z. B. die von Scala[4] [25], durchbrechen das asynchrone Konzept, indem sie auch synchrone Aufrufe zulassen. Das erhöht allerdings das Risiko von Verklemmungen.
- *Begrenzte Skalierbarkeit.* Es müssen wesentlich mehr Aktoren als Prozessorkerne existieren, um ein System voll auszulasten. Die Anzahl der Aktoren begrenzt somit die mögliche Parallelität. Nicht jede Anwendung lässt sich in eine große Anzahl von Aktoren zerlegen.

Varianten

Neben der Abbildung von Aktoren auf Tasks, Threads oder Prozesse unterscheiden sich die Implementierungen in der Mächtigkeit der Kommunikationsmechanismen. Aktor-Bibliotheken bieten Datenkanäle mit unterschiedlichen Eigenschaften an, zum Beispiel:

---

[4] *http://www.scala-lang.org/*

- mehrere Sender nutzen einen Kanal
- ein Empfänger liest von mehreren Kanälen
- typisiert oder untypisiert
- gepuffert oder ungepuffert (Daten können überschrieben werden)
- uni- oder bidirektional
- transformierend oder nicht transformierend

Innerhalb der Aktoren kann natürlich wieder Task- und Datenparallelität genutzt werden, um die Bearbeitungszeit feingranular zu optimieren.

Referenzen

Das Aktor-Modell bietet ein einfaches Konzept für die parallele Programmierung. Die grundlegenden Ideen stammen aus den 1970er-Jahren [28]. Im Zuge der Multicore-Programmierung erleben Aktoren eine Renaissance und werden durch Sprachen wie Erlang[5] und Scala [25] direkt unterstützt. Darüber hinaus gibt es Bibliotheken für die aktorbasierte Programmierung in verschiedenen Programmiersprachen – für C++ zum Beispiel Microsofts Asynchronous Agents Library[6].

6.2.5 Reihenfolgebewahrender Threadpool

Threadpools führen die ihnen übergebenen Aufgaben parallel aus. Die Reihenfolge, in der die Aufgaben ausgeführt werden, ist dabei nicht festgelegt. Manchmal möchte man die Reihenfolge aber in gewissem Maße kontrollieren. Dazu wird ein Threadpool zu einem *reihenfolgebewahrenden Threadpool* ausgebaut.

Kontext und Problem

In Abschnitt 6.1.5 haben wir gesehen, wie Aktionen mit dem Active-Object-Muster asynchron und parallel zur anfragenden Komponente ausgeführt werden können. Wie dort schon erwähnt, bietet sich auf Multicore-Systemen die Abarbeitung der Anfragen über einen Threadpool an. Dafür übergibt der Proxy jede Anfrage direkt an den Threadpool (Abbildung 6.9). Ergebnisse können wie beim Active Object mittels Futures an den Aufrufer zurückgegeben werden.

Der Nachteil dieser Realisierung ist, dass man keinen Einfluss auf die Reihenfolge der Abarbeitung hat. Die Reihenfolge, in der `spawn` aufgerufen wird, hat nichts mit der Reihenfolge der Abarbeitung zu tun. Diese ist implementierungs- und lastabhängig. Das ist ein Problem, wenn die Clients eine bestimmte Reihenfolge der Abarbeitung erwarten oder der interne Zustand des Servants von der Reihenfolge der Aufrufe eines Clients abhängt. In solchen Fällen ist es notwendig, dass die Anfragen des Aufrufers in der richtigen Reihenfolge ausgeführt werden.

[5] *http://www.erlang.org/*
[6] *http://msdn.microsoft.com/library/dd492627.aspx*

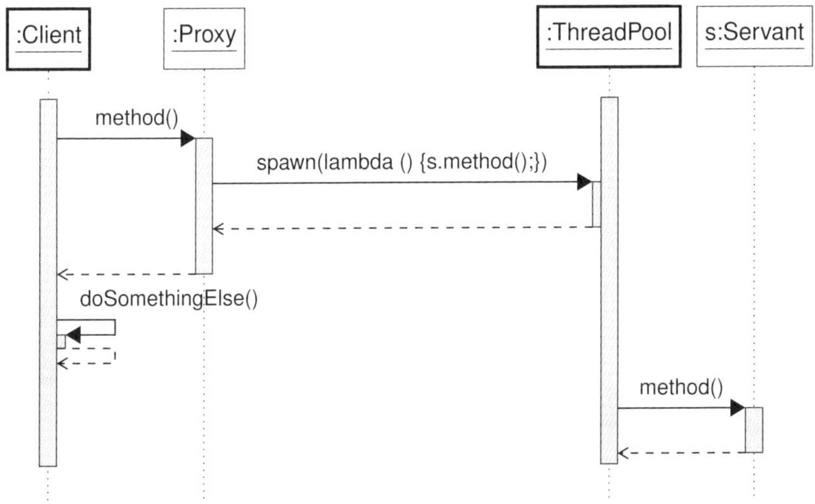

Abbildung 6.9 *Parallele Ausführung von Anfragen*

Das klassische Active-Object-Muster würde jedoch *alle* Aufrufe sequenzialisieren. Damit vergibt man die Möglichkeit, die Anfragen verschiedener Aufrufer parallel auszuführen.

Gesucht ist also eine Möglichkeit, die Anfragen eines Aufrufers in unveränderter Reihenfolge (und nicht überlappend) auszuführen, die Anfragen unterschiedlicher Aufrufer aber parallel durch den Threadpool ausführen zu lassen. Abbildung 6.10 zeigt ein Beispiel: Die Anfragen 1, 2 und 3 müssen nacheinander und genau in dieser Reihenfolge ausgeführt werden; ebenso a, b, c und α, β, γ. Anfragen unterschiedlicher Clients können parallel bearbeitet werden.

Lösung

Jeder Client erzeugt ein eigenes `Proxy`-Objekt und startet darüber seine Anfragen an die gemeinsam benutzte Komponente, den Servant. Um die Reihenfolge zu bewahren, verwendet jedes Proxy-Objekt eine eigene Warteschlange, wie in Listing 6.6 zu sehen. Die Proxy-Klasse implementiert dieselben Methoden wie der Servant `s` (hier die Methode `method`). Die Proxy-Methode übergibt die auszuführende Methode des Servants aber nicht dem Threadpool, sondern reiht sie in die Warteschlange des Proxys ein.

Die Idee ist nun, dass für jeden Proxy ein Task gestartet wird, der die Warteschlange abarbeitet und die darin befindlichen Methoden ausführt. Listing 6.7 skizziert die Implementierung. Wird die Proxy-Methode `method` aufgerufen, legt der Proxy die Servant-Methode in die Warteschlange und startet den zugehörigen Task, sofern er noch nicht existiert. Der Task ruft die Methode `execute` auf, welche sequenziell die in der Warteschlange abgelegten Methoden ausführt.

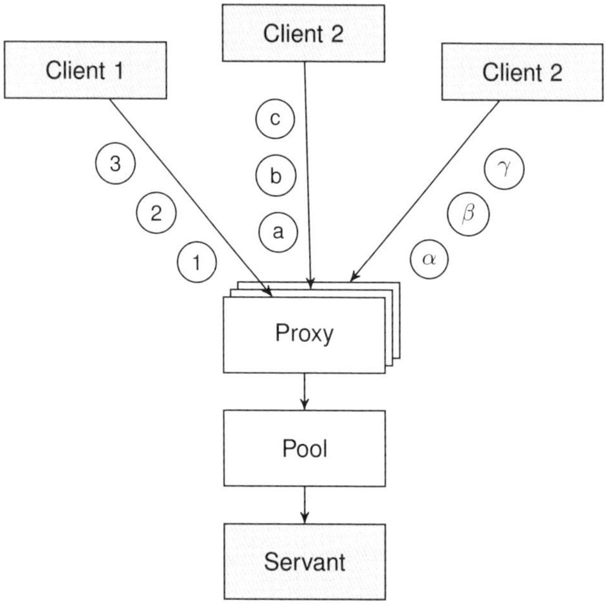

Abbildung 6.10 Reihenfolge bei Anfragen von unterschiedlichen Clients

```
class Proxy {
private:
  Queue<Function> q;
  Servant s;
public:
  void method() {
    q.enqueue(lambda () {s.method();});
    // ...
  }
  // ...
}
```

Listing 6.6 Proxy mit Warteschlange

Abbildung 6.11 zeigt den Ablauf als Sequenzdiagramm (je nach verwendeter Programmiersprache müssen zusätzlich eventuell auftretende Ausnahmen behandelt werden).

Die vorgestellte Lösung hat den Nachteil, dass sie Clients bevorzugt, von denen sich bereits Anfragen in Bearbeitung befinden. Bei hoher Last kann es passieren, dass alle Threads des Pools ausschließlich mit der Abarbeitung von Anfragen dieser Clients beschäftigt sind. Anfragen von anderen Clients bleiben so lange liegen, bis eine der Warteschlangen komplett abgearbeitet ist. Um das zu verhindern, muss eine faire Abarbeitung garantiert werden.

```
class Proxy {
private:
  Queue<Function> q;
  Servant s;
  bool taskActive = false;
  Mutex m;
public:
  void method() { // für jede Methode des Servants
    process(lambda () {s.method();});
  }
  // ...
private:
  void process(Function request) {
    ScopedLock s(m);
    q.enqueue(request);
    if(!taskActive) {
      taskActive = true;
      spawn(lambda () {execute();}); // Übergabe an Threadpool
    }
  }
  void execute() {
    while(true) {
      Function request;
      {
        ScopedLock s(m);
        if(q.isEmpty()) {
          taskActive = false;
          break;
        }
        request = q.dequeue();
      } // Mutex wird freigegeben
      request(); // Aufruf des Servants
    }
  }
}
```

Listing 6.7 *Reihenfolgebewahrender Threadpool*

Eine Lösung ist in Listing 6.8 zu sehen. Anstatt in der Methode `execute` mithilfe einer Schleife die Warteschlange abzuarbeiten, wird nach jeder Anfrage ein neuer `execute`-Task für denselben Proxy erstellt und dem Threadpool übergeben. Der Proxy stellt sich gewissermaßen »hinten an« und lässt in der Zwischenzeit eingestellten Tasks anderer Clients den Vortritt. Abbildung 6.12 zeigt das zugehörige Sequenzdiagramm.

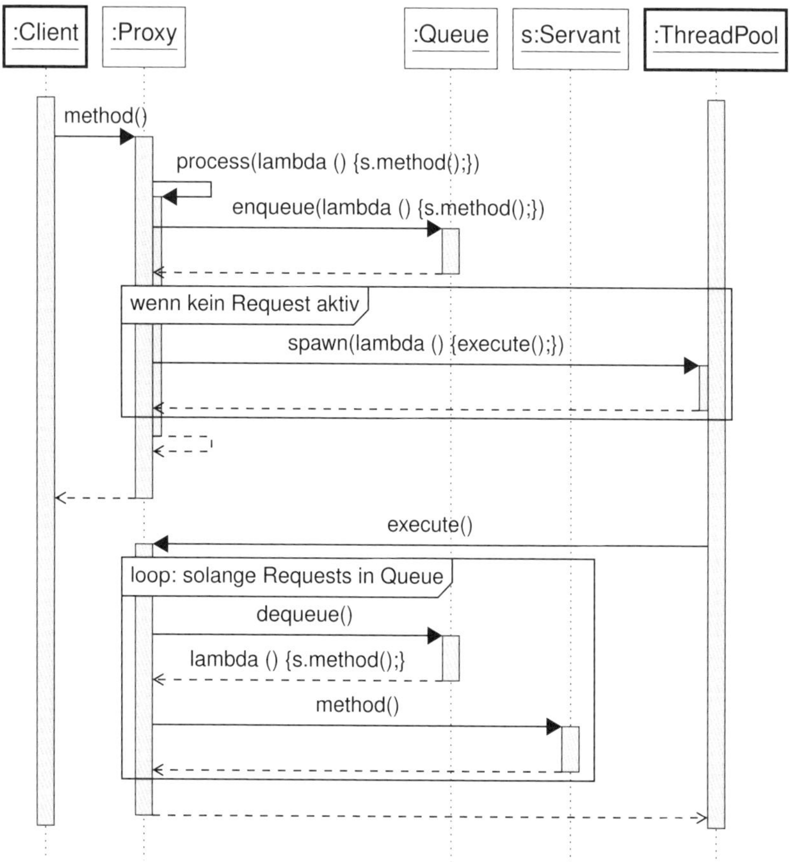

Abbildung 6.11 *Sequenzielle Ausführung von Anfragen desselben Clients*

Hinweis

Da nachfolgende Tasks aus dem Kontext laufender Tasks erzeugt werden, sollte zwischen den Tasks keine Eltern-Kind-Beziehung bestehen. Ansonsten würden die Eltern-Tasks unnötig lange leben, da sie auf die Beendigung der Kinder warten müssen.

Vorteile

- *Verwendung eines optimierten Threadpools.* Es kann eine existierende Implementierung eines Threadpools verwendet werden.
- *Steuerung der Reihenfolge.* Man kann über die Verwendung verschiedener Proxy-Objekte steuern, für welche Anfragen die Reihenfolge beibehalten werden muss und wo parallele Ausführung zulässig ist.
- *Geringe Komplexität.* Der zusätzliche Implementierungsaufwand ist überschaubar.

```
class Proxy {
  // ...
private:
  // ...
  void execute() {
    Function request;
    {
      ScopedLock s(m);
      if(q.isEmpty()) {
        taskActive = false;
        return;
      }
      request = q.dequeue();
    } // Mutex wird freigegeben
    request(); // Aufruf des Servants
    spawn(lambda () {execute();}); // Übergabe an Threadpool
  }
}
```

Listing 6.8 *Reihenfolgebewahrender Threadpool (faire Variante)*

Nachteile

- *Erschwertes Debugging.* Das Debugging ist wie immer bei der Verwendung von Threadpools schwierig, da die Anfragen in beliebigen Threads ausgeführt werden.
- *Kaskadierte Warteschlangen.* Die Anfragen werden zweimal in Warteschlangen eingereiht, einmal im Proxy und dann im Threadpool. Das erhöht den Aufwand, weshalb die in den Anfragen ausgeführte Arbeit nicht zu klein sein sollte.

Varianten

Zwei Varianten haben wir schon kennengelernt, die unfaire und die faire Variante. Bei der Implementierung dieses Musters gibt es folgende Freiheitsgrade:

- Wird dieses Muster auf mehr als eine Servant-Komponente angewendet, sollten die Warteschlange sowie die Methoden `process` und `execute` in eine Basisklasse für alle Proxys verlagert werden.
- Bei Verwendung einer threadsicheren Warteschlange und atomar manipulierbarem `taskActive`-Flag kann man auf den Mutex verzichten.
- In der vorgestellten Lösung müssen alle Methoden des Proxys die gleiche Signatur aufweisen. Lässt sich das so nicht realisieren, müssen die Anfragen in Objekte verpackt werden (siehe Active Object, Abschnitt 6.1.5). In diesen Objekten können die Argumente hinterlegt werden. Die Warteschlange nimmt dann Anfrageobjekte anstelle von Lambda-Funktionen auf.

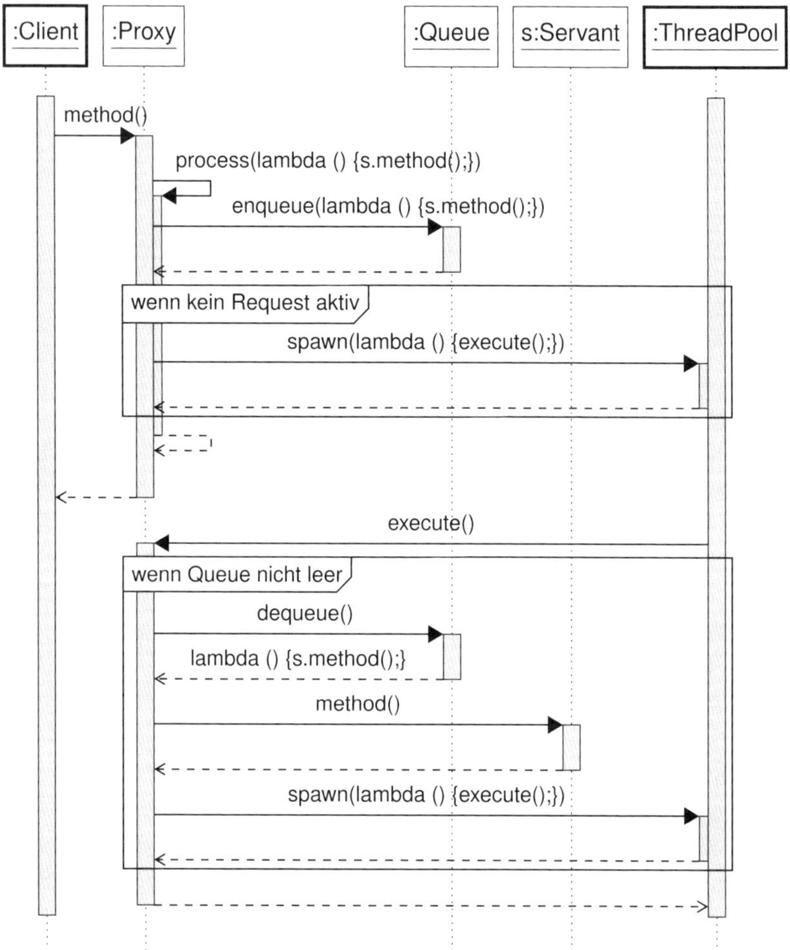

***Abbildung 6.12** Sequenzielle Ausführung von Anfragen (faire Variante)*

Auch wenn sich der Client in einem anderen Prozess als der aufzurufende Dienst befindet, kann auf die vorgestellte Weise die Reihenfolge pro Client sichergestellt werden. Dazu wird im Servant-Prozess ein eigenes Proxy-Objekt pro Verbindung (oder pro Client) erzeugt. Die Proxy-Objekte müssen dann über eine geeignete Datenstruktur, z. B. eine Hashtabelle, verwaltet werden.

Referenzen

Stephen Toub stellte dieses Muster in seinem Artikel *Ordered Execution With ThreadPool* vor [58]. Eine Variante für TBB ist unter dem Namen *Local Serializer* in [32] beschrieben.

6.3 Fließbandverarbeitung

Die Verarbeitung von Daten erfolgt häufig in mehreren, aufeinanderfolgenden Schritten. Abbildung 6.13 zeigt ein typisches Beispiel aus der Bildverarbeitung. Dabei handelt es sich um eine Kette von digitalen Filtern für die Kantendetektion. Viele Anwendungen, beispielsweise zur Auswertung von Sensordaten oder zur Decodierung von Audio- und Videoströmen, arbeiten nach einem ähnlichen Prinzip.

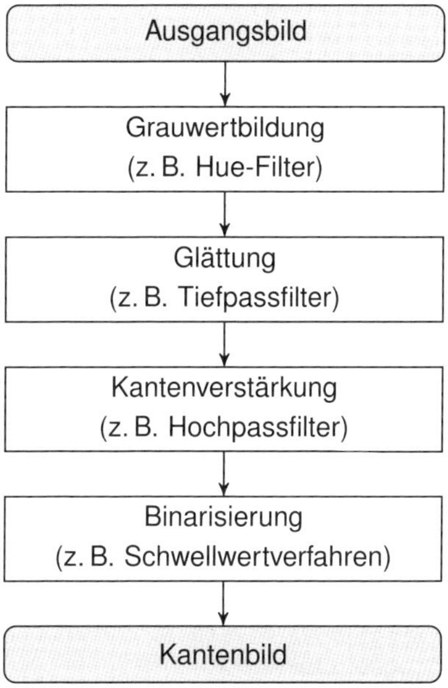

Abbildung 6.13 *Filterkette zur Kantendetektion*

Eine solche Verkettung von Arbeitsschritten, bei der jeder Schritt die Ergebnisse des vorangegangenen Schritts weiterverarbeitet, bezeichnet man als *Fließbandverarbeitung* oder *Pipelining*. Eine Pipeline besteht aus mehreren Stufen, die jeweils einen Arbeitsschritt ausführen. Pipelines müssen nicht zwingend linear sein. Abbildung 6.14 zeigt verschiedene Varianten. So kann das Ergebnis einer Pipelinestufe als Eingabe für zwei nachfolgende Stufen dienen (Stufe 1 in Abbildung 6.14(b)). Ebenso kann eine Stufe die Ergebnisse zweier unterschiedlicher Verarbeitungsstränge zusammenführen (Stufe 4 in Abbildung 6.14(b)). In einigen Fällen gibt es sogar Rückkopplungen. Dabei werden die Ergebnisse einer Stufe als zusätzliche Eingabe von einer der vorhergehenden Stufen verwendet (Abbildung 6.14(c)).

Pipelines sind für die Parallelverarbeitung interessant, da die Stufen gleichzeitig voneinander unabhängige Arbeitsschritte ausführen können. Die Leistungsfähigkeit einer Pipeline hängt von zwei Kenngrößen ab, der Latenzzeit und dem

Durchsatz. Die Latenzzeit ist die Zeit, die ein Datenelement benötigt, um die Pipeline zu durchlaufen. Der Durchsatz gibt die Frequenz an, mit der die Elemente von der Pipeline verarbeitet werden. In den folgenden Abschnitten stellen wir verschiedene Entwurfsmuster für die Implementierung von Pipelines vor und betrachten ihre Leistungsfähigkeit hinsichtlich Latenzzeit und Durchsatz.

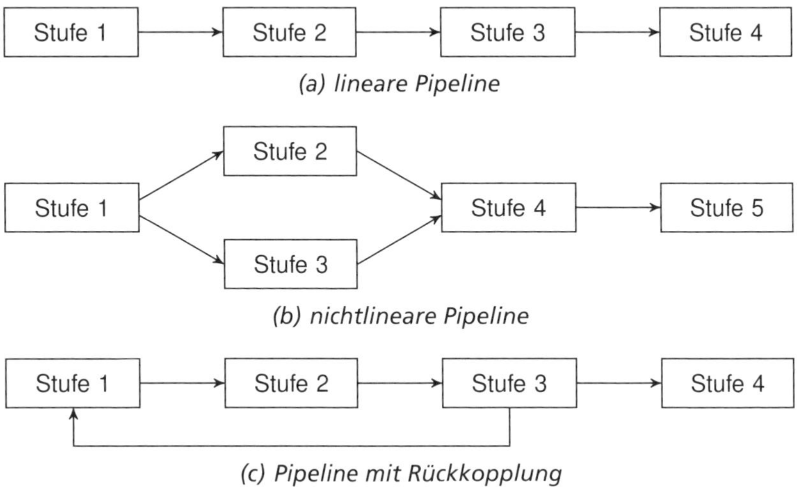

Abbildung 6.14 *Verschiedene Pipelinestrukturen*

6.3.1 Pipelines

Das klassische Entwurfsmuster für die Realisierung von Pipelines ist *Pipes and Filters* [52]. Dabei haben nach Möglichkeit alle Pipelinestufen (Filter) die gleiche Schnittstelle für die Ein- und Ausgabe von Daten. Auf diese Weise lassen sich einzelne Stufen, z. B. die Codecs eines Mediaplayers, bequem gegen andere austauschen. Außerdem lässt sich dadurch die Reihenfolge ändern, und die Stufen können für andere Pipelines wiederverwendet werden.

Die Übergabe der Daten von einer Stufe zur nächsten erfolgt über Kanäle (Pipes). Im einfachsten Fall verbirgt sich dahinter der Aufruf einer Methode der Folgestufe, bei dem die Daten (oder ein Zeiger darauf) als Argumente übergeben werden. Dies bezeichnet man als *Push-Pipeline*. Umgekehrt können Daten vom Ende der Pipeline aus angefordert werden. Jede Stufe liest dabei von der vorhergehenden. Diese Variante nennt man *Pull-Pipeline*.

Kontext und Problem

Wird eine Push-Pipeline durch eine Schleife mit Daten aus einer Datei versorgt, wie es beim Abspielen von Audio- oder Video-Dateien passiert, werden alle Filterstufen im Kontext des Threads ausgeführt, in dem die Schleife läuft. Parallelität wird also nicht genutzt. Dasselbe gilt für Pull-Pipelines, die auf diese Weise realisiert sind. Das Ziel ist, Pipelines durch mehrere Threads auszuführen, um das Potenzial von Multicore-Prozessoren ausschöpfen zu können.

Lösung

Wie schon Henry Ford erkannte, steigert Fließbandverarbeitung den Durchsatz. Für unsere Pipeline bedeutet dies, dass Daten, die beispielsweise Stufe 1 verlassen, in Stufe 2 weiterverarbeitet werden können, während Stufe 1 schon die nächsten Daten verarbeitet. Das lässt sich implementieren, indem jede Stufe in einem eigenen Thread abläuft. Die Kopplung der Stufen erfolgt über Warteschlangen. Die Threads der einzelnen Stufen bestehen im Wesentlichen aus Endlosschleifen, die fortwährend Daten aus der Eingabewarteschlange holen, verarbeiten und das Ergebnis in die Ausgabewarteschlange schreiben. Auf diese Weise kann jede Stufe auf einem eigenen Prozessorkern ausgeführt werden (siehe Abbildung 6.15).

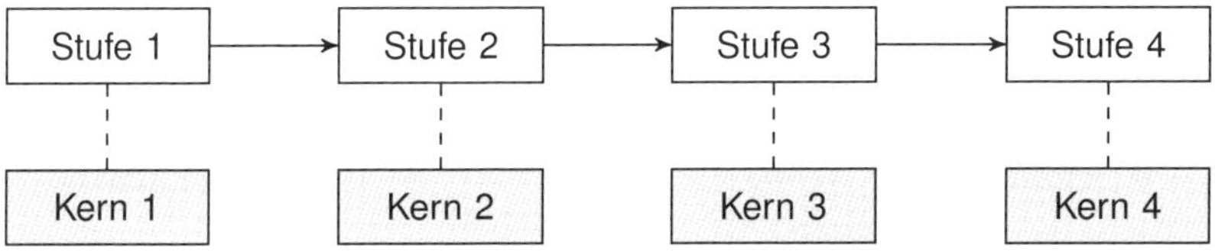

Abbildung 6.15 *Parallel ablaufende Stufen einer Pipeline*

Im Vergleich zur sequenziellen Ausführung einer Pipeline bleibt die Zeit, die für die Verarbeitung eines Datums benötigt wird, zwar unverändert, es erhöht sich aber der Durchsatz. Man kann also wesentlich schneller Daten in die Pipeline einspeisen, bestenfalls schon dann, wenn das vorige Datum von Stufe 1 bearbeitet wurde. Mit derselben Frequenz erhalten wir am anderen Ende der Pipeline die Ergebnisse (Abbildung 6.16).

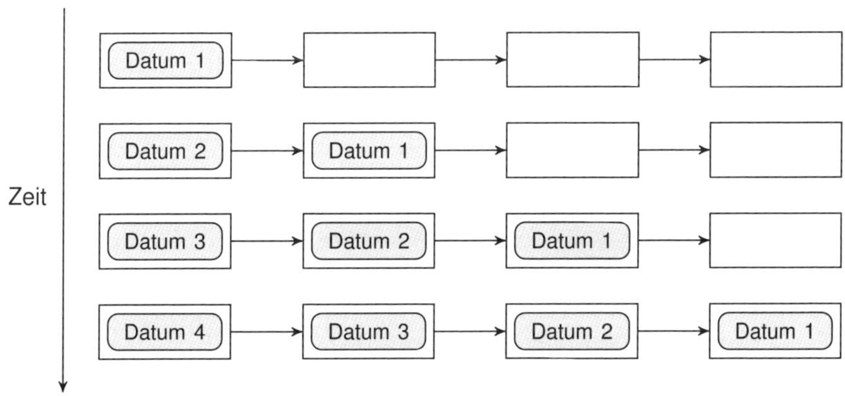

Abbildung 6.16 *Erhöhter Durchsatz bei parallel ablaufenden Stufen*

Vorteile

- *Hoher Durchsatz.* Gegenüber der sequenziellen Variante kann der Durchsatz massiv erhöht werden. Theoretisch lassen sich bei N Kernen N-mal so viele Daten in derselben Zeit verarbeiten.
- *Einfache Realisierung.* Da die einzelnen Stufen für sich genommen sequenziell arbeiten, ist innerhalb der Stufen keine Synchronisation notwendig.
- *Modularer Aufbau.* Pipelinearchitekturen werden oft eingesetzt, wenn einzelne Stufen spezielle Ressourcen benötigen. Beispiele dafür sind hardwarebeschleunigte Operationen. Diese Stufen lassen sich auf einfache Weise gegen andere Implementierungen austauschen, wenn der Beschleuniger auf einer bestimmten Plattform nicht zur Verfügung steht.
- *Reihenfolge bleibt erhalten.* Die Reihenfolge der bearbeiteten Daten bleibt erhalten. Wir werden weiter unten Pipelines kennenlernen, bei denen das nicht ohne zusätzlichen Aufwand der Fall ist.

Nachteile

- *Schlechte Lastverteilung.* Der Durchsatz der Pipeline hängt von der langsamsten Stufe ab. Bei Stufen unterschiedlicher Komplexität werden manche Kerne schlecht genutzt.
- *Eingeschränkte Skalierbarkeit.* Die maximale Parallelität (und damit die Beschleunigung) ist beschränkt auf die Anzahl der Stufen. Diese Lösung skaliert also nicht mit der Anzahl der Kerne, was insbesondere für kurze Pipelines ein Problem ist.
- *Verwaltungsaufwand.* Die Übergabe der Daten über die Warteschlangen kostet Zeit. Damit der Zusatzaufwand zu verantworten ist, müssen die Berechnungen der Stufen hinreichend komplex sein.
- *Schlechte Lokalität.* Die Daten (oder zumindest die Zeiger darauf) werden von einem Kern zum nächsten gereicht. Die Caches müssen deshalb ständig aktualisiert werden. Im schlimmsten Fall kommt es zu False Sharing (siehe Abschnitt 2.3.2).

Varianten

Wie schon bei den Nachteilen angedeutet, sollten alle Stufen die gleiche Laufzeit haben. Um das zu erreichen, können bestimmte Stufen intern parallelisiert werden. Beispielsweise könnte man bei einer Pipeline für die Bildverarbeitung innerhalb lange laufender Stufen Datenparallelität nutzen. Alternativ lässt sich eine Stufe vielleicht auch in zwei Stufen aufteilen. Umgekehrt können mehrere kurz laufende Stufen zu einer zusammengefasst werden, um den Kommunikationsaufwand zu reduzieren.

Referenzen

Parallel Pipes and Filters ist unter anderem bei Tim Mattson et al. [40] und Ortega-Arjona [44] beschrieben. Auf Hardwareebene werden parallel arbeitende Pipelines in Prozessoren eingesetzt (siehe Abschnitt 1.3.1). Pipelines können als Spezialfall von Aktoren betrachtet werden (siehe Abschnitt 6.2.4), wobei jede Stufe durch einen Aktor implementiert ist.

6.3.2 Pipelines mit parallelen Stufen

Bislang sind wir davon ausgegangen, dass eine Pipelinestufe zu jedem Zeitpunkt genau ein Datum verarbeitet. Dies vereinfacht zwar die Implementierung, schränkt die Parallelität aber unnötig ein. Eine Erweiterung klassischer Pipelines besteht darin, die Stufen zu vervielfältigen.

Kontext und Problem

Wie im vorherigen Abschnitt bereits erwähnt, hängt der Durchsatz einer Pipeline von der langsamsten Stufe ab. Um den Durchsatz zu erhöhen, muss man diesen Flaschenhals eliminieren.

Lösung

Sofern es innerhalb einer Stufe keine Abhängigkeiten zwischen den Datenelementen gibt, kann diese Stufe mehrfach parallel ausgeführt werden. Abbildung 6.17 zeigt die Struktur einer Pipeline mit einer parallelen Stufe (Stufe 2). Das erste Datenelement passiert Stufe 1 und wird dann in Stufe 2-a weiterverarbeitet. Das zweite Element wird an 2-b gegeben, während 2-a noch läuft. Dementsprechend wird das dritte Element an Stufe 2-c übergeben. Stufe 3 wird aktiv, sobald ein Ergebnis von einer der parallelen Instanzen von Stufe 2 bereitsteht.

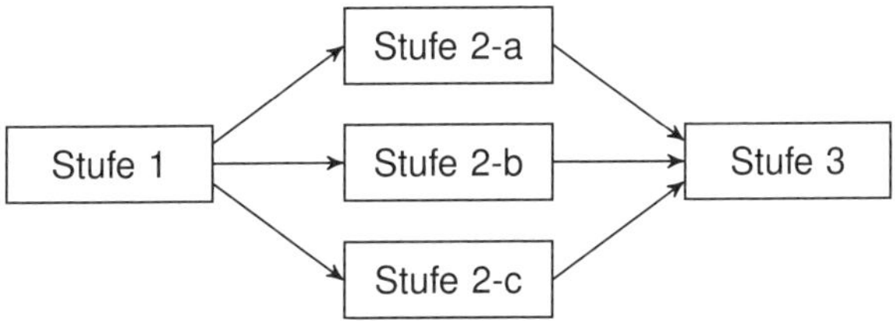

Abbildung 6.17 *Pipeline mit paralleler Stufe*

Vorteile

- *Einfache Realisierung.* Die einzelnen Stufen arbeiten für sich genommen sequenziell.
- *Erhöhter Durchsatz.* Im Vergleich zu klassischen Pipelines lässt sich der Durchsatz steigern.
- *Lastverteilung.* Aufgrund der zusätzlichen Parallelität ist eine bessere Lastverteilung möglich.

Nachteile

- *Eingeschränkte Skalierbarkeit, hoher Verwaltungsaufwand, schlechte Lokalität.* Bis auf die Tatsache, dass lange laufende Stufen den Durchsatz nicht mehr einschränken, gelten die Nachteile des Pipes-and-Filters-Musters.
- *Geänderte Reihenfolge möglich.* Datenelemente können sich in parallelen Stufen überholen. Es ist deshalb nicht garantiert, dass die Elemente in ihrer ursprünglichen Reihenfolge verarbeitet werden.

Varianten

Ist die Reihenfolge, in der die Datenelemente verarbeitet werden, von Bedeutung, kann sie bei Bedarf wiederhergestellt werden. Voraussetzung dafür ist, dass die Elemente entweder durchnummeriert sind oder jedes Element seinen Vorgänger kennt. Nach einer parallelen Stufe werden die Elemente dann so lange in einem Puffer zwischengespeichert, bis der jeweilige Vorgänger weitergereicht wurde.

Referenzen

Pipelines mit parallelen Stufen findet man auch in superskalaren Prozessoren (siehe Abschnitt 1.3.1), die Recheneinheiten mehrfach für die parallele Nutzung zur Verfügung stellen.

6.3.3 Parallele Pipelines

Auch der Einsatz paralleler Stufen hat noch einen entscheidenden Nachteil: Die Datenzugriffe haben eine geringe Lokalität, da bei der Übergabe eines Elements von einer Stufe zur nächsten die Caches aktualisiert werden müssen. Wesentlich geschickter ist es, die nachfolgende Stufe auf demselben Kern auszuführen. Außerdem hat man bei parallelen Stufen nach wie vor den Aufwand für die Kommunikation über die Warteschlangen.

Kontext und Problem

Wir suchen eine Pipelinearchitektur, die nicht nur mit der Anzahl der verfügbaren Prozessorkerne skaliert, sondern auch maximale Lokalität beim Datenzugriff bietet.

Lösung

Am effizientesten ist es, eine Pipeline mehrfach parallel auszuführen, wobei jeder Thread alle Stufen ausführt. Idealerweise startet man so viele Threads, wie Kerne verfügbar sind. Am Ende jeder Stufe wird im selben Thread direkt die Nachfolgestufe aufgerufen (Push-Pipeline). Listing 6.9 skizziert die Arbeitsweise einer Stufe in einer parallelen Pipeline.

```
class Stage<Type> {
private:
  Stage<Type> nextStage; // Referenz auf nachfolgende Stufe
  // ...
public:
  void process(Type data) {
    // ... verarbeite die Daten
    Type result = ...;
    if(nextStage != null) {
      nextStage.process(result);
    } else {
      // ... speichere das Ergebnis ab
    }
  }
}
```

Listing 6.9 *Stufe einer parallelen Pipeline*

Das erste Datenelement eines Stroms wird von dem ersten Thread verarbeitet, das zweite von dem zweiten und so weiter. Dazu wird der Pipeline eine Instanz vorgeschaltet, welche die Datenelemente verteilt (Abbildung 6.18). Alternativ kann man für jedes Element einen neuen Task starten. Die jeweils letzte Stufe muss das Ergebnis einer Berechnung in einer geeigneten Datenstruktur ablegen. Idealerweise verwendet man dazu eine Datenstruktur, in die effizient geschrieben werden kann, z. B. eine Multimenge (siehe Abschnitt 5.2.6).

Vorteile

- *Gute Lastverteilung.* Die Prozessorkerne werden gut ausgelastet, da jeder Thread alle Pipelinestufen ausführt. Begrenzender Faktor ist hier die Geschwindigkeit, mit der die Daten bereitgestellt bzw. abgespeichert werden können.

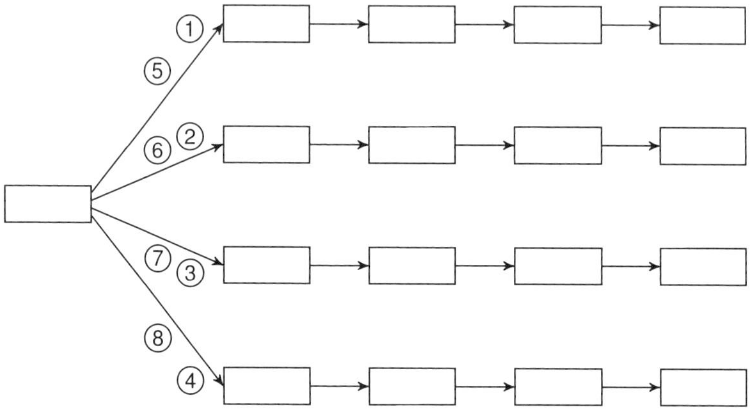

Abbildung 6.18 Parallele Pipeline

- *Lokalität.* Alle Pipelinestufen, die ein Datenelement durchläuft, werden von demselben Thread und daher mit hoher Wahrscheinlichkeit auf demselben Prozessorkern ausgeführt. Das wirkt sich positiv auf die Cache-Lokalität aus.

Nachteile

- *Geänderte Reihenfolge möglich.* Die Reihenfolge, in der Datenelemente die letzte Pipelinestufe verlassen, ist nicht definiert. Müssen die Daten in einer bestimmten Reihenfolge abgespeichert werden, muss diese am Ende wiederhergestellt werden. Dazu müssen die Elemente zu Beginn der Verarbeitung durchnummeriert werden oder einen Verweis (Zeiger) auf das Vorgängerelement mitführen.

Varianten

Wie oben schon erwähnt, kann man für jedes zu bearbeitende Element einen Task starten. Dabei kann es jedoch passieren, dass Tasks, die nichts mit der Pipeline zu tun haben, aber vom selben Task Scheduler ausgeführt werden, recht lange durch die Pipelinetasks verzögert werden. Um dies zu vermeiden, ruft man die nachfolgende Stufe nicht direkt auf, sondern startet einen neuen Task für die Stufe. Dies verursacht einen höheren Aufwand, aber die Lokalität bleibt bei Task-Schedulern, die nach dem Work-Stealing-Prinzip arbeiten, erhalten. Um ein Überfluten der Pipeline mit zu vielen Daten zu verhindern, sollte die Anzahl der in der Pipeline befindlichen Datenelemente begrenzt werden.

Referenzen

Letztlich handelt es sich hierbei um das auf Pipelines angewendete Master-Slave-Muster. Wir haben es als eigenes Muster aufgenommen, um die Unterschiede zu klassischen Pipelines herauszustellen. Die oben beschriebene Abbildung auf Tasks anstatt auf Threads ist für Anwendungen, die regen Gebrauch einer Task-Infrastruktur machen, eine gute, generische Lösung.

7 Architektur paralleler Software

Die in den vorangegangen Kapiteln vorgestellten Mechanismen, Datenstrukturen und Entwurfsmuster sind die Bausteine, aus denen parallele Programme entstehen. Doch wie geht man an komplexe Probleme heran? Wie geht man an Software heran, bei der eine einfache Schleifenparallelisierung an der richtigen Stelle oder einige parallel gestartete Tasks nicht zum erhofften Ergebnis führen? Wie findet man Ansatzpunkte für eine parallele Architektur? In diesem Kapitel stellen wir bewährte Vorgehensweisen für die Erstellung und Umsetzung paralleler Architekturen vor, sei es, um existierende Software zu parallelisieren oder komplett neue Software zu entwerfen. Wir beginnen mit dem Entwurf paralleler Algorithmen, die den Kern komplexer Systeme bilden.

7.1 Entwurf paralleler Algorithmen

Der Entwurf paralleler Algorithmen ist ebenso wie die Parallelisierung bestehender Programme ein mehrstufiger Prozess. Die Literatur zu dem Thema beschränkt sich größtenteils auf die Parallelisierung numerischer Algorithmen. So auch die PCAM-Methode von Ian Foster [19] (Abbildung 7.1). PCAM steht für *Partitioning*, *Communication*, *Agglomeration* und *Mapping*. Diese Schritte lassen sich folgendermaßen zusammenfassen:

Partitioning Der erste Schritt ist die Zerlegung des Problems in möglichst kleine, parallel ausführbare Teilaufgaben (Tasks). Dabei wird außer Acht gelassen, ob die Teilaufgaben eine hinreichende Größe haben. Man konzentriert sich lediglich auf die Parallelität des Problems.

Communication Danach werden Abhängigkeiten zwischen den Teilaufgaben ermittelt. Das betrifft sowohl Kontroll- als auch Datenabhängigkeiten. Es wird zwischen der Kommunikation weniger Tasks untereinander und der Kommunikation über zentrale Tasks oder Datenstrukturen unterschieden. Bei nachrichtenbasierten Systemen muss festgelegt werden, ob die Kommunikation synchron oder asynchron erfolgen soll.

Agglomeration Nun beginnt die Optimierung hinsichtlich der Laufzeit und des Implementierungsaufwands. Die in den ersten beiden Schritten ermittelten Tasks werden anhand ihrer Abhängigkeiten in Gruppen zusammengefasst

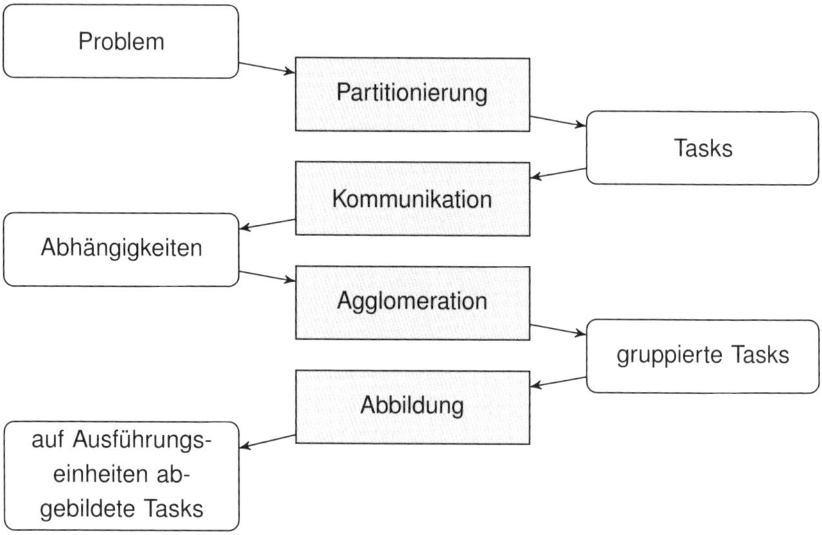

Abbildung 7.1 *PCAM-Methode nach Foster*

und zu größeren Tasks vereint. Besonders wichtig ist dieser Schritt bei verteilten Architekturen. Hier ist die Kommunikation zwischen den Knoten zu minimieren. Auf Multicore-Prozessoren gilt es, Datenlokalität zu nutzen und bei der Granularität der Aufgaben zwischen Skalierbarkeit und Verwaltungsaufwand abzuwägen (siehe auch Abschnitte 4.1 und 4.2). Agglomeration kann statisch oder dynamisch erfolgen. In Abschnitt 4.2.4 haben wir schon die dynamische Variante kennengelernt, nämlich die Partitionierung des Iterationsbereichs paralleler Schleifen zur Laufzeit.

Mapping Schließlich werden die Tasks den ausführenden Prozessoren oder Prozessorkernen zugeordnet, mit dem Ziel, eine bestmögliche Auslastung zu erreichen. Auch das Mapping kann statisch oder dynamisch erfolgen. Auf Multicore-Prozessoren kann uns beispielsweise ein Task Scheduler diese Aufgabe abnehmen.

Mattson, Sanders und Massingill [40] beschreiben Partitionierung, Kommunikation und Agglomeration als iterativen Prozess. Sie betrachten die in Abbildung 7.2 gezeigten Schritte als erste Phase des parallelen Entwurfs, deren Ziel das Finden von Nebenläufigkeit auf Problemebene ist. Dabei wird explizit zwischen Task- und Datendekomposition unterschieden. Auf diese Weise erhält man einen Abhängigkeitsgraphen mit Tasks und Datenelementen als Knoten.

Die zweite und die dritte Phase umfassen die Architekturdefinition bzw. die Implementierung. Dabei werden Entwurfsentscheidungen auf verschiedenen Ebenen getroffen. Zunächst werden geeignete Entwurfsmuster für die Bearbeitung des Problems gewählt (siehe Kapitel 6) und zum Schluss die passenden Datenstrukturen sowie Scheduling-Strategien. Für jede dieser Phasen beschreiben sie bewährte Entwurfsmuster und setzen sie zueinander in Beziehung. So definieren sie eine Mustersprache für den parallelen Entwurf.

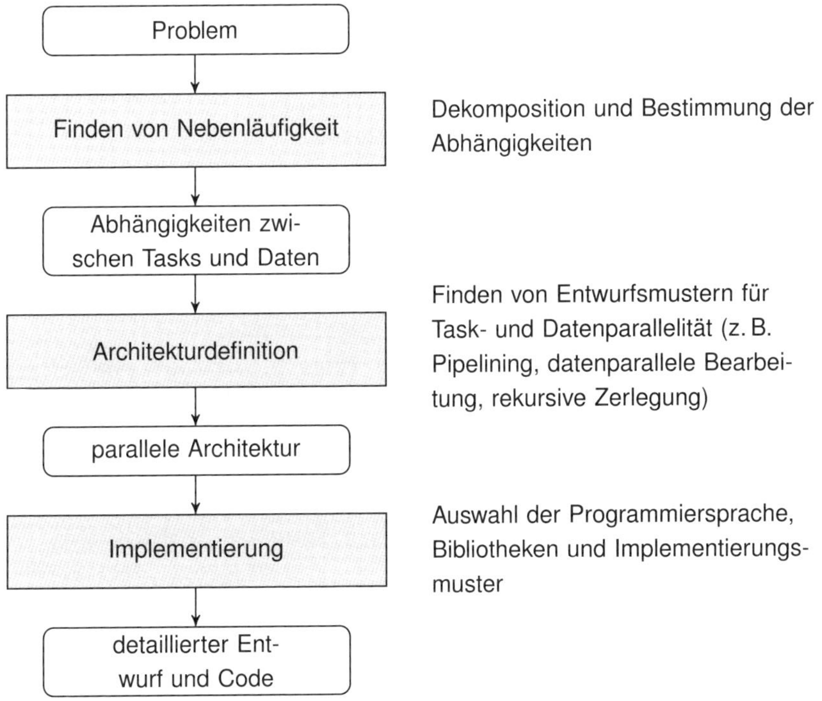

Abbildung 7.2 *Parallelisierung nach Mattson et al.*

7.2 Entwurf paralleler Architekturen

Die PCAM-Methode und das Vorgehen nach Mattson et al. zielen primär auf die Entwicklung paralleler Algorithmen ab. In komplexeren Projekten ist das jedoch nur ein Teil der Arbeit. Auf Architekturebene haben wir es sowohl bei der Parallelisierung bestehender Software als auch bei Neuentwicklungen mit folgenden Schritten zu tun:

1. Festlegen der Ziele
2. Identifizieren der zu parallelisierenden Teile
3. Analyse der Teilprobleme auf Parallelität
4. Erstellen der parallelen Architektur
5. Entwurf oder Auswahl paralleler Algorithmen und Datenstrukturen
6. Parallele Implementierung (Algorithmen, Datenstrukturen, Schnittstellen)
7. Test funktionaler und nichtfunktionaler Anforderungen

Die Schritte 1 bis 3 umfassen primär die Analyse des Problems, während die Schritte 4 bis 6 die Umsetzung betreffen. Der Ablauf der Schritte erfolgt sinnvollerweise in der angegebenen Reihenfolge, ist jedoch nicht streng sequenziell. Gerade die Schritte 2, 3 und 4 werden oft mehrfach iterativ ausgeführt, um die Architektur sukzessive zu verfeinern. Abbildung 7.3 zeigt einen Überblick über das Vorgehen. Im Folgenden werfen wir einen genaueren Blick auf die einzelnen Schritte.

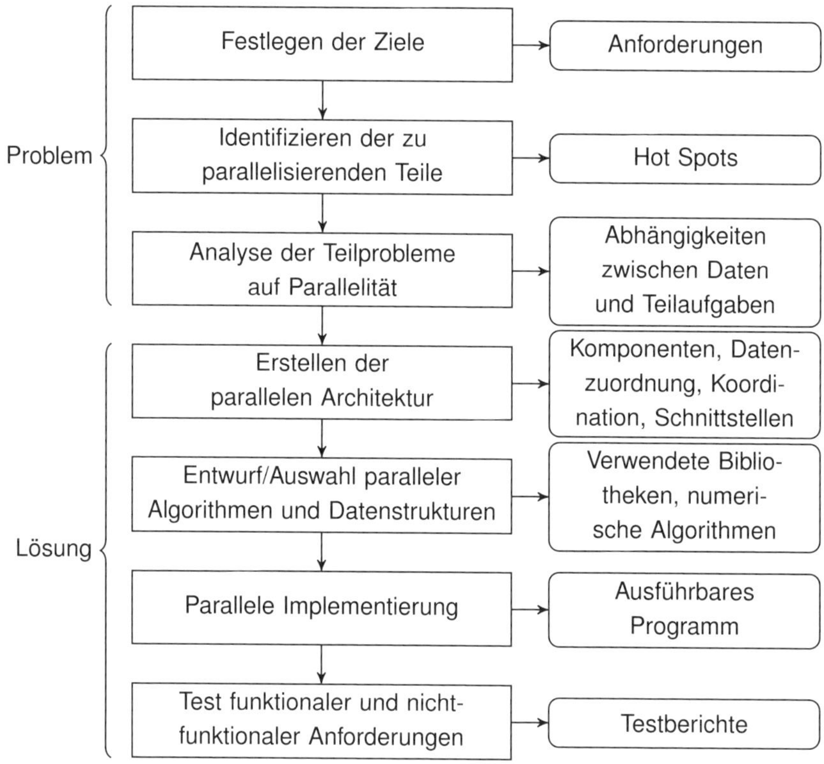

Abbildung 7.3 *Methodik zur Entwicklung paralleler Software*

Festlegen der Ziele

Wir erstellen Softwarearchitekturen auf der Basis von Anforderungen. Selbst wenn die Anforderungen unvollständig sind, machen wir uns ein Bild davon, was wir als Anforderungen sehen, und dokumentieren sie. Nichtfunktionale Anforderungen wie Durchsatz und Antwortzeiten sind für den parallelen Entwurf besonders wichtig. Sie sollten priorisiert werden, da sie im Widerspruch zueinander stehen können. So kann eine Optimierung des Durchsatzes in einzelnen Fällen zu längeren Antwortzeiten führen. Außerdem laufen wir sonst Gefahr, Aufwand in die Parallelisierung von Teilen einer Software zu investieren, der sich am Ende nicht auszahlt. Die folgenden Anforderungen müssen vor der Implementierung bzw. Parallelisierung feststehen:

Durchsatz Wie viele Daten pro Zeiteinheit im Durchschnitt verarbeitet werden müssen.

Antwortzeiten Wie schnell das System auf Ereignisse reagieren muss.

Skalierbarkeit Wird das System in unterschiedlichen Leistungsklassen ausgeliefert, muss die Leistung des Systems proportional mit der Leistung der verwendeten Hardware ansteigen. Bezüglich der Parallelität ist es wichtig, dass die Software von einer steigenden Anzahl von Prozessorkernen profitiert.

Genauigkeit der Ergebnisse Bei numerischen Anwendungen kann ein paralleler Algorithmus zu anderen Ergebnissen führen als ein sequenzieller. Das passiert bei Gleitkommaberechnungen aufgrund von Rundungsfehlern. Bei manchen Anwendungen reicht einfache statt doppelter Genauigkeit aus, was eine effizientere Nutzung von Vektoreinheiten erlaubt.

Weitere nichtfunktionale Anforderungen, wie Wartbarkeit und Portierbarkeit, haben auch bei der Parallelisierung Einfluss auf die Architektur und die verwendeten Bibliotheken.

Hinweis

Seien Sie sich über die Ziele der Parallelisierung im Klaren und legen Sie sich Kriterien zurecht, anhand derer Sie die Erreichung der Ziele überprüfen können. Priorisieren Sie Durchsatz oder Antwortzeit und bestimmen Sie, inwieweit die Anwendung skalieren soll.

Identifizieren der zu parallelisierenden Teile

Das aus der Optimierung bekannte Paretoprinzip, das besagt, dass ein Programm 80 % seiner Zeit in 20 % des Codes verbringt, gilt auch für die Parallelisierung. Dennoch ist die Verlockung groß, Teile eines Programms zu parallelisieren, die auf den ersten Blick einfach erscheinen. Dieses Vorgehen ist jedoch aus mehreren Gründen kontraproduktiv. Zum einen ist es ineffizient, da an anderer Stelle oft wesentlich mehr erreicht werden kann. Zum anderen leidet darunter die Softwarequalität, da paralleler Code komplizierter als sequenzieller ist. Deshalb ist er in den meisten Fällen auch schwerer wartbar. Aus diesen Gründen sollten nur die Teile parallelisiert werden, bei denen eine deutliche Leistungssteigerung zu erwarten ist. Es gilt also herauszufinden, wo das größte Potenzial für Parallelverarbeitung in der Anwendung liegt. Multicore-Prozessoren bieten primär zusätzliche Rechenleistung. Rechenintensive Teile der Anwendung sind aus diesem Grund die ersten Kandidaten.

Hinweis

Denken Sie an das Amdahl'sche Gesetz (siehe Abschnitt 1.4.5): Wenn Sie einen Programmteil parallelisieren, der die Hälfte der Rechenzeit benötigt, wird das Programm bestenfalls doppelt so schnell, unabhängig von der Anzahl der verfügbaren Prozessorkerne. Nach dem Gesetz von Gustafson kann man aber in derselben Zeit mehr erledigen.

Aber auch die Speicherbandbreite ist bei den meisten Multicore-Architekturen besser als bei Single-Core-Prozessoren, zumindest wenn die Zugriffe richtig auf die Prozessorkerne verteilt sind. Bei der Parallelisierung sind somit folgende Aspekte zu betrachten:

Rechenleistung Brachliegende Prozessoren deuten auf Handlungsbedarf hin. Bei lange laufenden Anwendungen lässt sich das mithilfe von Systemwerkzeugen beobachten (z. B. dem Windows Taskmanager oder dem Programm `perfmon` zur Leistungsüberwachung). Um die relevanten Teile einzugrenzen, können Zeitstempel am Anfang und am Ende der Teilaktivitäten aufgezeichnet werden. Sofern ein Profiler verfügbar ist, sollte dieser eingesetzt werden.

Speicherbandbreite Bei datenintensiven Anwendungen muss geklärt werden, ob Speicherzugriffe der begrenzende Faktor sind. In Multicore-Systemen können NUMA-Architekturen Abhilfe schaffen (siehe Abschnitt 1.3.2). Diese müssen jedoch richtig genutzt werden, um nicht eine Verlangsamung zu bewirken.

E/A-Verhalten Selbst auf Single-Core-Prozessoren kann es sich lohnen, bestimmte E/A-Operationen zu verschränken. Das gilt insbesondere für Netzwerkzugriffe, die an unterschiedliche Server gerichtet sind. Auf Multicore-Systemen richtet sich die erreichbare Parallelität nach dem schwächsten Glied in der Kette aus Prozessor, Chipsatz, E/A-Bausteinen, Bussen und Medien bzw. Peripheriegeräten. Bei Festplattenzugriffen zum Beispiel verschlechtern parallele Zugriffe auf verschiedene Bereiche massiv den Durchsatz. Ist der Flaschenhals nicht bekannt, ist es sinnvoll, Messungen mit unterschiedlichen Lasten durchzuführen. Bei Anwendungen mit hohen E/A-Anforderungen sollte eine Plattform mit einer geeigneten Hardwarearchitektur ausgewählt werden.

Anhand der genannten Indikatoren lassen sich die »Hot Spots« einer Anwendung identifizieren. Ob sich diese für die Parallelisierung eignen und wie hoch der damit verbundene Aufwand ist, hängt von der Implementierung ab. Es führt also kein Weg daran vorbei, den zu parallelisierenden Code so weit zu verstehen, dass man die Abhängigkeiten potenziell parallel ablaufender Teile kennt. Im Fall von Neuentwicklungen beschränkt sich dieser Schritt auf Messungen von prototypischen Implementierungen der kritischen Teile auf der Zielhardware.

Analyse der Teilprobleme auf Parallelität

Die Analyse der identifizierten Teilprobleme erfolgt nach dem eingangs beschriebenen PCAM-Modell (S. 191 ff.). Dabei entfällt für die meisten Systeme der letzte Schritt, das Mapping, da die Zuordnung der Teilaufgabe beim Scheduling durch das Betriebssystem (ggf. im Zusammenspiel mit einer verwendeten Laufzeitumgebung) dynamisch erfolgt. Eine Ausnahme bilden Systeme, bei denen man eine explizite Zuordnung von Aufgaben zu Kernen getroffen hat, um etwa die Speicherzugriffszeiten bei NUMA-Systemen zu minimieren oder Echtzeitfähigkeit zu gewährleisten.

In dieser Phase blendet man eine eventuell vorhandene sequenzielle Implementierung aus und beschränkt sich auf das zu lösende Problem. Das Ziel ist, die in einem Problem inhärente Parallelität zu finden, ohne sich von den Eigenheiten einer bestehenden Lösung ablenken zu lassen. Bei der Zerlegung in Teilprobleme unterscheidet man zwischen zwei Sichten:

- Zerlegung der Daten (engl. *data decomposition*)
- Zerlegung nach Aufgaben (engl. *task decomposition* oder *functional decomposition*)

Die Zerlegung eines Problems funktioniert am besten mit Stift und Papier. Dafür reicht eine einfache Darstellung in Form eines Blockdiagramms (siehe Abbildung 7.4), das man abhängig vom Entwicklungsprozess in ein UML-Komponentendiagramm oder ein Klassendiagramm überführen kann. Die Art des Diagramms hängt davon ab, auf welcher Ebene man ansetzt. Wichtig sind in erster Linie die Abhängigkeiten zwischen Aufgaben und Daten. Es handelt sich jedoch nach wie vor um eine logische Sicht auf das Problem und noch nicht um die konkrete Architektur der Lösung.

Bei der Zerlegung beginnt man auf der obersten Ebene der Architektur. Dabei ist zu entscheiden, welche Subsysteme beteiligt sind und auf welche Daten sie zugreifen. Das Ziel ist zunächst eine möglichst grobgranulare Parallelisierung. Betrachten wir zum Beispiel eine Filterkette für Videoströme. Grobgranulare Parallelität bedeutet hier die parallele Bearbeitung ganzer Bilder oder Bildsequenzen. Datenparallelität auf Filterebene ist zwar möglich, aber nicht unbedingt nötig. Kommt es nur auf den Durchsatz und nicht auf die Latenzzeiten an, bietet sich eine Parallelisierung nach dem Fließbandprinzip an (siehe Abschnitt 6.3).

Hinweis

Beginnen Sie auf oberster Ebene. Grobgranulare Parallelität ist wesentlich einfacher zu nutzen als feingranulare.

Wenn auf oberster Ebene keine Parallelisierung möglich ist oder die dort verfügbare Parallelität nicht ausreicht, geht man zu den Subsystemen über. Latenzzeiten

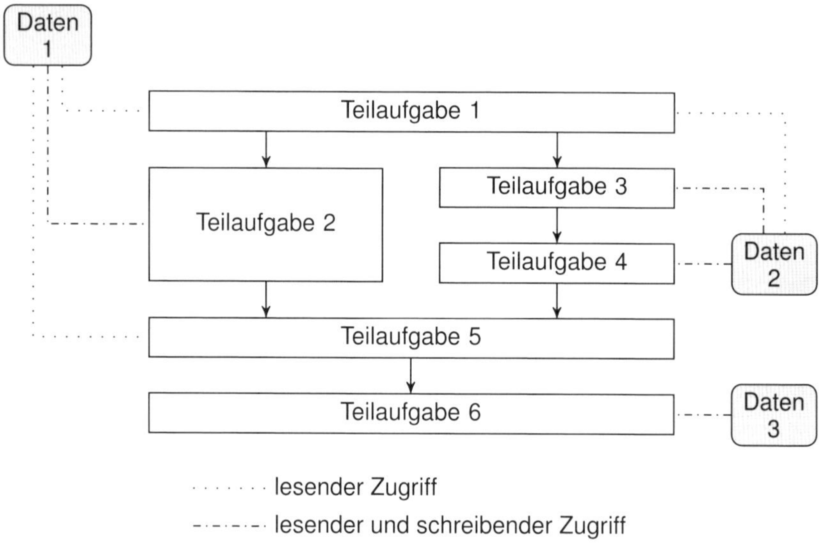

***Abbildung 7.4** Zerlegung nach Daten und Aufgaben*

lassen sich nur minimieren, indem man Datenparallelität auf Algorithmenebene nutzt. Auf dieser Ebene muss festgelegt werden, wie die Datenstrukturen ausgelegt sein müssen, um parallel darauf zugreifen zu können. Die Zerlegung sollte möglichst feingranular sein, damit die Anwendung gut skaliert. Die tatsächliche Partitionierung einer Datenstruktur in Bereiche sollte man jedoch zur Laufzeit vornehmen (bzw. dem Laufzeitsystem überlassen), um in Abhängigkeit der Hardware eine geeignete Granularität zu bestimmen.

Erstellen der parallelen Architektur

Sind die Abhängigkeiten zwischen den auszuführenden Aufgaben und den zu bearbeitenden Daten bekannt, wechselt man vom Problemraum in den Lösungsraum. Aus der logischen Sicht entstehen Architektur und Entwurf der zu realisierenden Software. Dabei werden Aufgaben und Daten Softwarekomponenten zugeordnet und Schnittstellen definiert. Wichtig ist die Unterscheidung zwischen threadsicheren und nicht threadsicheren Schnittstellen.

Bei der Architektur orientiert man sich, wenn möglich, an bereits dokumentierten Architekturmustern, wie sie in Kapitel 6 beschrieben sind. Beispiele sind:

- Master-Slave für die Koordination paralleler Aufgaben
- Fließbandverarbeitung für die mehrstufige Verarbeitung von Datenströmen
- Geometrische Zerlegung für die Nutzung von Datenparallelität

Um die Wartbarkeit der Anwendung zu gewährleisten, sind weitere Maßnahmen notwendig. Drei Richtlinien sollten dabei berücksichtigt werden:

Hinweis

Dokumentieren Sie Parallelität und Synchronisation im System, insbesondere:

- welche Schnittstellen threadsicher sein müssen,
- welche Komponenten aktiv sind, d. h., wo Threads, Threadpools oder Tasks verwendet werden,
- welche Aufrufe synchron und welche asynchron sind.

Threadsicherheit und aktive Objekte können in UML-Diagrammen über entsprechende Stereotypen markiert werden. Asynchrone Aufrufe können in Sequenzdiagrammen mit offenen oder halben Pfeilspitzen dargestellt werden, während synchrone Aufrufe geschlossene Pfeilspitzen haben. Aktive Objekte werden darüber hinaus durch Objektsymbole mit fettem Rahmen repräsentiert. Die Darstellung kann sich je nach verwendetem Zeichenwerkzeug unterscheiden, sollte aber einheitlich für das Projekt festgelegt werden.

Vermeiden oder Kapseln von Synchronisation Da Synchronisation komplex und fehleranfällig ist, sollte sie nach Möglichkeit vermieden oder zumindest durch threadsichere Datenstrukturen gekapselt werden. Zusammengehörige Änderungen über mehrere Datenstrukturen sollten mittels zentraler Methoden synchronisiert durchgeführt werden. Die Verlagerung der Synchronisation in die Subsysteme verhindert, dass jeder Entwickler mit Mutexen und ähnlichen Synchronisationsmechanismen arbeiten muss. Einige der Entwurfsmuster aus Kapitel 6 leisten dabei wertvolle Hilfe. Aktoren zum Beispiel vermeiden die Synchronisation, und der reihenfolgebewahrende Threadpool kapselt die parallele Bearbeitung sowie die damit verbundene Synchronisation gegenüber den Clients.

Systemweites Tracing Insbesondere sporadische Fehler kann man nur nachvollziehen, wenn man genügend Informationen darüber hat, wie das System in den Fehlerzustand gekommen ist. Beispielsweise muss die Bearbeitung eines Ereignisses über alle Softwareschichten nachvollziehbar sein. Diese Informationen sind im laufenden System mitzuprotokollieren. Dazu ist ein einheitliches Trace-Konzept notwendig, das es ermöglicht, zu einem Vorgang gehörende Verarbeitungsschritte einander zuzuordnen. Zentrales Tracing lässt sich anwendungsspezifisch optimieren. Hier können zum Beispiel Ringpuffer eingesetzt werden, deren Inhalt nur in bestimmten Situationen abgespeichert wird.

Zusatzinformationen für das Debugging Das Debugging paralleler Anwendungen ist naturgemäß schwierig, da die Aufrufhistorie nicht mehr aus dem Stack *eines* Threads ablesbar ist. Daher lohnt es sich, Zusatzinformationen mitzuführen, die das Debugging erleichtern. Das beginnt damit, den verwendeten Threads sprechende Namen zu geben. Tasks können um Informationen angereichert werden, die den Ursprung der Daten oder das auslösende Ereignis beschreiben. Objekte können Zustandsvariablen pflegen, die nur für das Debugging verwendet werden. In vielen Fällen ist es auch sinnvoll, Metainformationen zentraler Datenstrukturen zugreifbar zu machen. Zum Beispiel sagen Füllstände von Warteschlangen viel über die Auslastung einzelner Komponenten aus. Einige dieser Zusatzinformationen kann man darüber hinaus über das Tracing kontinuierlich oder beim Erreichen bestimmter Werte protokollieren.

Entwurf oder Auswahl paralleler Algorithmen und Datenstrukturen

Manchmal kommt man nicht umhin, komplexe parallele Algorithmen für die Lösung eines Problems zu entwickeln. Glücklicherweise ist das Gebiet der parallelen Algorithmen jedoch gut erforscht [27, 42], und viele Lösungen für klassische Parallelrechner lassen sich auch auf Multicore-Systemen einsetzen. Im besten Fall sind die benötigten Algorithmen sogar schon in einer Bibliothek implementiert. Wenn nicht, lohnt sich ein Blick in die Literatur. Dort sind parallele Algorithmen unter anderem für folgende Probleme beschrieben:

- Zählen (z. B. von Wörtern in Texten)
- Sortieren
- Graphalgorithmen
- Bildverarbeitung (z. B. digitale Filter)
- Fourier-Transformation
- Lineare Algebra (z. B. Matrizenmultiplikation)

Parallele Algorithmen funktionieren allerdings nur mit dafür ausgelegten Datenstrukturen. Bei der Parallelisierung sequenzieller Algorithmen müssen die Daten oftmals umstrukturiert werden. Algorithmik und Datenorganisation sind bei der parallelen Programmierung untrennbar miteinander verbunden.

Parallele Implementierung

Bei der Implementierung wird schließlich entschieden, wie die Ergebnisse der vorhergehenden Schritte in ein Programm »gegossen« werden. Dazu gehören

- die ausführenden Einheiten (Threads, Threadpools, Task Scheduler etc.),
- die Art der Kommunikation,
- die eingesetzten Synchronisationsmechanismen sowie
- die verwendeten Datenstrukturen (siehe Kapitel 5).

Wir haben diese Themen ausführlich in den Kapiteln 2 bis 5 behandelt. Die Auswahl hängt maßgeblich von der verwendeten Programmiersprache und den verfügbaren Bibliotheken ab.

Test funktionaler und nichtfunktionaler Anforderungen

Um die Einhaltung der eingangs definierten Ziele überprüfen zu können, müssen geeignete Tests definiert werden. Grundsätzlich unterscheidet man zwischen zwei Arten von Tests, je nachdem, ob sie funktionale oder nichtfunktionale Anforderungen adressieren. Bei der Parallelisierung bestehender Software kann man funktionale Anforderungen überprüfen, indem man die Ergebnisse der parallelen Version mit denen der ursprünglichen, sequenziellen vergleicht. Das leisten automatisierte Regressionstests, die sich effizient mit Werkzeugen und Bibliotheken für Komponententests (engl. *unit tests*) durchführen lassen.

Hinweis

Testen garantiert keine fehlerfreie Software. Das Risiko von Programmierfehlern ist bei parallelen Programmen ungleich höher als bei sequenziellen. Deshalb ist systematisches Testen unverzichtbar. Beachten Sie die Richtlinien in Abschnitt 3.3 und setzen Sie Werkzeuge für die Analyse von Konflikten ein.

Für den Test nichtfunktionaler Anforderungen gibt es verschiedene Ansätze. Im Falle von Antwortzeiten und Durchsatz kommen Lasttests in Verbindung mit Zeitmessungen zum Einsatz. Skalierbarkeit lässt sich nur dann verlässlich testen, wenn die Systeme verfügbar sind, auf denen die Software zum Einsatz kommen soll. Ob die Software auch auf zukünftiger Hardware die erwartete Leistung zeigt, kann man nicht direkt testen. Aus dem Verhalten der Applikation auf aktuellen Systemen kann man jedoch Rückschlüsse ziehen. Dazu beschränkt man künstlich die Parallelität, indem man zum Beispiel die Anzahl der Threads eines Threadpools reduziert. Beginnend mit einem Thread steigert man die Anzahl sukzessive, bis das Maximum, gegeben durch die Anzahl der Kerne, erreicht ist. Zeigt sich dabei eine deutliche Abflachung der Beschleunigung, ist zu erwarten, dass die Skalierbarkeit der Anwendung sehr begrenzt ist. Abbildung 7.5 zeigt die Laufzeit in Abhängigkeit der Anzahl der verwendeten Prozessorkerne für eine annähernd lineare Beschleunigung (untere Kurve) und für eine Anwendung, die bei mehr als acht Kernen keine weitere Leistungssteigerung zeigt (obere Kurve).

Eine gute Beschleunigung auf aktuellen Systemen ist allerdings kein Garant für Skalierbarkeit in der Zukunft. Prozessorarchitekturen ändern sich, sodass Flaschenhälse entstehen können, wo vorher keine waren. Abbildung 7.6 zeigt ein typisches Beispiel für einen Leistungseinbruch aufgrund konkurrierender Speicherzugriffe. In diesem Fall wird die Laufzeit bei mehr als acht Kernen wieder schlechter. Mit 32 Kernen ist die Anwendung sogar langsamer als die sequenzielle Variante.

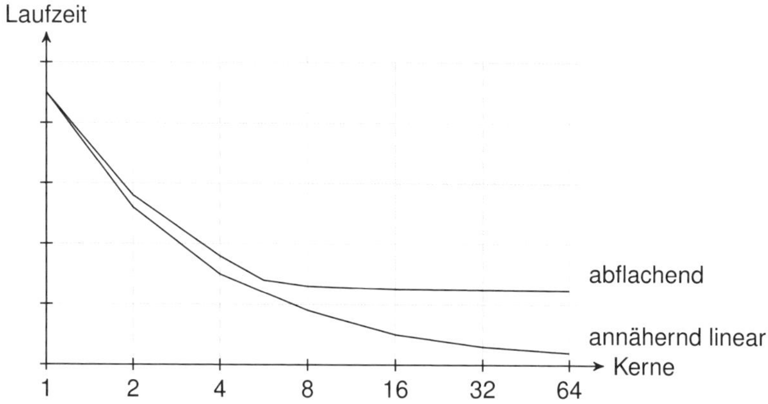

Abbildung 7.5 *Laufzeiten unterschiedlich gut skalierender Anwendungen*

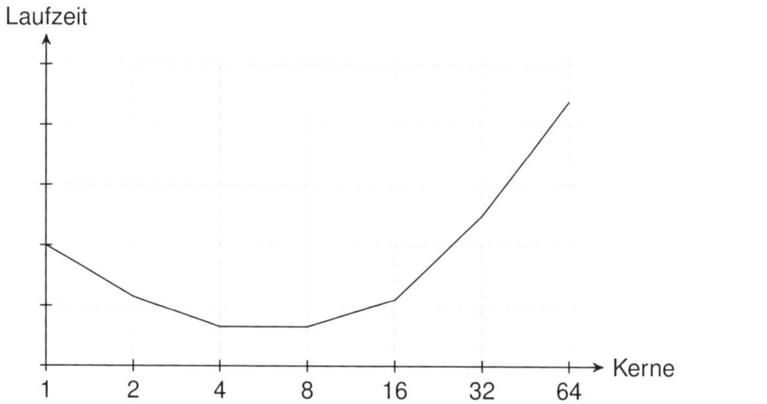

Abbildung 7.6 *Auswirkung von Flaschenhälsen mit steigender Parallelität*

Hinweis

Verwenden Sie zum Testen Systeme mit möglichst vielen Prozessorkernen. Auf diese Weise offenbaren sich nicht nur Flaschenhälse, es steigt auch die Wahrscheinlichkeit, selten auftretende Fehler zu finden.

Teil II

Sprachen und Bibliotheken

8 Threads und Synchronisation in C/C++

Bislang waren Threads weder Bestandteil der Spezifikation von C noch der von C++. Erst mit C++11 wurden sie in die C++-Spezifikation aufgenommen. Die kommende, C1X genannte Spezifikation von C unterstützt ebenfalls Threads, befindet sich aber noch im Entwurfsstadium. Dennoch gibt es schon seit vielen Jahren verschiedene Programmierschnittstellen, die es erlauben, Threads in C- oder C++-Programmen zu verwenden.

In diesem Kapitel stellen wir zunächst die bekanntesten Schnittstellen für die explizite Nutzung von Threads in C vor: *POSIX-Threads* und *Windows-Threads*. Beide spiegeln in gewisser Weise die minimale Basis wider, die für die Erstellung paralleler Programme notwendig ist. Im dritten Teil dieses Kapitels beleuchten wir den C++11-Standard. Das gesamte Kapitel ist bewusst kurz gehalten. Es soll einen Überblick über die genannten Schnittstellen verschaffen und eventuell vorhandenes Wissen auffrischen. Wir zeigen, wie die in Teil I vorgestellten Mechanismen umgesetzt sind, wollen aber nicht die jeweilige Referenz ersetzen.

Neben den genannten Schnittstellen gibt es eine Reihe weiterer Bibliotheken, auf die wir hier jedoch nicht eingehen. Einige von ihnen stellen eine C++-Schnittstelle zur Verfügung. Allen voran sei die Bibliothek *Boost.Thread* aus der C++-Bibliothekssammlung *Boost*[1] genannt. Auch Qt[2], eine C++-Bibliothek für die plattformübergreifende Programmierung grafischer Benutzeroberflächen, bietet Unterstützung für die parallele Programmierung an.

8.1 POSIX-Threads

POSIX-Threads (kurz *Pthreads*) sind im IEEE-Standard POSIX 1003.1c-1995 als Threading-Schnittstelle für C, Fortran und andere Sprachen definiert. Die Spezifikation umfasst neben Threads die gängigen Synchronisationsmechanismen sowie threadlokalen Speicher. Pthreads-Implementierungen stehen primär auf UNIX- und Linux-Systemen zur Verfügung. Außerdem implementieren einige Echtzeitbetriebssysteme Pthreads, z. B. QNX[3]. Die C-Schnittstelle (`pthread.h`) besteht aus etwa einhundert Funktionen, deren Namen mit `pthread_` beginnen. Hin-

[1] *http://www.boost.org/*

[2] *http://qt.nokia.com/* bzw. *http://qt-project.org/*

[3] *http://www.qnx.com/*

zu kommen einige Makros. Wir beschreiben im Folgenden nur die wichtigsten Funktionen bzw. Makros und verweisen für eine tiefer gehende Behandlung von Pthreads auf [12].

8.1.1 Threads

Ein Thread wird durch eine Datenstruktur vom Typ `pthread_t` repräsentiert. Mit der Funktion `pthread_create` wird ein Thread erstellt und gestartet:

```
int pthread_create(pthread_t* thread,
                   const pthread_attr_t* attr,
                   void* (*start_routine)(void*),
                   void* arg);
```

Dabei ist `thread` ein Zeiger auf eine vorher angelegte `pthread_t`-Struktur und `start_routine` ein Zeiger auf die Einsprungfunktion des Threads. Über den Zeiger `arg` können der Einsprungfunktion Argumente übergeben werden.

Listing 8.1 veranschaulicht das Starten eines Threads. Mit der Funktion `pthread_join` warten wir, bis der Thread beendet ist (`pthread_join` darf nur einmal pro Thread aufgerufen werden). Listing 8.2 zeigt, wie bei einem Aufruf von `pthread_join` der Rückgabewert der Einsprungfunktion des Threads abgeholt werden kann. Die Pthreads-Schnittstelle bietet zudem Routinen für das asynchrone Abbrechen von Threads (engl. *cancellation*, `pthread_cancel` etc.) und das Behandeln von UNIX-Signalen an.

Threadattribute

Über Attribute (`attr` in der Signatur von `pthread_create` oben) kann man das Scheduling-Verhalten und weitere Eigenschaften, wie die Größe des Stacks, beeinflussen. Um diese Attribute zu setzen, legt man eine Struktur vom Typ `pthread_attr_t` an und initialisiert sie mit der Funktion `pthread_attr_init`. Änderungen gegenüber den Standardwerten werden mit `pthread_attr_set`*`XYZ`* gesetzt. Listing 8.3 verdeutlicht das Vorgehen (wir haben die Fehlerbehandlung zugunsten der Übersichtlichkeit weggelassen).

Scheduling-Parameter werden innerhalb der Attribute in eine eigene Datenstruktur verpackt. Auf diese Weise kann man zwischen verschiedenen Scheduling-Strategien (engl. *scheduling policies*) wählen. Listing 8.4 zeigt, wie die Priorität eines Threads über die Scheduling-Parameter gesetzt wird. Voraussetzung dafür ist, dass die gewählte Scheduling-Strategie Prioritäten unterstützt.

Loslösen von Threads

Für jeden Thread werden interne Datenstrukturen zur Verwaltung angelegt. Diese müssen auch nach dem Ende eines Threads im Speicher gehalten werden, damit sie bei einem späteren Aufruf von `pthread_join` noch zur Verfügung stehen. Die

```
#include <pthread.h>

void *do_something(void *arg) {
  // ... wird im Thread ausgeführt
  return NULL;
}

int main(int argc, char *argv[]) {
  pthread_t thread;
  int status;
  // Thread erzeugen und starten
  status = pthread_create(&thread, NULL, do_something, NULL);
  if(status != 0) {
    // ... Fehlerbehandlung
  }
  // warten, bis der Thread beendet ist
  status = pthread_join(thread, NULL);
  if(status != 0) {
    // ... Fehlerbehandlung
  }
  return 0;
}
```

Listing 8.1 *Starten eines Threads über die Pthreads-Schnittstelle*

```
#include <pthread.h>

int main(int argc, char *argv[]) {
  pthread_t thread;
  void *thread_result;
  int status;
  // Thread erzeugen und starten
  status = pthread_create(&thread, NULL, do_something, NULL);
  // ...
  status = pthread_join(thread, &thread_result);
  if(status != 0) {
    // ... Fehlerbehandlung
  }
  // ... thread_result auswerten
  return 0;
}
```

Listing 8.2 *Rückgabe von Daten aus einem Thread*

```
pthread_attr_t thread_attr;
pthread_attr_init(&thread_attr);
pthread_attr_set_something(&thread_attr, SOME_ATTRIBUTE_VALUE);
pthread_t thread;
pthread_create(&thread, &thread_attr, do_something, NULL);
// ...
pthread_attr_destroy(&thread_attr);
```

Listing 8.3 *Setzen von Attributen*

```
pthread_attr_t thread_attr;
pthread_attr_init(&thread_attr);
sched_param param;
param.sched_priority = 30;
pthread_attr_setschedparam(&thread_attr, &param);
pthread_create(&thread, &thread_attr, do_something, NULL);
// ...
pthread_attr_destroy(&thread_attr);
```

Listing 8.4 *Setzen der Priorität*

Funktion `pthread_join` löscht diese Datenstrukturen, sobald der Thread beendet ist. Allerdings möchte man nicht immer auf die Beendigung eines Threads warten. In einem solchen Fall kann der Thread das Löschen der Datenstrukturen selbst übernehmen. Das teilt man ihm durch einen Aufruf von `pthread_detach` mit. Alternativ kann man schon vor dem Starten des Threads ein entsprechendes Attribut mit `pthread_attr_setdetachstate` setzen (mögliche Werte sind `PTHREAD_CREATE_DETACHED` und `PTHREAD_CREATE_JOINABLE`).

8.1.2 Synchronisationsmechanismen

Die Pthreads-Schnittstelle bietet folgende Synchronisationsmechanismen an:

- Mutexe (`pthread_mutex_t`)
- Bedingungsvariablen (`pthread_cond_t`)
- Barrieren (`pthread_barrier_t`)
- Lese-/Schreibsperren (`pthread_rwlock_t`)
- Spinlocks (`pthread_spinlock_t`)
- einmalige Ausführung (`pthread_once_t`)

Mit den *POSIX Realtime Extensions* (IEEE Standard 1003.1b-1993) wurden Semaphore ergänzt (`sem_XYZ`). Diese sind mit Pthreads kompatibel.

Mutexe, Bedingungsvariablen, Barrieren und Lese-/Schreibsperren lassen sich wie Threads über Attribute konfigurieren (`pthread_mutexattr_t` etc.). Für das Standardverhalten wird anstelle der Attribute `NULL` übergeben, zum Beispiel wie folgt:

```
pthread_mutex_t mtx;
pthread_mutex_init(&mtx, NULL); // pthread_mutexattr_t == NULL
// ...
// wenn der Mutex nicht mehr verwendet wird
pthread_mutex_destroy(&mtx);
```

Die Verwendung funktioniert dann wie erwartet:

```
pthread_mutex_lock(&mtx);
// ... kritischer Abschnitt
pthread_mutex_unlock(&mtx);
```

Die Funktion `pthread_mutex_lock` ist blockierend. Alternativ kann man mit `pthread_mutex_trylock` nichtblockierend versuchen, den Mutex zu sperren, oder mit `pthread_mutex_timedlock` die Wartezeit begrenzen. In beiden Fällen gibt der Rückgabewert Auskunft darüber, ob der Mutex gesperrt werden konnte oder nicht. Damit lassen sich Verklemmungen und unnötig langes Blockieren vermeiden.

Beim Pthreads-Mutex ist zu beachten, dass er standardmäßig nicht rekursiv gesperrt werden kann. Wenn ein Thread einen Mutex gesperrt hat, blockiert ein weiterer Aufruf von `pthread_mutex_lock` mit demselben Mutex. Um einen rekursiven Mutex anzulegen, wird der Typ mittels `pthread_mutexattr_settype` auf `PTHREAD_MUTEX_RECURSIVE` in den Attributen gesetzt. Lesesperren können immer rekursiv verwendet werden, was bei Schreibsperren nicht möglich ist.

Bedingungsvariablen werden in Pthreads durch den Typ `pthread_cond_t` repräsentiert. Sie arbeiten genauso wie in Abschnitt 3.2.6 beschrieben. Lediglich die Funktionsnamen sind anders. Ein Aufruf von `pthread_cond_wait` legt den aktuellen Thread so lange schlafen, bis er von einem anderen Thread benachrichtigt wird. Mit der Funktion `pthread_cond_signal` wird ein Thread benachrichtigt, dass die Bedingung erfüllt ist. Um alle Threads zu benachrichtigen, verwendet man `pthread_cond_broadcast`. Listing 8.5 zeigt die Verwendung von Bedingungsvariablen am Beispiel unserer threadsicheren Warteschlange aus dem ersten Teil dieses Buches (aus Gründen der Übersichtlichkeit haben wir wieder auf die Fehlerbehandlung verzichtet).

Mutexe, Bedingungsvariablen und Lese-/Schreibsperren können durch Setzen des entsprechenden Attributs mittels `pthread_`*`XYZ`*`attr_setpshared` prozessübergreifend verwendet werden. Allerdings ist die prozessübergreifende Synchronisation im Standard als optional definiert und steht daher nicht bei jeder Implementierung zur Verfügung. Semaphore können sowohl prozessübergreifend als auch prozessintern angelegt werden (Argument `pshared` bei `sem_init`). Generell sind prozessübergreifende Synchronisationsmechanismen langsamer als prozessinterne, da sie immer den Betriebssystemkern involvieren.

```
pthread_mutex_t mutex;
pthread_cond_t cond;

void enqueue(Type x) {
  pthread_mutex_lock(&mutex);
  // ... reihe x in Warteschlange ein
  pthread_cond_signal(&cond);
  pthread_mutex_unlock(&mutex);
}

Type dequeue() {
  pthread_mutex_lock(&mutex);
  while(/* Warteschlange leer */)
    pthread_cond_wait(&cond, &mutex);
  Type x = ... // entnehme Element
  pthread_mutex_unlock(&mutex);
  return x;
}

int main(int argc, char *argv[]) {
  pthread_mutex_init(&mutex, NULL);
  pthread_cond_init(&cond, NULL);
  // ... starte Threads
  pthread_mutex_destroy(&mutex);
  pthread_cond_destroy(&cond);
  return 0;
}
```

Listing 8.5 Threadsichere Warteschlange mit Pthreads

Hinweis

Verwenden Sie prozessinterne Synchronisationsmechanismen, wenn möglich.

8.1.3 Threadlokaler Speicher und Speicherallokation

Die Pthreads-Spezifikation definiert eine Schnittstelle zur Nutzung threadlokalen Speichers. Dazu kann man mit der Funktion `pthread_key_create` einen threadlokalen Speicherplatz (`pthread_key_t`) für einen `void`-Zeiger anfordern. Dieser Speicherplatz kann dann mit `pthread_setspecific` beschrieben und mit `pthread_getspecific` ausgelesen werden. Mittels `pthread_key_delete` gibt man den entsprechenden Speicherplatz wieder frei. Für die Freigabe der Daten, auf die der Zeiger zeigt, ist der Benutzer verantwortlich. Bei statischen Variablen ist es oft einfacher, compilerspezifische Schlüsselwörter wie `__thread` (GCC) zu verwenden.

In Abschnitt 2.3.2 haben wir das Problem des False Sharing besprochen. Eine Möglichkeit, False Sharing zu vermeiden, besteht darin, Speicherblöcke an den Cache-Zeilen auszurichten. Dies lässt sich für dynamisch allozierten Speicher mit der Funktion `posix_memalign` der POSIX-Standardbibliothek und für statisch allozierten Speicher mit dem `aligned`-Attribut von GCC erreichen. Die folgende Deklaration bewirkt beispielsweise, dass die Variable `x` an einer 64-Byte-Grenze ausgerichtet wird:

```
int x __attribute__ ((aligned (64)));
```

8.2 Windows-Threads

Windows verfügt über eigene Schnittstellen für die Verwendung von Threads. In diesem Abschnitt befassen wir uns mit nativen Schnittstellen, die von Anwendungen genutzt werden, die in C oder C++ geschrieben sind (*unmanaged*). Threads in .NET (*managed*) behandeln wir in Kapitel 12. Für C++ gibt es verschiedene objektorientierte Abbildungen, zum Beispiel die *Microsoft Foundation Classes* (kurz MFC). Da die Relevanz der MFC durch .NET stark abgenommen hat, verweisen wir an dieser Stelle lediglich auf die Onlinedokumentation[4]. Im Folgenden betrachten wir die Betriebssystemschnittstelle *Win32* (`windows.h`). Eine ausführliche Beschreibung der Techniken für die parallele Programmierung unter Windows ist in [16] zu finden.

8.2.1 Threads

Win32-Threads werden mit der Funktion `CreateThread` gestartet:

```
HANDLE WINAPI CreateThread(
  LPSECURITY_ATTRIBUTES lpThreadAttributes,
  SIZE_T dwStackSize,
  LPTHREAD_START_ROUTINE lpStartAddress,
  LPVOID lpParameter,
  DWORD dwCreationFlags,
  LPDWORD lpThreadId
);
```

Die Funktion gibt ein Datum vom Typ `HANDLE` zurück, das den Thread eindeutig repräsentiert. Zusätzlich liefert der Ausgabeparameter `lpThreadId` eine prozessweit eindeutige Thread-ID zurück. Diese ist insbesondere bei der Fehlersuche hilfreich, aber nicht unbedingt notwendig, da der Thread über das Handle angesprochen werden kann. Daher darf man für den `lpThreadId`-Zeiger auch `NULL`

[4] *http://msdn.microsoft.com/en-us/library/975t8ks0(VS.71).aspx*

übergeben. Die wichtigsten Parameter sind die Einsprungfunktion des Threads `lpStartAddress` und ein Zeiger auf die übergebenen Argumente `lpParameter`. Die Einsprungfunktion hat die Signatur:

```
DWORD WINAPI ThreadProc(LPVOID lpParameter);
```

Wie auch bei Pthreads werden der Einsprungfunktion die Argumente durch einen `void`-Zeiger übergeben. Mit den verbleibenden Parametern von `CreateThread` können threadspezifische Einstellungen vorgenommen werden. Eine detaillierte Beschreibung findet sich in der MSDN-Dokumention[5].

Listing 8.6 zeigt die Erzeugung eines Threads (vgl. [16]). Hier sieht man auch, wie Fehler behandelt werden. Über `GetLastError` können Details des Fehlers in Erfahrung gebracht werden. Das Pendant zu `pthread_join` in Pthreads ist `WaitForSingleObject`. Diese Funktion wartet so lange, bis der angegebene Thread beendet ist. Mit `WaitForMultipleObjects` kann durch einen Funktionsaufruf auf mehrere Threads gewartet werden. Nach dem Ende des Threads muss das Handle mit `CloseHandle` freigegeben werden. Eine automatische Freigabe wie bei Pthreads gibt es unter Windows nicht.

C-Programme, welche die C-Laufzeitbibliothek (CRT) verwenden, müssen Threads über die Funktion `_beginthread`[6] oder `_beginthreadex` erzeugen. Dadurch ist gewährleistet, dass globale Variablen der C-Laufzeitbibliothek auf threadlokalen Speicher abgebildet werden. Der Grund dafür ist, dass die C-Laufzeitbibliothek zu einer Zeit entstanden ist, als Threads in der Anwendungsprogrammierung noch keine Rolle spielten.

8.2.2 Synchronisationsmechanismen

Die grundlegenden Synchronisationsmechanismen von Windows sind folgende:

- Mutexe (`CreateMutex`, `WaitForSingleObject`, `ReleaseMutex` etc.)
- Critical Sections (`InitializeCriticalSection`, `EnterCriticalSection`, `LeaveCriticalSection` etc.)
- Semaphore (`CreateSemaphore`, `WaitForSingleObject`, `ReleaseSemaphore` etc.)
- Events (`CreateEvent`, `WaitForSingleObject`, `SetEvent` etc.)

Events dienen ebenso wie Bedingungsvariablen der Benachrichtigung anderer Threads, sind aber nicht an einen Mutex gekoppelt. Ein Thread kann gezielt auf die Signalisierung (`SetEvent`) eines Events warten (`WaitForSingleObject`). Es gibt zwei Ausprägungen von Events: *Manual-Reset Events* und *Auto-Reset Events*. Erstere müssen von Hand mittels `ResetEvent` zurückgesetzt werden

[5] *http://msdn.microsoft.com/en-us/library/ms682453(VS.85).aspx*
[6] *http://msdn.microsoft.com/en-us/library/kdzttdcb.aspx*

```
#include <windows.h>
#include <stdio.h>

DWORD WINAPI MyThreadStart(LPVOID);

int main(int argc, wchar_t *argv[]) {
  HANDLE hThread;
  DWORD dwThreadId;
  hThread = CreateThread(NULL, 0, &MyThreadStart,
    "Hello World", 0, &dwThreadId);
  if(!hThread) {
    fprintf(stderr, "Fehler bei CreateThread: %d\n",
      GetLastError());
    return -1;
  }
  printf("%d: Thread erzeugt %x (ID %d)\n",
    GetCurrentThreadId(), hThread, dwThreadId);
  // ...
  WaitForSingleObject(hThread, INFINITE); // warte auf Thread
  DWORD dwExitCode;
  GetExitCodeThread(hThread, &dwExitCode); // hole Rückgabewert
  printf("%d: Thread beendet: %d\n",
    GetCurrentThreadId(), dwExitCode);
  CloseHandle(hThread);
  return 0;
}

DWORD WINAPI MyThreadStart(LPVOID lpParameter) {
  printf("%d: Thread wird ausgeführt: %s\n",
    GetCurrentThreadId(), (char*)(lpParameter));
  return 0;
}
```

Listing 8.6 *Erzeugen eines Threads über die Win32-Schnittstelle*

und können mehrere Threads gleichzeitig benachrichtigen. Bei Letzteren ist kein Rücksetzen nötig, es wird aber nur einer der wartenden Threads benachrichtigt.

Mutexe, Semaphore und Events werden als Objekte innerhalb des Betriebssystemkerns angelegt und verwaltet – man spricht daher auch von *Kernelobjekten*. Diese können für die Interprozesskommunikation genutzt werden, der Zugriff ist jedoch wesentlich langsamer als bei den nur prozessintern verwendbaren Critical Sections.

Seit Windows Vista stehen weitere Synchronisationsmechanismen zur Verfügung. Dabei wurde die Lücke der fehlenden Bedingungsvariablen geschlossen, welche sich nicht vollständig mittels Events nachbilden lassen [50]. Die neu hinzugekommenen Schnittstellen unterstützen:

- Bedingungsvariablen in Kombination mit Critical Sections (`InitializeConditionVariable`, `SleepConditionVariableCS`, `WakeConditionVariable` etc.)
- Lese-/Schreibsperren (*Slim Reader/Writer Locks*, kurz *SRW Locks*, `InitializeSRWLock` `AcquireSRWLockExclusive`, `AcquireSRWLockShared` etc.)
- Einmalige Ausführung (`InitOnceExecuteOnce`, `InitOnceBeginInitialize`)

Listing 8.7 zeigt die Implementierung unserer Warteschlange mit Bedingungsvariablen.

```
CRITICAL_SECTION sect;
CONDITION_VARIABLE cond;

void enqueue(Type x) {
  EnterCriticalSection(&sect);
  // ... reihe x in Warteschlange ein
  LeaveCriticalSection(&sect);
  WakeConditionVariable(&cond);
}

Type dequeue() {
  EnterCriticalSection(&sect);
  while(/* Warteschlange leer */)
    SleepConditionVariableCS(&cond, &sect, INFINITE);
  Type x = ... // entnehme Element
  LeaveCriticalSection(&sect);
  return x;
}

int main(int argc, wchar_t *argv[]) {
  InitializeCriticalSection(&sect);
  InitializeConditionVariable(&cond);
  // ... starte Threads
  DeleteCriticalSection(&sect);
  return 0;
}
```

Listing 8.7 *Threadsichere Warteschlange mit Win32 (ab Windows Vista)*

8.2.3 Threadlokaler Speicher und Speicherallokation

Auch unter Windows kann threadlokaler Speicher dynamisch angelegt werden. Die Funktion `TlsAlloc` reserviert Speicherplatz für einen threadlokalen Zeiger, der mit `TlsSetValue` gefüllt und mit `TlsGetValue` ausgelesen wird. Die Funktion `TlsFree` gibt den sogenannten *Slot* für den Zeiger an das System zurück. Wie schon bei Pthreads erwähnt, sind compilerspezifische Schlüsselwörter für threadlokale Variablen wie `__declspec(thread)` (Microsoft- und Intel-Compiler) einfacher zu verwenden. Diese sind jedoch auf statische Variablen beschränkt und können nicht in dynamisch gelinktem Code (DLLs) eingesetzt werden.

Zur Vermeidung von False Sharing kann man über Microsofts Laufzeitbibliothek CRT Speicher anfordern, der an definierten Adressgrenzen ausgerichtet ist. Das geschieht mit `_aligned_malloc`, die Freigabe des Speicherbereichs mit `_aligned_free`. Für statisch allozierten Speicher gibt es die compilerspezifische Anweisung `__declspec(align(`*`alignment`*`))`.

8.2.4 Threadpools

Ab Windows 2000 bietet Windows eine native Threadpool-Implementierung an. Die Schnittstelle unterstützt nicht nur das direkte Einstellen von Aufgaben (engl. *work items*), sondern auch die Registrierung verschiedener Rückruffunktionen (engl. *callback functions*). Diese Rückruffunktionen werden vom Threadpool ausgeführt, sobald eine bestimmte Bedingung eingetreten ist. Man übergibt dem Threadpool die entsprechende Funktion und die Bedingung, auf die gewartet werden soll. Folgende Rückruffunktionen werden unterstützt:

- Aktionen, die ausgeführt werden sollen, wenn ein Kernelobjekt signalisiert wird (alle Objekte, auf die man mit `WaitForSingleObject` warten kann)
- Rückruffunktionen, die beim Ablauf eines Timers ausgeführt werden sollen
- Abschluss einer asynchronen Ein- oder Ausgabe (engl. *asynchronous I/O completion callback*)

Mit Windows Vista wurde die Threadpool-Implementierung überarbeitet und optimiert, was eine neue Schnittstelle notwendig machte. Die alte wird aber nach wie vor unterstützt. Eine detaillierte Schnittstellenbeschreibung ist auf den MSDN-Seiten[7] zu finden. Die Interna werden ausführlich in *Concurrent Programming on Windows* von Joe Duffy [16] behandelt.

[7] *http://msdn.microsoft.com/en-us/library/ms686760(VS.85).aspx*

8.3 C++11

Mit der seit langem erwarteten Spezifikation aus dem Jahr 2011 ist auch C++ im Multicore-Zeitalter angekommen [35]. Der neue Standard beinhaltet nun Klassen für Threads und Synchronisationsmechanismen, die eng an die Boost-Threadbibliothek[8] angelehnt sind. Wer sich mit Boost auskennt, wird sich deshalb schnell mit C++11 zurechtfinden. Dennoch gibt es einige Unterschiede. So bietet C++11 weder Lese-/Schreibsperren noch Barrieren an, dafür aber atomare Operationen. Eine umfassende Beschreibung der Multithreading-Fähigkeiten von C++11 ist in [60] zu finden.

Der neue Standard beinhaltet weit mehr als nur Unterstützung für die parallele Programmierung. Zu den Neuerungen gehören neben einer überarbeiteten und erweiterten Standardbibliothek zahlreiche Erweiterungen des Sprachkerns, auf die wir mit wenigen Ausnahmen jedoch nicht eingehen. Eine Ausnahme bilden Lambda-Funktionen, die für die parallele Programmierung sehr nützlich sind.

8.3.1 Lambda-Funktionen

Im ersten Teil dieses Buches haben wir bereits ausgiebig von Lambda-Funktionen Gebrauch gemacht, beispielsweise um einem Threadpool eine Aufgabe oder einer parallelen Schleife den Schleifenrumpf zu übergeben. In C++ werden Lambda-Funktionen im Prinzip genauso behandelt wie gewöhnliche Funktionsobjekte.[9] Das folgende Beispiel zeigt eine Lambda-Funktion, die zwei `int`-Werte addiert:

```
[] (int x, int y) {return x+y;}
```

Wie bei Funktionen üblich, sind die Parameter in runden Klammern und der Rumpf in geschweiften Klammern angegeben (der Rumpf entspricht dem Funktionsoperator). Bei Lambda-Funktionen, die keine Parameter haben, kann man die runden Klammern weglassen:

```
[] {return 42;}
```

Wenn der Rumpf wie in den obigen Beispielen nur aus einer `return`-Anweisung besteht, muss man den Typ des Rückgabewerts nicht explizit angeben. In solchen Fällen wird er automatisch bestimmt (wenn der Rumpf keine `return`-Anweisung enthält, wird `void` angenommen). Andernfalls muss man den Typ explizit angeben:

```
[] (int x) -> int {
  // ...
}
```

[8] *http://www.boost.org/*

[9] Viele Compiler, die C++11 noch nicht vollständig unterstützen, können schon mit Lambda-Funktionen umgehen.

Mithilfe der in C++11 hinzugekommenen Typinferenz bei Variablendeklarationen lassen sich Lambda-Funktionen auf einfache Weise in Variablen speichern:

```
auto f = [] (int x) -> int {/* ... */};
```

Closures

Eine nützliche Eigenschaft von Lambda-Funktionen ist, auf Variablen der Umgebung zugreifen zu können. Welche Variablen innerhalb des Rumpfs sichtbar sind, wird in den eckigen Klammern spezifiziert. Hierbei ist zwischen zwei Varianten zu unterscheiden: Eine Variable wird entweder kopiert (engl. *capture by copy*) oder es wird eine Referenz auf sie angelegt (engl. *capture by reference*). Die folgende Aufstellung zeigt einige Möglichkeiten auf:

`[]`	Auf keine Variable der Umgebung kann zugegriffen werden.
`[&]`	Für alle verwendeten Variablen wird jeweils eine Referenz angelegt.
`[=]`	Alle verwendeten Variablen werden kopiert.
`[&x, y]`	Für `x` wird eine Referenz angelegt, `y` wird kopiert.
`[&, x]`	Variable `x` wird kopiert, für alle anderen wird eine Referenz angelegt.
`[=, &x]`	Für `x` wird eine Referenz angelegt, alle anderen werden kopiert.

Hinweis

Achten Sie auf die Lebensdauer von Variablen, die einer Lambda-Funktion per Referenz bekannt gemacht werden. Wenn die Lebensdauer endet, solange die Lambda-Funktion noch in Gebrauch ist, sind undefinierte Ergebnisse die Folge. Verwenden Sie ggf. intelligente Zeiger (engl. *smart pointers*).

Das folgende Beispiel zeigt, wie sich die Summe der Elemente eines Vektors mithilfe einer Lambda-Funktion und der Funktion `for_each` aus der Standardbibliothek sequenziell berechnen lässt (alternativ könnte man natürlich auch die Funktion `accumulate` verwenden):[10]

```
vector<double> v(SIZE);
// ... Initialisierung
double sum = 0.0;
for_each(v.begin(), v.end(), [&sum] (double x) {sum += x;});
```

8.3.2 Threads

Threads werden durch Objekte der Klasse `thread` repräsentiert. Dem Konstruktor dieser Klasse kann man eine Funktion übergeben, die von dem neu erzeugten

[10] Aus Gründen der Übersichtlichkeit verzichten wir bei Komponenten aus der Standardbibliothek auf die Angabe des Namensraums.

Thread ausgeführt werden soll. Um auf einen Thread zu warten, ruft man die Methode `join` auf.[11] Listing 8.8 zeigt ein einfaches Beispiel.

```
void do_work() {
  // ...
}

int main() {
  thread t(do_work);
  // ...
  t.join();
}
```

Listing 8.8 Beispiel für die Verwendung von Threads

Alternativ kann man dem Konstruktor auch eine Lambda-Funktion bzw. ein Funktionsobjekt übergeben. Das Funktionsobjekt wird dazu in den Speicherbereich des Threads kopiert. Das folgende Beispiel benutzt eine Lambda-Funktion:

```
thread t([] {cout << "Hallo Welt" << endl;});
// ...
t.join();
```

Übergabe von Argumenten

Neben der auszuführenden Funktion kann man bei der Erzeugung eines Threads eine beliebige Anzahl von Argumenten angeben. Der erzeugte Thread ruft dann die Funktion mit den entsprechenden Argumenten auf. Die folgenden Zeilen geben beispielsweise den Wert 3 aus:

```
auto f = [] (int x, int y) {cout << x + y << endl;};
thread(f, 1, 2).join();
```

Man beachte, dass die einem Thread übergebenen Argumente kopiert werden. Um dem aufrufenden Thread Änderungen sichtbar zu machen, muss man die Argumente in einen *Reference Wrapper* einpacken. Listing 8.9 verdeutlicht das Verhalten bei der Übergabe von Argumenten.

Threadverwaltung und -steuerung

Mit der statischen Methode `hardware_concurrency` kann man die Anzahl der zur Verfügung stehenden Hardwarethreads abfragen. Bei einem Prozessor ohne hardwareseitigem Multithreading ist dies schlicht die Anzahl der Kerne.[12] Damit

[11] Der Thread, auf den gewartet wird, muss *joinable* sein (siehe S. 220).

[12] Der zurückgegebene Wert ist lediglich ein Hinweis; eine Implementierung darf auch den Wert 0 zurückgeben.

```
int x = 42;
auto f = [] (int& x) {x++;};
thread(f, x).join();
// x == 42;
thread(f, ref(x)).join();
// x == 43;
```

Listing 8.9 Übergabe von Argumenten an einen Thread

```
#define DEFAULT_THREADS 4
// ...
vector<thread> threads;
const unsigned n = thread::hardware_concurrency();
for(unsigned i = 0; i < (n != 0 ? n : DEFAULT_THREADS); i++)
  threads.push_back(thread([] {/* ... */}, i));
```

Listing 8.10 Erzeugung von Threads in Abhängigkeit der Hardware

kann man die Anzahl der zu erzeugenden Threads zur Laufzeit bestimmen, wie das Beispiel in Listing 8.10 zeigt.

C++11 stellt im Namensraum `this_thread` Funktionen zur Verfügung, mit denen die Ausführung des aktuellen Threads gesteuert werden kann. Dazu gehört die Funktion `yield`, die den Thread vorübergehend freigibt. Die Funktion `sleep_for` erlaubt es, den aktuellen Thread für eine bestimmte Zeitspanne schlafen zu legen. Möchte man anstatt einer Zeitspanne einen Zeitpunkt angeben, verwendet man `sleep_until`. Der folgende Aufruf legt den aktuellen Thread für eine halbe Sekunde schlafen (Klassen für Zeitangaben wie `milliseconds` im Namensraum `chrono` sind ebenfalls neu in C++11):

```
this_thread::sleep_for(chrono::milliseconds(500));
```

Darüber hinaus kann man mit der Funktion `this_thread::get_id` oder der Methode `thread::get_id` die Kennung eines Threads abfragen. Beide geben ein Objekt der Klasse `thread::id` zurück, das die Kennung repräsentiert. Die Kennungen sind eindeutig und können beispielsweise als Schlüssel für eine Hashtabelle verwendet werden.

Loslösen von Threads

Die Existenz eines Threads ist an die Lebensdauer des ihn repräsentierenden Objekts gekoppelt. Mit der Methode `detach` lassen sich Threads loslösen, sodass das Objekt anschließend zerstört werden kann. Das ist z. B. dann nützlich, wenn man innerhalb einer Funktion einen Thread starten möchte, der im Hintergrund laufen soll:

```
void fun() {
  thread t([] {/* ... */});
  t.detach();
  // ...
}
```

Auf einen losgelösten Thread kann man nicht warten. Die Methode `joinable` liefert den Status eines Threads zurück (`true`, wenn gewartet werden kann, sonst `false`). Nach einem Aufruf von `join` oder `detach` liefert `joinable` den Wert `false` zurück.

Hinweis

Warten Sie auf die Beendigung eines Threads oder lösen Sie ihn los, bevor das entsprechende Objekt zerstört wird. Andernfalls wird das Programm abgebrochen.

Ausnahmen

Bei Ausnahmen kann es passieren, dass eine `join`-Anweisung »untergeht« und das Programm infolgedessen abgebrochen wird. Dies lässt sich vermeiden, indem man die Ausnahme fängt, `join` aufruft und die Ausnahme behandelt oder weiterwirft (siehe Listing 8.11).

```
thread t([] {/* ... */});
try {
  if(/* condition */)
    throw exception();
  // ...
} catch(exception& e) {
  t.join();
  throw e;
}
t.join();
```

Listing 8.11 *Warten auf Threads bei Ausnahmen*

Eine elegantere und sicherere Methode ist in [60] beschrieben. Ähnlich wie beim Scoped Locking kann man den Aufruf von `join` dem Destruktor eines speziell dafür angelegten Objekts überlassen. Genau diese Aufgabe erledigt die Klasse `thread_guard` aus Listing 8.12. Deren Konstruktor nimmt eine Referenz auf den zu schützenden Thread entgegen:

```
thread t([] {/* ... */});
thread_guard tg(t);
// ...
```

Da join automatisch beim Verlassen des umgebenden Blocks aufgerufen wird, sofern der Thread joinable ist, muss man sich an dieser Stelle keine Gedanken über die Ausnahmebehandlung machen.

```
class thread_guard {
private:
  thread& t;
public:
  explicit thread_guard(thread& thr): t(thr) {}
  ~thread_guard() {
    if(t.joinable())
      t.join();
  }
};
```

Listing 8.12 Implizites Warten auf einen Thread

Ausnahmen, die nicht innerhalb des Threads gefangen werden, in dem sie geworfen wurden, führen zu einem Programmabbruch. Um dies zu vermeiden, kann man Ausnahmen zwischen Threads weiterreichen. Dazu übergibt man dem aufrufenden Thread einen Zeiger vom Typ exception_ptr auf die gefangene Ausnahme. Listing 8.13 verdeutlicht die grundsätzliche Vorgehensweise. Die Funktion current_exception liefert einen Zeiger auf die gefangene Ausnahme zurück, den wir in der per Referenz übergebenen Variable ep speichern. Im aufrufenden Thread fragen wir nach der Rückkehr von join ab, ob eine Ausnahme aufgetreten ist. Ist dies der Fall, werfen wir sie mit rethrow_exception noch einmal.

8.3.3 Synchronisationsmechanismen

C++11 bietet verschiedene Synchronisationsmechanismen an, darunter Mutexe, Bedingungsvariablen und atomare Operationen. Mit Futures steht außerdem ein komfortables Konzept für die datenflussorientierte Synchronisation zur Verfügung (siehe Abschnitt 6.1.3).

Mutexe

Es gibt vier Klassen für Mutexe, die sich in der Unterstützung von Rekursion und Zeitüberschreitung unterscheiden: mutex, recursive_mutex, timed_mutex und recursive_timed_mutex. Alle vier Arten von Mutexen unterstützen folgende Grundoperationen:

lock sperrt den Mutex. Im Falle eines bereits gesperrten, nicht rekursiven Mutex wird eine Ausnahme geworfen.

try_lock gibt true zurück, falls der Mutex gesperrt werden konnte, andernfalls false.

unlock gibt den Mutex frei.

```
void do_work(exception_ptr& ep) {
  try {
    if(/* condition */)
      throw exception();
    // ...
  } catch(...) {
    ep = current_exception();
  }
}

// im aufrufenden Thread:
try {
  exception_ptr ep;
  thread t(do_work, ref(ep));
  // ...
  t.join();
  if(ep)
    rethrow_exception(ep);
  // ...
} catch(...) {
  // ...
}
```

Listing 8.13 *Weitergabe von Ausnahmen zwischen Threads*

Die Klassen `timed_mutex` und `recursive_timed_mutex` stellen zudem erweiterte `try_lock`-Methoden zur Verfügung: `try_lock_for` versucht innerhalb der angegebenen Zeitspanne, den Mutex zu sperren. Sobald der Mutex gesperrt werden konnte, kehrt die Methode mit dem Wert `true` zurück, spätestens jedoch nach Ablauf der Zeitspanne mit dem Wert `false`. Die Methode `try_lock_until` funktioniert ähnlich, arbeitet aber mit absoluten Zeitangaben. In beiden Fällen stehen für Zeitangaben die Klassen der Standardbibliothek zur Verfügung. Allen `try_lock`-Methoden ist gemein, dass eine Implementierung aus Effizienzgründen sporadisch auch bei einem freien Mutex `false` zurückgeben darf.

Scoped Locking

Wie wir im ersten Teil dieses Buches gesehen haben, sollte man Mutexe nicht direkt verwenden, sondern nach Möglichkeit Scoped Locking einsetzen. In der Standardbibliothek gibt es dafür die Klassentemplates `lock_guard<Mutex>` und `unique_lock<Mutex>`. Beide nehmen als Templateparameter den Typ des Mutex entgegen. Wir beginnen mit `lock_guard`, das zwar nicht so vielseitig wie `unique_lock` ist, aber etwas effizienter. Beim Anlegen eines `lock_guard`-Objekts übergibt man dem Konstruktor den zu sperrenden Mutex (siehe Listing 8.14). Dieser wird bei der Zerstörung des Objekts automatisch freigegeben.

```
mutex m;

void fun() {
  lock_guard<mutex> lg(m);
  // ... kritischer Abschnitt
}
```

Listing 8.14 *Scoped Locking mit* `lock_guard`

Das Klassentemplate `unique_lock` bietet weit mehr Möglichkeiten. Dazu gehören das explizite Sperren eines Mutex nach Aufruf des Konstruktors sowie die vorzeitige Freigabe vor Aufruf des Destruktors. Außerdem kann man einen Mutex versuchsweise sperren, wahlweise mit Zeitüberschreitung, und die »Obhut« für einen Mutex auf ein anderes `unique_lock`-Objekt übertragen. Letzteres ist vor allem für Bedingungsvariablen von Bedeutung, auf die wir später eingehen. Listing 8.15 zeigt ein Beispiel.

```
timed_mutex m;

void fun() {
  // verzögertes Sperren
  unique_lock<timed_mutex> ul(m, defer_lock);
  // ...
  if(ul.try_lock_for(chrono::milliseconds(20))) {
    // ... kritischer Abschnitt
  }
}
```

Listing 8.15 *Scoped Locking mit* `unique_lock`

Mit dem Argument `defer_lock` teilt man dem Konstruktor mit, dass der Mutex erst zu einem späteren Zeitpunkt gesperrt werden soll, z. B. durch die im folgenden Abschnitt beschriebene Funktion `lock`. Alternativ kann man mit `try_to_lock` einen Mutex versuchsweise sperren oder mit `adopt_lock` einen gesperrten Mutex »adoptieren«. Der Status lässt sich mit der Methode `owns_lock` oder durch (implizite) Konversion in den Typ `bool` abfragen. Darüber hinaus gibt es eine Reihe weiterer Methoden, darunter auch die von Mutexen bereits bekannten `lock`, `try_lock` und `unlock`. Damit kann man zum Beispiel bei lange andauernden Operationen einen Mutex vorübergehend freigeben und ihn zu einem späteren Zeitpunkt wieder sperren, ohne auf Scoped Locking verzichten zu müssen.

Vermeidung von Verklemmungen

Um Verklemmungen zu vermeiden, sollten Mutexe immer in derselben Reihenfolge gesperrt werden (siehe Abschnitt 3.3.2). Die globale Funktion `lock` leistet hierfür wertvolle Hilfe. Sie nimmt eine beliebige Anzahl von Mutexen oder `unique_lock`-Objekten per Referenz entgegen und sperrt sie so, dass keine Verklemmungen auftreten können. Falls eine Ausnahme auftritt, werden bereits gesperrte Objekte wieder freigegeben.

Listing 8.16 zeigt eine Klasse für die Verwaltung von Bankkonten.[13] Die Methode `transfer` überweist den angegebenen Betrag auf ein anderes Konto. Dazu müssen die Mutexe der beiden Konten gesperrt werden. Die `lock`-Methode stellt sicher, dass dabei keine Verklemmungen auftreten können. Somit kann ein Thread problemlos `a.transfer(b, x)` aufrufen, während ein anderer Thread `b.transfer(a, y)` ausführt.

```
class account {
private:
  mutex m;
  double balance;
public:
  // ...
  void transfer(account& acc, double amount) {
    if(&acc == this)
      return;
    unique_lock<mutex> ul1(m, defer_lock);
    unique_lock<mutex> ul2(acc.m, defer_lock);
    lock(ul1, ul2);
    balance -= amount;
    acc.balance += amount;
  }
};
```

Listing 8.16 *Vermeidung von Verklemmungen mit der `lock`-Funktion*

Mit der ebenfalls globalen Funktion `try_lock` kann man eine Menge von Mutexen (`unique_lock`-Objekten) versuchsweise sperren. Die Funktion gibt einen `int`-Wert zurück, der −1 ist, wenn alle Mutexe gesperrt werden konnten. Andernfalls gibt der Rückgabewert die Position des ersten Mutex in der Argumentliste an, der nicht gesperrt werden konnte (beginnend mit 0). Der Wert 1 zum Beispiel zeigt an, dass der Versuch, den zweiten Mutex in der Argumentliste zu sperren, fehlgeschlagen ist.

[13] Eine Variante dieses Beispiels ist in dem Artikel *Multithreading in C++0x part 7: Locking multiple mutexes without deadlock* von A. Williams beschrieben (*http://www.justsoftwaresolutions.co.uk/*).

Bedingungsvariablen

Für die Synchronisation mehrerer Threads mittels Bedingungsvariablen gibt es die Klasse `condition_variable`. Die wichtigsten Methoden dieser Klasse sind:

`notify_one` benachrichtigt einen Thread.
`notify_all` benachrichtigt alle Threads.
`wait` wartet auf die Benachrichtigung.
`wait_for` wartet für eine Zeitspanne auf die Benachrichtigung.
`wait_until` wartet bis zu einem Zeitpunkt auf die Benachrichtigung.

Die `wait`-Methoden nehmen als ersten Parameter eine Referenz auf die zu verwendende Sperre entgegen, die vom Typ `unique_lock<mutex>` sein muss. Die Methoden `wait_for` und `wait_until` benötigen zusätzlich eine Zeitangabe. Allen dreien kann man optional eine Bedingung in Form einer Funktion mit booleschem Rückgabewert übergeben (der Wert `true` zeigt an, dass die Bedingung erfüllt ist). Dadurch entfällt die Notwendigkeit, die Bedingung mithilfe einer Schleife nach dem Aufwachen eines Threads zu überprüfen (vgl. Abschnitt 3.2.6). Listing 8.17 zeigt die Implementierung einer threadsicheren Warteschlange mithilfe der Klasse `queue` aus der Standardbibliothek.[14]

```
template <typename T>
class concurrent_queue {
private:
  queue<T> q;
  mutex m;
  condition_variable c;
public:
  void enqueue(T x) {
    lock_guard<mutex> lg(m);
    q.push(x);
    c.notify_one();
  }
  T dequeue() {
    unique_lock<mutex> ul(m);
    c.wait(ul, [&q] {return !q.empty();});
    T x(q.front());
    q.pop();
    return x;
  }
};
```

Listing 8.17 *Threadsichere Warteschlange mit Bedingungsvariablen*

[14] Für die Speicherung großer Objekte empfiehlt sich die Verwendung intelligenter Zeiger, um Kopieroperationen einzusparen.

Einmalige Ausführung

Mit der Funktion call_once kann man sicherstellen, dass eine Operation einmalig und damit nur von einem Thread ausgeführt wird. Ihr übergibt man ein Objekt vom Typ once_flag, das den Zustand speichert, die auszuführende Funktion und eine beliebige Anzahl von Argumenten, mit denen die Funktion aufgerufen werden soll. Angenommen wir möchten mehrere große Objekte in einem Vektor speichern und vermeiden, dass unbenutzte Elemente Speicherplatz und Rechenzeit für die Initialisierung in Anspruch nehmen. Dann können wir sie mit der in Listing 8.18 gezeigten Klasse lazy verpacken, die Objekte nur bei Bedarf erzeugt. Durch die Verwendung von call_once können mehrere Threads parallel operator* aufrufen; Zugriffe auf die Objekte selbst müssen natürlich trotzdem synchronisiert werden.

```
template <typename T>
class lazy {
private:
  T* ptr;
  once_flag flag;
public:
  lazy() {}
  T& operator*() {
    call_once(flag, [&ptr] {ptr = new T;});
    return *ptr;
  }
};
```

Listing 8.18 *Verzögerte Initialisierung mit call_once*

Futures

Das Klassentemplate future<T> nimmt das Ergebnis einer Berechnung vom Typ T auf und sorgt für die Synchronisation mit dem Thread, der das Ergebnis benötigt. Das Ergebnis wird mit der Methode get abgefragt. Wenn das Ergebnis schon vorliegt, wird es sofort zurückgegeben. Andernfalls wartet get so lange, bis die Berechnung abgeschlossen ist. Ausnahmen, die während der Berechnung des Ergebnisses aufgetreten sind, aber nicht behandelt wurden, werden durch get an den Aufrufer weitergegeben. Futures lassen sich mit der Funktion async erzeugen, die eine Berechnung im Hintergrund (asynchron) startet und eine beliebige Anzahl von Argumenten akzeptiert. Listing 8.19 zeigt ein einfaches Beispiel, das parallel zwei Werte x und y berechnet und anschließend deren Summe ausgibt.

Ob async für die Ausführung der Funktion einen neuen Thread startet, ist dem Laufzeitsystem überlassen. Bei hoher Auslastung kann es sinnvoll sein, sie nicht parallel auszuführen. Das Verhalten lässt sich vom Benutzer beeinflussen. Übergibt man async als erstes Argument launch::async, wird immer ein neuer

```
double compute() {
  // ...
}

int main() {
  future<double> x = async(compute);
  double y = ... // berechne y
  cout << x.get() + y << endl;
}
```

Listing 8.19 *Beispiel für die Verwendung von Futures*

Thread erzeugt. Im Gegensatz dazu bewirkt launch::deferred, dass die Funktion erst bei Aufruf der Methode get ausgeführt wird.

C++11 stellt weitere Mechanismen für den Umgang mit Futures bereit. Beispielsweise kann man mithilfe des Klassentemplates promise selbst für die Übergabe eines Werts an ein Future sorgen, anstatt mittels async eine Funktion aufzurufen, die den Wert liefert. Das ist für Ein-/Ausgabeoperationen interessant oder wenn einer von mehreren Threads das Ergebnis liefert. Möchte man von mehreren Threads lesend auf ein Future zugreifen, ist shared_future die richtige Wahl.

Atomare Operationen

Für atomare Operationen gibt es in der Standardbibliothek das Klassentemplate atomic<T>. Als Templateparameter T können primitive Datentypen wie bool, int oder Zeigertypen verwendet werden. Unter bestimmten Voraussetzungen kann man sogar benutzerdefinierte Typen angeben. Es ist allerdings nicht garantiert, dass Werte eines bestimmten Typs auch wirklich mit atomaren Operationen auf Prozessorebene manipuliert werden. Eine Implementierung darf atomare Operationen mithilfe von Sperren simulieren. Für die verschiedenen Typen gibt es Spezialisierungen, die sich im Funktionsumfang unterscheiden. Alle bieten folgende Grundoperationen an:

store speichert den übergebenen Wert.

load lädt den Wert und gibt ihn zurück.

exchange speichert den übergebenen Wert und gibt den alten Wert zurück.

compare_exchange_strong Compare-and-Swap-Operation (CAS)

compare_exchange_weak CAS-Operation, die sporadisch auch dann fehlschlagen kann, wenn der tatsächliche Wert dem erwarteten entspricht

is_lock_free gibt true zurück, wenn die Implementierung für den jeweiligen Typ ohne Sperren arbeitet, andernfalls false.

Anstatt load aufzurufen, kann man Objekte vom Typ atomic<T> auch in Werte vom Typ T konvertieren. Ebenso ist es möglich, ihnen einen Wert vom Typ T zuzuweisen. Falls `T` ein ganzzahliger Typ oder ein Zeigertyp ist, kann man mit `fetch_add` und `fetch_sub` einen Wert addieren bzw. subtrahieren (Zeiger werden in Schritten von `sizeof(T)` Bytes erhöht oder erniedrigt). Alternativ dazu stehen die üblichen arithmetischen Operatoren wie `+=` und `--` zur Verfügung. Auf ganzzahlige Typen lassen sich zudem die üblichen bitweisen Operationen (`and`, `or` und `xor`) anwenden. Zusammenfassend kann man sagen, dass sich Objekte vom Typ `atomic<T>` fast genauso verhalten wie Variablen vom Typ `T`. Sie können jedoch nicht kopiert oder einander zugewiesen werden.

Bei den meisten atomaren Operationen kann man die geforderte Speicherkonsistenz explizit angeben. In der Voreinstellung wird sequenzielle Konsistenz zwischen den Operationen garantiert (`memory_order_seq_cst`).[15] Das ist die stärkste und zugleich einfachste Form der Konsistenz, mit der man auf der sicheren Seite ist. Aus Effizienzgründen ist es manchmal jedoch wünschenswert, die Anforderungen an die Speicherkonsistenz abzuschwächen. Eine Beschreibung der in C++11 spezifizierten Konsistenzmodelle ist in [60] zu finden. Zu den wichtigsten gehören `memory_order_acquire` und `memory_order_release` (siehe Abschnitt 2.3.1). Das folgende Beispiel veranschaulicht die explizite Angabe der geforderten Konsistenz bei einer Ladeoperation:

```
atomic<int> x;
if(x.load(memory_order_acquire) == 0) {
  // ...
}
```

Speicherbarrieren lassen sich mit der Funktion `atomic_thread_fence` auch direkt in den Quelltext eines Programms einfügen:

```
// ...
atomic_thread_fence(memory_order_release); // Release Fence
// ...
```

Da die CAS-Operation eine zentrale Rolle bei der Implementierung nichtblockierender Algorithmen spielt, werfen wir abschließend noch einen genaueren Blick auf die Methode `compare_exchange_strong`:

```
bool compare_exchange_strong(T& expected, T desired,
  memory_order = memory_order_seq_cst);
```

Sie ersetzt den aktuellen Wert durch `desired`, wenn er gleich `expected` ist. Andernfalls wird der tatsächliche Wert in `expected` geladen. Die in Listing 8.20 gezeigte Implementierung eines Spinlocks ist somit falsch, da `expected` nach dem ersten Fehlversuch den aktuellen Wert enthält.

[15] Sequenzielle Konsistenz bezieht sich hier nicht wie auf S. 32 beschrieben auf alle Lade- und Speicherbefehle, sondern nur auf atomare Operationen.

```
atomic<bool> spinlock;
// ...
bool expected(false);
while(!spinlock.compare_exchange_strong(expected, true));
// ... kritischer Abschnitt
spinlock = false;
```

Listing 8.20 Fehlerhafte Implementierung eines Spinlocks

8.3.4 Threadlokaler Speicher und Speicherallokation

Bislang war man für die Nutzung threadlokalen Speichers auf compilerspezifische Erweiterungen angewiesen. In C++11 gibt es dafür eine portable Lösung. Mit dem Schlüsselwort `thread_local` können globale oder statische Variablen (Objekte) als threadlokal gekennzeichnet werden. Damit teilt man dem Compiler mit, dass er für jeden Thread Kopien der Variablen anlegen soll. Die Kopien werden zur Laufzeit initialisiert und behalten ihren Wert, bis der Thread endet. Die Möglichkeit, threadlokale Variablen dynamisch zu initialisieren, ist ein wesentlicher Vorteil gegenüber bisherigen Ansätzen. Das folgende Beispiel zeigt die Deklaration einer threadlokalen Variable innerhalb einer Funktion:

```
void fun() {
  thread_local static int x = 0;
  // ...
}
```

Mit dem Schlüsselwort `alignas`, das ebenfalls neu in C++11 ist, kann man Variablen oder Objekte gezielt im Speicher ausrichten. Der Parameter von `alignas` gibt die Ausrichtungsgrenze in Bytes an. Hierbei muss es sich um einen konstanten Ausdruck handeln, damit der Compiler das Speicherlayout bestimmen kann. So wird zum Beispiel ein mit `alignas(16)` deklariertes Objekt an einer 16-Byte-Grenze ausgerichtet. Durch das Ausrichten von Objekten lässt sich False Sharing vermeiden. Wenn wir zum Beispiel zwei Variablen `x` und `y` haben, auf die von unterschiedlichen Threads zugegriffen wird, sollten wir sie jeweils an einer Cache-Zeile ausrichten:

```
alignas(CACHE_LINE_SIZE) int x;
alignas(CACHE_LINE_SIZE) int y;
```

8.3.5 Speichermodell

Da man bislang bei der parallelen Programmierung mit C++ auf externe Bibliotheken angewiesen war, gab es keine einheitliche Definition des Speichermodells. Mit dem neuen Standard ist dieses Bestandteil der Sprachdefinition und für die Komponenten der Standardbibliothek plattformunabhängig geregelt. In Abschnitt 8.3.3 haben wir bereits gesehen, wie die Speicherkonsistenz bei atomaren Operationen sichergestellt wird. Darüber hinaus definiert das Speichermodell, an welchen Stellen die Sichtbarkeit von Änderungen an gemeinsamen Variablen garantiert ist. In der C++-Terminologie sind zwei Operationen A und B synchronisiert, wenn Änderungen durch den Thread, der A ausführt, für den Thread, der B ausführt, sichtbar sind. Die folgende Übersicht fasst die wichtigsten Synchronisationspunkte zusammen:

- Das Ende des Konstruktors der Klasse `thread` ist mit dem Beginn des neu erzeugten Threads synchronisiert.
- Das Ende eines Threads ist mit einem Aufruf der Methode `join` des Objekts synchronisiert, das den Thread repräsentiert.
- Die Freigabe eines Mutex durch einen Aufruf von `unlock` ist mit einem nachfolgenden Aufruf von `lock` desselben Objekts synchronisiert. Gleiches gilt für einen erfolgreichen Aufruf von `try_lock`.
- Der erste Aufruf von `call_once` ist mit allen nachfolgenden Aufrufen, die sich auf dasselbe `once_flag`-Objekt beziehen, synchronisiert.
- Ein Aufruf von `async` zur Erzeugung eines Futures ist mit der aufgerufenen Funktion synchronisiert. Zudem ist das Schreiben des Ergebnisses mit einem Aufruf der Methode `get` synchronisiert.

Der erste Punkt besagt beispielsweise, dass Daten, die von dem erzeugenden Thread geschrieben wurden, von dem erzeugten Thread gelesen werden können.

Mithilfe dieser Beziehungen definiert die C++-Spezifikation eine sogenannte *Happens-Before-Relation*, die die Sichtbarkeit von Änderungen festlegt (vgl. Abschnitt 11.6 zum Speichermodell von Java). Wenn zum Beispiel zwischen zwei Befehlen X und Y eines Threads eine Datenabhängigkeit besteht, wobei Y auf X folgt, dann wird X immer vor Y ausgeführt. Beide Befehle stehen somit in Relation zueinander. Ist Y zudem mit einem Befehl Z eines anderen Threads synchronisiert, stehen auch Y und Z in Relation zueinander. Da die Relation transitiv ist, sind sowohl die Änderungen von Y als auch die von X für Z sichtbar.

9 OpenMP

OpenMP (Open Multi-Processing) ist eine Spracherweiterung für die parallele Programmierung in C/C++ und Fortran (wir beschränken uns in diesem Buch auf C/C++). Den Kern bilden spezielle Compileranweisungen, auch Direktiven oder Pragmas genannt, die in den Quelltext eines Programms eingefügt werden. Damit werden zum Beispiel die Bereiche eines Programms markiert, die parallel ausgeführt werden sollen. Zudem gibt es eine Reihe von Bibliotheksfunktionen und Umgebungsvariablen, mit denen sich das Verhalten von mit OpenMP parallelisierten Programmen beeinflussen lässt. OpenMP wird heute von vielen Compilern unterstützt und ist für die gängigen Plattformen verfügbar.

Die erste Version der OpenMP-Spezifikation wurde Ende der 1990er-Jahre von einem Gremium, dem verschiedene Hardware- und Softwarehersteller angehören, verabschiedet. Seit dieser Zeit hat OpenMP einige Änderungen und Erweiterungen erfahren. So wurden beispielsweise mit der Version 3.0 Tasks eingeführt. Die zum Zeitpunkt der Drucklegung dieses Buches aktuelle Version 3.1 erschien im Sommer 2011 [43]. Auf der OpenMP-Webseite[1] findet sich neben der Spezifikation eine Fülle von Informationsmaterial rund um OpenMP. Ein umfassendes, wenngleich nicht mehr ganz aktuelles Buch ist [13].

Ein mit OpenMP parallelisiertes Programm wird zunächst von nur einem Thread, dem sogenannten Hauptthread (engl. *master thread*), ausgeführt. Wenn der Hauptthread auf einen parallelen Bereich stößt, wird die Ausführung auf mehrere Threads verteilt (engl. *fork*). Diese Threads bilden zusammen mit dem Hauptthread ein *Team*. Am Ende eines parallelen Bereichs synchronisieren sich die Threads (engl. *join*), und der Hauptthread fährt sequenziell mit der Arbeit fort. Abbildung 9.1 illustriert dieses Prinzip. Hierbei handelt es sich jedoch nur um ein Modell, das nicht unbedingt die tatsächliche Implementierung widerspiegelt. In der Praxis wäre es viel zu aufwendig, für jeden parallelen Bereich neue Threads zu erzeugen und am Ende zu zerstören.

In C/C++ wird der Quelltext mithilfe von Pragma-Anweisungen annotiert. Die Anweisungen beziehen sich immer auf den nachfolgenden Befehl bzw. Codeblock. Die allgemeine Form lautet:

```
#pragma omp Bezeichnung [Klausel, ...]
```

[1] *http://openmp.org*

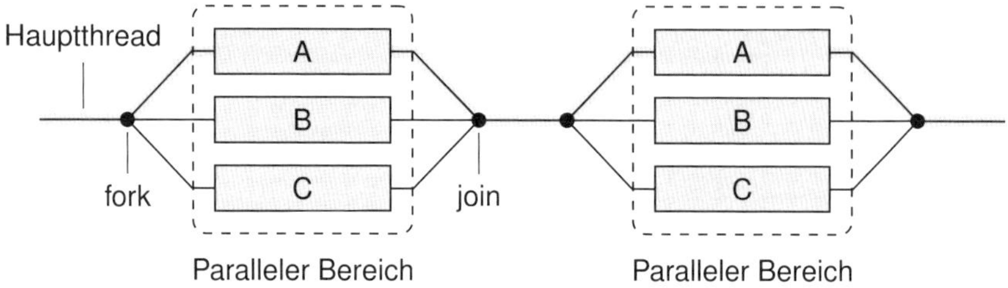

Abbildung 9.1 *OpenMP-Ausführungsmodell*

Die Bezeichnung legt die Art der Anweisung fest, zum Beispiel ob es sich um eine parallele Schleife oder um eine Synchronisationsoperation handelt. Optional kann man meist eine oder mehrere Klauseln angeben, die das Verhalten genauer spezifizieren.

Listing 9.1 zeigt, wie sich eine einfache Schleife mit OpenMP parallelisieren lässt. Über die Anweisung `#pragma omp parallel for` teilen wir dem Compiler mit, dass der Iterationsbereich der Schleife auf mehrere Threads verteilt werden soll. Die `shared`-Klausel besagt, dass die Threads alle auf demselben Vektor arbeiten (dies ist auch die Voreinstellung).

```
#include <omp.h>

int main() {
  vector<int> v(SIZE);
  // ... Initialisierung
  #pragma omp parallel for shared(v)
  for(size_t i = 0; i < SIZE; i++)
    v[i]++;
  // ... weitere Berechnungen
}
```

Listing 9.1 *Parallelisierung einer einfachen Schleife mit OpenMP*

OpenMP erlaubt es, sequenzielle Anwendungen Schritt für Schritt zu parallelisieren, ohne sie aufwendig überarbeiten zu müssen. Dazu beginnt man mit den Programmteilen, die am meisten Rechenzeit verbrauchen, und fügt geeignete Annotationen ein. Wenn das resultierende Programm die gewünschte Beschleunigung zeigt, muss man nichts weiter unternehmen. Andernfalls fügt man weitere Annotationen ein. OpenMP eignet sich deshalb gut für die Migration bestehender Anwendungen auf Multicore-Systeme. Möchte man eine parallelisierte Anwendung ohne Effizienzverlust auf einem Single-Core-Rechner ausführen, kann man die OpenMP-Unterstützung jederzeit deaktivieren.[2]

Allerdings eignet sich OpenMP nicht für alle Anwendungen gleichermaßen. Die Stärke von OpenMP liegt in der Nutzung von Datenparallelität, also parallelen Schleifen. Das rührt daher, dass die Wurzeln von OpenMP im Bereich des technisch-wissenschaftlichen Rechnens liegen. Effiziente, threadsichere Datenstrukturen gibt es ebenso wenig wie Unterstützung für komplexe Entwurfsmuster. Außerdem ist die Semantik nicht immer leicht zu verstehen, da OpenMP nicht Bestandteil der zugrunde liegenden Sprache ist. Komplexe Programme mit OpenMP zu parallelisieren erfordert Übung und Erfahrung. Eine Aufstellung häufiger Fehler ist in [53] sowie in dem Artikel *32 OpenMP Traps For C++ Developers*[3] zu finden.

9.1 Threads

Die Threaderzeugung und -verwaltung läuft bei OpenMP weitgehend im Verborgenen ab. Im Gegensatz zu Bibliotheken wie Pthreads gibt es keine Möglichkeit, Betriebssystemthreads explizit zu erzeugen. Dies obliegt dem Compiler und dem Laufzeitsystem. Aus Benutzersicht laufen alle Berechnungen nach dem Fork-Join-Modell ab. Mit Ausnahme einiger Funktionen bzw. Umgebungsvariablen, mit denen sich das Laufzeitsystem beeinflussen lässt, konzentrieren wir uns im Folgenden auf diese Sicht.

9.1.1 Parallele Bereiche

Wie eingangs beschrieben, wird mit der Anweisung `#pragma omp parallel` ein Codeblock von einem Team von Threads parallel ausgeführt. Jeder Thread hat eine eindeutige Nummer, die mit der Funktion `omp_get_thread_num` abgefragt werden kann (der Hauptthread hat immer die Nummer 0). Die Anzahl der Threads lässt sich über die Umgebungsvariable `OMP_NUM_THREADS` steuern. Zudem kann man mit folgenden Funktionen die Anzahl setzen bzw. abfragen:

```
void omp_set_num_threads(int num_threads);
int omp_get_num_threads();
```

Die Anzahl der verfügbaren Prozessorkerne (einschließlich Hardwarethreads) lässt sich durch einen Aufruf von `omp_get_num_procs()` ermitteln.

Listing 9.2 zeigt ein einfaches Beispiel, das ein Team von Threads startet und jeden Thread seine Nummer ausgeben lässt (die Variable `num` ist threadlokal). Der

[2] Für die bedingte Übersetzung kann man das Makro `_OPENMP` verwenden, das nur dann definiert ist, wenn die OpenMP-Unterstützung durch die entsprechende Compileroption aktiviert ist.

[3] *http://www.viva64.com/en/a/0054/*

Hauptthread gibt zudem die Gesamtzahl der Threads in dem parallelen Bereich aus.[4] Man beachte, dass das Beispiel nicht ganz korrekt ist, da mehrere Threads parallel auf `cout` schreiben. Um ein Durcheinander zu vermeiden, müssen die Threads synchronisiert werden. In Abschnitt 9.2 werden wir sehen, wie das geht. Selbst bei korrekter Synchronisation kann die Reihenfolge der Ausgaben jedoch von Lauf zu Lauf variieren.

```
#pragma omp parallel
{
  int num = omp_get_thread_num();
  // Jeder Thread gibt seine Nummer aus
  cout << "Thread " << num << endl;
  // Der Hauptthread gibt zudem die Anzahl der Threads aus
  if(num == 0)
    cout << "Anzahl: " << omp_get_num_threads() << endl;
}
```

Listing 9.2 Ausführung eines parallelen Bereichs durch ein Team von Threads

Die `parallel`-Anweisung akzeptiert eine Reihe von Klauseln [43]. Die Klausel `num_threads` zum Beispiel ermöglicht es, für jeden Bereich separat die Anzahl der Threads einzustellen. Mit der `if`-Klausel kann man zur Laufzeit entscheiden, ob ein Bereich überhaupt parallel ausgeführt werden soll. Wenn sich für einen bestimmten Satz von Eingabedaten die parallele Ausführung nicht lohnt, kann man den damit verbundenen Mehraufwand einsparen. In dem folgenden Beispiel wird der nachfolgende Codeblock nur dann parallel ausgeführt, wenn die Problemgröße ein vorgegebenes Minimum überschreitet. Andernfalls wird der Codeblock sequenziell abgearbeitet.

```
#pragma omp parallel if(problem_size() > MIN_PROBLEM_SIZE)
```

Hinweis

Eine Ausnahme, die innerhalb eines parallelen Bereichs geworfen wird, muss innerhalb des Bereichs gefangen werden (von dem Thread, der die Ausnahme geworfen hat). Gleiches gilt für die meisten der im Folgenden vorgestellten Anweisungen bzw. Konstrukte.

9.1.2 Arbeitsteilung

Mithilfe sogenannter *Worksharing-Konstrukte* lässt sich die in einem parallelen Bereich zu verrichtende Arbeit auf die Threads eines Teams verteilen. Zu diesen Konstrukten gehört die `sections`-Anweisung, mit der man einen Codeblock in

[4] Anstelle der `if`-Abfrage können wir auch die `master`-Anweisung verwenden (siehe Abschnitt 9.2.4).

parallel auszuführende Abschnitte zerlegen kann. Die Abschnitte müssen voneinander unabhängig sein und werden jeweils durch `#pragma omp section` gekennzeichnet. Wenn weniger Threads als Abschnitte vorhanden sind, führen manche Threads mehrere Abschnitte aus. Im umgekehrten Fall bleiben einige Threads unbeschäftigt. Ein typisches Anwendungsszenario für die `sections`-Anweisung ist die parallele Ausführung mehrerer Funktionen (siehe Listing 9.3).

```
int x, y;
#pragma omp parallel
#pragma omp sections
{
  #pragma omp section
  x = f();
  #pragma omp section
  y = g();
}
// verwende x und y
```

Listing 9.3 *Parallele Ausführung zweier Funktionen*

Die `sections`-Anweisung hat wie alle Worksharing-Konstrukte eine implizite Barriere am Ende. Das bedeutet, dass die Threads warten, bis alle Abschnitte ausgeführt wurden. Deshalb müssen wir uns in obigem Beispiel nicht um die Synchronisation am Ende kümmern und können uns darauf verlassen, dass `x` und `y` vor deren Verwendung Werte zugewiesen wurden. Mit der `nowait`-Klausel kann man die Barriere deaktivieren. Das ist unter anderem dann sinnvoll, wenn die Abschnitte stark unterschiedliche Laufzeiten haben (siehe Abschnitt 9.4.1, S. 246).

Die Worksharing-Konstrukte lassen sich, von einer Ausnahme abgesehen, mit der `parallel`-Anweisung kombinieren. Das spart etwas Schreibarbeit, wenn innerhalb eines parallelen Bereichs nur ein Worksharing-Konstrukt vorkommt. In unserem Beispiel können wir deshalb die ersten beiden Pragma-Anweisungen zusammenfassen:

```
#pragma omp parallel sections
// ...
```

Ein weiteres Worksharing-Konstrukt, mit dem sich Schleifen parallelisieren lassen, werden wir im Abschnitt über Datenparallelität kennenlernen.

9.1.3 Speicherzugriff

In OpenMP haben alle Threads Zugriff auf den gemeinsamen Speicher. Aus Effizienzgründen ist es jedoch wünschenswert, für manche Variablen threadlokale Kopien anzulegen. Solche Variablen werden in OpenMP als *privat* bezeichnet. Innerhalb eines parallelen Bereichs deklarierte lokale Variablen sind immer privat.

Gleiches gilt für Schleifenvariablen, da jeder Thread einen eigenen Iterationsbereich bearbeitet. Auf Variablen, die außerhalb eines parallelen Bereichs deklariert sind, haben standardmäßig alle Threads Zugriff. Mithilfe von Klauseln kann man die Art der Nutzung explizit festlegen. Dies schließt bei privaten Variablen die Initialisierung und die Weiterverwendung von Werten ein, wie die folgende Aufstellung zeigt (mehrere Variablen können in Form einer Liste angegeben werden):

`shared(`*`Liste`*`)` Alle Threads haben Zugriff auf die angegebenen Variablen.

`private(`*`Liste`*`)` Die Threads haben jeweils private (uninitialisierte) Kopien der Variablen.

`firstprivate(`*`Liste`*`)` Wie `private`. Jede private Variable wird zudem mit dem Wert der entsprechenden Variable vor der Ausführung des parallelen Bereichs initialisiert.

`lastprivate(`*`Liste`*`)` Wie `private`. Bei Schleifen wird zudem der Wert in der sequenziell letzten Iteration und bei der `sections`-Anweisung der Wert im letzten Abschnitt in die entsprechende Variable nach der Ausführung des parallelen Bereichs übernommen.

`default(shared|none)` Legt fest, wie Variablen behandelt werden, deren Nutzung nicht explizit spezifiziert ist. Der Wert `none` deaktiviert die Voreinstellungen, sodass für jede Variable die Art der Nutzung angegeben werden muss.

In dem Beispiel aus Listing 9.2 könnten wir die Variable `num` auch außerhalb des parallelen Bereichs deklarieren. Dann müssen wir sie jedoch als `private` kennzeichnen, damit jeder Thread eine lokale Kopie davon hat:

```
int num;
#pragma omp parallel private(num)
{
  num = omp_get_thread_num();
  // ...
}
```

9.1.4 Threadlokaler Speicher

Von globalen Variablen kann man mit der `threadprivate`-Anweisung threadlokale Kopien erzeugen. Im Gegensatz zur `private`-Klausel behalten diese ihren Wert auch über mehrere parallele Bereiche hinweg bei. Voraussetzung dafür ist, dass die Anzahl der Threads immer dieselbe ist. Je nach Implementierung muss man dazu die dynamische Anpassung der Threadanzahl durch einen Aufruf von `omp_set_dynamic(0)` deaktivieren. Außerdem dürfen die parallelen Bereiche nicht verschachtelt sein. Die threadlokalen Instanzen lassen sich zu Beginn eines parallelen Bereichs mit der `copyin`-Klausel initialisieren, die den Wert des Hauptthreads kopiert.

Listing 9.4 enthält eine globale Variable `counter`, die wir als `threadprivate` kennzeichnen. Damit können die Threads innerhalb des parallelen Bereichs ohne Synchronisation `counter` inkrementieren. Um die Gesamtsumme zu berechnen, starten wir einen weiteren parallelen Bereich und addieren die threadlokalen Werte auf (die `atomic`-Anweisung, auf die wir in Abschnitt 9.2.5 eingehen, verhindert Konflikte bei der Berechnung der Summe).

```
int counter;
#pragma omp threadprivate(counter)

int main() {
  counter = 0;
  #pragma omp parallel copyin(counter)
  while(/* condition */) {
    // ...
    counter++;
  }
  int sum = 0;
  #pragma omp parallel
  #pragma omp atomic
  sum += counter;
  // ...
}
```

Listing 9.4 *Beispiel für threadlokale Variablen*

9.2 Synchronisationsmechanismen

Als Entwickler muss man sich in der Regel nicht um die Interna der Synchronisation in OpenMP-Programmen kümmern. Es genügt, wenn man die Stellen mit Pragma-Anweisungen markiert, an denen eine Synchronisation erforderlich ist. Dennoch bietet OpenMP Funktionen an, mit denen man explizit Sperren in ein Programm einfügen kann. Das ist zwar nicht ganz so komfortabel wie die impliziten Synchronisationsmechanismen, bietet dafür aber mehr Möglichkeiten.

9.2.1 Kritische Abschnitte

Kritische Abschnitte werden mit der `critical`-Anweisung markiert. Damit ist sichergestellt, dass sich zu jedem Zeitpunkt höchstens ein Thread in einem kritischen Abschnitt befindet. Listing 9.5 zeigt unser Beispiel aus Abschnitt 9.1.1 mit korrekter Synchronisation. Da beide `critical`-Anweisungen dieselbe Sperre benutzen, kann es nicht passieren, dass zwei Threads zeitgleich auf `cout` schreiben.

Der `critical`-Anweisung kann man einen Namen mitgeben, anhand dessen sich mehrere kritische Abschnitte voneinander unterscheiden lassen. Wechselsei-

```
#pragma omp parallel
{
  int num = omp_get_thread_num();
  #pragma omp critical
  cout << "Thread " << num << endl;
  if(num == 0) {
    #pragma omp critical
    cout << "Anzahl: " << omp_get_num_threads() << endl;
  }
}
```

Listing 9.5 Beispiel für kritische Abschnitte

tiger Ausschluss ist nur für kritische Abschnitte desselben Namens gewährleistet. Damit kann man mehreren Threads gleichzeitig Zugriff auf verschiedene kritische Abschnitte ermöglichen. Die Syntax lautet: `#pragma omp critical (Name)`.

9.2.2 Mutexe

Mutexe – in OpenMP schlicht Sperren (engl. *locks*) genannt – werden durch den Typ `omp_lock_t` repräsentiert. Die folgenden Funktionen nehmen einen Zeiger vom Typ `omp_lock_t*` entgegen und führen die angegebene Operation aus:

`omp_init_lock` initialisiert einen Mutex.
`omp_destroy_lock` zerstört einen Mutex.
`omp_set_lock` sperrt einen Mutex.
`omp_unset_lock` gibt einen Mutex frei.
`omp_test_lock` versucht, einen Mutex zu sperren.

Die Funktion `omp_test_lock` gibt einen `int`-Wert zurück. Der Rückgabewert ist 1, falls der Mutex gesperrt werden konnte, andernfalls 0.

Es gibt auch rekursive Mutexe, die in OpenMP als *nested locks* bezeichnet und durch den Typ `omp_nest_lock_t` repräsentiert werden. Für diese Mutexe gibt es einen eigenen Satz von Funktionen, deren Namen auf `nest_lock` enden, ansonsten aber dem obigen Schema folgen. In Anlehnung an die Tatsache, dass ein rekursiver Mutex mehrfach durch einen Thread gesperrt werden kann, gibt die Funktion `omp_test_nest_lock` die Anzahl der erfolgreichen Sperranforderungen nach dem Aufruf von `omp_test_nest_lock` zurück. Listing 9.6 zeigt die grundsätzliche Vorgehensweise bei der Verwendung expliziter Mutexe.

9.2.3 Barrieren

Wenn ein Thread auf eine `barrier`-Anweisung stößt, muss er so lange warten, bis auch alle anderen Threads diese Anweisung erreicht haben. Kommen wir noch einmal auf das Beispiel zurück, in dem jeder Thread seine Nummer und

```
omp_lock_t lock;
omp_init_lock(&lock);
#pragma omp parallel shared(lock)
{
  // ...
  omp_set_lock(&lock);
  // ... kritischer Abschnitt
  omp_unset_lock(&lock);
  // ...
}
omp_destroy_lock(&lock);
```

Listing 9.6 *Vorgehensweise bei der Verwendung von Mutexen*

```
#pragma omp parallel
{
  int num = omp_get_thread_num();
  #pragma omp critical
  cout << "Thread " << num << endl;
  #pragma omp barrier
  if(num == 0)
    cout << "Anzahl: " << omp_get_num_threads() << endl;
}
```

Listing 9.7 *Beispiel für die Verwendung einer Barriere*

der Hauptthread die Anzahl der Threads ausgibt. Um sicherzustellen, dass die Anzahl als Letztes ausgegeben wird, können wir vor der `if`-Abfrage eine Barriere einbauen (Listing 9.7).

9.2.4 Einmalige Ausführung

Es gibt zwei Möglichkeiten, zu verhindern, dass ein Codeblock innerhalb eines parallelen Bereichs von mehreren Threads ausgeführt wird. Die `master`-Anweisung bewirkt, dass der nachfolgende Codeblock nur vom Hauptthread ausgeführt wird. Mit der `single`-Anweisung kann man die Ausführung auf einen Thread beschränken. In diesem Fall wird nicht zwingend der Hauptthread verwendet. Im Gegensatz zur `master`-Anweisung gehört die `single`-Anweisung zur Familie der Worksharing-Konstrukte und hat deshalb eine implizite Barriere am Ende. Deshalb eignet sie sich gut für die Initialisierung von Datenstrukturen. In unserem wiederkehrenden Beispiel könnten wir anstelle der `if`-Abfrage die `master`-Anweisung verwenden, um die Ausgabe auf den Hauptthread zu beschränken:

```
#pragma omp master
cout << "Anzahl: " << omp_get_num_threads() << endl;
```

9.2.5 Atomare Operationen

Atomare Operationen lassen sich mit der `atomic`-Anweisung implementieren. Sie hat folgende Form:

```
#pragma omp atomic [read | write | update | capture]
```

Die optionalen Klauseln spezifizieren die Art der Operation.[5] Die Klauseln `read` und `write` sind selbsterklärend, `update` und `capture` verändern den Wert einer Variable, wobei Letztere zudem den alten bzw. neuen Wert zurückgibt. Die Voreinstellung ist `update`. Je nach Klausel muss die nachfolgende Anweisung bzw. der nachfolgende Codeblock[6] eine ganz bestimmte Form haben. Tabelle 9.1 gibt einen Überblick über die Möglichkeiten, wobei *`expr`* ein beliebiger Ausdruck und *`binop`* einer der Operatoren +, *, -, /, &, ^, |, << und >> ist (eine vollständige Auflistung aller Möglichkeiten ist in [43] zu finden).

Klausel	Anweisungen
`read`	`v = x;`
`write`	`x = expr;`
`update`	`x++; x--; ++x; --x;`
	`x binop= expr; x = x binop expr;`
`capture`	`v = x++; v = x--; v = ++x; v = --x;`
	`v = x binop= expr; {v = x; x binop= expr;} ...`

Tabelle 9.1 *Atomare Operationen*

Hinweis

Die Auswertung des Ausdrucks *`expr`* auf der rechten Seite einer Zuweisung ist nicht atomar, sondern nur die Aktualisierung der Variable auf der linken Seite der Zuweisung.

Listing 9.8 zeigt die Verwendung atomarer Operationen am Beispiel der Methode `consume` unserer Erzeuger-Verbraucher-Klasse aus Abschnitt 3.2.9.

9.3 Taskparallelität

Die in Abschnitt 9.1.1 beschriebene `sections`-Anweisung erlaubt es, eine Aufgabe in Teilaufgaben zu zerlegen und parallel auszuführen. Das ist jedoch mit einigen Einschränkungen verbunden. Beispielsweise lässt sich die Zerlegung nicht

[5] Die Klauseln werden seit Version 3.1 der OpenMP-Spezifikation unterstützt.

[6] Um bei Verwendung der `capture`-Klausel den alten Wert vor der Modifikation auslesen zu können, sind auch Kombinationen von Zuweisungen erlaubt.

```
void consume() {
  int c;
  do {
    // ... verbrauche ein Element
    #pragma omp atomic capture
    c = count--;
  } while(c > 1);
}
```

Listing 9.8 Beispiel für die Verwendung atomarer Operationen

dynamisch in Abhängigkeit der Eingabedaten bewerkstelligen. Außerdem ist das Betreten und Verlassen eines parallelen Bereichs mit einem nicht unerheblichen Aufwand verbunden, der sich insbesondere bei rekursiven Algorithmen negativ auf die Geschwindigkeit auswirkt.

Flexibler und für einige Problemstellungen effizienter ist die Verwendung von Tasks [6]. Sie werden durch `#pragma omp task` gekennzeichnet und zur Laufzeit auf die Threads verteilt. OpenMP unterstützt die Synchronisation nach dem Eltern-Kind-Prinzip (siehe Abschnitt 4.1.2), wobei auf Kind-Tasks mit der `taskwait`-Anweisung gewartet wird. Das Verhalten von Tasks lässt sich durch eine Reihe von Klauseln beeinflussen. Eine detaillierte Beschreibung der Klauseln mit Beispielen ist in [43] zu finden.

9.3.1 Parallelisierung rekursiver Algorithmen

Listing 9.9 zeigt die rekursive Berechnung der Fibonacci-Zahlen mit Tasks. Ein Aufruf von `fib` könnte dann wie folgt aussehen:[7]

```
#pragma omp parallel
#pragma omp single
int f = fib(n);
```

Man beachte, dass aus Effizienzgründen nicht für jeden rekursiven Aufruf, sondern nur einmal zu Beginn ein paralleler Bereich erzeugt wird. Die `single`-Anweisung verhindert, dass die Funktion `fib` mehrfach (für jeden Thread) aufgerufen wird.

9.3.2 Variablenzugriff

Bei Tasks ist die Voreinstellung für Variablen, die außerhalb eines Tasks deklariert sind, nicht `shared`, wie zum Beispiel bei der `sections`-Anweisung, sondern `firstprivate`. Ein Grund dafür ist, dass die Lebensdauer einer gemeinsamen Variable enden kann, bevor auf sie zugreifende Tasks fertig sind. Bei dem Beispiel

[7] Die Verwendung von OpenMP-Anweisungen in Funktionen, die aus einem parallelen Bereich aufgerufen werden, bezeichnet man als *Orphaning*.

```
int fib(int n) {
  if(n < 2)
    return n;
  int x, y;
  #pragma omp task shared(x)
  x = fib(n-1);
  #pragma omp task shared(y)
  y = fib(n-2);
  #pragma omp taskwait
  return x+y;
}
```

Listing 9.9 Berechnung der Fibonacci-Zahlen mit Tasks

in Listing 9.10 kann es passieren, dass der Task auf `x` zugreift, nachdem die Funktion `f` beendet und der Speicherplatz für `x` freigegeben wurde. Im besten Fall führt dies zu einer Speicherschutzverletzung, im schlechtesten Fall zu einem falschen Ergebnis. Solche Probleme lassen sich vermeiden, indem man auf Kind-Tasks mittels `taskwait` wartet oder Variablen, auf die innerhalb eines Tasks zugegriffen wird, als `private` oder `firstprivate` deklariert.

```
void f() {
  int x[SIZE];
  #pragma omp task shared(x)
  {
    // ... lange Berechnungen
  }
  // ... kurze Berechnungen
}
```

Listing 9.10 Beispiel für fehlerhaften Zugriff auf gemeinsame Variablen

Betrachten wir noch einmal die Berechnung der Fibonacci-Zahlen in Listing 9.9. Um die Teilergebnisse in den Variablen `x` und `y` ablegen zu können, müssen wir diese explizit als `shared` deklarieren. Da wir mittels `taskwait` auf die Kind-Tasks warten, ist sichergestellt, dass `x` und `y` lange genug existieren.

Hinweise

- → Achten Sie bei gemeinsamen Variablen auf deren Lebensdauer.
- → Außerhalb eines Tasks deklarierte Variablen sind standardmäßig `firstprivate`.

Listing 9.11 zeigt das Durchlaufen einer Liste mit Tasks [43]. Für jedes Listenelement wird die Funktion `process` in einem eigenen Task aufgerufen. Erwähnenswert ist hier, dass `ptr` gemäß Voreinstellung `firstprivate` ist. Somit kann sofort mit dem nächsten Element fortgefahren werden, ohne das Risiko einzugehen, dass `process` ein falscher Zeiger übergeben wird.

```
#pragma omp parallel
#pragma omp single
{
  node *ptr = head;
  while(ptr != NULL) {
    #pragma omp task
    process(ptr);
    ptr = ptr->next;
  }
}
```

Listing 9.11 Durchlaufen einer Liste mit Tasks

9.3.3 Suspendierung

Die `taskyield`-Anweisung suspendiert einen Task vorübergehend und ermöglicht es dem ausführenden Thread, einen anderen Task zu bearbeiten.[8] Das ist dann sinnvoll, wenn ein Task aktiv auf ein Ereignis wartet. Listing 9.12 zeigt eine mögliche Anwendung [43]. Um den kritischen Abschnitt betreten zu können, versucht der Task mittels `omp_test_lock` den Mutex zu sperren. Ist der Mutex gesperrt, gibt der Task durch einen Aufruf von `taskyield` die Kontrolle an das Laufzeitsystem zurück, sodass der ausführende Thread andere Tasks bearbeiten kann. Erst wenn der Task wieder aufgerufen wird, versucht er erneut, den Mutex zu sperren. Auf diese Weise wird Rechenzeit, die durch blockierendes Warten verbraucht würde, sinnvoll genutzt.

```
omp_lock_t lock;
// ...
#pragma omp task
{
  while(!omp_test_lock(lock)) {
    #pragma omp taskyield
  }
  // ... kritischer Abschnitt
  omp_unset_lock(lock);
}
```

Listing 9.12 Beispiel für die Suspendierung eines Tasks

[8] Die `taskyield`-Anweisung steht seit Version 3.1 der OpenMP-Spezifikation zur Verfügung.

9.4 Datenparallelität

Eine der wichtigsten Anweisungen in OpenMP ist die `for`-Anweisung zur Parallelisierung von Schleifen. Sie gehört ebenso wie die `sections`-Anweisung zur Familie der Worksharing-Konstrukte und erlaubt es, den Iterationsbereich einer Schleife in Blöcke zu unterteilen, die dann von den Threads in einem parallelen Bereich abgearbeitet werden. Allerdings lassen sich damit nicht alle Arten von Schleifen parallelisieren. Um die `for`-Anweisung einsetzen zu können, muss die zu parallelisierende Schleife bestimmten Anforderungen genügen. Für Schleifen, die z. B. eine Liste durchlaufen, sind andere Ansätze notwendig (siehe S. 243).

9.4.1 Schleifen ohne Datenabhängigkeiten

Die `for`-Anweisung muss unmittelbar vor der zu parallelisierenden Schleife stehen, ggf. in Kombination mit der `parallel`-Anweisung (ein Beispiel haben wir schon in der Einleitung zu diesem Kapitel gesehen):

```
#pragma omp parallel for
for(init-expr; cond-expr; incr-expr)
```

Es sind nur Schleifenvariablen erlaubt, die einen ganzzahligen Typ (`signed` oder `unsigned`) oder einen Zeigertyp haben. In C++ sind auch Iteratoren mit wahlfreiem Zugriff (engl. *random access iterators*) zugelassen. Für die Ausdrücke zur Schleifensteuerung gelten folgende Regeln:

- Bei der Initialisierung *`init-expr`* muss es sich um eine Zuweisung der Form `v =` *`expr`* handeln (optional in Form einer Deklaration mit vorangestelltem Typ), wobei `v` die Schleifenvariable und *`expr`* ein schleifeninvarianter Ausdruck ist.
- Als Bedingung *`cond-expr`* sind Ausdrücke der Form `v` *`relop expr`* oder umgekehrt erlaubt, wobei *`relop`* einer der Operatoren <, <=, >, >= ist.[9]
- Für den Ausdruck *`incr-expr`* zur Manipulation der Schleifenvariable können die Inkrement- und Dekrement-Operatoren verwendet werden. Auch die Addition bzw. Subtraktion von Konstanten ist möglich.

Die Behandlung von Variablen, die außerhalb einer Schleife deklariert sind, lässt sich mit den Klauseln `private`, `fristprivate` und `lastprivate` steuern.

Eine der Grundregeln bei der Programmierung mit OpenMP besagt, dass man als Entwickler für die Korrektheit der Parallelisierung verantwortlich ist. Das gilt nicht nur für die Synchronisation beim Zugriff auf gemeinsame Variablen, sondern insbesondere auch für die Einhaltung von Datenabhängigkeiten bei Schleifen. Obwohl die meisten Compiler prinzipiell in der Lage sind, gängige Abhängigkeiten zwischen den Iterationen einer Schleife zu erkennen, geben nur

[9] Der bei Iteratoren häufig verwendete Operator `!=` ist nicht erlaubt.

die wenigsten in solchen Fällen eine Fehlermeldung oder eine Warnung aus. Listing 9.13 zeigt ein Programm, das iterativ die Fibonacci-Zahlen berechnen und in einem Feld speichern soll. Im sequenziellen Fall ist es korrekt, die Parallelisierung mit `#pragma omp parallel for` ist jedoch fehlerhaft, da die Iterationen voneinander abhängig sind. Trotzdem lässt es sich unter anderem mit GCC 4.6.1 und der Option `-Wall` problemlos übersetzen. Erst wenn man das Programm auf einem Multicore-Prozessor ausführt, wird man feststellen, dass die Ergebnisse falsch sind.

```
int fib[SIZE];
fib[0] = 0;
fib[1] = 1;
#pragma omp parallel for
for(size_t i = 2; i < SIZE; i++)
  fib[i] = fib[i-1] + fib[i-2];
```

Listing 9.13 Fehlerhafte Berechnung der Fibonacci-Zahlen (iterativ)

Hinweis

Achten Sie bei der Parallelisierung von Schleifen darauf, dass zwischen den Iterationen keine Abhängigkeiten bestehen.

Solche Probleme lassen sich mit geordneten Bereichen lösen. Geordnete Bereiche werden durch die `ordered`-Anweisung gekennzeichnet. Sie stellt sicher, dass der nachfolgende Codeblock in der ursprünglichen Reihenfolge ausgeführt wird. Dazu wartet ein Thread, der auf einen geordneten Bereich stößt, so lange, bis der Bereich für alle vorhergehenden Iterationen ausgeführt wurde. Die Berechnung der Fibonacci-Zahlen würde damit wie folgt aussehen (in der `for`-Anweisung muss immer auch die `ordered`-Klausel angegeben werden):

```
#pragma omp parallel for ordered
for(size_t i = 2; i < SIZE; i++) {
  #pragma omp ordered
  fib[i] = fib[i-1] + fib[i-2];
}
```

In diesem Fall geht jedoch sämtliche Parallelität verloren, da die Schleife rein sequenziell ausgeführt wird. Die `ordered`-Anweisung lohnt sich vor allem dann, wenn man einen großen Schleifenrumpf hat und nur die letzte Anweisung in der ursprünglichen Reihenfolge ausführen möchte.

Zusammenfassen verschachtelter Schleifen

Bei verschachtelten Schleifen wird üblicherweise die äußerste Schleife parallelisiert, um den Aufwand für die Threadverwaltung und die Synchronisation zu reduzieren. Wenn die äußerste Schleife jedoch nur wenige Iterationen umfasst, geht dadurch Parallelität verloren. In solchen Fällen kann man mehrere Schleifen mit der `collapse`-Klausel zusammenfassen. Voraussetzung dafür ist, dass die Schleifenvariablen voneinander unabhängig sind und jede Schleife, mit Ausnahme der innersten, neben der eingeschachtelten Schleife keine weiteren Befehle enthält. Die `collapse`-Klausel erhält als Argument die Anzahl der Schleifen, die zusammengefasst werden sollen. Listing 9.14 zeigt ein Beispiel, das eine Funktion `f` auf jedes Element einer Matrix `m` anwendet.

```
double m[ROWS][COLS];
#pragma omp parallel for collapse(2)
for(size_t i = 0; i < ROWS; i++)
  for(size_t j = 0; j < COLS; j++)
    m[i][j] = f(m[i][j]);
```

Listing 9.14 *Beispiel für die Zusammenfassung von Schleifen*

Überlappende Ausführung von Schleifen

Wie wir in Abschnitt 4.2.4 gesehen haben, führen stark unterschiedliche Laufzeiten je nach Partitionierungsstrategie zu einer schlechten Auslastung. Später werden wir verschiedene Partitionierungsstrategien kennenlernen, mit denen sich dieses Problem in den Griff bekommen lässt. Zunächst werfen wir jedoch einen Blick auf die überlappende Ausführung von Schleifen. Werden zwei Schleifen hintereinander ausgeführt, lohnt es sich, beide in *einem* parallelen Bereich unterzubringen. Auf diese Weise wird der Aufwand reduziert, der mit dem Betreten und Verlassen eines parallelen Bereichs einhergeht. Außerdem kann es sinnvoll sein, die implizite Barriere nach der ersten Schleife durch die `nowait`-Klausel aufzuheben (siehe Listing 9.15). Vorausgesetzt dass die Schleifen wie in dem Beispiel voneinander unabhängig sind, besteht kein Grund, die Threads zu synchronisieren. Damit können Threads, die ihre Teilbereiche schon abgearbeitet haben, mit der Ausführung der zweiten Schleife beginnen.

```
double x[SIZE_X], y[SIZE_Y];
#pragma omp parallel
{
  #pragma omp for nowait
  for(size_t i = 0; i < SIZE_X; i++)
    x[i] = f(x[i]);
  #pragma omp for
  for(size_t i = 0; i < SIZE_Y; i++)
    y[i] = g(y[i]);
}
```

Listing 9.15 *Beispiel für die überlappende Ausführung von Schleifen*

Abbildung 9.2 illustriert den Unterschied zwischen einer nicht überlappenden Ausführung (a) und einer überlappenden Ausführung (b) bei unterschiedlichen Laufzeiten der Blöcke.

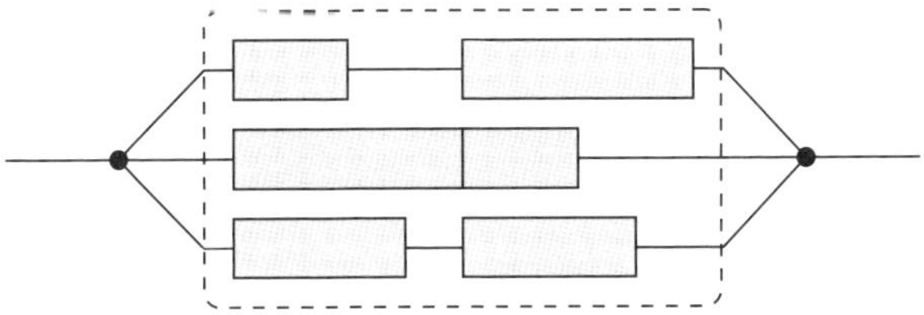

(a) Nicht überlappende Ausführung (ohne `nowait`)

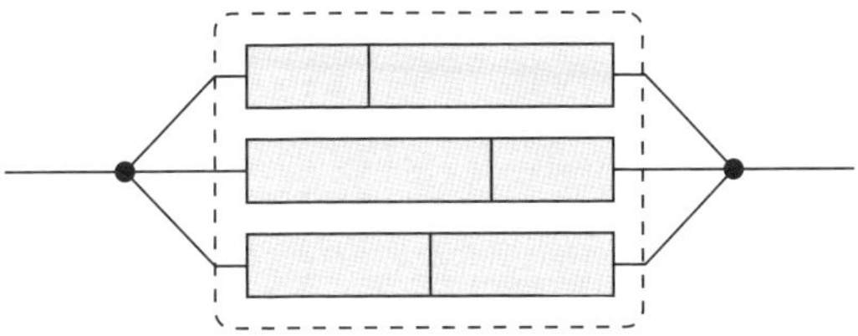

(b) Überlappende Ausführung (mit `nowait`)

Abbildung 9.2 *Parallele Ausführung aufeinanderfolgender Schleifen*

Natürlich kann die `nowait`-Klausel auch dann verwendet werden, wenn anstelle der zweiten Schleife ein »normaler« Codeblock kommt.

9.4.2 Reduktionen

Reduktionen lassen sich wie gewöhnliche Schleifen mit der `for`-Anweisung umsetzen. Deshalb behalten die im vorherigen Abschnitt gemachten Ausführungen auch im Falle von Reduktionen ihre Gültigkeit. Mit der `reduction`-Klausel teilt man dem Compiler die auszuführende Operation und die Variable mit, in der das Ergebnis gespeichert werden soll. Möchte man unterschiedliche Werte in einer Schleife reduzieren, kann man auch mehrere Variablen in Form einer Liste angeben. Im Allgemeinen lautet die Syntax wie folgt:

```
#pragma omp parallel for reduction(operator:list)
for(init-expr; cond-expr; incr-expr)
```

Reduktionen sind in OpenMP auf primitive Datentypen wie `int`, `double` oder `bool` beschränkt. Tabelle 9.2 zeigt die unterstützten Operatoren (das neutrale Element wird für die Initialisierung threadlokaler Kopien der Reduktionsvariablen verwendet).[10]

[10] Die Operatoren `min` und `max` gibt es erst ab Version 3.1 der OpenMP-Spezifikation.

<table>
<tr><th>Operator</th><th>Neutrales Element</th></tr>
<tr><td>+</td><td>0</td></tr>
<tr><td>*</td><td>1</td></tr>
<tr><td>-</td><td>0</td></tr>
<tr><td>&</td><td>~0</td></tr>
<tr><td>|</td><td>0</td></tr>
<tr><td>^</td><td>0</td></tr>
<tr><td>&&</td><td>true</td></tr>
<tr><td>||</td><td>false</td></tr>
<tr><td>max</td><td>kleinster mit dem jeweiligen Typ darstellbare Wert</td></tr>
<tr><td>min</td><td>größter mit dem jeweiligen Typ darstellbare Wert</td></tr>
</table>

Tabelle 9.2 *Reduktionsoperatoren*

Die `reduction`-Klausel gibt nur an, wie die Teilergebnisse zu reduzieren sind. Die Berechnung der Teilergebnisse für die einzelnen Blöcke ist Sache des Benutzers und Teil des Schleifenrumpfs. Schließlich kann der Compiler anhand der Angaben in der `reduction`-Klausel auch nicht wissen, welche Werte zu reduzieren sind. Listing 9.16 zeigt ein Beispielprogramm, das die Summe der Elemente eines Feldes von `double`-Werten berechnet.

```
double v[SIZE], sum = 0.0;
#pragma omp parallel for reduction(+:sum)
for(size_t i = 0; i < SIZE; i++)
  sum += v[i];
```

Listing 9.16 *Summenberechnung mit der `reduction`-Klausel*

Falls die zu reduzierenden Elemente Objekte sind, hilft uns die `reduction`-Klausel nicht weiter. In solchen Fällen gibt es eine recht einfache Lösung unter Zuhilfenahme threadlokaler Variablen. Listing 9.17 zeigt die Summenberechnung für Instanzen einer Klasse `value` (vgl. [13]). Um den Synchronisationsaufwand zu minimieren, wird für jeden Block der Schleife die Teilsumme in der threadlokalen Variable `partial_sum` gespeichert. Wenn alle Teilsummen vorliegen, werden diese, geschützt durch die `critical`-Anweisung, aufaddiert.

Hinweis

Der Wert, den eine Reduktionsvariable vor der Ausführung einer Schleife hat, wird nicht überschrieben, sondern fließt in die Reduktion ein. Uninitialisierte Reduktionsvariablen können deshalb zu undefinierten Ergebnissen führen.

```
class value {
public:
  value();
  value(double val);
  value& operator+=(const value& val);
  // ...
};

int main() {
  value v[SIZE], sum(0);
  // ... Initialisierung
  #pragma omp parallel
  {
    value partial_sum(0);
    #pragma omp for
    for(size_t i = 0; i < SIZE; i++)
      partial_sum += v[i];
    #pragma omp critical
    sum += partial_sum;
  }
  // ...
}
```

Listing 9.17 Summenberechnung mit threadlokalen Variablen

9.4.3 Partitionierung und Abbildung

OpenMP stellt mehrere Strategien für die Partitionierung einer Schleife in Blöcke und die Abbildung der Blöcke auf die Threads zur Verfügung. Die zu verwendende Strategie lässt sich mit der `schedule`-Klausel einstellen. Bei manchen Strategien kann man zudem die Blockgröße (engl. *chunk size*) angeben. Die Syntax lautet:

```
schedule(Strategie [, Blockgröße])
```

Folgende Strategien stehen zur Wahl (vgl. Abschnitt 4.2.4):

`static` Bei der statischen Partitionierung wird der Iterationsbereich in Blöcke der angegebenen Größe unterteilt (der letzte Block kann kleiner sein). Die Blöcke werden reihum an die Threads eines Teams verteilt. Wenn keine Blockgröße angegeben ist, wird der Iterationsbereich so unterteilt, dass jeder Thread genau einen Block bekommt.

`dynamic` Bei der dynamischen Partitionierung werden die Blöcke nach Bedarf verteilt. Wenn ein Thread einen Block abgearbeitet hat, fordert er den nächsten an, so lange, bis kein Block mehr da ist. Wenn keine Blockgröße angegeben ist, wird der Wert 1 verwendet.

guided Ähnlich wie `dynamic`, die Blockgröße nimmt jedoch mit der Zeit ab. Damit lassen sich Laufzeitunterschiede gegen Ende einer Schleife ausgleichen.

auto Überlässt dem Compiler und dem Laufzeitsystem die Entscheidung einer geeigneten Partitionierungsstrategie.

runtime Die Partitionierungsstrategie und die Blockgröße werden zur Laufzeit der Umgebungsvariable `OMP_SCHEDULE` entnommen. Alternativ kann man sie über Bibliotheksfunktionen setzen bzw. auslesen (siehe [43]).

Hinweis

Berücksichtigen Sie bei der Wahl der Blockgröße die Größe einer Cache-Zeile, um False Sharing zu vermeiden. Bsp.: Ein Feld besteht aus 32-Bit-Werten. Wenn eine Cache-Zeile 64 Bytes umfasst, sollte die Blockgröße ein Vielfaches von 16 sein. Außerdem sollte das Feld entsprechend ausgerichtet sein.

Die statische Partitionierung ist zwar nicht immer so effizient wie die dynamische, bietet aber einen entscheidenden Vorteil: Unter bestimmten Voraussetzungen ist die Partitionierung auch über mehrere Schleifen hinweg dieselbe. Damit kann man zum Beispiel auf NUMA-Systemen erreichen, dass ein Teilbereich einer Datenstruktur immer durch denselben Thread verarbeitet wird. Auf diese Weise lässt sich die Datenlokalität erhöhen (siehe S. 124). Außerdem ist bei überlappenden Schleifen sichergestellt, dass die Daten eines Blocks gültig sind, wenn dieser Block von einer nachfolgenden Schleife verarbeitet wird. Um von den Vorteilen der statischen Partitionierung profitieren zu können, müssen folgende Voraussetzungen erfüllt sein:

1. Die Schleifen gehören zu demselben parallelen Bereich.
2. Die Schleifen haben dieselbe Anzahl von Iterationen.
3. Für alle Schleifen ist entweder keine oder dieselbe Blockgröße angegeben.

Listing 9.18 zeigt ein Beispiel für die statische Partitionierung. Offensichtlich darf `y[i]` in der zweiten Schleife erst geändert werden, wenn `x[i]` in der ersten Schleife berechnet wurde. Dennoch können wir mit der `nowait`-Klausel eine überlappende Ausführung erreichen, da bei der statischen Partitionierung in diesem Fall keine Abhängigkeiten verletzt werden. Dahingegen könnte es bei der dynamischen Partitionierung aufgrund unterschiedlicher Blockgrößen passieren, dass in der ersten Schleife schon der neue Wert von `y[i]` gelesen wird.

9.5 Speichermodell

Beim Zugriff auf gemeinsame Variablen stellt sich die Frage nach dem Speichermodell. Wie wir in Abschnitt 2.3.1 gesehen haben, sind Änderungen an gemeinsamen Variablen nicht unbedingt sofort für alle anderen Threads sichtbar. Au-

```
double x[SIZE], y[SIZE];
#pragma omp parallel
{
  #pragma omp for schedule(static) nowait
  for(size_t i = 0; i < SIZE; i++)
    x[i] = f(y[i]);
  // ... andere Berechnungen
  #pragma omp for schedule(static)
  for(size_t i = 0; i < SIZE; i++)
    y[i] = g(y[i]);
}
```

Listing 9.18 Beispiel für die Anwendung der statischen Partitionierung

ßerdem können durch Umsortierungen von Befehlen unerwünschte Effekte entstehen. Um Inkonsistenzen zu vermeiden, fügt OpenMP an folgenden Stellen Speicherbarrieren ein [43]:

- Explizite Barrieren
- Beginn und Ende von parallelen oder geordneten Bereichen
- Beginn und Ende von kritischen Abschnitten
- Ende von Worksharing-Konstrukten, wenn keine `nowait`-Klausel vorhanden
- Funktionsaufrufe zum Sperren und Freigeben von Mutexen (bei einem rekursiven Mutex nur, wenn der Mutex vorher nicht gesperrt war, und beim versuchsweisen Sperren nur, wenn der Mutex gesperrt wurde)
- Beginn und Ende von Tasks sowie Aufrufe von `taskyield` und `taskwait`
- Atomare Operationen (Barriere nur bzgl. der manipulierten Variable)

Außerdem können mit der `flush`-Anweisung, die einen Full Fence (siehe Abschnitt 2.3.1, S. 33) impliziert, gezielt Speicherbarrieren in ein Programm eingefügt werden. An all diesen Punkten ist sichergestellt, dass die Threads eine konsistente Sicht auf die Daten haben.

10 Threading Building Blocks

Die Threading Building Blocks (TBB)[1] von Intel sind eine Sammlung von Bausteinen für die parallele Programmierung in C++ [32, 33, 34, 48]. TBB ist als reine Bibliothek konzipiert und umfasst im Gegensatz zu OpenMP keine Spracherweiterungen. Die Version 1.0 wurde im Jahr 2006 vorgestellt, zu einer Zeit, als C++11 noch in weiter Ferne lag. Ein Ziel bei der Entwicklung von TBB war deshalb, die bis dahin in C++ fehlenden Mechanismen für die Programmierung von Multicore-Systemen plattformübergreifend zur Verfügung zu stellen.

Mit der Standardisierung von C++11 ist TBB keineswegs überflüssig geworden, da TBB weit mehr bietet als die in C++11 enthaltenen Basisfunktionen für die Verwaltung und Synchronisation von Threads. Beispielsweise stellt TBB einen Scheduler für die parallele Ausführung von Tasks nach dem Work-Stealing-Verfahren (siehe Abschnitt 4.1.5) zur Verfügung. Außerdem erleichtern parallele Algorithmen und Datenstrukturen die Entwicklung komplexer Anwendungen.

TBB wurde ursprünglich als kommerzielles Produkt entwickelt, jedoch ein Jahr nach dem Erscheinen der Version 1.0 unter der GNU General Public License (GPL) als Open-Source-Software zur Verfügung gestellt. Es gibt nach wie vor eine kommerzielle Variante, die den gleichen Funktionsumfang hat, aber Unterstützung durch Intel beinhaltet. TBB lässt sich mit verschiedenen Compilern benutzen (Microsoft Visual C++, Intel C++-Compiler und GCC).

Abbildung 10.1 zeigt die Grundbausteine, aus denen TBB besteht. Als Entwickler ist man vorwiegend mit den oberen beiden konfrontiert, nämlich den Algorithmen und Datenstrukturen. Der Task Scheduler dient als Grundlage für die Ausführung paralleler Algorithmen, kann aber auch direkt benutzt werden. Des Weiteren gibt es neben den gängigen Synchronisationsoperationen Unterstützung für Threads sowie eine auf Multicore-Prozessoren optimierte Speicherverwaltung.

Im Laufe der Zeit hat TBB einige Änderungen und Erweiterungen erfahren, insbesondere mit der Einführung der Version 3.0. Beispielsweise wurde eine neue Schnittstelle für die Erzeugung und Verwaltung von Tasks eingeführt, die komfortabler und einfacher zu benutzen ist als die klassische, aber nicht so viele Einflussmöglichkeiten durch den Benutzer bietet.[2] Im Folgenden werden wir uns auf die

[1] *http://www.threadingbuildingblocks.org/*

[2] Die klassische Schnittstelle besteht weiterhin und wird in der TBB-Dokumentation als *Low-level Interface* bezeichnet.

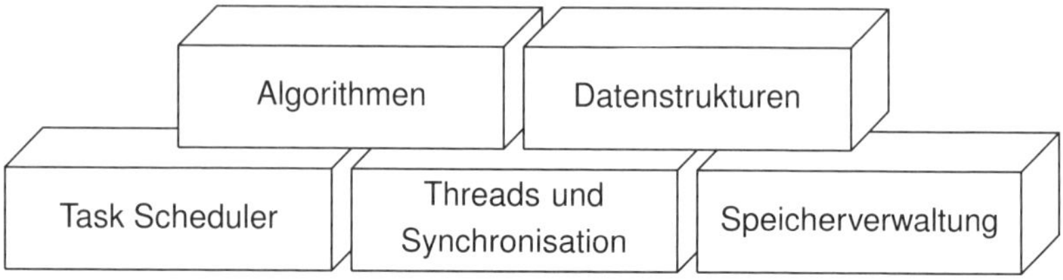

Abbildung 10.1 *TBB-Bausteine*

neuen Schnittstellen konzentrieren, die für die meisten Anwendungen ausreichen (die Angaben in diesem Buch beziehen sich auf die TBB-Version 4.0). Außerdem wurde die Kompatibilität mit C++11 verbessert [33]. So wurde unter anderem die Klasse für Threads an die C++11-Spezifikation angepasst. Wir verzichten deshalb auf eine nochmalige Beschreibung der sich überlappenden Teile und verweisen stattdessen auf Abschnitt 8.3.

TBB ist an die C++-Standardbibliothek (*Standard Template Library*, STL) angelehnt und macht wie diese regen Gebrauch von den Konzepten der generischen Programmierung mittels Templates. Durch die Nähe zur STL werden erfahrene C++-Programmierer schnell mit TBB zurechtkommen. Außerdem wird dadurch die Parallelisierung bestehender Programme erleichtert. Listing 10.1 zeigt ein mit der STL implementiertes Beispielprogramm, das einen Vektor von ganzen Zahlen sortiert und anschließend auf jedes Element eine Funktion `f` anwendet.

```
#include <vector>
#include <algorithm>

int main() {
  std::vector<int> v(SIZE);
  // ... Initialisierung
  std::sort(v.begin(), v.end());
  for(size_t i = 0; i < SIZE; i++)
    v[i] = f(v[i]);
}
```

Listing 10.1 *Beispiel für die Verwendung der Standardbibliothek (STL)*

Wenn die Funktion `f` keine Seiteneffekte hat, lässt sich dieses Programm auf einfache Weise mit TBB parallelisieren, indem man die Funktion `sort` und die Schleife durch die TBB-Funktionen `parallel_sort` bzw. `parallel_for` ersetzt.

Listing 10.2 zeigt die parallele Implementierung.[3] Zudem müssen natürlich die entsprechenden Header-Dateien eingebunden werden.[4]

```
#include <vector>
#include <tbb/parallel_sort.h>
#include <tbb/parallel_for_each.h>

int main() {
  std::vector<int> v(SIZE);
  // ... Initialisierung
  tbb::parallel_sort(v.begin(), v.end());
  tbb::parallel_for(size_t(0), SIZE, [&v] (size_t i) {
    v[i] = f(v[i]);
  });
}
```

Listing 10.2 *Parallele Implementierung des Beispiels aus Listings 10.1 mit TBB*

10.1 Synchronisationsmechanismen

Da TBB regen Gebrauch von dem integrierten Task Scheduler macht und die angebotenen Datenstrukturen implizit synchronisiert sind, ist man nur selten auf den expliziten Einsatz von Synchronisationsmechanismen angewiesen. Für Fälle, in denen eine explizite Synchronisation dennoch erforderlich ist, stellt TBB grundlegende Mechanismen wie Mutexe und atomare Operationen zur Verfügung. An dieser Stelle sei noch einmal darauf hingewiesen, dass blockierende Sperren innerhalb von Tasks mit Vorsicht eingesetzt werden sollten, weil durch die damit verbundenen Wartezeiten wertvolle Rechenzeit ungenutzt verstreicht (siehe Abschnitt 4.1.6).

10.1.1 Sperren

Die in TBB vorhandenen Sperren werden in der Dokumentation alle als Mutexe bezeichnet [33]. Einen »gewöhnlichen« Mutex stellt die Klasse `mutex` zur Verfügung. Hinter dieser Klasse verbirgt sich jedoch keine eigenständige Implementierung eines Mutex; sie kapselt lediglich die im Betriebssystem vorhandenen Funktionen für wechselseitigen Ausschluss. Gleiches gilt für die Klasse `recursive_mutex`, die – wie der Name schon sagt – einen rekursiven Mutex

[3] Das dritte Argument des Aufrufs von `parallel_for` ist eine Lambda-Funktion. Die Syntax von Lambda-Funktionen ist in Abschnitt 8.3.1 beschrieben.

[4] Die TBB-spezifischen Komponenten sind im Namensraum `tbb` definiert. Im Folgenden verzichten wir auf die explizite Angabe des Namensraums und gehen davon aus, dass dieser dem Compiler mittels `using namespace tbb` bekannt gemacht wurde.

zur Verfügung stellt. Allen von TBB angebotenen Sperren ist gemein, dass sie ausschließlich mittels Scoped Locking angesprochen werden können. Dazu hat jede dieser Klassen eine innere Klasse `scoped_lock`, mit deren Hilfe eine Sperre angefordert bzw. freigegeben werden kann. Um eine Sperre anzufordern, übergibt man dem Konstruktor das zu sperrende Objekt. Die Freigabe erfolgt automatisch über den Destruktor. Das Beispiel in Listing 10.3 verdeutlicht dies für einen Mutex.

```
mutex m;
void fun() {
  mutex::scoped_lock lock(m);
  // ... kritischer Abschnitt
}
```

Listing 10.3 *Beispiel für Scoped Locking*

Anstatt das Sperren und Freigeben dem Konstruktor bzw. Destruktor zu überlassen, kann man dies auch selbst erledigen. Das ist vor allem dann interessant, wenn man nicht warten möchte, falls eine Sperre bereits durch einen anderen Thread angefordert wurde, oder man eine Sperre noch vor dem Ende des Sichtbarkeitsbereichs freigeben möchte. Zu diesem Zweck gibt es die Methoden `acquire`, `try_acquire` und `release`. Die ersten beiden nehmen eine Referenz auf das zu sperrende Objekt entgegen. Der boolesche Rückgabewert von `try_acquire` gibt an, ob das Objekt gesperrt werden konnte. Die versuchsweise Anforderung und explizite Freigabe einer Sperre könnte damit wie in Listing 10.4 aussehen.

```
mutex m;
void fun() {
  mutex::scoped_lock lock;
  if(lock.try_acquire(m)) {
    // ... kritischer Abschnitt
    lock.release();
  }
  // ...
}
```

Listing 10.4 *Versuchsweise Anforderung und explizite Freigabe einer Sperre*

Neben den betriebssystemabhängigen Mutexen stellt TBB auch einen Satz von Spinlocks zur Verfügung.[5] Diese gibt es in einer unfairen Variante (`spin_mutex`) und einer fairen Variante (`queuing_mutex`). Bei letzterer ist sichergestellt, dass die Threads in der Reihenfolge bedient werden, in der sie die Sperre angefordert haben (siehe Abschnitt 3.3.4). Beide Varianten gibt es zudem in Form von Lese-/Schreibsperren (`spin_rw_mutex` und `queuing_rw_mutex`). Die Unter-

[5] Um die Verschwendung von Rechenzeit zu reduzieren, geben alle Spinlocks die Kontrolle vorübergehend an den Scheduler zurück (engl. *yield*).

scheidung zwischen Lese- und Schreibzugriffen erfolgt dabei durch einen booleschen Parameter beim Aufruf des Konstruktors bzw. der Methoden `acquire` und `try_acquire`. Der Wert `true` gibt an, dass das Objekt für Schreibzugriffe, also exklusiv, gesperrt werden soll. Der Wert `false` steht für reine Lesezugriffe. Ohne Angabe des Parameters wird `true` verwendet, sodass Lese-/Schreibsperren genauso wie gewöhnliche Mutexe oder Spinlocks verwendet werden können, z. B. wenn der Typ der Sperre als Template-Argument übergeben wird.

Listing 10.5 zeigt die Verwendung einer Lese-/Schreibsperre anhand einer einfachen Klasse, die Zugriffe auf eine gemeinsame Variable synchronisiert. Da die Methode `get` im Gegensatz zu `set` die Variable nicht verändert, genügt in diesem Fall eine Lesesperre.[6] Somit können mehrere Threads gleichzeitig den Wert der Variable abfragen.

```
template <typename T>
class shared_variable {
private:
  mutable queuing_rw_mutex m;
  T value;
public:
  T get() const {
    queuing_rw_mutex::scoped_lock(m, false);
    return value;
  }
  void set(const T& x) {
    queuing_rw_mutex::scoped_lock(m, true);
    value = x;
  }
};
```

Listing 10.5 Verwendung einer Lese-/Schreibsperre

Eine Lesesperre kann jederzeit durch die Methode `upgrade_to_writer` auf eine Schreibsperre hochgestuft werden. Die Methode liefert einen booleschen Wert zurück, der angibt, ob der Übergang vom Status »lesend« auf »schreibend« nahtlos erfolgte (`true`) oder die Sperre zur Vermeidung von Verklemmungen vorübergehend freigegeben wurde (`false`). Wenn der Rückgabewert `false` ist, kann es sein, dass ein anderer Thread die gemeinsame Ressource zwischenzeitlich verändert hat. In einem solchen Fall kann man deshalb nicht davon ausgehen, dass bestimmte Annahmen, die während des Lesezugriffs noch galten, immer noch gelten. Analoges gilt für die Methode `downgrade_to_reader`, die aus einer Schreibsperre eine Lesesperre macht.

Zum Schluss noch zwei »Exoten« unter den TBB-Sperren: `null_mutex` und `null_rw_mutex`. Diese beiden Sperren habe keine Funktion und dienen als Platz-

[6] Auch bei einer reinen Leseanforderung ändert sich der Zustand der Sperre. Da `get` konstant ist, muss `m` folglich als `mutable` deklariert werden.

halter, wenn eine Synchronisation nicht erforderlich ist. Angenommen wir haben eine Klasse, der wir als Template-Argument den Typ der zu verwendenden Sperre übergeben können, und möchten eine Instanz dieser Klasse im threadlokalen Speicher anlegen. Dann können wir zugunsten der Effizienz getrost auf eine Synchronisation innerhalb der Klasse verzichten und übergeben als Template-Argument `null_mutex` oder `null_rw_mutex`. Tabelle 10.1 fasst die Eigenschaften der verfügbaren Sperren zusammen (die Spalte L/S gibt an, ob es sich um eine Lese-/ Schreibsperre handelt).

Klasse	L/S	fair	rekursiv	block.
mutex	–	k. A.	–	√
recursive_mutex	–	k. A.	√	√
spin_mutex	–	–	–	–
queuing_mutex	–	√	–	–
null_mutex	–	√	√	–
spin_rw_mutex	√	–	–	–
queuing_rw_mutex	√	√	–	–
null_rw_mutex	√	√	√	–

Tabelle 10.1 Eigenschaften der in TBB verfügbaren Sperren

10.1.2 Atomare Operationen

Für atomare Operationen auf Variablen eines Typs `T` stellt TBB das Klassentemplate `atomic<T>` zur Verfügung, wobei `T` ein ganzzahliger Typ, ein Aufzählungstyp, ein Zeigertyp oder vom Typ `bool` sein muss. Das Lesen eines Werts erfolgt implizit oder explizit durch Typkonversion und das Schreiben durch den Zuweisungsoperator. Das bedeutet, dass ein Objekt vom Typ `atomic<int>` im Prinzip genauso wie eine `int`-Variable behandelt werden kann:

```
atomic<int> x;
x = 5;
cout << x << endl;
```

Neben dem Lesen und Schreiben eines Werts gibt es im Wesentlichen drei Grundoperationen zur Manipulation atomarer Variablen (vgl. Abschnitt 3.2.9), wobei alle drei Operationen den alten Wert des Objekts `x` zurückgeben:

`x.fetch_and_store(y)` weist `x` den Wert `y` zu.
`x.fetch_and_add(y)` addiert den Wert `y` auf `x` auf.
`x.compare_and_swap(y,z)` weist `x` den Wert `y` zu, falls `x` gleich `z` ist.

Die Methode fetch_and_add ist jedoch nur bei ganzzahligen Typen und Zeigertypen verfügbar. Bei Letzteren gelten die Regeln der Zeigerarithmetik. Wenn zum Beispiel ein int-Wert vier Bytes benötigt und x vom Typ atomic<int*> ist, wird x bei einem Aufruf von x.fetch_and_add(2) um acht Bytes weitergeschaltet. Dem Komfort und der besseren Lesbarkeit zuliebe kann man anstelle von fetch_and_add auch die Inkrement- und Dekrementoperatoren sowie die Operatoren -= und += verwenden.

Mithilfe des Aufzählungstyps atomic<T>::memory_semantics lässt sich die Speicherbarriere (siehe Abschnitt 2.3.1, S. 33) spezifizieren. Es stehen zwei Konstanten zur Verfügung: acquire und release. In der Voreinstellung kommen für Lesezugriffe ein Acquire Fence und für Schreibzugriffe ein Release Fence zum Einsatz. Für Operationen wie compare_and_swap, die einen Wert lesen und verändern, gilt die sequenzielle Konsistenz. Um eine von der Voreinstellung abweichende Speicherbarriere zu verwenden, übergibt man die entsprechende Konstante als Template-Argument, z. B. x.compare_and_swap<release>(1, 2).

10.2 Taskparallelität

Wie wir im ersten Teil des Buches gesehen haben, lassen sich viele Probleme mit Tasks parallelisieren (siehe Abschnitt 4.1). TBB bietet dafür mehrere Möglichkeiten an. Der einfachste Weg ist die parallele Ausführung mehrerer Funktionen. Wem das nicht reicht, der sollte Taskgruppen einsetzen. Für maximale Effizienz lohnt sich ein Blick auf die klassische Schnittstelle des Task-Schedulers, die in [33, 34] ausführlich beschrieben ist.

10.2.1 Parallele Funktionsaufrufe

Für die parallele Ausführung mehrerer Funktionen gibt es das Funktionstemplate parallel_invoke, das bis zu zehn Funktoren, Lambda-Funktionen oder Funktionszeiger entgegennimmt. Da parallel_invoke erst dann zurückkehrt, wenn alle Tasks fertig sind, muss man sich nicht um die Synchronisation kümmern.

Ein typisches Anwendungsgebiet von parallel_invoke sind rekursive Algorithmen nach dem »Teile und herrsche«-Prinzip (siehe Abschnitt 4.1.2). Um das Ergebnis einer Berechnung an die aufrufende Funktion zurückzugeben, muss man den Funktoren eine Referenz oder einen Zeiger auf die Variable übergeben, in der das Ergebnis gespeichert werden soll. Die in Listing 10.6 gezeigte Funktion verdeutlicht dies am Beispiel der Berechnung der Fibonacci-Zahlen.

Voraussetzung für den Einsatz von parallel_invoke ist, dass an der Stelle des Aufrufs die Anzahl der dort auszuführenden Tasks zur Übersetzungszeit feststeht. Möchte man eine variable Anzahl von Tasks parallel ausführen oder zur Laufzeit entscheiden, welche Tasks überhaupt ausgeführt werden sollen, muss man Taskgruppen einsetzen oder direkt auf den Task Scheduler zurückgreifen.

```
int fibonacci(int n) {
  if(n < 2)
    return n;
  int x, y;
  parallel_invoke([&x, n] {x = fibonacci(n-1);},
                  [&y, n] {y = fibonacci(n-2);});
  return x+y;
}
```

Listing 10.6 *Parallele Berechnung der Fibonacci-Zahlen mit* `parallel_invoke`

10.2.2 Taskgruppen

Eine Gruppe von Tasks wird durch ein Objekt der Klasse `task_group` repräsentiert. Zum Starten eines Tasks ruft man die Methode `run` auf:

```
template<typename Func> void task_group::run(const Func& f);
```

Die Tasks einer Gruppe können durch einen Aufruf von `cancel` abgebrochen werden. Die Synchronisation erfolgt durch die Methode `wait`, die erst dann zurückkehrt, wenn alle Tasks beendet sind. Sie muss vor dem Destruktor aufgerufen werden, sonst wird eine Ausnahme geworfen. Der Rückgabewert von `wait` ist ein Wert vom Aufzählungstyp `task_group_status`. Es wird entweder `complete` oder `canceled` zurückgegeben. Ein Aufruf von `run` mit einem anschließenden `wait` lässt sich auch »in einem Rutsch« mittels `run_and_wait` erledigen.

Listing 10.7 zeigt den Einsatz von Taskgruppen am Beispiel des Quicksort-Algorithmus (aus Gründen der Einfachheit verzichten wir auf die Darstellung der Funktion `partition`). Um die Teilbereiche parallel sortieren zu können, verpacken wir die beiden Aufrufe von `quicksort` in Lambda-Funktionen und übergeben diese der Taskgruppe `group`. Wie in Abschnitt 4.1.3 angedeutet, besteht keine Notwendigkeit, bei jedem Aufruf eine neue Gruppe anzulegen. Deshalb verwenden wir eine globale Gruppe, die wir `quicksort` per Referenz übergeben. Die Rekursion endet, wenn der durch `from` und `to` gegebene Teilbereich die minimale Blockgröße (`grainsize`) unterschreitet. In diesem Fall sortieren wir den verbleibenden Teilbereich sequenziell durch Aufruf der STL-Funktion `sort`, um den Mehraufwand für die Taskerzeugung und -Verwaltung zu reduzieren.

Um ein Feld zu sortieren, legen wir eine Taskgruppe an, rufen die Funktion `quicksort` auf und warten anschließend, bis alle Tasks beendet sind:

```
vector<int> v;
// ... Initialisierung
task_group group;
quicksort(v.begin(), v.end(), 1000, group);
group.wait();
```

```
template <typename RandomAccessIterator>
void quicksort(const RandomAccessIterator from,
               const RandomAccessIterator to,
               const int grainsize,
               task_group& group) {
  if(size_t(to-from) > grainsize) {
    const RandomAccessIterator pivot(partition(from, to));
    group.run([=, &group] {
      quicksort(from, pivot, grainsize, group);
    });
    group.run([=, &group] {
      quicksort(pivot+1, to, grainsize, group);
    });
  } else
    sort(from, to);
}
```

Listing 10.7 *Paralleler Quicksort-Algorithmus mit Taskgruppen*

10.2.3 Task Scheduler

Seit der TBB-Version 2.2 ist es nicht mehr notwendig, den Task Scheduler explizit zu initialisieren. Dennoch kann dies nützlich sein, z. B. um im Rahmen von Skalierbarkeitsmessungen die Anzahl der Threads festzulegen (standardmäßig wird für jeden Kern ein Thread erzeugt). Die Initialisierung des Task-Schedulers erfolgt über die Klasse `task_scheduler_init`. Die Anzahl der Threads kann dabei sowohl im Konstruktor als auch beim Aufruf der Methode `initialize` angegeben werden. Die Voreinstellung lässt sich durch Aufruf der statischen Methode `default_num_threads` abfragen.

Listing 10.8 zeigt verschiedene Möglichkeiten der Initialisierung des Task-Schedulers auf, wobei die Anzahl der Threads beim Programmaufruf übergeben wird. Die Angabe von `task_scheduler_init::deferred` im Konstruktor von `task_scheduler_init` verhindert, dass der Scheduler mit den Standardwerten initialisiert wird. Wenn der Benutzer beim Programmaufruf den Wert 0 angegeben hat, wird die Anzahl der Threads automatisch bestimmt. Andernfalls wird der Scheduler mit der Anzahl der angegebenen Threads initialisiert. Falls diese größer als die durch `default_num_threads()` gegebene Voreinstellung ist, wird eine Warnung ausgegeben.

10.3 Datenparallelität

TBB stellt eine Reihe von Funktionstemplates für die parallele Ausführung von Schleifen zur Verfügung. Neben »einfachen« Schleifen ohne Datenabhängigkeiten werden auch Reduktionen und Präfixberechnungen unterstützt. Die Teilprobleme

```
int main(int argc, char *argv[]) {
  // ... überprüfe Anzahl der Argumente
  const int threads(atoi(argv[1]));
  task_scheduler_init init(task_scheduler_init::deferred);
  if(threads == 0)
    init.initialize(task_scheduler_init::automatic);
  else {
    if(threads > task_scheduler_init::default_num_threads())
      cout << "Achtung: mehr Threads als Kerne" << endl;
    init.initialize(threads);
  }
  // ... benutze den Task Scheduler
}
```

Listing 10.8 *Initialisierung des Task-Schedulers*

werden dabei auf Tasks abgebildet. Da die Erzeugung und Synchronisation der Tasks automatisch vonstattengeht, muss man sich als Benutzer lediglich um die anwendungsspezifische Funktionalität kümmern.

10.3.1 Schleifen ohne Datenabhängigkeiten

Schleifen ohne Datenabhängigkeiten (siehe Abschnitt 4.2.1) können mit der Funktion `parallel_for`, die wir bereits in der Einleitung zu diesem Kapitel kennengelernt haben, parallel ausgeführt werden. Die Funktion `parallel_for` gibt es in verschiedenen Varianten. Im einfachsten Fall wird neben dem Iterationsbereich `[first, last)` nur der auszuführende Funktor übergeben:

```
template<typename Index, typename Func>
Func parallel_for(Index first, Index last, const Func& f);
```

Optional lässt sich auch eine positive Schrittweite `step` angeben:

```
template<typename Index, typename Func>
Func parallel_for(Index first, Index last, Index step,
                  const Func& f);
```

Bei beiden Fällen erfolgt die Partitionierung zur Laufzeit durch TBB. Als Benutzer hat man somit keinen Einfluss auf die Anzahl und die Größe der Blöcke. Außerdem eignen sich die gezeigten Varianten von `parallel_for` nur für eindimensionale Felder, da es sich bei dem Templateparameter `Index` um einen ganzzahligen Typ handeln muss. Die folgende Variante ist universeller einsetzbar und kann auch mit anderen, z. B. durch Iteratoren definierten Iterationsbereichen umgehen:

```
template<typename Range, typename Body>
void parallel_for(const Range& range, const Body& body
                  [, Partitioner& partitioner]);
```

Der Parameter `range` gibt an, für welchen Bereich der Schleifenrumpf `body` ausgeführt werden soll. Generell gilt, dass `range` so lange rekursiv in Teilbereiche zerlegt wird, bis eine weitere Zerlegung nicht mehr sinnvoll ist. Für die erhaltenen Teilbereiche wird dann jeweils der Funktionsoperator von `body` aufgerufen. Im Gegensatz zu den oben beschriebenen Varianten von `parallel_for` bearbeitet `body` also nicht nur eine einzelne Iteration, sondern einen ganzen Bereich. Über den optionalen Parameter `partitioner`, auf den wir später genauer eingehen, lässt sich die Aufteilung eines Bereichs in Blöcke beeinflussen.

TBB stellt für ein-, zwei- und dreidimensionale Bereiche vorgefertigte Klassen zur Verfügung, die für einen Großteil der Anwendungen ihren Zweck erfüllen. Nur in besonderen Situationen ist es notwendig, eigene Bereiche zu definieren, wie in [33, 34] ausführlich beschrieben. Wir beschränken uns im Folgenden auf die vorgefertigten Klassen und betrachten zunächst den eindimensionalen Fall. Ein Objekt vom Typ `blocked_range<Value>` beschreibt ein halboffenes Intervall `[begin, end)`, wobei `Value` zum Beispiel ein ganzzahliger Typ, ein Zeigertyp oder eine Iteratorklasse mit wahlfreiem Zugriff (engl. *random access iterators*) sein kann. Die Grenzen eines Intervalls lassen sich über den Konstruktor

```
blocked_range(Value begin, Value end, size_t grainsize=1)
```

setzen. Der optionale Parameter `grainsize` gibt an, ab welcher Größe ein Bereich nicht mehr geteilt wird. Der Wert 1000 bedeutet zum Beispiel, dass Blöcke mit bis zu 1000 Elementen sequenziell verarbeitet werden.

Kehren wir zurück zu `parallel_for`. Um wie in dem Beispiel auf Seite 255 auf jedes Element eines Vektors eine Funktion `f` anzuwenden, können wir uns die in Listing 10.9 gezeigte Klasse definieren. Die eigentliche Funktionalität steckt dabei im Funktionsoperator, der den durch `range` spezifizierten Bereich sequenziell durchläuft. Der Aufruf von `parallel_for` sieht dann wie folgt aus:

```
parallel_for(blocked_range<size_t>(0, SIZE), body(v));
```

Da die Klasse im Wesentlichen aus dem Funktionsoperator besteht, können wir in diesem Fall `parallel_for` anstelle einer Instanz von `body` auch eine Lambda-Funktion übergeben. Das spart etwas Schreibarbeit und macht die Definition einer eigenen Klasse für den Schleifenrumpf überflüssig.

Partitionierung

Wenn man den optionalen Parameter von `parallel_for` nicht angibt, wird der voreingestellte Partitionierungsalgorithmus `auto_partitioner` für die Bestimmung einer geeigneten Blockgröße verwendet. Um die Körnung manuell einzustellen, muss man als Partitionierungsalgorithmus `simple_partitioner` auswählen und im Konstruktor von `blocked_range` den Parameter `grainsize` angeben. Betrachten wir noch einmal das vorherige Beispiel und nehmen an, dass

```
class body {
private:
  vector<int>& v;
public:
  body(vector<int>& vec): v(vec) {}
  void operator()(const blocked_range<size_t>& range) const {
    for(size_t i = range.begin(); i != range.end(); i++)
      v[i] = f(v[i]);
  }
};
```

Listing 10.9 *Klasse zur Ausführung einer parallelen Schleife mit* `parallel_for`

unser Vektor 10000 Elemente hat. Dann sollte auf einem Rechner mit vier Prozessorkernen ein Block nicht mehr als 2500 Elemente umfassen:

```
parallel_for(blocked_range<size_t>(0, SIZE, 2500), body(v),
             simple_partitioner());
```

Bei der Verwendung von `simple_partitioner` gilt für die Blockgröße B stets $\lceil G/2 \rceil \leq B \leq G$, wobei G die Körnung angibt. Auch bei `auto_partitioner` kann es sinnvoll sein, eine Körnung anzugeben. Dabei ist sichergestellt, dass ein Block immer mindestens $\lceil G/2 \rceil$ Elemente umfasst.

Mit dem `affinity_partitioner` stellt TBB eine Möglichkeit zur Verfügung, bei aufeinanderfolgenden Schleifen die Migration von Daten zwischen den Caches der Prozessorkerne zu minimieren (siehe S. 124). Dazu wird bei der Ausführung von `parallel_for` Buch darüber geführt, welche Blöcke durch welche Threads bearbeitet werden. Bei einer erneuten Ausführung von `parallel_for` werden diese Informationen dazu genutzt, die Blöcke nach Möglichkeit wieder denselben Threads zuzuteilen. Dadurch steigt die Wahrscheinlichkeit, dass sich die Daten noch im Cache des entsprechenden Prozessorkerns befinden. Das folgende Beispiel zeigt die Verwendung von `affinity_partitioner` in einer verschachtelten Schleife:

```
affinity_partitioner ap;
for(size_t i = 0; i < 10; i++)
  parallel_for(blocked_range<size_t>(0, SIZE), body(v), ap);
```

Man beachte, dass es sich bei dem Objekt, das `parallel_for` als drittes Argument übergeben wird, nicht um ein temporäres Objekt handeln darf. Dies würde nämlich dazu führen, dass die Informationen über die Zuordnung von Blöcken zu Threads verloren gehen.

Mehrdimensionale Datenstrukturen

Für die parallele Ausführung von Schleifen auf zweidimensionalen Datenstrukturen (Matrizen) gibt es die Klasse `blocked_range2d<RowValue, ColValue>`, wobei `RowValue` und `ColValue` die Typen für die Adressierung der Zeilen bzw. Spalten angeben. Ein Objekt dieser Klasse lässt sich mit folgenden Konstruktoren erzeugen:

```
blocked_range2d(RowValue row_begin, RowValue row_end,
                ColValue col_begin, ColValue col_end)

blocked_range2d(RowValue row_begin, RowValue row_end,
                size_t row_grainsize,
                ColValue col_begin, ColValue col_end,
                size_t col_grainsize)
```

Intern werden zweidimensionale Bereiche durch Paare von eindimensionalen Bereichen dargestellt. Dazu werden in `blocked_range2d<RowValue, ColValue>` die Typen `row_range_type` und `col_range_type` definiert:

```
typedef blocked_range<RowValue> row_range_type;
typedef blocked_range<ColValue> col_range_type;
```

Die Grenzen eines Bereichs lassen sich mit folgenden Methoden abfragen:

```
const row_range_type& rows() const;
const col_range_type& cols() const;
```

Listing 10.10 zeigt die Verwendung zweidimensionaler Bereiche am Beispiel des Mittelwertfilters aus Abschnitt 4.2.1. Die grundsätzliche Vorgehensweise ist die gleiche wie im eindimensionalen Fall. Der wesentliche Unterschied ist, dass wir es im Funktionsoperator mit zwei verschachtelten Schleifen zu tun haben. Außerdem empfiehlt es sich, den Bereichstyp an zentraler Stelle zu definieren, um ihn nicht jedes Mal ausschreiben zu müssen:

```
typedef blocked_range2d<size_t, size_t> range_t;
```

Der Aufruf von `parallel_for` ohne Angabe der Körnung lautet dann wie folgt:

```
range_t range(1, ROWS-1, 1, COLS-1);
parallel_for(range, mean_filter(src, dst));
```

Für dreidimensionale Bereiche gibt es die Klasse `blocked_range3d`, die demselben Prinzip folgt wie `blocked_range2d`. Deshalb gehen wir in diesem Buch nicht weiter darauf ein und verweisen stattdessen auf [33].

```
class mean_filter {
private:
  image &src, &dst;
public:
  mean_filter(image& source, image& destination):
    src(source), dst(destination) {}
  void operator()(const range_t& range) const {
    const range_t::row_range_t& rows(range.rows());
    const range_t::col_range_t& cols(range.cols());
    for(size_t x = rows.begin(); x != rows.end(); x++)
      for(size_t y = cols.begin(); y != cols.end(); y++) {
        pixel p = 0;
        for(int i = -1; i <= 1; i++)
          for(int j = -1; j <= 1; j++)
            p += src[x+i][y+j];
        dst[x][y] = p/9;
      }
  }
};
```

Listing 10.10 Mittelwertfilter mit zweidimensionalen Bereichen

Variable Iterationsbereiche

Um Schleifen mit `parallel_for` parallelisieren zu können, muss der Iterationsbereich vorab bekannt sein. Das ist jedoch nicht immer der Fall, z. B. bei der Verarbeitung von Listen. Für solche Zwecke eignet sich die Funktion `parallel_do`, die auch dann eingesetzt werden kann, wenn während der Ausführung der Schleife neue Elemente hinzukommen. Neben einem Funktor `func` erhält `parallel_do` als Argumente zwei Iteratoren `first` und `last`, die den Bereich spezifizieren:

```
template<typename InputIterator, typename Func>
void parallel_do(InputIterator first, InputIterator last,
                 const Func& func);
```

Die Anwendung einer Funktion `f` auf eine Liste `list` von `int`-Werten sieht beispielsweise wie folgt aus:

```
parallel_do(list.begin(), list.end(), [] (int& x) {x = f(x);});
```

Während der Ausführung von `parallel_do` können neue Elemente mithilfe der Klasse `parallel_do_feeder` der Verarbeitung hinzugefügt werden. Ein Objekt dieser Klasse wird dem Funktor als zweites Argument übergeben. Neue Elemente werden durch Aufruf der Methode `add` hinzugefügt. Diese Elemente werden zusätzlich zu den Elementen verarbeitet, die der Iterator zurückliefert. Die Funktion `parallel_do` kehrt erst dann zurück, wenn alle Elemente einschließlich der hinzugefügten verarbeitet wurden. Das folgende Programmfragment veranschaulicht die Verwendung von parallel_do_feeder:

```
parallel_do(list.begin(), list.end(),
            [] (int& x, parallel_do_feeder<int>& f) {
  // ... verarbeite x
  f.add(y); // füge ein Element y hinzu
});
```

Hinweise

- Setzen Sie parallel_for anstelle von parallel_do ein, wenn die Anwendung es erlaubt. Der Mehraufwand bei parallel_for ist in der Regel geringer.
- Achten Sie bei der Verwendung von parallel_do darauf, dass die Verarbeitung eines Elements genügend Zeit in Anspruch nimmt, um den internen Mehraufwand auszugleichen.
- Verwenden Sie außerdem nach Möglichkeit Iteratoren mit wahlfreiem Zugriff, da bei einem rein sequenziellen Zugriff die nutzbare Parallelität eingeschränkt ist.

Mit der Funktion parallel_for_each stellt TBB eine weitere Funktion für die parallele Ausführung von Schleifen zur Verfügung. Sie wurde aus Gründen der Kompatibilität zur Standardbibliothek bzw. zu Microsofts Parallel Patterns Library (PPL) eingeführt und ist fast identisch zu parallel_do. Der einzige Unterschied ist, dass parallel_for_each das Hinzufügen von Elementen während der Ausführung nicht unterstützt.

10.3.2 Reduktionen

Mithilfe der Funktion parallel_reduce lassen sich Reduktionen bewerkstelligen (siehe Abschnitt 4.2.2). Ebenso wie parallel_for steht parallel_reduce in zwei Varianten zur Verfügung [33, 34]. Wir betrachten nur die neuere Variante, da diese einfacher zu benutzen ist und für einen Großteil der Anwendungen ausreicht. Die Deklaration lautet:

```
template<typename Range, typename Value, typename Func,
         typename Reduction>
Value parallel_reduce(const Range& range,
                      const Value& identity,
                      const Func& func,
                      const Reduction& reduction
                      [, Partitioner& partitioner]);
```

Der Parameter range gibt den zu reduzierenden Bereich an und identity das linksneutrale Element der zugrunde liegenden Operation (siehe Abschnitt 4.2.2). Der Funktor func ist dafür zuständig, die Teilbereiche zu reduzieren, wobei x als Startwert für die Reduktion dient:

```
Value Func::operator()(const Range& range, const Value& x);
```

Die Teilergebnisse werden durch den Funktor reduction paarweise verknüpft:

```
Value Reduction::operator()(const Value& x, const Value& y);
```

Ebenso wie bei parallel_for kann man auch bei parallel_reduce über den optionalen Parameter partitioner das Partitionierungsverfahren auswählen.

Listing 10.11 zeigt ein Beispiel, das die Summe der Elemente eines Vektors v von Gleitkommazahlen berechnet [33]. Als Erstes übergeben wir den zu reduzierenden Bereich in Form eines Objekts vom Typ blocked_range<size_t> sowie das linksneutrale Element (0 im Fall der Addition). Für die Berechnung der Teilsummen verwenden wir eine Lambda-Funktion, die iterativ die Werte des jeweiligen Teilbereichs auf den Startwert aufaddiert. Die Reduktion erfolgt ebenfalls über eine Lambda-Funktion durch Addition der Teilsummen.

```
vector<double> v(SIZE);
// ... Initialisierung
double sum = parallel_reduce(
  blocked_range<size_t>(size_t(0), SIZE),
  0.0,
  [&v] (const blocked_range<size_t>& range, double x) -> double
  {
    for(size_t i = range.begin(); i != range.end(); i++)
      x += v[i];
    return x;
  },
  [] (double x, double y) {
    return x + y;
  });
```

Listing 10.11 Summenberechnung mit parallel_reduce

Das Beispiel lässt sich noch etwas kompakter implementieren, indem man von der Standardbibliothek Gebrauch macht [33]. Im Zuge dessen bietet es sich an, Iteratoren anstelle von Indizes zu verwenden, was die Verwendung von STL-Funktionen wie accumulate vereinfacht. Listing 10.12 zeigt eine mögliche Umsetzung. Da die der Reduktion zugrunde liegende Operation zwar assoziativ, aber nicht kommutativ sein muss, können wir dieses Beispiel in leicht abgewandelter Form auch für andere Probleme wie die Stringkonkatenation verwenden (siehe Abschnitt 4.2.2).

```
vector<double> v;
// ... Initialisierung
typedef vector<double>::const_iterator iter_t;
double sum = parallel_reduce(
  blocked_range<iter_t>(v.begin(), v.end()),
  0.0,
  [] (const blocked_range<iter_t>& range, double x) -> double {
    return accumulate(range.begin(), range.end(), x);
  },
  plus<double>());
```

Listing 10.12 Summenberechnung mit `parallel_reduce` und der STL

10.3.3 Präfixberechnungen

Präfixberechnungen (siehe Abschnitt 4.2.3) lassen sich mithilfe der Funktion `parallel_scan` durchführen:

```
template<typename Range, typename Body>
void parallel_scan(const Range& range, Body& body
                   [, Partitioner& partitioner]);
```

Der Parameter `range` gibt wie üblich den gewünschten Bereich an, und `body` enthält die benutzerdefinierte Funktionalität. Im Gegensatz zu `parallel_for` und `parallel_reduce` hat man bei dem optionalen Parameter `partitioner` jedoch nur die Wahl zwischen automatischer und manueller Partitionierung, d. h., `affinity_partitioner` wird nicht unterstützt.

Tabelle 10.2 zeigt die Anforderungen an die Klasse `Body`. Dabei fällt auf, dass es zwei Funktionsoperatoren gibt, die sich durch ein Dummy-Argument unterscheiden. Die erste Variante mit Argument `pre_scan_tag` reduziert den durch `r` gegebenen Teilbereich, berechnet aber noch keine Präfixsummen. Sie wird dazu verwendet, um im Voraus Teilsummen zu berechnen. Dahingegen berechnet die zweite Variante mit Argument `final_scan_tag` die tatsächlichen Präfixsummen und speichert diese ab. Anders als bei `parallel_for` sind die Funktionsoperatoren nicht als `const` deklariert, um die Teilsummen zwischenspeichern zu können. Mit dem sogenannten Splitting-Konstruktor, der an dem Dummy-Argument `split` zu erkennen ist, wird das vom Benutzer übergebene `Body`-Objekt schrittweise zerlegt. Die Teilergebnisse werden anschließend mithilfe der Methode `reverse_join` zusammengefasst. Die Methode `assign` dient dazu, `*this` das Ergebnis eines anderen `Body`-Objekts zuzuweisen. Da `parallel_scan` zwei Durchläufe benötigt (siehe Abschnitt 4.2.3), ist auf einem Dual-Core-Rechner keine Beschleunigung zu erwarten.

Die Funktionsweise von `parallel_scan` wird an einem Beispiel klarer. Listing 10.13 zeigt die Implementierung einer Klasse `body` für die Berechnung der Präfixsummen eines Vektors, wobei der Templateparameter `T` den Typ der Vek-

Signaturen
`void Body::operator()(const Range& r, pre_scan_tag)`
`void Body::operator()(const Range& r, final_scan_tag)`
`Body::Body(Body& b, split)`
`void Body::reverse_join(Body& b)`
`void Body::assign(Body& b)`

Tabelle 10.2 Anforderungen an die Klasse `Body` für `parallel_scan`

torelemente angibt [33]. Die Variable `sum` dient zum Speichern der Teilsummen. Der Ursprungsvektor ist mit `x` und der Zielvektor, in dem die Präfixsummen gespeichert werden, mit `y` bezeichnet. Um ein Objekt der Klasse `body` mit dem Splitting-Konstruktor aufzuteilen, müssen wir lediglich die Referenzen auf `x` und `y` kopieren und `sum` auf null setzen.

Die beiden Funktionsoperatoren haben wir in einem Funktionstemplate zusammengefasst, da sie einander sehr ähnlich sind. Dabei machen wir uns zunutze, dass die Klassen `pre_scan_tag` und `final_scan_tag` eine statische Methode `is_final_scan` anbieten, die für erstere `false` und für letztere `true` zurückliefert. Anhand des Rückgabewerts können wir somit entscheiden, welcher Funktionsoperator aufgerufen wurde. In beiden Fällen berechnen wir sequenziell die Summe der durch `range` gegebenen Vektorelemente. Falls `is_final_scan` den Wert `true` zurückgibt, speichern wir die Präfixsummen in `y`. Da die Addition kommutativ ist, spielt es keine Rolle, in welcher Reihenfolge wir die Teilsummen in `reverse_join` aufaddieren.[7]

10.4 Datenstrukturen

TBB bietet mehrere Arten von Datenstrukturen an: assoziative Felder (Hashtabellen), Mengen, Warteschlangen und Vektoren. Im Gegensatz zur Standardbibliothek unterstützen diese parallele Schreibzugriffe durch mehrere Threads. Um Skalierbarkeit zu erreichen, kommen feingranulare oder nichtblockierende Synchronisationsmechanismen zum Einsatz (siehe Abschnitt 5.1). Die Kosten für die Synchronisation amortisieren sich allerdings erst dann, wenn genügend Parallelität zur Verfügung steht. Deshalb sind die TBB-Datenstrukturen bei sequenziellen Zugriffen mitunter nicht ganz so effizient wie herkömmliche Implementierungen.

[7] Für eine nichtkommutative Operation $\circ$ sollte `b.reverse_join(a)` das Ergebnis von $a \circ b$ in b speichern.

```
template <typename T>
class body {
private:
  T sum;
  const vector<T>& x;
  vector<T>& y;
public:
  body(const vector<T>& x_, vector<T>& y_):
    sum(0), x(x_), y(y_) {}
  body(body& b, split): sum(0), x(b.x), y(b.y) {}
  template<typename Tag>
  void operator()(const blocked_range<size_t>& range, Tag) {
    for(size_t i = range.begin(); i != range.end(); i++) {
      sum += x[i];
      if(Tag::is_final_scan())
        y[i] = sum;
    }
  }
  void reverse_join(body& b) {
    sum += b.sum;
  }
  void assign(body& b) {
    sum = b.sum;
  }
};
```

Listing 10.13 *Klasse zur Berechnung von Präfixsummen mit* `parallel_scan`

10.4.1 Assoziative Felder und Mengen

Eine Hashtabelle vom Typ `concurrent_hash_map<Key, T>` bildet eine Menge von Schlüsseln vom Typ `Key` auf Werte vom Typ `T` ab. Die Einträge einer Hashtabelle sind Paare vom Typ `pair<Key, T>`, wobei es für jeden Schlüssel höchstens einen Eintrag gibt. Über einen optionalen Templateparameter lassen sich die Hashfunktion und die Vergleichsoperation für die Schlüssel spezifizieren. Zudem kann man den zu verwendenden Speicherallokator angeben. Die vollständige Deklaration lautet:

```
template<typename Key, typename T,
         typename HashCompare=tbb_hash_compare<Key>,
         typename Allocator=tbb_allocator<std::pair<Key, T>>>
class concurrent_hash_map;
```

Das Klassentemplate `tbb_hash_compare` ist für ganzzahlige Typen, Zeigertypen, Strings und Paare dieser Typen vordefiniert. Für andere Schlüsseltypen kann man sich eine eigene `HashCompare`-Klasse definieren. Die Klasse `Allocator` muss den Anforderungen der C++-Spezifikation an Speicherallokatoren genügen. Somit kann man auch andere als die in TBB vorhandenen Allokatoren verwenden.

Der Vorteil von concurrent_hash_map gegenüber grobgranular gesperrten Datenstrukturen ist, dass mehrere Threads parallel unterschiedliche Einträge bearbeiten und neue Einträge hinzufügen können. Außerdem können mehrere Threads gleichzeitig lesend auf einen Eintrag zugreifen. Nur Schreibzugriffe auf einen Eintrag sind immer exklusiv. Die Steuerung des Zugriffs erfolgt über sogenannte *Accessors*, die man sich als Zeiger mit integrierter Sperre vorstellen kann. In der Klasse concurrent_hash_map gibt es zwei Arten von Accessors: const_accessor und accessor. Erstere sind für Lesezugriffe gedacht und erlauben auch anderen Threads, ein const_accessor-Objekt auf den entsprechenden Eintrag anzufordern. Letztere implementieren wechselseitigen Ausschluss und werden für Schreibzugriffe verwendet. Im Gegensatz zu const_accessor können deshalb nicht mehrere accessor-Objekte auf einen Eintrag zeigen.

Das folgende Beispiel zeigt, wie wir den zu einem Schlüssel gehörenden Wert ermitteln können:

```
concurrent_hash_map<Key, T>::const_accessor a;
if(!table.find(a, key))
  throw("Eintrag nicht gefunden");
// ... lese a->second (*a ist ein Paar vom Typ pair<Key, T>)
a.release();
```

Zunächst legen wir ein const_accessor-Objekt an und übergeben dieses zusammen mit dem Schlüssel der Methode find. Wenn ein Paar mit dem angegebenen Schlüssel vorhanden ist, wird eine Lesesperre für den entsprechenden Eintrag angefordert und der Accessor gesetzt. Anschließend können wir den Wert lesen. Um den Eintrag freizugeben, rufen wir die Methode release des Accessors auf. Auf die explizite Freigabe kann man verzichten, wenn der Accessor unmittelbar danach zerstört wird (vgl. Abschnitt 3.2.2 zu Scoped Locking). Schreibzugriffe laufen nach dem gleichen Muster ab, nur dass man anstatt eines const_accessor-Objekts ein accessor-Objekt verwendet.

Neben der Methode find gibt es zwei weitere Operationen, die mit Accessors arbeiten: insert fügt einen neuen Eintrag in eine Hashtabelle ein, sofern noch kein Paar mit dem angegebenen Schlüssel vorhanden ist, und erase löscht einen Eintrag. Darüber hinaus kann man eine concurrent_hash_map mithilfe von Iteratoren durchlaufen. Dies ist sogar parallel möglich, z. B. mit parallel_for oder parallel_reduce. Dabei ist jedoch Vorsicht geboten, da Operationen wie insert und erase bestehende Iteratoren invalidieren. Listing 10.14 zeigt ein etwas aufwendigeres Beispiel, das für jeden String in einem Vektor die Anzahl der Vorkommen bestimmt und in einer Hashtabelle speichert (vgl. [34]).

Mit dem Klassentemplate concurrent_unordered_map bietet TBB eine weitere assoziative Datenstruktur an. Im Gegensatz zu concurrent_hash_map ist die Synchronisation vollständig verborgen. Allerdings ist das parallele Löschen von

```
vector<string> strings;
// ... Initialisierung

typedef concurrent_hash_map<string, size_t> table_t;
typedef table_t::const_iterator const_iter_t;
typedef table_t::const_range_type const_range_t;

table_t table;

// Lege für jeden String einen Eintrag in der Hashtabelle an und
// zähle die Anzahl der Vorkommen.
parallel_for(size_t(0), strings.size(),
  [&strings, &table] (size_t i) {
    table_t::accessor a;
    // Falls noch kein Eintrag vorhanden ist, wird a->second mit
    // null initialisiert
    table.insert(a, strings[i]);
    a->second++;
  });

// Gib für jeden Eintrag in der Hashtabelle den String und die
// Anzahl der Vorkommen aus.
for(const_iter_t i = table.begin(); i != table.end(); i++)
  cout << i->first << ": " << i->second << endl;

// Überprüfe, ob die Gesamtanzahl mit der Anzahl der Vektor-
// elemente übereinstimmt.
const size_t count = parallel_reduce(table.range(), 0,
  [] (const const_range_t& range, size_t x) -> size_t {
    for(const_iter_t i = range.begin(); i != range.end(); i++)
      x += i->second;
    return x;
  }, plus<size_t>());
assert(strings.size() == count);
```

Listing 10.14 *Beispiel für die Verwendung einer Hashtabelle*

Einträgen nicht sicher. Die Schnittstelle von `concurrent_unordered_map` ist der von `unordered_map` aus der Standardbibliothek sehr ähnlich, was die Parallelisierung vereinfacht.[8] Beispielsweise kann man wie gewohnt mit `insert` und `find` Elemente einfügen bzw. suchen. Methoden, die nicht oder nur mit Vorsicht parallel zu anderen Methoden ausgeführt werden dürfen, sind mit dem Präfix `unsafe_` gekennzeichnet, z. B. `unsafe_erase`.

[8]Das Klassentemplate `unordered_map` gibt es offiziell erst ab C++11, ist aber schon seit längerem Bestandteil vieler Implementierungen. Gleiches gilt für `unordered_set`.

Geht es nur darum, parallel auf eine Menge von Elementen zuzugreifen, empfiehlt sich der Einsatz von concurrent_unordered_set. Auch diese Klasse ist in wesentlichen Teilen kompatibel zu der entsprechenden Klasse (unordered_set) der Standardbibliothek. Das folgende Beispiel, das mithilfe einer parallelen Schleife die Elemente eines Vektors in einer Menge speichert, demonstriert den Einsatz von concurrent_unordered_set:

```
vector<int> v(SIZE);
// ... Initialisierung
concurrent_unordered_set<int> s;
parallel_for(0, SIZE, [&s, &v] (int i) {s.insert(v[i]);});
```

Dabei müssen wir uns keine Gedanken um die Synchronisation machen, da mehrere Threads gleichzeitig insert aufrufen können, um ein Element einzufügen.

10.4.2 Warteschlangen

Das Klassentemplate concurrent_queue<T, Allocator> implementiert eine Warteschlange für Elemente vom Typ T (der Templateparameter Allocator ist optional). Die Warteschlange hat eine unbegrenzte Kapazität. Mehrere Threads können parallel Elemente in die Warteschlange einfügen und dieser entnehmen. Dabei ist garantiert, dass die Reihenfolge, in der ein Thread Elemente in die Warteschlange einfügt, beim Entnehmen der Elemente durch einen anderen Thread erhalten bleibt. Folgende Grundoperationen stehen zur Verfügung:

```
void push(const T& source);
bool try_pop(T& destination);
```

Die Methode push fügt das Element source in die Warteschlange ein. Wenn die Warteschlange nicht leer ist, entnimmt try_pop ein Element, speichert es in der Variable destination und gibt true zurück. Andernfalls bleibt destination unangetastet und der Rückgabewert ist false. Eine Operation pop, die blockiert, wenn die Warteschlange leer ist, stellt concurrent_queue nicht zur Verfügung. Deshalb muss man sich ggf. selbst um die Benachrichtigung kümmern.

Wenn man auf blockierende Operationen nicht verzichten kann oder die Anzahl der Elemente, die eine Warteschlange aufnehmen kann, begrenzen möchte, bietet TBB mit concurrent_bounded_queue<T, Allocator> eine Lösung an. Zum Einfügen und Entnehmen von Elementen gibt es jeweils zwei Methoden, eine blockierende und eine nichtblockierende:

```
void push(const T& source);
bool try_push(const T& source);
void pop(T& destination);
bool try_pop(T& destination);
```

Während push blockiert, wenn die Warteschlange voll ist, kehrt try_push mit dem Wert false zurück. Gleiches gilt für pop und try_pop.

Die Kapazität lässt sich mit der Methode `set_capacity`, die einen Wert vom Typ `size_t` entgegennimmt, setzen und mit `capacity` abfragen. In der Voreinstellung ist die Kapazität praktisch unbegrenzt und nur durch den verfügbaren Speicher limitiert. Der Füllstand einer Warteschlange lässt sich mit der Methode `size` abfragen, die eine besondere Semantik hat: Der Rückgabewert ist definiert als die Differenz zwischen der Anzahl bereits ausgeführter oder gestarteter `push`- und `pop`-Operationen. So ist zum Beispiel bei einer leeren Warteschlange und zwei wartenden `pop`-Operationen der Rückgabewert −2.

Da `concurrent_bounded_queue` mächtiger als `concurrent_queue` ist, gibt es eigentlich keine Notwendigkeit für beide Implementierungen. Letztere ist jedoch effizienter und vorzuziehen, wenn die Anzahl der Elemente durch die Anwendung beschränkt ist und blockierende Operationen nicht erforderlich sind.

Die dritte und letzte Warteschlange ist `concurrent_priority_queue`. Bei ihr handelt es sich – wie der Name schon sagt – um eine Prioritätswarteschlange. Im Gegensatz zu herkömmlichen Warteschlangen werden die Elemente nicht in der Reihenfolge entnommen, in der sie eingereiht wurden, sondern in Abhängigkeit ihrer Priorität (die mit der höchsten Priorität zuerst). Davon abgesehen wird sie im Prinzip genauso verwendet wie `concurrent_queue`. In der Voreinstellung werden die Elemente mithilfe des Prädikats `less` aus der Standardbibliothek verglichen. Somit genügt es, wenn `operator<` für den Elementtyp definiert ist. Listing 10.15 zeigt ein Beispiel für die Verwendung einer Prioritätswarteschlange. Als zweiten Templateparameter von `concurrent_priority_queue` kann man optional auch ein eigenes Prädikat für die Bestimmung der Ordnung angeben.

10.4.3 Vektoren

Der parallele Zugriff auf einen Vektor fester Größe ist unproblematisch, solange ein Element nicht von mehreren Threads bearbeitet wird. Bei datenparallelen Algorithmen wird dies durch die Aufteilung des Vektors in disjunkte Teilbereiche sichergestellt. Problematisch sind jedoch dynamisch wachsende Vektoren. Hierfür gibt es das Klassentemplate `concurrent_vector<T, Allocator>`, das es erlaubt, einen Vektor während des Zugriffs durch andere Threads zu vergrößern. Bestehende Iteratoren werden dabei nicht invalidiert.

Von dieser Eigenschaft abgesehen, ist `concurrent_vector` den Vektoren aus der Standardbibliothek sehr ähnlich. So lassen sich zum Beispiel neue Elemente wie gewohnt mit `push_back` anfügen. Hinzugekommen sind unter anderem die Methoden `grow_by`, die `delta` Elemente anfügt, und `grow_to_at_least`, die einen Vektor auf mindestens `n` Elemente vergrößert:

```
iterator grow_by(size_t delta, const T& t = T());
iterator grow_to_at_least(size_t n);
```

```
class element {
public:
  element(int p, string s): prio(p), str(s) {}
  bool operator<(const element& e) const {
    return prio < e.prio;
  }
  int prio;
  string str;
};

int main() {
  concurrent_priority_queue<element> q;
  q.push(element(2, "zwei"));
  q.push(element(3, "drei"));
  q.push(element(1, "eins"));
  element e;
  q.try_pop(e); cout << e.str << endl; // gibt "drei" aus
  q.try_pop(e); cout << e.str << endl; // gibt "zwei" aus
  q.try_pop(e); cout << e.str << endl; // gibt "eins" aus
}
```

Listing 10.15 *Beispiel für die Verwendung einer Prioritätswarteschlange*

In beiden Fällen zeigt der zurückgelieferte Iterator auf das erste angefügte Element (falls `grow_to_at_least` den Vektor nicht vergrößert hat, zeigt `iterator` hinter das letzte Element).

Ein wichtiger Unterschied zu vielen anderen Vektorimplementierungen ist, dass benachbarte Elemente nicht unbedingt an aufeinanderfolgenden Adressen im Speicher liegen. Der Grund dafür ist, dass bestehende Elemente niemals verschoben werden, um einen zusammenhängenden Bereich zu bilden. Stattdessen wird für neue Elemente ein separater Bereich im Speicher alloziert. Um die dadurch entstehende Fragmentierung zu reduzieren, sollten die Vektoren initial nicht zu klein sein oder durch Aufruf von `shrink_to_fit` kompaktiert werden. Außerdem darf man keine Zeigerarithmetik verwenden, um auf die Elemente zuzugreifen.

10.5 Algorithmen und Entwurfsmuster

TBB enthält einen parallelen Sortieralgorithmus und bietet Unterstützung für die Verarbeitung von Datenströmen nach dem Fließbandprinzip (siehe Abschnitt 6.3) an. In der Version 4.0 hat mit den sogenannten Flussgraphen (engl. *flow graphs*) ein weiteres Konzept Einzug in TBB gehalten. Damit lassen sich auch komplexere Strukturen als Pipelines in Form von Graphen beschreiben.

10.5.1 Sortieren

Die Funktion `parallel_sort` zum Sortieren von Sequenzen haben wir bereits ganz zu Anfang dieses Kapitels kennengelernt. Ebenso wie `sort` aus der Standardbibliothek hat `parallel_sort` zwei »Gesichter«:

```
template<typename RandomAccessIterator>
void parallel_sort(RandomAccessIterator first,
                   RandomAccessIterator last);

template<typename RandomAccessIterator, typename Compare>
void parallel_sort(RandomAccessIterator first,
                   RandomAccessIterator last,
                   const Compare& comp);
```

Über den optionalen Parameter `comp` kann die Ordnung spezifiziert werden (die Voreinstellung ist `std::less<T>`, wobei `T` den Typ der Elemente repräsentiert). Eine genaue Beschreibung der Anforderungen ist in der TBB-Referenz [33] zu finden. Das zugrunde liegende Sortierverfahren ist deterministisch, aber nicht stabil. Das bedeutet, dass die relative Ordnung von Elementen mit gleichem Schlüssel nicht unbedingt erhalten bleibt.

10.5.2 Fließbandverarbeitung

Mit der Funktion `parallel_pipeline` lassen sich Anwendungen wie Filterketten, die Datenströme verarbeiten, leicht parallelisieren. Ihre Signatur lautet:

```
void parallel_pipeline(size_t max_number_of_live_tokens,
                       const filter_t<void,void>& filter_chain);
```

Der erste Parameter gibt die maximale Anzahl der Tokens[9] an, die sich in der Pipeline befinden dürfen. Die Beschränkung der Tokenanzahl verhindert, dass die Pipeline mit Tokens »überflutet« wird. Während große Werte den Ressourcenverbrauch in die Höhe treiben, schränken kleine Werte die Parallelität unnötig ein. Einen geeigneten Wert zu finden, erfordert deshalb etwas Experimentierfreude. Der zweite Parameter von `parallel_pipeline` gibt die Filterkette an.

Filter sind Instanzen der Klasse `filter_t`, wobei `T` den Eingabetyp und `U` den Ausgabetyp angibt:

```
template<typename T, typename U> class filter_t;
```

Im Konstruktor von `filter_t` kann man den Modus eines Filters (siehe unten) und die auszuführende Funktion in Form eines Funktors oder einer Lambda-Funktion angeben:

[9] Die Elemente eines Datenstroms werden auch als *Tokens* bezeichnet.

```
template<typename Func>
filter_t(filter::mode mode, const Func& func );
```

TBB unterscheidet zwischen parallelen und seriellen Filtern. Ein paralleler Filter kann – wie der Name schon sagt – mehrfach parallel ausgeführt werden, während ein serieller Filter zu jedem Zeitpunkt immer nur ein Token verarbeiten kann. Filter mit Seiteneffekten sollten deshalb seriell sein. Bei seriellen Filtern hat man die Wahl zwischen einer Ausführung innerhalb und außerhalb der Reihenfolge. Letzteres bedeutet, dass die Tokens nicht unbedingt in ihrer ursprünglichen Reihenfolge verarbeitet werden. Wenn die Reihenfolge keine Rolle spielt, lassen sich damit Wartezeiten reduzieren. Bei parallelen Filtern kann es immer passieren, dass die Tokens außerhalb der Reihenfolge verarbeitet werden. Somit stehen folgende Modi zur Verfügung: `parallel`, `serial_in_order` und `serial_out_of_order`. Mit einem Filter im Modus `serial_in_order` kann die Reihenfolge der Tokens nach einem parallelen Filter wiederhergestellt werden.

Hinweis

Setzen Sie serielle Filter nur dort ein, wo es notwendig ist, und reduzieren Sie die darin verrichtete Arbeit auf ein Minimum, da der Durchsatz durch den langsamsten seriellen Filter beschränkt ist.

Mehrere Filter lassen sich mit dem `&`-Operator zu einer Filterkette verknüpfen. Dazu müssen die Typen übereinstimmen. Angenommen wir haben einen Filter `f` vom Typ `filter_t<T, U>` und einen Filter `g` vom Typ `filter_t<V, W>`. Dann muss `U` gleich `V` sein, um die Filter mittels `f & g` verknüpfen zu können. Eine so erstellte Filterkette können wir dann `parallel_pipeline` übergeben (der Eingabetyp des ersten Filters muss ebenso wie der Ausgabetyp des letzten Filters `void` sein).

Listing 10.16 zeigt die Implementierung einer dreistufigen Pipeline, die eine Sequenz von `int`-Werten von einem Eingabestrom liest, von jedem Wert die Quadratwurzel berechnet und die resultierende Sequenz von `double`-Werten auf einen Ausgabestrom schreibt.[10] Man beachte, dass der erste Filter eine Referenz auf ein Objekt vom Typ `flow_control` erhält. Über dieses Objekt kann man der Pipeline durch Aufruf der Methode `stop` mitteilen, dass keine weiteren Daten zur Verfügung stehen. Danach werden die sich noch in der Pipeline befindlichen Tokens abgearbeitet, bevor die Funktion `parallel_pipeline` zurückkehrt. In unserem Beispiel rufen wir `stop` auf, wenn das Ende des Eingabestroms erreicht ist. Damit die Tokens in derselben Reihenfolge in den Ausgabestrom geschrieben werden, in der sie von dem Eingabestrom gelesen wurden, sind der erste und der

[10] In der Praxis lohnt es sich nicht, eine solche Anwendung durch Fließbandverarbeitung zu parallelisieren, da die in den Pipelinestufen verrichtete Arbeit viel zu gering ist, um eine Beschleunigung zu erreichen.

letzte Filter als `serial_in_order` ausgeführt. Der mittlere Filter kann dagegen parallel ausgeführt werden, da `sqrt` keine Seiteneffekte hat.

```
filter_t<void, int> read(filter::serial_in_order,
  [&in_stream] (flow_control& fc) -> int {
    int x;
    in_stream >> x;
    if(in_stream.eof())
      fc.stop();
    return x;
  });
filter_t<int, double> process(filter::parallel,
  [] (int x) {return sqrt(x);});
filter_t<double, void> write(filter::serial_in_order,
  [&out_stream] (double x) {out_stream << x << " ";});

parallel_pipeline(MAX_TOKENS, read & process & write);
```

Listing 10.16 *Beispiel für eine dreistufige Pipeline*

10.5.3 Flussgraphen

Mithilfe von Flussgraphen lassen sich ereignisgesteuerte Abläufe auf einfache Weise beschreiben und parallel ausführen. Ihr Haupteinsatzgebiet sind Anwendungen, die mittels Nachrichten kommunizieren. Im Gegensatz zur Fließbandverarbeitung liegt der Schwerpunkt jedoch weniger auf den zu verarbeitenden Daten, sondern auf dem Kontrollfluss einer Anwendung. Ein weiterer Unterschied ist die Möglichkeit, auch nichtlineare Abhängigkeiten modellieren zu können. Man ist also nicht auf einfache Filterketten beschränkt.

Ein Flussgraph besteht neben dem Objekt, das den Graphen repräsentiert, aus einer Menge von Knoten und Kanten. Die Knoten führen je nach Art vom Benutzer definierte Funktionen aus oder verwalten die ein- bzw. ausgehenden Nachrichten. Die Kanten repräsentieren Abhängigkeiten zwischen den Knoten und legen den Nachrichtenfluss fest. Folgende Knotenarten stehen zur Verfügung:

Funktionale Knoten konsumieren Nachrichten, sofern es sich nicht um Quellen handelt, führen Berechnungen aus und generieren ggf. neue Nachrichten.

Pufferknoten speichern Nachrichten zwischen und geben sie auf eine bestimmte Weise weiter, z. B. in Abhängigkeit ihrer Priorität oder ihrer Sequenznummer.

Split-/Join-Knoten teilen Tupel von Nachrichten auf oder führen sie zusammen.

Hilfsknoten verteilen, sammeln oder begrenzen den Durchfluss von Nachrichten.

Abbildung 10.2 zeigt einen einfachen, aus vier Knoten bestehenden Flussgraphen. Die Aktionen `A` und `B` können parallel ausgeführt werden, aber erst nachdem sie von start benachrichtigt wurden. Die Aktion C muss so lange warten, bis A und B abgeschlossen sind.

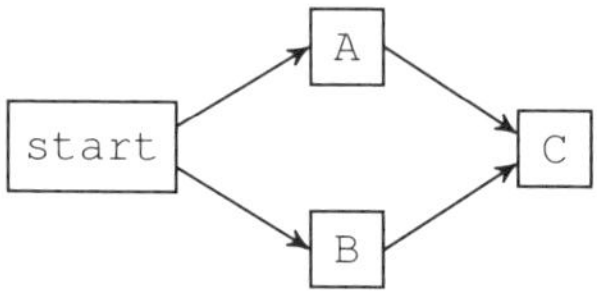

Abbildung 10.2 *Beispiel für einen Flussgraphen*

Die Implementierung des Flussgraphen aus Abbildung 10.2 ist in Listing 10.17 zu sehen (vgl. [33]).[11] Die von den Knoten auszuführenden Aktionen sind in der Klasse node implementiert. Der Einfachheit halber geben wir nur den Namen des jeweiligen Knotens aus (ohne Synchronisation). In main legen wir den Graphen an und erzeugen die Knoten (broadcast schickt eine Nachricht an alle Nachfolger, und continue_node führt einen Funktor aus, wenn eine Nachricht eintrifft). Anschließend verbinden wir die Knoten mittels make_edge. Als Nachrichten verwenden wir Objekte vom Typ continue_msg, die keine Daten transportieren, sondern lediglich Ereignisse anzeigen. Durch einen Aufruf von start.try_put schicken wir dem Knoten start eine Nachricht, und mit g.wait_for_all warten wir, bis alle Aktionen abgeschlossen sind.

In Flussgraphen können mehrere Durchläufe überlappend ausgeführt werden. So könnten wir in unserem Beispiel mehrfach start.try_put aufrufen, bevor wir mit g.wait_for_all darauf warten, dass alle Durchläufe beendet sind. Außerdem können die Kanten eines Flussgraphen anstelle von continue_msg benutzerdefinierte Daten transportieren. Somit eignen sich Flussgraphen auch für die Fließbandverarbeitung, wenngleich dies für einfache Filterketten nicht ganz so komfortabel vonstattengeht wie mit parallel_pipeline.[12] Dafür sind sie jedoch flexibler und erlauben vielfältigere Anwendungsmöglichkeiten.

Betrachten wir noch einmal die Pipeline aus Abschnitt 10.5.2 und erinnern wir uns daran, dass die mittlere Stufe (process) parallel ausgeführt werden kann, wohingegen die erste und die letzte Stufe (read bzw. write) seriell arbeiten. Die letzte Stufe muss zudem die ursprüngliche Reihenfolge der Tokens wiederherstellen. In unserem Flussgraphen fügen wir dazu vor write einen sequencer_node ein, der diese Aufgabe übernimmt. Außerdem müssen wir die Anzahl der Tokens begrenzen, um ein Überfluten des Flussgraphens zu verhindern. Dazu schalten wir zwischen read und process einen limiter_node, der ab einer vordefinierten Grenze nur dann ein weiteres Token durchlässt, wenn ein Token die letzte Stufe verlassen hat. Abbildung 10.3 zeigt den Flussgraphen für unsere Pipeline.

---

[11] Man beachte, dass die Klassen und Funktionen für Flussgraphen in einem eigenen Namensraum (tbb::flow) definiert sind.

[12] Siehe *How to make a pipeline with an Intel Threading Building Blocks flow graph* auf *http://software.intel.com/en-us/blogs/2011/09/14/*.

```
using namespace tbb::flow;

class node {
public:
  node(const char *str): id(str) {}
  void operator()(continue_msg) const {cout << id;}
private:
  const string id;
};

int main() {
  graph g;
  broadcast_node<continue_msg> start;
  continue_node<continue_msg> a(g, node("A"));
  continue_node<continue_msg> b(g, node("B"));
  continue_node<continue_msg> c(g, node("C"));
  make_edge(start, a);
  make_edge(start, b);
  make_edge(a, c);
  make_edge(b, c);
  start.try_put(continue_msg());
  g.wait_for_all();
  cout << endl;
  // Ausgabe "ABC" oder "BAC"
}
```

Listing 10.17 *Implementierung des Flussgraphen aus Abbildung 10.2*

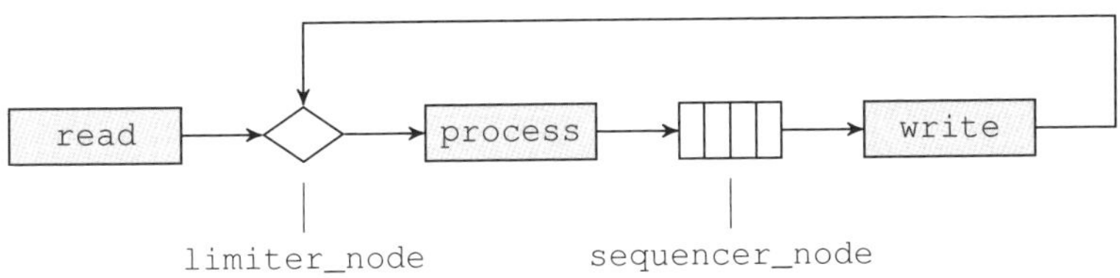

Abbildung 10.3 *Dreistufige Pipeline in Form eines Flussgraphen*

Listing 10.18 zeigt die Implementierung. Für die Darstellung der Tokens haben wir uns ein Klassentemplate `token<T>` definiert (im Listing nicht zu sehen), das neben dem Wert (`value`) vom Typ `T` die Sequenznummer (`seqnr`) enthält. Letztere benötigen wir im `sequencer_node` für die Wiederherstellung der Reihenfolge. Die in den verbleibenden Lambda-Funktionen steckende Logik ist im Wesentlichen dieselbe wie in Listing 10.16. Zum Starten des Flussgraphen rufen wir die Methode `activate` auf, die den Knoten `read` veranlasst, so lange Daten zu produzieren, bis die Lambda-Funktion `false` zurückliefert.

```
graph g;

source_node<token<int>> read(g,
  [&in_stream] (token<int>& x) {
    in_stream >> x.value;
    x.seqnr = next_seqnr();
    return !in_stream.eof();
  }, false);

limiter_node<token<int>> limiter(g, MAX_TOKENS);

function_node<token<int>, token<double>> process(g, unlimited,
  [] (const token<int>& x) {
    return token<double>(sqrt(x.value), x.seqnr);
  });

sequencer_node<token<double>> sequencer(g,
  [] (const token<double>& x) {
    return x.seqnr;
  });

function_node<token<double>, continue_msg> write(g, serial,
  [&out_stream] (const token<double>& x) {
    out_stream << x.value << " ";
    return continue_msg();
  });

make_edge(read, limiter);
make_edge(limiter, process);
make_edge(process, sequencer);
make_edge(sequencer, write);
make_edge(write, limiter.decrement);

read.activate();
g.wait_for_all();
```

Listing 10.18 *Implementierung des Flussgraphen aus Abbildung 10.3*

10.6 Threadlokaler Speicher

Das Klassentemplate `enumerable_thread_specific` ermöglicht es, Daten für jeden Thread separat zu verwalten und bei Bedarf zusammenzufassen.[13] Eine Instanz der Klasse `enumerable_thread_specific<T>` ist eine Datenstruktur, die

[13] Auf das ebenfalls verfügbare Klassentemplate `combinable` gehen wir nicht weiter ein, da es weniger mächtig als `enumerable_thread_specific` ist.

für jeden Thread ein Element vom Typ `T` verwaltet. Auf die Elemente kann wie bei anderen Datenstrukturen auch mittels Iteratoren zugegriffen werden. Zudem gibt es die Möglichkeit, die Elemente in Form einer Reduktion zusammenzufassen.

Die Elemente werden erst dann erzeugt und initialisiert, wenn zum ersten Mal darauf zugegriffen wird. Standardmäßig geschieht dies mit dem Default-Konstruktor. Man kann dem Konstruktor von `enumerable_thread_specific` aber auch explizit einen Initialwert übergeben:

```
enumerable_thread_specific(const T& x);
```

Ein Aufruf der Methode `local` liefert eine Referenz auf das dem Thread zugeordnete Element zurück.[14] Zum Zusammenfassen der Elemente gibt es zwei Methoden:

```
template<typename Func> T combine(Func func);
template<typename Func> void combine_each(Func func);
```

Die Methode `combine` reduziert die Elemente durch Anwendung des zweistelligen Funktors `func` und gibt das Endergebnis zurück. Alternativ kann man mit `combine_each` auf jedes Element einen einstelligen Funktor anwenden, beispielsweise um die Elemente in eine andere Datenstruktur zu übertragen. Am flexibelsten ist es natürlich, die Menge der Elemente mittels Iteratoren zu durchlaufen. Den Anfang und das Ende erhält man wie üblich mit `begin` bzw. `end`.

Angenommen wir möchten eine Funktion `f` auf jedes Element eines Vektors anwenden und das Maximum der Ergebnisse bestimmen. Anstatt in einem ersten Schritt `parallel_for` und danach `parallel_reduce` aufzurufen, können wir bereits während der Ausführung von `parallel_for` für jeden Block das Maximum berechnen und in einer threadlokalen Variable speichern. Das globale Maximum können wir dann mit `combine` ermitteln. Auf diese Weise müssen wir den Vektor nur einmal durchlaufen. Listing 10.19 zeigt die Implementierung (vgl. Abschnitt 6.1.2).

10.7 Speicherallokation

Ein Problem bei der Speicherallokation in parallelen Programmen ist die Skalierbarkeit. Klassische Verfahren verwalten freie Speicherbereiche typischerweise in einer globalen Liste. Wenn mehrere Threads parallel Speicher allozieren möchten, wird eine solche Liste jedoch schnell zum Flaschenhals. Durch den Einsatz effizienter Datenstrukturen und threadlokalen Speichers lässt sich dieser Flaschenhals umgehen. Ein weiteres Problem ist False Sharing, auf das wir in Ab-

[14] Optional kann man `local` eine Referenz auf eine boolesche Variable mitgeben, deren Wert nach dem Aufruf anzeigt, ob das Element schon vorhanden war (`true`) oder erst erzeugt werden musste (`false`).

```
vector<double> v(SIZE);
// ... Initialisierung
enumerable_thread_specific<double> e(DBL_MIN);
parallel_for(size_t(0), SIZE, [&v, &e] (size_t i) {
  v[i] = f(v[i]);
  e.local() = max(e.local(), v[i]);
});
double global_max = e.combine([] (double x, double y) {
  return max(x, y);
});
```

Listing 10.19 *Beispiel für threadlokalen Speicher*

schnitt 2.3.2 ausführlich eingegangen sind. TBB stellt zwei Speicherallokatoren zur Verfügung, mit denen sich diese Probleme abfedern lassen:

scalable_allocator<T> erlaubt es mehreren Threads, gleichzeitig Speicher zu allozieren.

cache_aligned_allocator<T> garantiert, dass zwei Objekte niemals dieselbe Cache-Zeile belegen.

Da die Allokatoren die C++-Spezifikation erfüllen, eignen sie sich nicht nur für die in Abschnitt 10.4 vorgestellten Datenstrukturen. Man kann sie beispielsweise auch für STL-Container verwenden, wie das folgende Beispiel zeigt:

```
list<int, cache_aligned_allocator<int>> my_list;
```

Tatsächlich muss man den verwendeten Allokator nicht unbedingt bei der Deklaration einer Datenstruktur angeben. Stattdessen kann man auch beim Linken eines Programms den Standardallokator durch einen TBB-Allokator ersetzen. Auf diese Weise lassen sich Anwendungen beschleunigen, die Speicher mittels `malloc`, `new` etc. allozieren. Eine detaillierte Beschreibung der Vorgehensweise ist in [33, 34] zu finden.

10.8 Ausnahmen und Abbruch

Wenn innerhalb eines parallelen Algorithmus eine Ausnahme geworfen wird, laufen folgende Schritte ab [34]:

1. Die Ausnahme wird gefangen (weitere Ausnahmen innerhalb des Algorithmus werden ignoriert).
2. Der Algorithmus wird abgebrochen und ausstehende Teilaufgaben werden verworfen.
3. Sobald alle Aktivitäten eingestellt sind, wird in dem Thread, der den Algorithmus aufgerufen hat, eine Ausnahme geworfen.

Bei der in Schritt 3 geworfenen Ausnahme handelt es sich entweder um die ursprüngliche Ausnahme oder um eine Instanz der Klasse `captured_exception`, falls der Compiler keine Weitergabe von Ausnahmen zwischen Threads unterstützt (`captured_exception` ist von `std::exception` abgeleitet). Das Programm in Listing 10.20 zeigt die Ausnahmebehandlung am Beispiel einer parallelen Schleife.

```
class body {
  void operator()(const blocked_range<size_t>& r) const {
    // ...
    if(/* condition */)
      throw exception();
  }
};

try {
  parallel_for(blocked_range<size_t>(0, SIZE), body());
} catch(exception& e) {
  cerr << e.what() << endl;
}
```

Listing 10.20 Beispiel für die Ausnahmebehandlung

Durch einen Aufruf von `task::self().cancel_group_execution()` kann man einen Algorithmus abbrechen, ohne eine Ausnahme zu werfen. Falls der Algorithmus bereits abgebrochen wurde, gibt die Methode `false` zurück, andernfalls `true`. Das Verhalten bei verschachtelter Parallelität ist in [34] beschrieben.

11 Parallele Programmierung mit Java

Threads und Synchronisationsoperationen sind seit der 1996 erschienenen Java-Version 1.0 integraler Bestandteil der Sprache. Bei der Spezifikation wurde der Schwerpunkt auf schlanke Schnittstellen und eine einfache Verwendung gelegt. Für paralleles Rechnen auf Multicore-Prozessoren fehlten jedoch effiziente Threadpool-Implementierungen sowie Synchronisationsmechanismen für feingranular gesperrte Datenstrukturen. Mit der Version 5.0 kamen im Jahr 2004 zusätzliche Pakete für die parallele Programmierung hinzu [22]:

`java.util.concurrent` enthält mit den sogenannten *Executors* verschiedene Implementierungen von Threadpools, außerdem Futures, feingranular synchronisierte Datenstrukturen und Synchronisationsmechanismen wie Semaphore und Barrieren.

`java.util.concurrent.locks` bietet explizite Sperrmechanismen für die feingranulare Synchronisation.

`java.util.concurrent.atomic` enthält atomar veränderbare Datentypen.

Mit der Version 6 wurde `java.util.concurrent` erweitert [22], unter anderem um Deques und weitere Datenstrukturen (JSR[1] 166x). Bis zu diesem Zeitpunkt gab es keine Standardbibliotheken für die Nutzung von Task- oder Datenparallelität auf Multicore-Prozessoren. Taskparallelität auf Basis eines Work-Stealing-Schedulers wurde erst 2011 mit Java 7 in Form des `ForkJoinPool`-Executors als wesentliche Erweiterung von `java.util.concurrent` eingeführt (JSR 166y). Parallele Schleifen sind bisher nicht Bestandteil der Standardbibliotheken. Voraussichtlich wird Datenparallelität aber von Java 8 unterstützt (JSR 166z).

[1] *JSR* steht für *Java Specification Request* und bezeichnet Erweiterungen oder Änderungen der existierenden Spezifikation im Rahmen des sogenannten *Java Community Process* (*JCP*). Ziel eines JSR ist die Aufnahme der Erweiterungen oder Änderungen in die Sprache bzw. Bibliotheken.

11.1 Threads

Den meisten Java-Nutzern werden Threads nicht fremd sein. Daher beschränken wir uns auf eine kurze Auffrischung der wichtigsten Aspekte, um die Unterschiede zu den neueren Schnittstellen in `java.util.concurrent` zu verstehen.

11.1.1 Threaderzeugung

Threads werden von der Basisklasse `java.lang.Thread` abgeleitet. Die von einem Thread auszuführenden Operationen werden durch Überschreiben der `run`-Methode spezifiziert:

```
class MyThread extends Thread {
  public void run() {
    // ... auszuführender Code
  }
}
```

Das Erzeugen und Starten eines Threads geschieht durch Instanziierung der Subklasse und Aufruf von `start`:

```
Thread t = new MyThread();
t.start();
```

In einem so erzeugten Thread wird dann implizit die `run`-Methode ausgeführt. Möchte man nicht von der Klasse `Thread` ableiten, kann man alternativ die `Runnable`-Schnittstelle implementieren. Die Kurzform über eine anonyme Klasse sieht wie folgt aus:

```
Runnable someWork = new Runnable() {
  public void run() {
    // ... auszuführender Code
  }
};
Thread t = new Thread(someWork);
t.start();
```

Damit kann man mehrere Threads auf demselben Objekt arbeiten lassen, wie in Listing 11.1 gezeigt.

Auf die Beendigung eines Threads kann man mittels `Thread.join` warten, optional mit Timeout. Threads können nur einmal gestartet werden. Die Methode `start` darf deshalb für jedes `Thread`-Objekt nur einmal aufgerufen werden. Für jeden weiteren Thread – auch wenn er dieselbe Einsprungmethode hat – muss man ein neues `Thread`-Objekt erstellen.

Durch Aufruf von `setDaemon` kann man einzelne Threads als Hintergrundthreads markieren. Hintergrundthreads werden beendet, sobald alle anderen

```
class MyWork implements Runnable {
  public void run() {
    // ... auszuführender Code
  }
}
MyWork someWork = new MyWork();
// starte zwei Threads, die auf 'someWork' arbeiten
new Thread(someWork).start();
new Thread(someWork).start();
```

Listing 11.1 *Starten mehrerer Threads mit demselben `Runnable`-Objekt*

Threads einer Anwendung – also die, die nicht als Hintergrundthreads markiert wurden – beendet sind.

11.1.2 Threadpools

In der Java-Terminologie bezeichnet der Oberbegriff *Executor* einen Dienst, dem man `Runnable`-Objekte oder andere Objekte, die eine aufzurufende Methode definieren, zur Ausführung übergeben kann. Das Executor-Framework aus dem Paket `java.util.concurrent` beinhaltet Schnittstellendefinitionen für solche Dienste und stellt mehrere Implementierungen zur Verfügung:

`ThreadPoolExecutor` implementiert einen klassischen Threadpool (ab Java 5.0). Im Konstruktor kann man die minimale und maximale Anzahl der verwendeten Threads angeben.

`ScheduledThreadPoolExecutor` erweitert `ThreadPoolExecutor` um die Möglichkeit, Tasks verzögert auszuführen, und bietet Unterstützung für periodische Tasks (ab Java 5.0).

`ForkJoinPool` implementiert einen Task Scheduler nach dem in Abschnitt 4.1.5 beschriebenen Work-Stealing-Verfahren (ab Java 7).

Die ersten beiden Klassen lassen sich umfangreich konfigurieren und bieten Erweiterungsmöglichkeiten, die man jedoch nur selten benötigt. Für häufig benötigte Standardkonfigurationen bietet die Klasse `Executors` entsprechende Factory-Methoden (`new`*`XYZ`*`ThreadPool` und `new`*`XYZ`*`Executor`). Task Scheduler erzeugt man dagegen ausschließlich über die Konstruktoren von `ForkJoinPool`.

Für jeden Task wird eine Klasse benötigt, welche die auszuführende Methode implementiert.[2] Im einfachsten Fall implementiert man dazu die `Runnable`-Schnittstelle und übergibt der `execute`-Methode des Executors das auszuführende Objekt. Je nach Executor existieren weitere Methoden, die auch die Rückgabe von Ergebnissen erlauben. So gibt `submit` ein Future-Objekt zurück, mit dem

[2]Das gilt auch für die Java-Version 7, die noch keine Lambda-Ausdrücke (Closures) unterstützt.

auf das Ergebnis eines Tasks gewartet werden kann. Mittels invokeAll können mehrere Tasks auf einmal gestartet werden. Die Ergebnisse werden in diesem Fall als Liste von Futures zurückgegeben. Da im Laufe der Zeit immer wieder neue Aspekte hinzukamen, gibt es inzwischen eine ganze Reihe von Schnittstellen und Basisklassen für Tasks:

Runnable Die Runnable-Schnittstelle kennen wir schon von Threads. Sie definiert die parameterlose Methode run ohne Rückgabewert.

Callable Für Tasks, die einen Wert oder ein Objekt zurückliefern, gibt es die Schnittstelle Callable<V>. Sie definiert eine Methode call mit Rückgabetyp V, die es im Gegensatz zu Runnable zusätzlich erlaubt, Ausnahmen zu werfen.

Future Die Schnittstelle Future<V> repräsentiert ein asynchron berechnetes Ergebnis. Sie wird von allen im Folgenden beschriebenen Taskklassen, die ein Ergebnis zurückliefern, implementiert. Die Kernmethode der Schnittstelle ist get (optional mit Timeout), um das Ergebnis einer Berechnung blockierend auszulesen (vgl. Future-Konzept, Abschnitt 6.1.3).

FutureTask Die Klasse FutureTask<V> ist die Basisklasse für Tasks, die einen Rückgabewert liefern. Sie implementiert die Schnittelle Future<V>. Innerhalb der Klasse kann man mittels set das Ergebnis setzen. Ein anderer Thread kann dieses mit der Methode get abfragen. Da FutureTask<V> die Runnable-Schnittstelle implementiert, kann man es allen oben vorgestellten Executor-Threadpools zur Ausführung übergeben.

RecursiveAction/RecursiveTask Mit dem ForkJoinPool in Java 7 wurden neue Taskklassen notwendig, auf die wir in Abschnitt 11.3 zurückkommen.

Listing 11.2 zeigt die Ausführung eines Callable-Objekts durch einen Threadpool. Da Callable<V> nicht die Runnable-Schnittstelle implementiert, verwenden wir submit anstatt execute, um das Objekt dem Threadpool zu übergeben. In dem Objekt geworfene Ausnahmen müssen bei der Abfrage des Ergebnisses mit get gefangen werden.

Wird ein Threadpool nicht mehr benötigt, kann er mit shutdown beendet werden. Bereits eingestellte Tasks werden noch zu Ende geführt. Da shutdown sofort zurückkehrt, sollte mit awaitTermination gewartet werden, bis alle Tasks beendet sind. Wir werden in Abschnitt 11.3 im Kontext des ForkJoinPool ein Beispiel dafür sehen.

Die Anzahl der Threads eines ThreadPoolExecutor bewegt sich zwischen dem konfigurierbaren Minimum und Maximum an erlaubten Threads. Solange das Maximum nicht erreicht ist, werden für neue Tasks auch neue Threads erzeugt. Bereits existierende Threads werden allerdings wiederverwendet, wenn sie einen Task bearbeitet haben. Sind alle Threads aktiv, warten neue Tasks in einer Warteschlange auf ihre Abarbeitung.

```
class MyCallable implements Callable {
  public Integer call() throws java.io.IOException {
    // ...
    return 42;
  }
}

// z.B. in main
ExecutorService threadPool = Executors.newCachedThreadPool();
Callable<Integer> task = new MyCallable();
Future<Integer> future = threadPool.submit(task);
try {
  int result = future.get();
} catch (InterruptedException e) {
  // ...
} catch (ExecutionException e) {
  Throwable t = e.getCause();
  // ...
}
```

Listing 11.2 *Beispiel für Tasks mit Rückgabewert über die* `Callable`*-Schnittstelle*

11.1.3 Threadlokaler Speicher

Mithilfe der Klasse `ThreadLocal<T>` lassen sich threadlokale Daten vom Typ `T` anlegen, die mittels `set` und `get` beschrieben bzw. gelesen werden können. Durch Überschreiben der Methode `initialValue` lassen sich die Daten initialisieren. Listing 11.3 aus der Java-Dokumentation zeigt dies am Beispiel einer Thread-ID.

```
public class ThreadId {
  private static final AtomicInteger nextId =
    new AtomicInteger(0);
  private static final ThreadLocal<Integer> threadId =
    new ThreadLocal<Integer>() {
      protected Integer initialValue() {
        return nextId.getAndIncrement();
      }
    };
  public static int get() {
    return threadId.get();
  }
}
```

Listing 11.3 *Beispiel für threadlokalen Speicher*

Die Unterklasse `InheritableThreadLocal<T>` verwendet man, wenn der aktuelle Thread Kind-Threads startet und sowohl der aktuelle als auch die Kind-Threads mit denselben threadlokalen Variablen arbeiten. Die threadlokalen Variablen der Kind-Threads werden dabei mit den Werten des aktuellen Threads initialisiert.

Der Vollständigkeit halber sei erwähnt, dass es mit `ThreadLocalRandom` einen threadlokalen Zufallszahlengenerator gibt. Der Grund dafür ist, dass der interne Zustand eines Zufallszahlengenerators synchronisiert geändert werden muss, wenn mehrere Threads darauf zugreifen. Um die damit verbundenen Leistungseinbußen zu vermeiden, sollten Zufallszahlengeneratoren threadlokal betrieben werden. `ThreadLocalRandom` macht das auf komfortable Weise möglich.

11.2 Synchronisationsmechanismen

Da Java schon immer Threads unterstützt hat, waren von Anfang an auch Synchronisationsmechanismen Bestandteil der Sprache. In Java 5.0 kam ergänzend zur klassischen Synchronisation von kritischen Abschnitten mit dem Schlüsselwort `synchronized` das Paket `java.util.concurrent` hinzu, das – insbesondere mit `java.util.concurrent.locks` – verschiedene Sperrmechanismen für die feingranulare Synchronisation bereitstellt.

11.2.1 Sperren

Wir beginnen mit den klassischen Synchronisationsmechanismen unter Verwendung von `synchronized`-Methoden und `synchronized`-Blöcken. Danach behandeln wir die expliziten Sperren aus `java.util.concurrent`.

Monitore

Mit dem Schlüsselwort `synchronized` lassen sich ganze Methoden zu kritischen Abschnitten erklären. Damit wird sichergestellt, dass parallel zur Ausführung einer als `synchronized` markierten Methode kein anderer Thread diese oder eine andere `synchronized`-Methode desselben Objekts ausführen kann. Davon ausgenommen sind statische Methoden – dazu später mehr. Listing 11.4 zeigt die Synchronisation zweier Methoden mit dem `synchronized`-Schlüsselwort.

Hinter dem Schlüsselwort `synchronized` steckt das in Abschnitt 3.2.3 beschriebene Monitorkonzept. Jedes Objekt besitzt eine implizite Sperre, die beim Betreten einer `synchronized`-Methode gesperrt und beim Verlassen freigegeben wird. Dabei spielt es keine Rolle, auf welche Weise die Methode verlassen wird. Die Sperre wird also auch dann freigegeben, wenn die Methode aufgrund einer Ausnahme verlassen wird. Java-Monitore sind rekursiv nutzbar, d. h., in einer `synchronized`-Methode dürfen weitere `synchronized`-Methoden aufgeru-

```
public class MyClass {
  public synchronized void doSomething() {
    // ... Zugriff auf gemeinsame Daten
  }
  public synchronized void doSomethingElse() {
    // ... Zugriff auf gemeinsame Daten
  }
}
```

Listing 11.4 *Beispiel für die Synchronisation auf Methodenebene*

fen werden. Die Sperre wird erst beim Verlassen der zuerst betretenen Methode wieder freigegeben.

Klassenmethoden (statische Methoden) werden über die Sperre des Klassenobjekts (`Class`-Objekt) anstatt über die Sperre des Instanzobjekts synchronisiert. Es gibt genau ein Klassenobjekt pro Klasse, unabhängig von der Anzahl der Instanzen. Zwischen statischen und nichtstatischen Methoden gibt es also über das `synchronized`-Schlüsselwort keinen Schutz.

Mit dem `synchronized`-Schlüsselwort können auch einzelne Blöcke als kritische Abschnitte markiert werden. Dabei muss das Objekt angegeben werden, dessen implizite Sperre verwendet werden soll. Durch Angabe von `this` bzw. `MyClass.class` kann auch mit eventuell vorhandenen `synchronized`-Methoden synchronisiert werden. Listing 11.5 verdeutlicht dies.

```
public class MyClass {
  void doSomething() {
    // ...
    synchronized(this) {
      // ... Zugriff auf gemeinsame Daten
    }
    // ...
  }
  public synchronized void doSomethingElse() {
    // ... Zugriff auf gemeinsame Daten
  }
}
```

Listing 11.5 *Beispiel für die Synchronisation auf Blockebene*

Prinzipiell kann jedes beliebige, an der entsprechenden Stelle zugreifbare Objekt als Synchronisationsobjekt dienen. Klarer ist jedoch die Verwendung von expliziten Sperrobjekten, die nur zu diesem Zweck angelegt und entsprechend benannt werden (siehe Listing 11.6).

Explizite Sperrobjekte haben den Vorteil, dass feingranular synchronisiert werden kann. Voneinander unabhängige kritische Abschnitte können dazu in-

```
public class MyClass {
  private final Object lock1 = new Object();
  private final Object lock2 = new Object();
  public void doSomething() {
    synchronized(lock1) {
      // ... Zugriff auf gemeinsame Daten
    }
  }
  public void doSomethingElse() {
    synchronized(lock1) {
      // ... Zugriff auf gemeinsame Daten
    }
  }
  public void doSomethingDifferent() {
    synchronized(lock2) {
      // ... Zugriff auf andere Daten
    }
  }
}
```

Listing 11.6 *Beispiel für explizite Sperrobjekte*

nerhalb einer Klasse unterschiedliche Sperren verwenden. Ein weiterer Vorteil expliziter Sperrobjekte ist, dass sie als `private` deklariert werden können. Auf diese Weise können keine »fremden« Programmteile dieselben Sperren benutzen. Werden `public`-Objekte für die Synchronisation verwendet – darunter fallen auch `synchronized(this)`-Blöcke und `synchronized`-Methoden in öffentlichen Klassen –, können andere Programmteile dieselbe Sperre verwenden und dadurch Verzögerungen oder Verklemmungen verursachen.

Hinweis

Verwenden Sie in Verbindung mit `synchronized` explizite, private Sperrobjekte. Diese ermöglichen feingranulares Sperren und vermindern das Risiko von Verklemmungen.

Java-Monitore unterstützen die Bedingungssynchronisation. Jedes Objekt implementiert die Methoden `wait`, `notify` und `notifyAll`. Erstere kann optional mit einem Timeout aufgerufen werden. Diese Methoden dürfen nur innerhalb einer `synchronized`-Methode oder eines `synchronized`-Blocks verwendet werden. Und dort dürfen sie auch nur für das Objekt aufgerufen werden, das zum Sperren verwendet wurde. Alles andere quittiert die JVM mit der Ausnahme `IllegalMonitorStateException`. Die Benachrichtigung erfolgt nach dem folgenden Muster: Der Thread, der benachrichtigt werden will, wartet mittels `wait` im kritischen Abschnitt. Wichtig ist, wie in Abschnitt 3.2.6 beschrieben, dass die

Bedingung noch einmal überprüft wird, wenn `wait` zurückkehrt. Üblicherweise wird `wait` deshalb in einer `while`-Schleife aufgerufen:

```
synchronized(obj) {
  while(!dataAvailable()) { // prüfe, ob Daten vorhanden
    obj.wait(timeout); // warte auf Benachrichtigung
  }
  // ... verarbeite Daten
}
```

Der benachrichtigende Thread ruft die Methode `notify` des Synchronisationsobjekts auf:

```
synchronized(obj) {
  // ... erzeuge Daten
  obj.notify(); // benachrichtige wartenden Thread
}
```

Mit der Methode `notifyAll` werden alle auf ein Objekt wartenden Threads geweckt, mit `notify` hingegen nur einer.

Explizite Sperren

Mit dem `synchronized`-Schlüsselwort lassen sich Methoden und Codeblöcke auf einfache Weise sperren. Für manche Anwendungen ist jedoch eine flexiblere Lösung gefragt. Erinnern wir uns zum Beispiel an das in Abschnitt 5.1.2 gezeigte überlappende Sperren von Elementen einer Datenstruktur.

Die in `java.util.concurrent.locks` verfügbaren Sperren bieten wesentlich mehr Freiheiten. Sie implementieren die `Lock`-Schnittstelle mit den Methoden `lock` und `unlock`. Die Klasse `ReentrantLock` hat dieselbe Semantik wie die impliziten Sperren, die bei der Verwendung von `synchronized` zum Einsatz kommen. Dem Konstruktor von `ReentrantLock` kann optional ein boolescher Parameter mitgegeben werden, mit dem sich Fairness bei der Zuteilung erreichen lässt: Warten mehrere Threads auf die Zuteilung einer Sperre, ist es von der Wartezeit abhängig, welcher Thread »den Zuschlag« bekommt. Das geht allerdings zulasten der Performance.

Mit der Methode `trylock` kann man eine Sperre versuchsweise anfordern, wobei man optional ein Timeout angeben kann. Falls die Sperre innerhalb der angegebenen Zeitspanne nicht akquiriert werden kann, kehrt die Methode mit dem Wert `false` zurück (sonst `true`). Damit lassen sich Verklemmungen oder unnötig langes Warten vermeiden. Damit es keine Verklemmungen aufgrund nicht freigegebener Sperren gibt, müssen Sperren auch dann freigegeben werden, wenn ein kritischer Abschnitt durch eine Ausnahme verlassen wird. Deshalb erledigt man die Freigabe üblicherweise im `finally`-Block (Listing 11.7).

Mit der Klasse `Condition` stellt Java klassische Bedingungsvariablen zur Verfügung. Im Gegensatz zu `synchronized` in Verbindung mit `wait`, `notify` und

```
private final Lock lock = new ReentrantLock();
public void doSomething() {
  lock.lock();
  try {
    // ... kritischer Abschnitt
  } finally {
    lock.unlock();
  }
}
```

Listing 11.7 *Freigabe von Sperren im `finally`-Block*

`notifyAll` lassen sich damit mehrere Bedingungen mit derselben Sperre verwenden. Listing 11.8 zeigt beispielhaft die Implementierung eines beschränkten Puffers aus der Dokumentation zu Java 7.[3]

Lese-/Schreibsperren sind in der Klasse `ReentrantReadWriteLock` implementiert. Listing 11.9 zeigt ein einfaches Beispiel, das eine Lese-/Schreibsperre benutzt, um eine `Map` grobgranular zu sperren. Da in den Methoden `get` und `put` Ausnahmen auftreten können, muss die Lese-/Schreibsperre im `finally`-Block freigegeben werden.

Über den Konstruktor von `ReentrantReadWriteLock` lässt sich ein faires Verhalten erzwingen. Übergibt man dem Konstruktor den Wert `true`, wird verhindert, dass Schreibzugriffe durch ständiges Lesen verzögert werden. Wie der Name schon sagt, sind Sperren vom Typ `ReentrantReadWriteLock` wiedereintrittsfähig. Schreibsperren können zudem in Lesesperren umgewandelt werden und zusammen mit einer `Condition` verwendet werden.

Die Klasse `Semaphore` implementiert ein klassisches (zählendes) Semaphor. Für spezielle Anwendungsfälle können mit den Klassen

- `LockSupport`,
- `AbstractOwnableSynchronizer`,
- `AbstractQueuedLongSynchronizer` und
- `AbstractQueuedSynchronizer`

sogar eigene Sperren bzw. Synchronisationsmechanismen realisiert werden.

11.2.2 Spezielle Synchronisationsmechanismen

Das Paket `java.util.concurrent` stellt über die expliziten Sperren hinaus weitere Synchronisationsmechanismen zur Verfügung:

[3] *http://download.oracle.com/javase/7/docs/api/java/util/concurrent/locks/Condition.html*

```
class BoundedBuffer {
  final Lock lock = new ReentrantLock();
  final Condition notFull  = lock.newCondition();
  final Condition notEmpty = lock.newCondition();

  final Object[] items = new Object[100];
  int putptr, takeptr, count;

  public void put(Object x) throws InterruptedException {
    lock.lock();
    try {
      while (count == items.length)
        notFull.await();
      items[putptr] = x;
      if (++putptr == items.length) putptr = 0;
      ++count;
      notEmpty.signal();
    } finally {
      lock.unlock();
    }
  }

  public Object take() throws InterruptedException {
    lock.lock();
    try {
      while (count == 0)
        notEmpty.await();
      Object x = items[takeptr];
      if (++takeptr == items.length) takeptr = 0;
      --count;
      notFull.signal();
      return x;
    } finally {
      lock.unlock();
    }
  }
}
```

Listing 11.8 Beschränkter Puffer mit zwei Bedingungsvariablen

Countdown-Sperre Ein `CountDownLatch` wird mit einer ganzen Zahl initialisiert und blockiert in der Methode `await`, bis entsprechend oft `countDown` aufgerufen wurde.

Barrieren Die Klasse `CyclicBarrier` implementiert eine Threadbarriere: Die aufrufenden Threads blockieren in der Methode `await`, bis eine vordefinierte Anzahl von Threads `await` aufgerufen hat. Optional kann eine Aktion ange-

```
import java.util.*;
import java.util.concurrent.locks.*;
public class SharedVariable<T> {
  private final Map<String, T> m = new TreeMap<String, T>();
  private final ReentrantReadWriteLock rwl =
    new ReentrantReadWriteLock();
  private final Lock r = rwl.readLock();
  private final Lock w = rwl.writeLock();

  public T get(String key) {
    r.lock();
    try { return m.get(key); }
    finally { r.unlock(); }
  }
  public T put(String key, T value) {
    w.lock();
    try { return m.put(key, value); }
    finally { w.unlock(); }
  }
}
```

Listing 11.9 *Beispiel für die Verwendung einer Lese-/Schreibsperre*

geben werden, die beim Überwinden der Barriere ausgeführt wird. Die Klasse `Phaser` baut dieses Konzept für Berechnungen aus, die in mehreren Phasen ablaufen.

Austauscher Die Klasse `Exchanger` kann als eine Barriere für zwei Threads betrachtet werden. Wenn beide die Barriere erreicht habe, tauschen sie Daten aus (Rendezvous-Synchronisation).

11.2.3 Atomare Operationen

Das Paket `java.util.concurrent.atomic` enthält einige Klassen für atomare Operationen. Die Klasse `AtomicInteger` zum Beispiel stellt Methoden wie `compareAndSet`, `getAndIncrement` und `getAndDecrement` zur Verfügung. Listing 11.10 zeigt die Implementierung eines Zählers mit atomaren Operationen.

Erinnern wir uns daran, dass der Ausdruck `i++` (mit `i` vom Typ `int` oder `long`) nicht atomar ausgeführt wird, da er vom Compiler in mehrere Operationen übersetzt wird (siehe Abschnitt 3.1.1). Diese Operationen werden selbst dann nicht atomar ausgeführt, wenn `i` als `volatile` deklariert ist.

```
import java.util.concurrent.atomic.AtomicLong;
public class AtomicCounter {
  private final AtomicLong number = new AtomicLong(0);
  public long increment() {
    return number.getAndIncrement();
  }
  public long decrement() {
    return number.getAndDecrement();
  }
}
```

Listing 11.10 Implementierung eines Zählers mit atomaren Operationen

11.3 Taskparallelität

Der mit Java 7 neu hinzugekommene `ForkJoinPool` implementiert einen Work-Stealing-Scheduler (siehe Abschnitt 4.1.5) und ist damit das Mittel der Wahl bei der parallelen Programmierung von Multicore-Systemen.

11.3.1 Tasks und Futures

Abstrakte Basisklasse für Tasks des `ForkJoinPool` ist `ForkJoinTask<V>`. Sie implementiert die Schnittstelle `Future<V>`. Davon abgeleitet gibt es die Klassen `RecursiveAction` und `RecursiveTask<V>`, die als Basisklassen für eigene Tasks dienen. `RecursiveTask<V>` repräsentiert einen Task mit Rückgabewert, wohingegen `RecursiveAction` keinen Rückgabewert hat. Für `RecursiveAction` ist die `get`-Methode der `Future`-Schnittstelle deshalb weniger interessant. Die Schnittstelle `Future` stellt aber beispielsweise auch eine `cancel`-Methode sowie die Methode `isDone` zur Verfügung, mit der die Beendigung eines Tasks abgefragt werden kann. Die Funktionalität eines Tasks wird in der Methode `compute` implementiert, also zum Beispiel:

```
class MyTask extends RecursiveTask<Integer> {
  // ... Konstruktor
  Integer compute() {
    // ... Berechnung
    return ...;
  }
}
```

Ausnahmen sollten innerhalb der Tasks behandelt werden, da sie nicht aus einem Task herausgeworfen werden können. Runtime-Exceptions aus Tasks treffen bei den wartenden Operationen ein.

11.3.2 Starten von Tasks

Einen `ForkJoinPool` erzeugt man mithilfe seiner Konstruktoren; im einfachsten Fall wie folgt:

```
ForkJoinPool fjPool = new ForkJoinPool();
```

Über andere Konstruktoren lässt sich der Grad der Parallelität, die verwendete Thread Factory und ein Exception Handler angeben. Interessant ist besonders der Parameter `asyncMode` in dem folgenden Konstruktor:

```
ForkJoinPool(int parallelism,
            ForkJoinPool.ForkJoinWorkerThreadFactory factory,
            Thread.UncaughtExceptionHandler handler,
            boolean asyncMode)
```

Durch Übergabe von `true` als letztes Argument lässt sich die lokale Abarbeitungsstrategie von LIFO auf FIFO umstellen. Damit lässt sich eine faire Abarbeitung der Tasks erreichen.

Die einfachste Möglichkeit, den `ForkJoinPool` zu nutzen, ist das Starten von Tasks mit der Methode `invoke`, die einen `ForkJoinTask` entgegennimmt. `Runnable`- und `Callable`-Objekte können mittels `ForkJoinTask<T>.adapt` in einen `ForkJoinTask` überführt werden. `ForkJoinPool.submit` lässt sich mit einem `Runnable` oder `Callable` aufrufen, gibt aber einen `ForkJoinTask` zurück. Das folgende Beispiel zeigt das Starten eines Tasks mittels `invoke`:

```
static final ForkJoinPool fjPool = new ForkJoinPool();
// ...
MyTask t = new MyTask();
int result = fjPool.invoke(t);
```

Alternativ können mehrere Tasks über `invokeAll` gestartet werden. Soll nach dem Starten nicht auf die Beendigung der Tasks gewartet werden, muss man sie mit `execute`, `submit` oder `fork` starten. Welche Methode zum Einsatz kommt, hängt zum einen davon ab, ob man ein `Future`-Objekt erhalten möchte, um später auf das Ergebnis zugreifen zu können, und zum anderen, ob der Task aus dem Kontext eines anderen Tasks gestartet wird. Tabelle 11.1 zeigt die verschiedenen Möglichkeiten, einen `ForkJoinTask` zu starten.

Taskobjekte können nicht direkt wiederverwendet werden. Beendete Tasks oder solche, die nie gestartet wurden, können jedoch durch einen Aufruf von `reinitialize` neu initialisiert werden. Dabei muss man sicherstellen, dass vorher alle `join`-Aufrufe auf den zu initialisierenden Task zurückgekehrt sind. Das ist zum Beispiel gegeben, wenn es nur einen `join`-Aufruf gibt und `reinitialize` direkt nach `join` aufgerufen wird.

	außerhalb von Fork/Join-Tasks	innerhalb eines Fork/Join-Tasks
asynchron ausführen	`fjPool.execute(task)`	`fjTask.fork()`
asynchron ausführen und auf Ergebnis warten	`fjPool.invoke(task)`	`fjTask.invoke()`
asynchron ausführen und Future erhalten (später auf Ergebnis warten)	`fjPool.submit(task)`	`fjTask.fork()` (`ForkJoinTask` implementiert `Future`)

Tabelle 11.1 *Starten eines* `ForkJoinTask`

11.3.3 Rekursive Tasks

Listing 11.11 zeigt eine rekursive Berechnung der Fibonacci-Zahlen mit dem `ForkJoinPool`. Dazu implementieren wir eine Unterklasse von `RecursiveTask`. Die `compute`-Methode enthält die rekursive Berechnung. Für jeden parallel auszuführenden Aufruf erzeugen wir eine neue Instanz und starten diesen mittels `fork`. In diesem Fall berechnen wir den zweiten Aufruf direkt in dem laufenden Task. Mit `join` warten wir auf das Ergebnis des parallel ausgeführten Teils und geben anschließend die Summe zurück. Die gesamte Berechnung starten wir außerhalb eines Tasks mit `invoke` – zum Beispiel in der `main`-Routine. Dieser Aufruf kehrt erst zurück, wenn die gesamte Berechnung beendet ist.

```
class Fibonacci extends RecursiveTask<Integer> {
  final int n;
  Fibonacci(int n) { this.n = n; }
  Integer compute() {
    if (n <= 1)
      return n;
    Fibonacci f1 = new Fibonacci(n-1);
    f1.fork();
    Fibonacci f2 = new Fibonacci(n-2);
    return f2.compute() + f1.join();
  }
}

// z.B. in main:
ForkJoinPool fjPool = new ForkJoinPool();
Fibonacci f = new Fibonacci(n);
int result = fjPool.invoke(f);
System.out.println("Ergebnis: " + result);
```

Listing 11.11 *Berechnung der Fibonacci-Zahlen mit* `ForkJoinPool`

Für den Fall, dass die einzelnen Tasks keine Rückgabewerte liefern, implementiert man eine Unterklasse von `RecursiveAction`. Wir sehen dies am Beispiel des Quicksort-Algorithmus in Listing 11.12.[4] Der große Unterschied zum Fibonacci-Beispiel ist, dass wir nicht auf den ersten Task warten können. Da in den Tasks nicht auf die jeweiligen Kind-Tasks gewartet wird, kehren diese schnell wieder zurück. Deshalb müssen wir den Threadpool mit `shutdown` beenden und mit `awaitTermination` warten, bis alle Tasks abgearbeitet sind (Listing 11.13).

```
public class Quicksort {
  private int[] x;
  private ForkJoinPool fjPool;
  Quicksort(int[] x, ForkJoinPool fjPool) {
    this.x = x;
    this.fjPool = fjPool;
  }
  private class QuicksortTask extends RecursiveAction {
    int from, to;
    QuicksortTask(int from, int to) {
      this.from = from;
      this.to = to;
    }
    protected void compute() {
      if (to - from <= 1) {
        return;
      }
      int pivot = partition(from, to);
      QuicksortTask q1 = new QuicksortTask(from, pivot);
      q1.fork();
      QuicksortTask q2 = new QuicksortTask(pivot + 1, to);
      q2.fork();
    }
  }
  public void sort() {
    QuicksortTask qt = new QuicksortTask(0, x.length);
    fjPool.execute(qt);
  }
}
```

Listing 11.12 *Quicksort mit* `ForkJoinPool`

[4]Wir haben die Implementierung der Funktion `partition` weggelassen und verzichten auf die Fehlerhandlung. Außerdem fehlt die Begrenzung der Rekursionstiefe, die in einer realen Implementierung aus Effizienzgründen notwendig wäre.

```
int[] x = ...;
ForkJoinPool fjPool = new ForkJoinPool();
Quicksort sorter = new Quicksort(x, fjPool);
sorter.sort();
fjPool.shutdown();
// warte, bis alle Tasks beendet sind
try {
  fjPool.awaitTermination(Long.MAX_VALUE, TimeUnit.SECONDS);
} catch (InterruptedException e) {
  // ... Ausnahme behandeln
}
```

Listing 11.13 *Starten des Quicksort-Beispiels mit* `ForkJoinPool`

11.3.4 Blockierende Operationen in Tasks

Blockierende Operationen, zum Beispiel Ein-/Ausgabeoperationen, die innerhalb eines Tasks aufgerufen werden, führen dazu, dass Threads des zugrunde liegenden Threadpools ungenutzt bleiben (vgl. Abschnitt 4.1.6). Um dem `ForkJoinPool` die Möglichkeit zu geben, die Anzahl der Threads der Auslastung anzupassen, ruft man bei blockierenden Operationen die statische Methode `managedBlock` von `ForkJoinPool` auf und übergibt ihr ein Objekt vom Typ `ManagedBlocker`. Dabei handelt es sich um einen Wrapper um die blockierende Operation, den man allerdings selbst implementieren muss. Auf diese Weise erhält der Threadpool einen Hinweis, dass es sich um eine blockierende Operation handelt, und kann weitere Threads starten. Der `ManagedBlocker` kapselt den eigentlichen Sperrvorgang und informiert den Pool, wenn die blockierende Operation beendet ist. Daraufhin kann der Pool überschüssige Threads beenden, sobald sie nicht mehr in Benutzung sind.

11.4 Datenparallelität

Datenparallelität wird aktuell (Java 7) nicht direkt unterstützt. Der Grund dafür ist vor allen Dingen, dass Lambda-Funktionen noch nicht Teil der Sprache sind. Datenparallele Operationen lassen sich damit wesentlich besser handhaben, was die Implementierungen in .NET und TBB zeigen. Dennoch existieren bereits Ansätze für die Nutzung von Datenparallelität in Java. So stehen unter dem Namen *extra166y* Erweiterungen zur Verfügung, die nicht in Java 7 eingeflossen sind. Der Prototyp mit Lambda-Funktionen (Closures) ist unter dem Namen *JSR 166z* bekannt. Das Konzept basiert auf einer Klasse `ParallelArray<T>`, die ein Feld mit Elementen beliebigen Typs implementiert. Die Klasse stellt im Wesentlichen folgende Methoden bereit:

apply Anwenden einer Operation auf jedes Element eines Feldes

replaceWith*XYZ* Austauschen von Elementen gegen Elemente des gleichen Typs, abhängig von den aktuellen Elementen oder vom Index

reduce Reduktion der Feldelemente auf ein Objekt desselben Typs

withMapping Abbildung jedes Elements auf ein neues Element, das einen anderen Typ haben kann

withBounds, withFilter Auswahl von Teilen eines Feldes anhand des Index oder mit einer Filtermethode

Da sich einige dieser Operationen für skalare Datentypen sehr effizient implementieren lasen, existieren dafür spezielle Klassen wie `ParallelLongArray` und `ParallelDoubleArray`. Weitere Informationen zu den geplanten parallelen Erweiterungen von Java finden sich auf der *Concurrency JSR-166 Interest Site* von Doug Lea.[5]

11.5 Datenstrukturen

Die Datenstrukturen `Vector` und `Hashtable` aus Java 1.0 sind mit synchronisierten Zugriffsmethoden implementiert. In Java 2 kamen das *Java Collections Framework* und neue Datenstrukturen hinzu, die allesamt unsynchronisiert sind. An die Stelle von `Hashtable` trat dabei `HashMap` und an die Stelle von `Vector` trat `ArrayList`. Mit den statischen `synchronized`*`XYZ`*-Methoden der Klasse `java.util.Collections` kann aus den in `java.util` definierten Datenstrukturen, welche die `Collection`-Schnittstelle bzw. `Set`, `Map`, `List` sowie `SortedSet` oder `SortedMap` implementieren, jeweils eine synchronisierte erzeugt werden. Das zurückgegebene Stellvertreterobjekt ist eine Instanz einer von der ursprünglichen Datenstruktur abgeleiteten Klasse, die alle kritischen Methoden um `synchronized` erweitert (siehe Synchronisationsproxy in Abschnitt 6.1.4). Eine synchronisierte Liste erhält man zum Beispiel auf folgende Weise:

```
List<String> syncList =
  Collections.synchronizedList(new LinkedList<String>());
```

Das Iterieren über synchronisierte Datenstrukturen ist allerdings nicht threadsicher. Wird eine Datenstruktur während des Iterierens von einem anderen Thread verändert, ist das Verhalten im Allgemeinen undefiniert. Je nach Implementierung wird im günstigsten Fall eine `ConcurrentModificationException` ausgelöst (engl. *fail-fast*). Daher muss die gesamte Datenstruktur gesperrt werden, wenn über sie iteriert wird, zum Beispiel wie folgt:

[5] *http://gee.cs.oswego.edu/dl/concurrency-interest/*

```
Collection c = Collections.synchronizedCollection(myCollection);
synchronized(c) {
  Iterator i = c.iterator();
  while (i.hasNext())
    doSomething(i.next());
}
```

Die Datenstrukturen in `java.util.concurrent` hingegen sind mit feingranularen Sperren implementiert. Dazu gehören:

- eine Liste (`CopyOnWriteArrayList<E>`)
- Assoziative Felder (`ConcurrentHashMap<K,V>`, `ConcurrentSkipListMap<K,V>`)
- Mengen (`ConcurrentSkipListSet<E>`, `CopyOnWriteArraySet<E>`)
- mehrere Warteschlangen (`XYZQueue<E>`)

Die Iteratoren dieser Datenstrukturen sind robust gegen parallele Änderungen. Werden Elemente gelöscht oder geändert, sind die Änderungen sichtbar, wenn der Iterator zum Zeitpunkt einer Änderung noch nicht bei dem entsprechenden Element angekommen ist. Für parallel hinzugefügte Elemente ist die Sichtbarkeit nicht garantiert, unabhängig von deren Position. Es wird jedoch keine `ConcurrentModificationException` ausgelöst wie bei den Iteratoren der Datenstrukturen aus `java.util`.

11.6 Speichermodell

Java definierte als erste der weitverbreiteten, modernen Sprachen ein klares Speichermodell. Obwohl Threads von Anfang an Bestandteil der Sprache waren, wurde das Java-Speichermodell jedoch erst im Jahr 2004 für Java 5.0 definiert [1, 23] (JSR 133).

Die Java-Spezifikation beschreibt für verschiedene Sprachelemente eine sogenannte *Happens-Before*-Beziehung, die im mathematischen Sinne eine Halbordnung darstellt. Damit wird die Sichtbarkeit von Auswirkungen einer Operation beschrieben. Existiert zwischen zwei Operationen eine Happens-Before-Beziehung, sind alle Änderungen der ersten Operationen für die zweite sichtbar. Beispielsweise gilt diese Beziehung immer zwischen einer Operation und allen im selben Thread nachfolgenden Operationen. Zwischen den folgenden Konstrukten bzw. Methoden ist eine Happens-Before-Beziehung definiert:

- `synchronized`. Zwischen dem Verlassen eines `synchronized`-Blocks und dem Betreten eines `synchronized`-Blocks desselben Monitorobjekts besteht eine Happens-Before-Beziehung. Das bedeutet, dass alle Werte, die vor dem Verlassen eines `synchronized`-Blocks zugewiesen wurden, spätestens dann für einen anderen Thread sichtbar sind, wenn dieser einen `synchronized`-Block desselben Objekts betritt. Gleiches gilt für `synchronized`-Methoden.

- `volatile`. Zwischen dem Schreiben und Lesen einer `volatile`-Variable besteht eine Happens-Before-Beziehung. Damit sind beim Lesen der Variable alle Änderungen sichtbar, die vor dem letzten Schreibzugriff stattfanden.
- `Thread.start`, `Thread.join` und Unterbrechungen. Wird ein Thread mittels `start` gestartet, sind alle Änderungen des Threads, der `start` aufgerufen hat, im neuen Thread sichtbar. Das Gleiche gilt für Operationen, die auf das Ende von Threads synchronisieren. Kehrt `join` zurück, weil der Thread, auf den gewartet wurde, beendet ist, sind alle Änderungen des beendeten Threads sichtbar. Auch wenn `Thread.isAlive` den Wert `false` zurückgibt, sind alle Änderungen des abgefragten Threads sichtbar. Genauso verhält es sich mit `Thread.interrupted` und `Thread.isInterrupted`.

Hinweis

In einem Konstruktor dürfen keine Threads gestartet werden. Ein derartiger Thread hätte potenziell Zugriff auf ein teilweise initialisiertes Objekt.

Die Methoden der Klassen in `java.util.concurrent` enthalten implizite und explizite Synchronisationsmechanismen. Das Java-Speichermodell muss daher auch diese Operationen abdecken. Dabei gelten folgende Regeln:

- Die Freigabe einer Sperre (`Lock.unlock`, `Semaphore.release` etc.) verhält sich bzgl. der Sichtbarkeit wie das Verlassen eines `synchronized`-Blocks. Alle Operationen vor der Freigabe sind nach einer entsprechenden Sperroperation (`Lock.lock`, `Semaphore.acquire` etc.) sichtbar.
- Beim Lesen von implizit synchronisierten Objekten wie Futures oder Elementen in den Concurrent Collections sind alle Operationen vor dem letzten Schreiben durch einen anderen Thread sichtbar.
- Analog zu `Thread.start` verhält sich die Übergabe von Tasks (`Runnable`, `Callable` etc.) an einen `Executor`. Alle vorherigen Änderungen im Thread sind in den Tasks sichtbar.
- Threads, die über einen Aufruf von `Exchanger.exchange` Daten austauschen, sehen nach dem Aufruf alle Änderungen des jeweils anderen Threads bis zu diesem Punkt.
- Barrieren (`CyclicBarrier.await`, `Phaser.awaitAdvance`) garantieren die Sichtbarkeit von vor einer Barriere ausgeführten Änderungen in der beim Erreichen ausgeführten Aktion. Änderungen der Aktion einer Barriere (und damit auch alles davor) sind wiederum sichtbar, wenn `await` zurückkehrt.
- Die meisten Zugriffe auf atomare Datentypen aus `java.util.concurrent.atomic` werden wie `volatile` behandelt. Ausnahmen sind `lazySet` und `weakCompareAndSet`.

Wichtig ist die Tatsache, dass es für nicht explizit definierte Happens-Before-Beziehungen nur wenige Garantien gibt. Eine der wenigen Garantien ist, dass als `final` deklarierte Objektvariablen nach dem Ende eines Konstruktors sichtbar sind. Betrachten wir beispielsweise die in Listing 11.14 gezeigte Klasse.

```
class Unsafe {
  int n;
  public Unsafe() {
    n = 42;
  }
  public void read() {
    if (n != 42) {
      // Fehler!
    }
  }
}
```

Listing 11.14 *Beispiel für die Sichtbarkeit von Initialisierungen im Konstruktor*

Angenommen ein Thread legt eine Instanz der Klasse `Unsafe` an:

```
public Unsafe unsafe;
unsafe = new Unsafe();
```

Ein anderer Thread ruft nun die Methode `read` auf:

```
if (unsafe != null) {
  unsafe.read();
}
```

Innerhalb der Methode `read`, die aus einem anderen Thread als der Konstruktor aufgerufen wurde, ist keinesfalls garantiert, dass `n` den Wert 42 hat, auch wenn `unsafe` schon eine gültige Referenz enthält. Das Programm wäre jedoch korrekt, wenn wir `n` als `final` deklarieren würden. Alternativ könnten wir jeweils einen `synchronized`-Block verwenden, der sich auf denselben Monitor bezieht.

Generell ist also bei der gemeinsamen Nutzung von Objekten darauf zu achten, dass sie in einem konsistenten Zustand an die verschiedenen Threads übergeben werden. Das ist der Fall bei statisch initialisierten Objekten, man kann sie in `volatile`-Variablen ablegen oder als `AtomicReference` speichern, man kann sie in `final`-Variablen ablegen, oder man synchronisiert mittels `synchronized` oder Sperren aus `java.util.concurrent`.

12 Parallele Programmierung mit .NET

Auf den ersten Blick weist .NET viele Parallelen zu Java auf. Auf dem Gebiet der parallelen Programmierung gibt es jedoch einige Unterschiede, insbesondere bei Threadpools und den jüngeren Erweiterungen, die durch die zunehmende Verbreitung von Multicore-Systemen motiviert sind. Zu den in der Version 4 des .NET-Frameworks hinzugekommenen Neuerungen gehören:

Task Parallel Library Klassen und Schnittstellen für task- und datenparallele Programmierung, vorwiegend im Namensraum `System.Threading.Tasks`.

Concurrent Collections Feingranular synchronisierte Datenstrukturen im Namensraum `System.Collections.Concurrent`.

PLINQ Erweiterung der deklarativen .NET-Abfragesprache LINQ (Language Integrated Query) für datenparallele Abfragen. Der Kern der parallelen Abarbeitung ist in der Klasse `System.Linq.ParallelEnumerable` zu finden.

Des Weiteren wurden leichtgewichtige Synchronisationsmechanismen im Namensraum `System.Threading` ergänzt und die Unterstützung von threadlokalen Daten sowie die einmalige Ausführung verbessert.

Die Beispiele in diesem Kapitel sind durchgehend in C# realisiert. Grundsätzlich funktionieren sie jedoch genauso mit anderen .NET-Sprachen.

12.1 Threads

Threads waren von Anfang an Bestandteil der .NET-Plattform. Die grundlegenden Klassen und Schnittstellen finden sich im Namensraum `System.Threading`. Threads werden durch Objekte der Klasse `Thread` repräsentiert.

12.1.1 Threaderzeugung

Um einen Thread zu starten, muss man zunächst ein `Thread`-Objekt erzeugen. Die Einsprungmethode wird dem Konstruktor übergeben. Anschließend ruft man die Methode `Start` auf, der optional ein Objekt als Argument übergeben werden kann. Listing 12.1 zeigt einige Beispiele.

```
class Work {
  public static void DoStaticWork(object data) {
    // wird im Thread ausführt
    Console.WriteLine("DoStaticWork, data='{0}'", data);
  }
  public void DoWork1(object data) {
    // wird im Thread ausführt
    Console.WriteLine("DoWork1, data='{0}'", data);
  }
  public void DoWork2() {
    // wird im Thread ausführt
    Console.WriteLine("DoWork2");
  }
  public static void Main() {
    // statische Einsprungmethode:
    Thread t1 = new Thread(Work.DoStaticWork);
    t1.Start(47); // mit Parameterübergabe
    // Instanzmethode als Einsprungmethode:
    Work w = new Work();
    Thread t2 = new Thread(w.DoWork1);
    t2.Start(11); // mit Parameterübergabe
    Thread t3 = new Thread(w.DoWork2);
    t3.Start();   // ohne Parameterübergabe
    // ...
    t1.Join(); t2.Join(); t3.Join();
  }
}
```

Listing 12.1 *Erzeugen von Threads*

Genau genommen erwartet die Methode `Start` der Klasse `Thread` einen Delegaten vom Typ `ThreadStart` bzw. `ParameterizedThreadStart`, wenn ein Argument übergeben wird. Es müsste also heißen:

```
Thread t2 = new Thread(new ParameterizedThreadStart(w.DoWork1));
```

und

```
Thread t3 = new Thread(new ThreadStart(w.DoWork2));
```

Der C#-Compiler erlaubt allerdings auch die intuitivere Schreibweise aus Listing 12.1 und wandelt die Argumente entsprechend um. Eine weitere Erleichterung bringen Lambda-Ausdrücke, mit denen sich auf einfache Weise Argumente übergeben lassen:

```
Thread t2 = new Thread(() => w.DoWork1(12));
```

In vielen Fällen arbeiten Threads auf eigenen Objekten, sodass beim Starten keine Argumente übergeben werden müssen. Stattdessen wird das Objekt, das die Einsprungfunktion enthält, exklusiv für den Thread erstellt. Die Argumente werden dabei in den Variablen des Objekts abgelegt. Listing 12.2 zeigt ein Beispiel. Das Objekt `w` wird mit den zu übergebenden Daten erstellt und exklusiv von Thread `t` bearbeitet. Im Gegensatz zu Java ist es nicht möglich, eigene Klassen von `Thread` abzuleiten, da die Klasse `Thread` *sealed* ist. Threads können zudem nicht wiederverwendet werden: Die Methode `Start` darf nur einmal für ein Objekt vom Typ `Thread` aufgerufen werden.

```
class Work {
  int data;
  public Work(int d) {data = d;}
  public void DoWork() {
    // wird im Thread ausführt
    Console.WriteLine("DoWork, data='{0}'", data);
  }
}

class Example {
  public static void Main() {
    Work w = new Work(42);
    Thread t = new Thread(w.DoWork);
    t.Start();
    // ...
    t.Join();
  }
}
```

Listing 12.2 *Implizite Parameterübergabe über ein Objekt*

Threads laufen üblicherweise bis zum Ende der Einsprungmethode oder bis zu dem Punkt, an dem sie explizit beendet werden. Hintergrundthreads werden dagegen beendet, sobald keine anderen Threads mehr laufen. Ein Thread wird zum Hintergrundthread, wenn man die Eigenschaft (Property) `IsBackground` auf `true` setzt. Auf das Ende eines Threads kann man mit `Thread.Join` warten, optional mit einem Timeout.

12.1.2 Threadpools

Das .NET-Framework besitzt einen zentralen Threadpool, der immer dann verwendet wird, wenn Programmteile asynchron auszuführen sind. Meistens nutzt man den Threadpool jedoch nicht direkt, sondern über eine der folgenden, komfortableren Schnittstellen:

Background Worker Eine einfache Schnittstelle für die Ausführung von Aktivitäten im Hintergrund bietet die Klasse `BackgroundWorker` (Namensraum `System.ComponentModel`). Zwischenstände einer Berechnung (z. B. um einen Fortschrittsbalken zu aktualisieren) und das Ende einer Aktivität werden über Event-Handler mitgeteilt. `BackgroundWorker` werden hauptsächlich in grafischen Benutzeroberflächen verwendet, um lange laufende Aktivitäten von der GUI-Ereignisbehandlung zu entkoppeln.

Timer Der `Timer` (Namensraum `System.Timers`) ruft einen Event-Handler periodisch oder einmalig nach einer angegebenen Zeitspanne auf.

Asynchrone Methoden Das unter dem Begriff *Asynchronous Programming Model* bekannte Paar `Begin`*XYZ*/`End`*XYZ* findet sich an einigen Stellen der .NET-Bibliothek. Mit `Begin`*XYZ* kann man einen Task starten und mit `End`*XYZ* auf das Ergebnis warten (es gibt noch weitere Möglichkeiten, auf das Ende zu warten). Beispielsweise stellt die Klasse `System.IO.FileStream` die Methoden `BeginRead`/`BeginWrite` sowie `EndRead`/`EndWrite` bereit.

Asynchrone Methoden mit Events In .NET gibt es einige Methoden, die asynchron ablaufen und das Ende der Methode über einen Event mitteilen. Dieses Entwurfsmuster nennt sich *Event-based Asynchronous Pattern*. Üblicherweise endet der Name der entsprechenden Methode auf `Async` und der des Events auf `Completed`.

Task Parallel Library Der Namensraum `System.Threading.Tasks` bietet eine Schnittstelle zur einfachen Nutzung von Task- und Datenparallelität. Wir kommen in den Abschnitten 12.3 und 12.4 darauf zurück.

PLINQ Datenparallele LINQ-Abfragen (siehe Abschnitt 12.4.3) werden ebenfalls auf den Threadpool abgebildet.

Die Schnittstelle des Threadpools auf unterster Ebene ist recht überschaubar. Auffällig ist, dass die Klasse `ThreadPool` statisch ist. Es muss also nicht erst ein Threadpool erzeugt werden, er ist »einfach da« (es gibt einen Pool pro Prozess). Mit `QueueUserWorkItem` werden Tasks in Form eines Delegaten eingestellt, optional mit einem Objekt als Argument. Listing 12.3 zeigt Beispiele unter Verwendung der Einsprungmethoden aus Listing 12.1 (S. 310). Außerdem kann man mit `RegisterWaitForSingleObject` Methoden registrieren, die auf Windows-Events und -Semaphore warten (vgl. Abschnitt 8.2.2).

Die Threads des Threadpools arbeiten im Hintergrund. Das bedeutet, dass sie beendet werden, sobald alle Vordergrundthreads beendet sind. Selbst wenn ein Task kein Ergebnis zurückliefert, ist deshalb oft eine Rücksynchronisation erforderlich, beispielsweise mittels Events, um den vorzeitigen Abbruch des Tasks zu verhindern. Aus diesem Grund sollte man eine der oben genannten Schnittstellen höherer Ebene verwenden.

Die minimale und maximale Anzahl der Threads des Pools kann konfiguriert werden. Das Standardverhalten in .NET 4 ist, dass die Anzahl der Threads dynamisch angepasst wird. Die Anpassung erfolgt heuristisch anhand der Auslastung

```
public static void Main() {
  // statische Methoden ohne und mit Argument
  ThreadPool.QueueUserWorkItem(Work.DoStaticWork);
  ThreadPool.QueueUserWorkItem(Work.DoStaticWork, "Welt");
  // Instanzmethoden ohne und mit Argument
  Work w = new Work();
  ThreadPool.QueueUserWorkItem(w.DoWork1);
  ThreadPool.QueueUserWorkItem(w.DoWork1, 42);
  // ...
}
```

Listing 12.3 *Direkte Nutzung des Threadpools*

und der verfügbaren Ressourcen. Das ist ein entscheidender Unterschied zu vielen anderen Threadpool-Implementierungen. Selbst wenn Tasks blockieren, da sie zum Beispiel E/A-Operationen ausführen oder auf andere Ereignisse warten, stellt der Threadpool sicher, dass genügend Threads bereitstehen, um andere Tasks zu bearbeiten.

12.1.3 Threadlokaler Speicher

In .NET gibt es drei Möglichkeiten, threadlokale Daten zu verwalten. Die erste Möglichkeit besteht darin, die statischen Methoden der Klasse `Thread` zu nutzen. Mit `AllocateDataSlot` oder `AllocateNamedDataSlot` wird ein sogenannter Slot angelegt, der eine Objektreferenz aufnimmt. Dieser Slot ist threadlokal und kann von jedem Thread separat beschrieben und gelesen werden (`SetData` und `GetData`). Listing 12.4 zeigt, wie das funktioniert.

```
// außerhalb der Threads:
LocalDataStoreSlot slot = Thread.AllocateDataSlot();
// ...
// in einem Thread
MyData data = ...;
Thread.SetData(slot, data);
// ...
// an einer anderen Stelle im selben Thread:
MyData localData = (MyData)Thread.GetData(slot);
```

Listing 12.4 *Threadlokale Daten über Slots*

Statische Variablen kann man mit `ThreadStaticAttribute` als threadlokal deklarieren. Wichtig ist auch hier, dass *jeder* Thread seine Kopie initialisiert:

```
[ThreadStatic]
static MyData data;
// ...
// in den Threads:
data = new MyData();
```

Für statische Variablen ist dies die schnellste Variante. Die dynamische Lösung mittels Slots ist wesentlich langsamer und bietet keine Typüberprüfung. Deshalb muss man die Daten selbst konvertieren. Ab der Version 4 von .NET gibt es die Klasse `System.Threading.ThreadLocal<T>`. Damit haben die Daten einen eindeutigen Typ. Über die Eigenschaft `Value` können sie geschrieben und gelesen werden. Dem Konstruktor von `ThreadLocal` wird ein Delegat übergeben, der die Daten einmalig pro Thread initialisiert:

```
ThreadLocal<MyData> data =
  new ThreadLocal<MyData>(() => new MyData());
// ...
// in den Threads:
MyData localData = data.Value;
```

Die Variante mit `ThreadStaticAttribute` ist immer noch die schnellste. Für nichtstatische Daten ist die Klasse `ThreadLocal` vorzuziehen, die effizienter als die Slot-Methode ist. Slots können allerdings mit Strings benannt und an anderer Stelle über den Namen wiedergefunden werden. Auf diese Weise ist der Zugriff von verschiedenen Stellen auf denselben Slot möglich, ohne dass eine Objektreferenz weitergereicht werden muss.

12.2 Synchronisationsmechanismen

Ebenso wie Threads sind auch die grundlegenden Synchronisationsmechanismen schon immer Bestandteil der .NET-Plattform. Im Zuge der Erweiterungen von .NET wurden in der Version 4 im Namensraum `System.Threading` leichtgewichtige Synchronisationsmechanismen ergänzt, um besser skalierende Anwendungen zu ermöglichen.

12.2.1 Sperren

C# bietet einen recht einfach zu verwendenden Sperrmechanismus, der wie die `synchronized`-Anweisung in Java zum Sperren von kritischen Abschnitten verwendet wird. Zudem existieren zwei verschiedene Arten von expliziten Sperren. Die einen bilden die Win32-Sperren in .NET ab und dienen vorwiegend der Interprozesskommunikation. Die anderen implementieren leichtgewichtige Sperren für eine feingranulare Synchronisation.

Monitore

Jedes Objekt besitzt eine implizite Sperre, die man über das Schlüsselwort `lock` für die Synchronisation innerhalb eines Prozesses verwenden kann (vgl. Abschnitt 3.2.3). Anders als das Schlüsselwort `synchronized` in Java kann `lock` jedoch nicht vor eine Methode geschrieben werden. Stattdessen ist der gesamte Rumpf, wie in Listing 12.5 gezeigt, durch `lock` zu umschließen.

```
public class MyClass {
  public void DoSomething() {
    lock (this) {
      // ... kritischer Abschnitt
    }
  }
  public void DoSomethingElse() {
    // ...
    lock (this) {
      // ... kritischer Abschnitt
    }
    // ...
  }
}
```

Listing 12.5 Synchronisation mit der `lock`-Anweisung

Der Parameter von `lock` gibt das Objekt an, dessen interne Sperre verwendet werden soll. Alternativ kann über die statischen Methoden der `Monitor`-Klasse synchronisiert werden. Der Code in Listing 12.6 verdeutlicht dies und zeigt, wie die Sperre auch im Falle einer Ausnahme freigegeben wird: durch einen Aufruf von `Monitor.Exit` im `finally`-Block. Diese Lösung ist identisch mit der Variante aus Listing 12.5, da der C#-Compiler `lock`-Anweisungen in entsprechende Methodenaufrufe der `Monitor`-Klasse übersetzt.

```
public void DoSomething() {
  Monitor.Enter(this);
  try {
    // ... kritischer Abschnitt
  } finally {
    Monitor.Exit(this);
  }
}
```

Listing 12.6 Synchronisation mit der `Monitor`-Klasse

Ab .NET 4 gibt es darüber hinaus die Möglichkeit, eine boolesche Variable zu setzen, wenn eine Sperre erfolgreich angefordert wurde. Das ist nützlich, wenn die Sperre innerhalb eines `try`-Blocks angefordert wird (siehe Listing 12.7). Die

Methode `Monitor.TryEnter` prüft ohne zu blockieren, ob eine Sperre frei ist. Damit lassen sich Verklemmungen vermeiden. Monitore können mehrfach von demselben Thread gesperrt werden. In diesem Fall ist es wichtig, dass sie genauso oft freigegeben werden, wie sie gesperrt wurden. Generell gilt, dass eine `Monitor`-Sperre von dem Thread freigegeben werden muss, von dem sie angefordert wurde.

```
public void DoSomething() {
  bool lockTaken = false;
  try {
    // ... hier könnte eine Ausnahme auftreten
    Monitor.Enter(this, ref lockTaken);
    // ... kritischer Abschnitt
  } finally {
    if (lockTaken) {
      Monitor.Exit(this);
    }
  }
}
```

Listing 12.7 *Sperren eines `Monitor`-Objekts innerhalb eines `try`-Blocks*

Die `Monitor`-Klasse unterstützt die Bedingungssynchronisation. Ein Aufruf von `Wait` gibt die Sperre frei und reiht den aufrufenden Thread in die Warteschlange des zugehörigen Sperrobjekts ein. Die Methode `Pulse` weckt einen Thread auf, `PulseAll` benachrichtigt alle wartenden Threads. Da `Pulse` und `PulseAll` aus einem mittels `Monitor.Enter` oder `lock` geschützten Abschnitt aufgerufen werden müssen, warten die benachrichtigten Threads, bis die Sperre frei ist.

Listing 12.8 zeigt die Implementierung unserer Warteschlange aus dem ersten Teil dieses Buches. Wie auf Seite 294 im Kapitel über Java schon angemerkt, empfehlen wir auch hier, explizite Sperrobjekte zu verwenden, die als `private` deklariert sind. Damit vermeidet man, dass als `public` deklarierte Sperrobjekte von außen sichtbar sind. Zudem verbessert dies die Lesbarkeit.

Hinweis

Verwenden Sie in Verbindung mit `lock` explizite, private Sperrobjekte. Diese ermöglichen feingranulares Sperren und vermindern das Risiko von Verklemmungen.

Es ist auch möglich, eine ganze Methode wie in Java als `synchronized` zu kennzeichnen. In .NET bedient man sich dazu des folgenden Attributs:

```
[MethodImpl(MethodImplOptions.Synchronized)]
public void DoSomething() {
  // ...
}
```

```
class ConcurrentQueue<T> {
  private object locker = new Object();
  private Queue<T> queue = new Queue<T>();
  public void Enqueue(T data) {
    lock (locker) {
      queue.Enqueue(data);
      Monitor.Pulse(locker);
    }
  }
  public T Dequeue() {
    T data;
    lock (locker) {
      while (queue.Count == 0) {
        Monitor.Wait(locker);
      }
      data = queue.Dequeue();
    }
    return data;
  }
}
```

Listing 12.8 Geschützter Zugriff auf eine Warteschlange

Das wird übersetzt in `lock (this) {...}` über den Methodenrumpf. Bei statischen Methoden entspricht das `lock (typeof(Type)) {...}`. Aus oben genannten Gründen ist von dieser Art der Synchronisation bei öffentlichen Objekten jedoch abzuraten.

Explizite Sperren

Neben Monitoren gibt es auch explizite Sperren. Lese-/Schreibsperren und Spinlocks eignen sich für die feingranulare Synchronisation, während Mutexe und Semaphore aufgrund ihrer Schwergewichtigkeit unter Windows ausschließlich für die Interprozesskommunikation eingesetzt werden sollten. Betrachten wir die expliziten Sperren im Detail:

ReaderWriterLock Für Daten, die häufig gelesen, aber nur selten geschrieben werden, eignen sich Lese-/Schreibsperren (siehe Abschnitt 3.2.4). Ab der Version 4 von .NET ist `ReaderWriterLockSlim` der Klasse `ReaderWriterLock` vorzuziehen. Es gibt allerdings Einschränkungen gegenüber der älteren Variante, zum Beispiel das Verbot der rekursiven Nutzung.

Spinlocks Für kurze Sperrzeiten kann ein Spinlock gegenüber einer Monitorsperre Vorteile bieten, sofern in dem kritischen Abschnitt keine aufwendigen Operationen ausgeführt werden (siehe Abschnitt 3.2.10). Das schließt in der Regel Operationen aus, die neue Objekte erzeugen, sowie den Aufruf von virtuellen Methoden und generell Aufrufe von »fremden« Methoden. Spinlocks sind zudem nicht rekursiv verwendbar. Um Verklemmungen durch rekursive Aufrufe aufspüren zu können, kann man dem Konstruktor von `SpinLock` einen booleschen Wert mitgeben, der das sogenannte *Ownership Tracking* ein- bzw. ausschaltet. Bei eingeschaltetem Ownership Tracking wird bei dem Versuch, ein Spinlock durch denselben Thread mehrfach zu sperren, eine Ausnahme ausgelöst. Gleiches gilt, wenn `Exit` von einem anderen Thread aufgerufen wird. Dadurch wird das Spinlock jedoch langsamer. Die Methode `Exit` nimmt ebenfalls einen booleschen Wert entgegen, der angibt, ob das Freigeben des Spinlocks eine Speicherbarriere impliziert. Listing 12.9 zeigt ein Beispiel für die Verwendung von Spinlocks.

Mutexe Mutexe der Klasse `Mutex` sind schwergewichtiger als Monitorsperren. Sie kapseln die Mutexe der Win32-Schnittstelle (siehe Abschnitt 8.2.2) und dienen der Synchronisation über Anwendungsdomänengrenzen hinweg und zwischen Prozessen. Einem `Mutex`-Objekt kann man einen Namen zuweisen, über den von allen Prozessen auf ihn zugegriffen werden kann. Zum Sperren und Freigeben stehen die Methoden `WaitOne` und `ReleaseMutex` zur Verfügung (ein Mutex muss von dem Thread freigegeben werden, der ihn gesperrt hat). Die Klasse `Mutex` erbt von `WaitHandle`, sodass auch die dort definierten statischen Funktionen `WaitAll` und `WaitAny` genutzt werden können.

Semaphore Analog zur Klasse `Mutex` bringt die Klasse `Semaphore` das Win32-Semaphor in die .NET-Welt. Im Gegensatz zu Mutexen kann `Release` von einem beliebigen Thread aufgerufen werden. Die Anzahl der `Release`-Aufrufe darf allerdings die Anzahl der `WaitOne`-Aufrufe nicht überschreiten. Für die prozessinterne Synchronisation gibt es mit `SemaphoreSlim` ab .NET 4 eine leichtgewichtigere Implementierung.

```
static SpinLock spinLock = new SpinLock(false);
public void DoSomething() {
  bool lockTaken = false;
  try {
    spinLock.Enter(ref lockTaken);
    // ... kritischer Abschnitt
  } finally {
    if (lockTaken) {
      spinLock.Exit(true);
    }
  }
}
```

Listing 12.9 Beispiel für die Synchronisation mit Spinlocks

12.2.2 Spezielle Synchronisationsmechanismen

Neben den bekannten Sperrmechanismen gibt es weitere Formen der Synchronisation. Events sind in der Windows-Welt seit langem bekannt, während Barrieren eine Neuerung von .NET 4 sind.

Events

Für die Benachrichtigung anderer Threads gibt es spezielle Event-Klassen.[1] Die Benachrichtigung erfolgt dabei ohne das Sperren eines kritischen Abschnitts, wie es bei den Monitoroperationen `Wait`, `Pulse` und `PulseAll` der Fall ist. Ein oder mehrere Threads warten auf einen Event, der an anderer Stelle signalisiert wird.

Die Klassen `AutoResetEvent` und `ManualResetEvent` implementieren zwei Arten von Events. Bei der Signalisierung eines `AutoResetEvent` wird genau ein Thread geweckt. Der Event wird anschließend wieder in den Zustand »nicht signalisiert« versetzt. `ManualResetEvent` weckt alle wartenden Threads auf und muss von Hand zurückgesetzt werden. Da es sich bei diesen Events, ebenso wie bei `Mutex` und `Semaphore`, um Objekte des Betriebssystems handelt, gibt es mit `ManualResetEventSlim` eine leichtgewichtigere Implementierung, die auf einen Prozess beschränkt ist. Eine weitere Variante ist der `CountdownEvent`, der erst gesetzt wird, wenn eine vorgegebene Anzahl von `Signal`-Aufrufen erfolgt ist.

Barrieren

Mit Barrieren kann man, wie in Listing 12.10 gezeigt, Berechnungen in mehrere Phasen unterteilen (siehe Abschnitt 3.2.7). Einer Barriere kann eine Funktion mitgegeben werden, die nach jeder Phase aufgerufen wird.

12.2.3 Atomare Operationen

Die Klasse `Interlocked` stellt eine Reihe statischer Methoden für atomare Operationen bereit:

`Add` addiert zwei Integer-Werte der Länge 32 oder 64 Bit.

`Read` liest einen 64-Bit-Wert atomar auf einem 32-Bit-System.

`Increment` und **`Decrement`** inkrementieren bzw. dekrementieren 32- oder 64-Bit-Werte.

`Exchange` setzt den Wert einer Variable und gibt den vorherigen Wert zurück. Unterstützt werden 32- und 64-Bit-Integer-Werte, Gleitkommazahlen einfacher und doppelter Genauigkeit, Zeiger und Objektreferenzen. Es gibt eine untypisierte und eine generische Variante (`Exchange<T>(T, T)`).

`CompareExchange` implementiert die Compare-and-Swap-Operation (CAS, siehe Abschnitt 3.2.9) für dieselben Datentypen wie `Exchange`.

[1] Diese Klassen haben nichts mit dem Event-Typ `event` zu tun.

```
private const int numWorkers = 8;
volatile static bool success = false;
private Barrier barrier = new Barrier(numWorkers, (b) => {
  // ... Ergebnisse auswerten
  if (someCondition)
    success = true;
});
private void CalculateSomething(int partitionNum) {
  while (success == false) {
    results[partitionNum] =
      CalculateSubproblem(data[partitionNum]);
    barrier.SignalAndWait();
  }
}
// irgendwo in derselben Klasse:
Thread[] threads = new Thread[numWorkers];
for (int i = 0; i < numWorkers; i++) {
  threads[i] = new Thread(() => CalculateSomething(i));
  threads[i].Start();
}
```

Listing 12.10 Barrieren

Die CAS-Operation könnte beispielsweise wie folgt eingesetzt werden:

```
private int value = 0;
// ...
if (!Interlocked.CompareExchange(ref value, desired, expected) {
  // ... Operation fehlgeschlagen
}
```

12.2.4 Einmalige Ausführung

Für die einmalige Ausführung gibt es die Klasse `Lazy<T>`. Beim Lesen der `Value`-Property wird diese initialisiert, sofern noch nicht geschehen. Wie die Initialisierung stattfindet, kann im Konstruktor von `Lazy` angegeben werden. Entweder wird der Default-Konstruktor aufgerufen, oder es wird eine Methode aufgerufen, die den initialisierten Wert zurückliefert. Listing 12.11 zeigt Letzteres. Über einen zusätzlichen Parameter kann man den Modus der Initialisierung ändern. Das Standardverhalten stellt sicher, dass die Initialisierungsroutine nur durch einen Thread ausgeführt wird und die Zuweisung des initialisierten Objekts atomar erfolgt. Um Verklemmungen zu vermeiden, kann auf die geschützte Ausführung der Initialisierungsroutine verzichtet werden.

Ähnliches ist mit den statischen Funktionen der Klasse `LazyInitializer<T>` möglich (Listing 12.12). Allerdings muss man hier für die Threadsicherheit der

```
public class MyLazy {
  private Lazy<MyData> data = new Lazy<MyData>(Init);
  public MyData Value {
    get { return data.Value; }
  }
  private static MyData Init() {
    MyData d = new MyData();
    // ... initialisiere d
    return d;
  }
}
```

Listing 12.11 Einmalige Ausführung mit `Lazy<T>`

```
public class MyLazy<MyData> {
  private MyData data;
  public MyData Value {
    get {
      return LazyInitializer.EnsureInitialized(ref data, Init);
    }
  }
  private static MyData Init() {
    MyData d = new MyData();
    // ... initialisiere d
    return d;
  }
}
```

Listing 12.12 Einmalige Ausführung mit `LazyInitializer`

Initialisierungsroutine selbst sorgen, da die Methode `EnsureInitialized` lediglich wie eine CAS-Operation arbeitet.

12.3 Taskparallelität

Mit .NET 4 wurde aufgrund der weiten Verbreitung von Multicore-Prozessoren die Unterstützung von Taskparallelität ausgebaut. Kern ist der Umbau des zentralen Threadpools zu einem Work-Stealing-Scheduler (siehe Abschnitt 4.1.5). Da der Threadpool in .NET die Basis für verschiedene Mechanismen bildet, profitieren alle in Abschnitt 12.1.2 genannten Schnittstellen von diesem Schritt.

12.3.1 Tasks und Futures

Die Klasse `Task` bietet eine komfortable Schnittstelle für die taskparallele Programmierung. Ihre Benutzung ist an die der `Thread`-Klasse angelehnt. So startet die Methode `Start` einen Task und `Wait`[2] wartet auf deren Beendigung:

```
Task t1 = new Task(DoSomething);
t1.Start();
// ...
t1.Wait();
```

Alternativ können Tasks über statische Methoden der Klasse `TaskFactory` erzeugt werden. Damit können wir unser Fibonacci-Beispiel aus Abschnitt 4.1.2 auf einfache Weise parallelisieren. Listing 12.13 zeigt, wie das geht.

```
int FibonacciTask(int n) {
  if (n < 2) {
    return n;
  }
  int x, y;
  var t1 = Task.Factory.StartNew(
    () => {x = FibonacciTask(n-1);}
  );
  var t2 = Task.Factory.StartNew(
    () => {y = FibonacciTask(n-2);}
  );
  t1.Wait();
  t2.Wait();
  return x + y;
}
```

Listing 12.13 *Parallele Berechnung der Fibonacci-Zahlen mit Tasks*

Mit `Task.WaitAll` kann man auf mehrere Tasks warten. So könnten wir anstatt der beiden `Wait`-Aufrufe in Listing 12.13 auch `Task.WaitAll(t1, t2)` schreiben. Tasks können ebenso wie Threads nicht mehrfach gestartet oder wiederverwendet werden.

Die statische Methode `Parallel.Invoke` erlaubt es, ein »Bündel« von Funktionen parallel auszuführen. Sie kehrt erst zurück, wenn die Funktionen beendet sind. Ein Aufruf von `Wait` oder `WaitAll` ist daher nicht notwendig. Listing 12.14 zeigt das entsprechend angepasste Fibonacci-Beispiel.

Die generische Variante `Task<TResult>` repräsentiert einen Task mit einem Rückgabewert. Das Komfortable dabei ist, dass der Zugriff auf die `Result`-

[2] Sofern es der verwendete Scheduler unterstützt, führt `Wait` noch nicht bearbeitete Tasks im aktuellen Thread aus. Das ist das Standardverhalten. Es ist jedoch möglich, eigene Scheduler zu implementieren, die sich anders verhalten.

```
int FibonacciInvoke(int n) {
  if (n < 2) {
    return n;
  }
  int x, y;
  Parallel.Invoke(
    () => {x = FibonacciInvoke(n-1);},
    () => {y = FibonacciInvoke(n-2);}
  );
  return x + y;
}
```

Listing 12.14 *Parallele Berechnung der Fibonacci-Zahlen mit* `Parallel.Invoke`

Property des Tasks so lange blockiert, bis das Ergebnis vorliegt. Auf diese Weise unterstützen .NET-Tasks das Future-Konzept (siehe Abschnitt 6.1.3). Betrachten wir noch einmal die Berechnung der Fibonacci-Zahlen. Wir müssen in jeder Rekursion warten, bis die Ergebnisse vorliegen. Das können wir, wie in Listing 12.15 gezeigt, mit Futures erreichen.

```
public static int FibonacciFuture(int n) {
  if (n < 2) {
    return n;
  }
  var t1 = Task<int>.Factory.StartNew(
    () => FibonacciFuture(n-1)
  );
  var t2 = Task<int>.Factory.StartNew(
    () => FibonacciFuture(n-2)
  );
  return t1.Result + t2.Result;
}
```

Listing 12.15 *Parallele Berechnung der Fibonacci-Zahlen mit Futures*

Doch nicht immer ist es notwendig, unmittelbar nach dem Start paralleler Aktivitäten auf die Ergebnisse zu warten. Erinnern wir uns an den Quicksort-Algorithmus aus Abschnitt 4.1.2. Bei diesem Algorithmus genügt es zu wissen, wann das gesamte Feld sortiert ist, also alle Task beendet sind. Das lässt sich mithilfe von Eltern-Kind-Beziehungen erreichen. In .NET werden Kind-Tasks aus dem Kontext eines laufenden Tasks mit der Option `AttachedToParent` erzeugt. Listing 12.16 zeigt die Implementierung des Quicksort-Algorithmus.

Neben `AttachedToParent` gibt es weitere Optionen, die man beim Erzeugen eines Tasks angeben kann (alle Optionen sind Werte des Aufzählungstyps `TaskCreationOptions`). Wir hatten schon erwähnt, dass der Task Scheduler von .NET mithilfe einer Heuristik die Anzahl der Threads an die Auslastung des Sys-

```
public static void QuicksortParallel(int[] a) {
  // Wurzeltask:
  Task t = Task.Factory.StartNew(
    () => QuicksortTask(a, 0, a.Length)
  );
  t.Wait();
}

private static void QuicksortTask(int[] a,
                                    int from, int to) {
  if (to - from > GRAINSIZE) {
    int pivot = Partition(a, from, to);
    Task.Factory.StartNew(
      () => QuicksortTask(a, from, pivot),
      TaskCreationOptions.AttachedToParent
    );
    Task.Factory.StartNew(
      () => QuicksortTask(a, pivot + 1, to),
      TaskCreationOptions.AttachedToParent
    );
  } else {
    // sequenziell sortieren, z.B. mit InsertionSort
    InsertionSort(a, from, to);
  }
}
```

Listing 12.16 *Parallele Implementierung von Quicksort mit Eltern-Kind-Tasks*

tems anpasst. Wenn man im Voraus weiß, dass bestimmte Tasks sehr lange laufen werden, kann man dem Scheduler über die Option `LongRunning` einen entsprechenden Hinweis darauf geben. Diese Information fließt in die Heuristik ein. Der Scheduler kann für solche Tasks dann weitere Threads erzeugen.

Die Option `PreferFairness` beeinflusst die Scheduling-Strategie des Task-Schedulers. Ist die Option aktiviert, werden früh gestartete Tasks mit hoher Wahrscheinlichkeit vor später gestarteten Tasks abgearbeitet. Es wird allerdings keine Reihenfolge garantiert. Ist diese Option deaktiviert, können einzelne Tasks aufgrund der Arbeitsweise des Work-Stealing-Verfahrens durch später erzeugte Tasks verdrängt werden.

12.3.2 Fortsetzungstasks

In vielen Fällen möchte man über das Ende einer asynchronen Operation informiert werden. Dazu kann man zum Beispiel eine Rückrufmethode an einen Task übergeben, die am Ende des Tasks aufgerufen wird (siehe Abschnitt 12.1.2). Eine andere Möglichkeit ist, für die Operationen, die nach einem Task ausgeführt

```
var task = Task<int>.Factory.StartNew(
  // ... Berechnung
  () => 42
);
var continuation = task.ContinueWith(
  (antecedent) => {
    Console.WriteLine("Die Antwort ist {0}", antecedent.Result);
  },
  TaskContinuationOptions.OnlyOnRanToCompletion
);
continuation.Wait();
```

***Listing 12.17** Fortsetzungstask mit Bedingung*

werden sollen, wiederum einen Task zu erstellen. Das lässt sich mit sogenannten Fortsetzungstasks bewerkstelligen, die nach dem Ende eines Tasks in die Warteschlangen des Schedulers eingereiht werden. Dabei kann man eine Bedingung angeben, anhand derer entschieden wird, ob der Fortsetzungstask ausgeführt wird. Die Bedingung wird in Form von `TaskContinuationOptions` angegeben. Die am häufigsten verwendeten Bedingungen sind:

`OnlyOnCanceled/NotOnCanceled` Der Fortsetzungstask wird (nicht) ausgeführt, wenn der Vorgängertask abgebrochen wurde (wie man Tasks abbricht, behandeln wir in Abschnitt 12.6).

`OnlyOnFaulted/NotOnFaulted` Der Fortsetzungstask wird (nicht) ausgeführt, wenn der Vorgängertask eine nicht behandelte Ausnahme geworfen hat.

`OnlyOnRanToCompletion/NotOnRanToCompletion` Wenn der Vorgängertask bis zum Ende ausgeführt wurde, d. h., er weder abgebrochen noch durch eine Ausnahme beendet wurde, wird der Fortsetzungstask (nicht) ausgeführt.

Fortsetzungstasks werden der Methode `ContinueWith` der Klasse `Task` übergeben. Bei dem Beispiel in Listing 12.17 wird der Fortsetzungstask nur dann ausgeführt, wenn der Vorgängertask seine Arbeit erfolgreich verrichtet hat. Der Vorgängertask wird als Argument übergeben (`antecedent`), um Daten an den Fortsetzungstask weiterzureichen. Ein Fortsetzungstask kann mehrere Vorgänger haben. Diese gibt man mit der statischen Methode `ContinueWhenAll` an.

12.4 Datenparallelität

Datenparallelität kann in .NET über parallele Schleifen oder über PLINQ, einer Erweiterung der deklarativen Abfragesprache LINQ, genutzt werden.

12.4.1 Schleifen ohne Datenabhängigkeiten

Die Klasse `Parallel` bietet parallele Versionen von `for`- und `foreach`-Schleifen. Die Umstellung einer sequenziellen Schleife auf eine parallele ist recht einfach. Betrachten wir dazu folgende `for`-Schleife:

```
for (int i = 0; i < SIZE; i++) {
   results[i] = Compute(i);
}
```

In der parallelen Version sieht sie so aus:

```
Parallel.For(0, SIZE, i => {
  results[i] = Compute(i);
});
```

Die ersten beiden Argumente enthalten den Start- und Endwert des Iterationsbereichs. Der Startwert ist inklusive, der Endwert exklusive. In obigem Beispiel wird also von `0` bis `SIZE-1` iteriert. Der Rumpf der Schleife wird als Funktion übergeben. Die `Parallel.For`-Implementierung zerteilt den Iterationsbereich in Blöcke, die parallel von mehreren Tasks abgearbeitet werden (siehe Abschnitt 4.2.1). Die Anzahl der Tasks hängt von der Anzahl der verfügbaren Prozessorkerne ab.

Die zweite Form von Schleifen dient der parallelen Verarbeitung von Aufzählungen (`IEnumerable`) mit `Parallel.ForEach`. Die obige Schleife würde damit wie folgt aussehen:

```
Parallel.ForEach(Enumerable.Range(0, SIZE), i => {
  results[i] = Compute(i);
});
```

Ein Vorteil von `Parallel.ForEach` ist, dass die Daten zu Beginn der Verarbeitung nicht vollständig vorliegen müssen. Eine Datenstruktur mit `IEnumerable`-Schnittstelle kann zum Beispiel durch einen Thread gefüllt und durch einen anderen Thread abgearbeitet werden. Daher ist auch die Partitionierungsstrategie anders als bei `Parallel.For`. Es wird zunächst mit kleinen Blöcken begonnen, um schnell möglichst vielen Kernen Arbeit zu verschaffen. Dann wird die Blockgröße sukzessive erhöht.

Bei `Parallel.ForEach` ist es zudem möglich, eigene oder vorgefertigte Strategien für die Partitionierung des Iterationsbereichs anzugeben. Die Klasse `Partitioner` im Namensraum `System.Collections.Concurrent` stellt mehrere Strategien bereit. Das Beispiel in Listing 12.18 zeigt eine davon, nämlich die Aufteilung in Blöcke der Größe 10. Zunächst erstellen wir ein Partitioner-Objekt über eine der statischen Create-Methoden der Klasse Partitioner. Dieses übergeben wir anschließend der ForEach-Schleife. Anstatt eines ganzzahligen Feldes können natürlich auch Felder beliebigen Typs verwendet werden. Man kann sogar eigene, von Partitioner abgeleitete Partitionierungsstrategien implementieren – sowohl statische als auch dynamische.

```
var source = Enumerable.Range(0, 100).ToArray();
var chunkPartitioner = Partitioner.Create(0, source.Length, 10);
Parallel.ForEach(chunkPartitioner, chunk => {
  for (int i = chunk.Item1; i < chunk.Item2; i++) {
    // ...
  }
});
```

Listing 12.18 Partitionierung in Blöcke fester Größe

Eine Erweiterung stellt die Klasse OrderablePartitioner dar. Sie führt die ursprüngliche Position der Elemente in den Eingabedaten mit und kann verwendet werden, um die parallel berechneten Ergebnisse in die Ursprungsreihenfolge zu bringen. In Listing 12.19 verwenden wir ein überladenes Parallel.ForEach, dessen Rumpf die ursprüngliche Position in Form von index erhält. So können wir die Strings an der richtigen Stelle in das result-Feld schreiben. Auf die Bedeutung von loopState kommen wir gleich zu sprechen.

```
var strings = new List<string> { "null", "eins", "zwei",
  "drei", "vier", "fünf", "sechs", "sieben" };
var result = new string[strings.Count];
OrderablePartitioner<string> partitioner =
  Partitioner.Create(strings);
Parallel.ForEach(partitioner, (str, loopState, index) => {
  // ... hier str bearbeiten
  result[index] = str;
});
```

Listing 12.19 Partitionierung unter Beibehaltung der Reihenfolge

Sequenzielle for- und foreach-Schleifen kann man mit break verlassen. Etwas Ähnliches gibt es auch für parallele Schleifen. In einer überladenen Variante übergeben sie der Lambda-Funktion, die den Schleifenrumpf implementiert, ein Objekt der Klasse ParallelLoopState. Dieses ermöglicht die Kommunikation zwischen parallel ausgeführten Iterationen. Konkret lässt sich eine Schleife mit den Methoden Break und Stop verlassen. Stop versucht, die Schleife so schnell wie möglich zu verlassen, unabhängig davon, welche Iterationen gerade parallel bearbeitet werden. Break versucht, alle Iterationen, die in der sequenziellen Schleife nach der aktuellen kommen, nicht mehr auszuführen. Listing 12.20 demonstriert das Verlassen paralleler Schleifen am Beispiel von `Stop`.

```
double[] data;
// ... Initialisierung
Parallel.For(0, data.Length, (i, loopState) => {
  bool condition = false;
  // condition ist die Abbruchbedingung
  if (condition) {
    loopState.Stop();
    return;
  }
});
```

Listing 12.20 Verlassen paralleler Schleifen

12.4.2 Parallele Aggregation

Die parallele Aggregation erlaubt es, eine Reihe von Werten (Objekten) gemäß einer vom Benutzer definierten Operation zusammenzufassen. Betrachten wir unser bereits bekanntes Beispiel, die Berechnung der Summe aller Elemente eines Feldes. In Abschnitt 4.2.2 haben wir gesehen, wie sich dies mit der Reduktion bewerkstelligen lässt. Alternativ kann man auch eine parallele Schleife verwenden und die Teilsummen in threadlokalem Speicher ablegen (siehe Abschnitt 6.1.2).

Sowohl `Parallel.For` als auch `Parallel.ForEach` unterstützen threadlokalen Speicher für Zwischenergebnisse, was die parallele Aggregation vereinfacht. Listing 12.21 zeigt die Summenberechnung mit der generischen Variante von `Parallel.For`. Der angegebene Typ (`double`) ist der Typ der threadlokalen Daten. Es folgt der Iterationsbereich und eine Funktion, die die threadlokalen Daten initialisiert. Die folgende Funktion verrichtet die eigentliche Arbeit. Sie bekommt von der `Parallel.For`-Implementierung eine threadlokale Variable übergeben, in der sie die jeweilige Teilsumme speichert. Eine Synchronisation ist nicht erforderlich, da die Variable per Definition nur von einem Thread verwendet wird. Das letzte Argument beinhaltet den Aggregationsschritt, der am Schluss durch jeden beteiligten Thread ausgeführt wird. Erst hier wird durch Einsatz einer Sperre die Gesamtsumme gebildet. Da dies aber nur einmal pro Thread und nicht einmal pro Task passiert, ist der Aufwand für die Synchronisation vernachlässigbar.

Die Implementierung in Listing 12.21 leidet jedoch an der geringen Anzahl von Befehlen, die im Schleifenrumpf ausgeführt werden. Allein dass in jeder Iteration ein Funktionsaufruf stattfindet, kostet viel Zeit. Dem können wir entgegenwirken, indem wir einen `Partitioner` verwenden. Listing 12.22 zeigt das Endergebnis im »Vollausbau«. Anstelle des Iterationsbereichs übergeben wir einen `Partitioner`, und im Schleifenrumpf verarbeiten wir mit einer `for`-Schleife jeweils einen ganzen Block.

```
static double SumArrayElements(double[] a) {
  double sum = 0;
  object sumLock = new object();
  Parallel.For<double>(
    0,        // von (inklusive)
    SIZE,     // bis (exklusive)
    () => 0,  // Initialisierung der threadlokalen Teilsummen
    // Schleifenrumpf für die Berechnung der Teilsummen:
    (i, loopState, threadLocalSum) => {
      return threadLocalSum + a[i];
    },
    // Aggregationsfunktion für die Berechnung der Gesamtsumme:
    partialSum => {
      lock (sumLock) sum += partialSum;
    }
  );
  return sum;
}
```

Listing 12.21 Summenberechnung mit paralleler Aggregation

```
static double SumArrayElementsPartitioner(double[] a) {
  double sum = 0;
  object sumLock = new object();
  Parallel.ForEach<Tuple<int, int>, double>(
    Partitioner.Create(0, SIZE),
    () => 0,
    (range, loopState, threadLocalSum) => {
      double rangeSum = 0;
      for (int i = range.Item1; i < range.Item2; i++) {
        rangeSum += a[i];
      }
      return threadLocalSum + rangeSum;
    },
    partialSum => {
      lock (sumLock) sum += partialSum;
    }
  );
  return sum;
}
```

Listing 12.22 Summenberechnung mit paralleler Aggregation und `Partitioner`

12.4.3 PLINQ

Die deklarative Abfragesprache LINQ kann ebenfalls datenparallel arbeiten. LINQ-Operationen arbeiten mit Objekten, die die Schnittstelle `IEnumerable` implementieren. Betrachten wir zunächst das Prinzip im sequenziellen Fall anhand des folgenden Beispiels:

```
var a = Enumerable.Range(0, 1000).ToArray();
var b = a
  .Where(n => n % 5 == 0)
  .OrderByDescending(n => n);
foreach (int e in b) {
  Console.Write("{0} ", e);
}
```

Dieses Beispiel gibt alle durch fünf teilbaren Zahlen im Bereich zwischen 0 und 999 in umgekehrter Reihenfolge aus. Es verwendet die LINQ-Methoden `Where` und `OrderByDescending`. Alternativ könnten wir anstatt der LINQ-Methoden auch die eingebettete LINQ-Abfragesprache verwenden. Intern würde dies auf die obigen Methodenaufrufe abgebildet. In der LINQ-Abfragesprache sieht unser Beispiel wie folgt aus:

```
var b = from n in a
        where n % 5 == 0
        orderby n descending
        select n;
```

Die oben verwendete Methode `Where` wird durch die Klasse `Enumerable` implementiert. Die parallele Variante PLINQ besteht aus neuen, parallel arbeitenden Methoden, welche auf Daten der Klasse `ParallelQuery` arbeiten. Um eine Abfrage zu parallelisieren, müssen die Daten lediglich von `IEnumerable` in `ParallelQuery` umgewandelt werden. Diese Umwandlung erledigt die Methode `AsParallel`. Unser Beispiel würde in der parallelen Version dann so aussehen:

```
var b = a.AsParallel()
  .Where(n => n % 5 == 0)
  .OrderByDescending(n => n);
```

Beziehungsweise in der Abfragesyntax:

```
var b = from n in a.AsParallel()
        where n % 5 == 0
        orderby n descending
        select n;
```

Wie schon mehrfach angesprochen, sollten parallel ausgeführte Teilaufgaben eine hinreichende Größe haben, was in unserem Beispiel (`n % 5 == 0`) offensichtlich nicht gegeben ist. Wir könnten allerdings auch hier eigene Partitionierungsstrategien verwenden. `AsParallel` funktioniert auch auf Objekten der Klasse `Partitioner`. So könnten wir zunächst einen `Partitioner` anlegen und dann die parallele Abfrage darauf ausführen.

PLINQ ermöglicht eine relativ einfache Parallelisierung existierender Abfragen, da im besten Fall nur an der richtigen Stelle `AsParallel` eingefügt werden muss. Im Vergleich zur Arbeit mit Tasks und parallelen Schleifen bleibt allerdings verborgen, was tatsächlich parallel ausgeführt wird und was nicht. Es gibt einige Methoden, welche die Laufzeitumgebung zwingen, in den sequenziellen Modus zurückzufallen.[3] Zugriffe auf Datenbankserver erfolgen generell sequenziell. Die Parallelisierung funktioniert nur für Daten, die sich im Arbeitsspeicher befinden.

12.5 Datenstrukturen

Der Namensraum `System.Collections.Concurrent` enthält die folgenden, feingranular synchronisierten Datenstrukturen:

- Assoziatives Feld (`ConcurrentDictionary<TKey, TValue>`)
- Multimenge (`ConcurrentBag<T>`)
- Warteschlange (`ConcurrentQueue<T>`)
- Stack (`ConcurrentStack<T>`)

Eine Sonderstellung nimmt die Klasse `BlockingCollection` ein. Sie dient als Wrapper für Klassen, welche die Schnittstelle `IProducerConsumerCollection` implementieren (`ConcurrentBag`, `ConcurrentQueue` und `ConcurrentStack`). Diese Datenstrukturen enthalten keine blockierenden Operationen. Genau diese Operationen werden von `BlockingCollection` ergänzt. So blockiert beispielsweise die Methode `Take`, wenn die Datenstruktur keine Elemente enthält. Außerdem kann die Größe der Datenstruktur begrenzt werden. Ein Aufruf von `Add` blockiert, wenn die Datenstruktur bereits die maximal erlaubte Anzahl von Elementen enthält.

Haupteinsatzgebiet von `BlockingCollection` sind Erzeuger-Verbraucher-Probleme: Ein Task erzeugt Daten und legt diese in einer `BlockingCollection` ab, während ein anderer Task die Daten entnimmt und weiterverarbeitet. Um eine Erzeuger-Verbraucher-Kette sauber zu beenden, ruft man auf der Erzeugerseite die Methode `CompleteAdding` auf. Das blockierende `Take` aufseiten des wartenden Verbrauchers wird dann mit einer Ausnahme beendet. Listing 12.23 zeigt ein Beispiel. Da wir dem Konstruktor von `BlockingCollection` keine Datenstruktur übergeben, wird standardmäßig eine Warteschlange verwendet.

[3] Siehe *When PLINQ Chooses Sequential Mode* in der Microsoft-Dokumentation auf *http://msdn.microsoft.com/en-us/library/dd997399.aspx*.

```
BlockingCollection<int> bc = new BlockingCollection<int>();

Task t1 = Task.Factory.StartNew(() => {
  for (int i = 0; i < 100; i++) {
    bc.Add(i);
  }
  bc.CompleteAdding();
});

Task t2 = Task.Factory.StartNew(() => {
  try {
    int i;
    while (true) {
      i = bc.Take();
      Console.WriteLine(i);
    }
  } catch (InvalidOperationException) {
    Console.WriteLine("fertig.");
  }
});

Task.WaitAll(t1, t2);
```

Listing 12.23 *Erzeuger-Verbraucher-Problem mit* `BlockingCollection`

12.6 Ausnahmen und Abbruch

In .NET gibt es das Konzept der *Cancellation Tokens*, mit denen sich parallel ausgeführte Aufgaben geordnet beenden lassen. Dazu legt man ein Objekt der Klasse `CancellationTokenSource` an, über das Cancellation Tokens erzeugt und die damit verbundenen Aufgaben abgebrochen werden können:

```
CancellationTokenSource cts = new CancellationTokenSource();
// stellvertretend für eine parallele Operation verwenden wir
// hier den Threadpool:
ThreadPool.QueueUserWorkItem(new WaitCallback(DoSomething),
                             cts.Token);
// parallele Ausführung abbrechen:
cts.Cancel();
```

Im parallelen Code wird dann an geeigneter Stelle geprüft, ob ein Abbruch angefordert wurde – wenn ja, wird aufgeräumt und beendet:

```
static void DoSomething(object obj) {
  CancellationToken token = (CancellationToken)obj;
  for (int i = 0; i < 100000; i++) {
    // ... Berechnung
    if (token.IsCancellationRequested) {
      // ... aufräumen
      break;
    }
  }
}
```

Anstatt aktiv auf Abbruch zu prüfen (engl. *polling*), kann man auch Rückrufmethoden bei einem Token registrieren, die im Falle eines Abbruchs aufgerufen werden. Außerdem kann man sich von einem Token ein `WaitHandle` geben lassen und dieses zusammen mit anderen Warteoperationen verwenden. Wartet man beispielsweise mit `WaitAny` auf den Abbruch und zusätzlich auf einen Event, kann man das Warten unterbrechen, indem man den Event signalisiert.[4]

Listing 12.24 zeigt ein ausführlicheres Beispiel bezogen auf Tasks. Cancellation Tokens können überall dort übergeben werden, wo Taskobjekte erzeugt werden, zum Beispiel in den `Task`-Konstruktoren, `StartNew` oder `ContinueWith`. Abgebrochene Tasks sollten nicht einfach verlassen werden. Stattdessen sollte man mit der Methode `ThrowIfCancellationRequested` des Tokens eine Ausnahme (`TaskCanceledException`) auslösen. Damit wird der Task-Zustand auf `Canceled` gesetzt. Parallele Schleifen bekommen ein Cancellation Token über das optionale Argument vom Typ `ParallelOptions` übergeben (Listing 12.25).

In Listing 12.24 haben wir bereits gesehen, wie Ausnahmen parallel ausgeführter Tasks behandelt werden. Alle parallel auftretenden Ausnahmen werden in einer `AggregateException` gesammelt und dort geworfen, wo auf die entsprechenden Tasks gewartet wird. Dazu gehören `Task.Wait` und `Task.WaitAll`. Auch die parallelen Schleifen `Parallel.For` und `Parallel.ForEach` werfen aggregierte Ausnahmen, wenn in einer oder mehreren Iterationen Ausnahmen auftreten.

12.7 Speichermodell

Das Speichermodell von .NET wurde ursprünglich im ECMA-Standard zur *Common Language Infrastructure* definiert [18]. Im Wesentlichen beschränkte es sich auf Sperren und `volatile`-Variablen. Die Version 2.0 und nachfolgende Versionen der .NET-Laufzeitumgebung implementieren jedoch ein strengeres Speichermodell, das auch das Umsortieren von Schreibzugriffen verbietet. Der Grund für die Einführung eines neuen Speichermodells war, dass sich die Programmierer

[4] Siehe *Cancellation* in der Microsoft-Dokumentation unter *http://msdn.microsoft.com/en-us/library/dd997364.aspx*.

```
var cts = new CancellationTokenSource();
CancellationToken token = cts.Token;
var task = Task.Factory.StartNew(() => {
  // gleich abbrechen?
  token.ThrowIfCancellationRequested();
  bool complete = false;
  while (!complete) {
    // ... Berechnung
    if (token.IsCancellationRequested) {
      // ... aufräumen
      token.ThrowIfCancellationRequested();
    }
  }
}, token);

// alle Tasks mit dem Token abbrechen
cts.Cancel();

// hier fangen wir eine TaskCanceledException
try {
  task.Wait();
} catch (AggregateException e) {
  foreach (var v in e.InnerExceptions) {
    Console.WriteLine(e.Message + " " + v.Message);
  }
}
```

Listing 12.24 Abbruch von Tasks

```
ParallelOptions po = new ParallelOptions();
po.CancellationToken = cts.Token;
// ... z.B. anderen Task oder Thread starten, der
// die Schleife mittels cts.Cancel() abbricht
try {
  Parallel.ForEach(nums, po, (num) => {
    // ... Berechnung
    po.CancellationToken.ThrowIfCancellationRequested();
  });
} catch (OperationCanceledException e) {
  Console.WriteLine("Schleife wurde abgebrochen");
}
```

Listing 12.25 Abbruch paralleler Schleifen

auf das Verhalten der damaligen x86-Prozessoren verlassen hatten, die fast keine Umsortierungen vornahmen. Das änderte sich mit dem schwächeren Hardwarespeichermodell der IA-64-Architektur. Da Compiler und Laufzeitumgebungen nur das Speichermodell des Standards garantierten, führte das zu sporadischen Fehlern in vielen Anwendungen, die auf x86-Prozessoren fehlerfrei funktioniert hatten. Um den Programmierern entgegenzukommen, flossen daraufhin Teile des x86-Speichermodells in die .NET-Version 2.0 ein. Die wichtigsten Regeln von praktischer Relevanz sind die folgenden (vgl. Abschnitt 2.3.1):

- Atomare Operationen implizieren einen Full Fence (`Interlocked`-Klasse).
- Alle Sperroperationen bilden einen Full Fence (z. B. `Monitor.Enter`, `lock`), da sie intern über `Interlocked`-Funktionen implementiert sind [16].
- Explizite Speicherbarrieren (`Thread.MemoryBarrier`) bilden natürlich auch einen Full Fence.
- Das Lesen einer `volatile`-Variable hat Acquire-Semantik, d. h., es werden keine Operationen vor das Lesen der Variable verschoben.
- Alle Schreibzugriffe (nicht nur die auf `volatile`-Variablen) haben Release-Semantik, d. h., es werden keine Operationen über einen Schreibzugriff hinweg nach hinten verschoben.

Der letzte Punkt ist wichtig. Die Reihenfolge von Schreiboperationen darf weder durch den Compiler noch durch den Prozessor verändert werden. Damit ist unter anderem sichergestellt, dass alle Initialisierungen in einem Konstruktor abgeschlossen sind, wenn dieser beendet ist. Das Speichermodell ist an dieser Stelle strenger als das von Java, das diese Garantien nicht gibt (in Java wird lediglich garantiert, dass als `final` deklarierte Instanzvariablen ihren endgültigen Wert enthalten). Lesezugriffe hingegen dürfen immer noch verschoben werden. Damit können trotz geordneter Schreibzugriffe inkonsistente Zustände gelesen werden, wenn nicht mittels `volatile`-Variablen oder Sperren Speicherbarrieren erzwungen werden.

13 Blick über den Tellerrand

Ein wesentlicher Teil dieses Buches behandelt das Problem, von mehreren Threads auf gemeinsam genutzte Daten zuzugreifen. Wir haben gesehen, was beim gemeinsamen Zugriff passieren kann und was wir als Softwareentwickler beachten müssen: Wir müssen Konflikte ausschließen, um Konsistenz zu gewährleisten. Zudem müssen wir die Sichtbarkeit von Änderungen sicherstellen. Dazu ist es notwendig, Umsortierungen von Befehlen durch den Compiler oder den Prozessor zu verhindern. Außerdem müssen wir dafür sorgen, dass sich in den Registern des Prozessors befindliche Werte in den Hauptspeicher geschrieben werden. All dies geschieht auf einer vergleichsweise niedrigen, hardwarenahen Ebene mit Sperren, atomaren Operationen und Speicherbarrieren. Aufgrund des niedrigen Abstraktionsgrades ist die parallele Programmierung fehleranfällig. Es passiert leicht, dass man eine Kleinigkeit vergisst und sich dadurch schwer zu findende Fehler einhandelt. So kann eine mangelhafte Synchronisation zu einer Verlangsamung, zu Verklemmungen oder gar zu inkonsistenten Zuständen führen.

Eigentlich möchten wir uns um diese Details nicht kümmern, sondern uns stattdessen auf die Funktionalität unserer Anwendung konzentrieren. Die Frage lautet also, wie man von der parallelen Ausführung weitgehend abstrahieren kann und dennoch effiziente und skalierende Programme erhält. In den vorangegangenen Kapiteln haben wir verschiedene Möglichkeiten kennengelernt, die Synchronisation zumindest auf wenige Stellen im Code zu reduzieren. Dabei helfen threadsichere Datenstrukturen (Kapitel 5) und Entwurfsmuster (Kapitel 6). Wie wir in den Kapiteln 9 bis 12 gesehen haben, gibt es dafür zunehmend Unterstützung seitens der Programmiersprachen und Bibliotheken. In diesem Buch haben wir uns auf imperative (objektorientierte) Sprachen konzentriert. Diese basieren auf dem Modell des gemeinsamen Speichers, der von beliebigen Programmteilen les- und beschreibbar ist.

Einen anderen Ansatz verfolgen Programmiermodelle, die keinen gemeinsamen Speicher nutzen oder dessen Nutzung stark einschränken. Entgegen dem Motto »synchronisiere und leide« (engl. *synchronize and suffer*) wird versucht, die Synchronisation vor dem Programmierer zu verbergen. Dabei unterscheidet man zwischen zwei Ansätzen:

Isolierte veränderliche Daten (engl. *isolated mutable data*) Bei diesem Ansatz werden Daten grundsätzlich nur aus einem definierten Kontext geändert, zum

Beispiel immer aus demselben Thread. Parallele Programmteile greifen asynchron über eine zentrale Komponente auf diese Daten zu. Diesem Prinzip folgen auch das Active-Object-Entwurfsmuster (siehe Abschnitt 6.1.5) und Aktoren (siehe Abschnitt 6.2.4).

Unveränderliche Daten (engl. *(pure) immutable data*) Es werden keine Werte im Speicher verändert, nachdem sie initial angelegt wurden. Nach der reinen Lehre gibt es keine Zuweisungen, und Datenstrukturen können nicht modifiziert werden. Da nach der Initialisierung nur lesend auf die Daten zugegriffen werden kann, muss nicht synchronisiert werden.

In den folgenden Abschnitten beschreiben wir Programmiermodelle, die auf diesen Prinzipien aufbauen. In der aktorbasierten Programmierung werden gemeinsam genutzte Daten isoliert, wohingegen funktionale Sprachen und transaktionsbasierter Speicher mit unveränderlichen Daten arbeiten. Die vorgestellten Konzepte sind nicht neu, führten aber bislang eher ein Nischendasein. Meist wurden sie nur für sehr spezielle Anwendungen eingesetzt, in erster Linie in der akademischen Welt. Mit der weiten Verbreitung von Multicore-Prozessoren wurden diese Ideen wieder aufgegriffen und tauchen in Form von Bibliotheken oder Spracherweiterungen in den etablierten Sprachen auf. Jüngere Sprachen wie Scala, Clojure und Go setzen in großem Umfang Konzepte für die einfache und robuste parallele Programmierung um.

13.1 Funktionale Sprachen

Funktionale Programme bestehen im Wesentlichen aus Funktionen im mathematischen Sinne. Das bedeutet, dass das Ergebnis eines Funktionsaufrufs ausschließlich von den Argumenten abhängt und es keine Seiteneffekte gibt. Ein Funktionsaufruf mit denselben Argumenten liefert also immer dasselbe Ergebnis. Im Gegensatz zu imperativen Sprachen werden keine Speicherstellen modifiziert; die Ergebnisse einer Funktion sind stets »neue« Objekte. In streng funktionalen Sprachen gibt es daher weder Variablen noch Schleifen. Wird beispielsweise eine Liste von Werten durch eine Funktion verarbeitet, ist das Ergebnis eine neue Liste mit den veränderten Werten. Damit erübrigt sich jede Synchronisation. Man hat es nur mit unveränderlichen Werten zu tun. Schleifen werden durch rekursive Aufrufe ersetzt. Betrachten wir zunächst das schon mehrfach verwendete Fibonacci-Beispiel in der Sprache Erlang[1]:

```
fib(0) -> 0;
fib(1) -> 1;
fib(N) -> fib(N-1) + fib(N-2).
```

[1]Erlang wurde in den 1980er-Jahren für Telekommunikationsanwendungen entwickelt und vereint die Konzepte funktionaler Sprachen mit der aktorbasierten Programmierung. Weitere Informationen sind unter *http://www.erlang.org/* zu finden.

Ein Aufruf von `fib(0)` liefert das Ergebnis 0, `fib(1)` liefert 1. Die dritte Zeile enthält den rekursiven Aufruf.

Charakteristisch für funktionale Sprachen sind *Funktionen höherer Ordnung*, d. h. Funktionen, die wiederum Funktionen als Argumente akzeptieren. Beispielsweise wendet `map` eine Funktion auf jedes Element einer Liste an. Die Parameter von `map` sind die anzuwendende Funktion und die Liste. In Erlang würde die Implementierung von `map` so aussehen:

```
map(F, [H|T]) -> [F(H) | map(F, T)];
map(F, []) -> [].
```

Listen können in der Form `[H|T]` angegeben werden. Dabei steht `H` für das erste Element der Liste (engl. *head*) und `T` für den Rest der Liste (engl. *tail*). In dem Beispiel wird die Funktion `F` auf das erste Element der Liste angewendet und `map` rekursiv für den Rest der Liste aufgerufen. Die zweite Zeile ist die Abbruchbedingung der Rekursion, ein Aufruf von `map` mit einer leeren Liste. Ein weiteres Beispiel für Funktionen höherer Ordnung ist `reduce` (oder `fold`). Diese Funktion führt eine Reduktion auf einer Liste durch (siehe Abschnitt 4.2.2).

Wo liegen nun die Vorteile funktionaler Sprachen für die Programmierung von Multicore-Systemen? Alle Teilausdrücke können parallel berechnet werden, sobald die Eingabewerte zur Verfügung stehen. Compiler und Laufzeitsystem müssen keine weiteren Datenabhängigkeiten beachten. Angenommen eine an `map` übergebene Funktion benötigt viel Rechenzeit. Ein Aufruf von `F(H)` kann sofort starten, auch wenn die Berechnung des vorangegangenen Elements noch nicht abgeschlossen ist. Auf dieser Ebene kann somit automatisch parallelisiert werden. Darüber hinaus bieten funktionale Sprachen häufig Erweiterungen zur grobgranularen Parallelisierung an, zum Beispiel Aktoren, die wir im nächsten Abschnitt betrachten. Viele Sprachen sind jedoch nicht rein funktional. Oft gibt es sehr wohl die Möglichkeit, gemeinsam verwendete Daten zu ändern. Derartige Operationen müssen jedoch explizit gekennzeichnet werden. Gemeinsam verwendete Daten sind also nicht der Normalfall, sondern ein Sonderfall.

Eine bemerkenswerte Entwicklung der letzten Jahre ist, dass die Konzepte funktionaler Sprachen zunehmend Einzug in die etablierten objektorientierten Sprachen halten. Die dort verfügbaren Sprachmittel und Bibliotheken für die datenparallele Bearbeitung von Feldern und Listen erinnern stark an `map` und `reduce`. Mit Lambda-Funktionen können zudem Funktionen höherer Ordnung realisiert werden. Betrachtet man die generischen Tasks in C# (`Task<T>`), dann fallen auch hier Parallelen zur funktionalen Programmierung auf: Das Taskobjekt repräsentiert das unveränderliche Ergebnis genau einer Berechnung. Es wird wie in funktionalen Sprachen nur einmal beschrieben. Bei Sprachen wie C/C++, Java und C# bleibt allerdings das Risiko von Konflikten beim Zugriff auf mehrfach verwendete Speicherstellen, da die Implementierung von Tasks nicht zwingend seiteneffektfrei ist.

13.2 Aktorbasierte Programmierung

Das Prinzip von Aktoren haben wir bereits in Abschnitt 6.2.4 als Entwurfsmuster beschrieben. Ein Aktor[2] ist eine aktive Instanz mit einem privaten Zustand. Dieser Zustand kann nur von dem Aktor verändert werden. Aktoren kommunizieren ausschließlich über asynchrone Nachrichten. Abbildung 13.1 verdeutlicht dieses Prinzip.

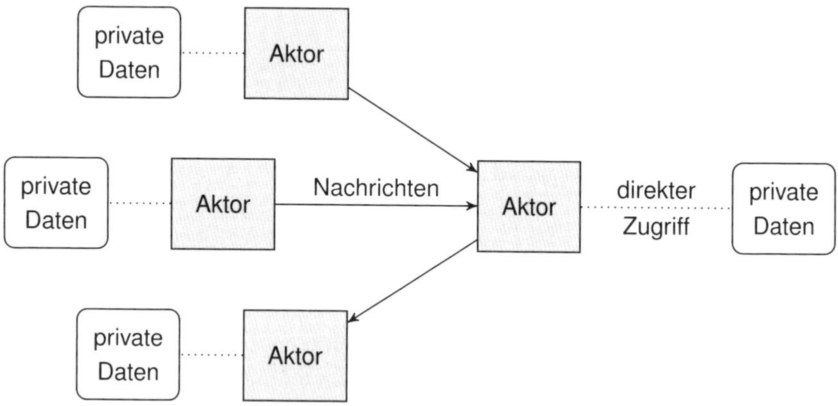

Abbildung 13.1 *Beispiel für ein aktorbasiertes System*

Jeder Aktor hat eine Warteschlange, in die alle an diesen Aktor gesendeten Nachrichten zwischengespeichert werden. Der Aktor arbeitet die Nachrichten *sequenziell* ab. Die Nachrichten sind unveränderbar und sollten keine Referenzen auf Daten enthalten, die an verschiedenen Stellen verwendet werden. Listing 13.1 skizziert einen einfachen Aktor (angelehnt an die Erlang-Syntax).

Aktoren in anderen aktorbasierten Sprachen werden prinzipiell auf die gleiche Weise definiert. Letztlich ähneln sie einer `switch`-Anweisung, die die ankommenden Nachrichten unterscheidet. Wir möchten hier jedoch nicht auf die Details der Syntax einzelner Sprachen eingehen. Entscheidend ist, dass das Laufzeitsystem derartige Aktoren auf leichtgewichtige Prozesse abbildet – ähnlich wie Tasks bei der taskparallelen Programmierung. So können problemlos Zehntausende von Aktoren erzeugt werden.

Nach dem Starten eines Aktors kann man ihm auf einfache Weise Nachrichten zusenden:

```
MyActor = spawn(fun loop/0)   % starte Aktor
MyActor ! Message.            % sende ihm eine Nachricht
```

[2]Die Begriffe *Aktor* und *Agent* werden oft synonym benutzt. In manchen Sprachen ist die Bedeutung des Begriffs *Agent* allerdings eine andere, z. B. unterscheiden sich Clojure-Agenten konzeptionell von Aktoren.

```
% Modulname und exportierte Funktion
-module(test)
-export([loop/0])

% Kern des Aktors
loop() ->
  receive
    Message1 ->
      Actions1,
      loop;
    Message2 ->
      Actions2,
      loop;
    % ... usw.
end.
```

Listing 13.1 *Aktor am Beispiel von Erlang*

Scala[3], eine Sprache, die sowohl funktionale als auch objektorientierte Elemente enthält, bietet Unterstützung für Aktoren in Form einer Bibliothek an. Neben den Aktoren der mitgelieferten Klassenbibliothek gibt es alternative Aktor-Bibliotheken für Scala. Die bekannteste von ihnen ist Akka[4]. Auch für C++ gibt es Aktor-Bibliotheken, z. B. die Asynchronous Agents Library[5] von Microsoft.

Es gibt verschiedene Spielarten von Aktoren. Insbesondere unterscheidet sich die Art der Kommunikation. Einige Umsetzungen definieren neben den Aktoren explizite Kanäle (engl. *channels*) für die Kommunikation. Ein Aktor kann von verschiedenen Kanälen lesen und Nachrichten über unterschiedliche Kanäle an andere Aktoren senden. Manche Implementierungen definieren mit den Kanälen auch die jeweils transportierten Datenstrukturen. Ein ähnliches Konzept wird in der Programmiersprache Go[6] mit den sogenannten *Goroutinen* umgesetzt. Diese laufen wie Aktoren in Endlosschleifen und können über Kanäle Nachrichten empfangen und versenden.

Zusammengefasst ist wichtig, dass Aktoren nicht über gemeinsamen Speicher, sondern über Nachrichten kommunizieren. Der Zustand eines jeden Aktors ist privat. Dieses Prinzip kennen wir aus nachrichtengekoppelten Systemen. Sprachen wie Erlang haben bewiesen, dass sich mit diesem Programmiermodell komplexe, ereignisgesteuerte Systeme realisieren lassen.

[3] *http://www.scala-lang.org/*
[4] *http://akka.io/*
[5] *http://msdn.microsoft.com/en-us/library/dd492627.aspx*
[6] *http://golang.org/*

13.3 Transaktionsbasierter Speicher

Die in diesem Buch vorgestellten Synchronisationsmechanismen basieren zum Großteil auf wechselseitigem Ausschluss. Sperren, Spinlocks und atomare Operationen stellen sicher, dass ein Datum nicht in verschiedenen Programmteilen gleichzeitig verändert werden kann. Die dabei auftretenden Probleme haben wir hinreichend diskutiert: Convoying, Verklemmungen und vor allem das große Risiko, inkonsistente Systemzustände durch fehlerhafte Synchronisation hervorzurufen. Aber auch die nichtblockierende Synchronisation hat ihre Nachteile, wie wir in Abschnitt 5.1.4 gesehen haben. Einfache Compare-and-Swap-Operationen reichen schon bei wenig komplexen Datenstrukturen nicht aus, wenn es darum geht, mehrere Bedingungen auf einmal zu überprüfen.

Ein generelles Problem der sperrenbasierten Synchronisation ist, dass sie nicht komponierbar ist. Betrachten wir zum Beispiel das Verschieben eines Listenelements in eine andere Liste. Selbst wenn beide Listen threadsicher implementiert sind, kann es zu inkonsistenten Systemzuständen kommen: Wird das Element zuerst aus der einen Liste entfernt und danach in die andere eingefügt, ist es vor dem Einfügen in keiner der beiden Listen zu finden. Wird es zuerst in die andere Liste eingefügt und dann aus der ersten gelöscht, befindet es sich kurzzeitig in beiden Listen. Die Synchronisation muss daher auf einer höheren Ebene stattfinden. In Systemen, in denen Daten über mehrere Datenstrukturen hinweg atomar geändert werden müssen, wird das schnell unübersichtlich. Zudem wird dabei sehr grobgranular gesperrt, was zulasten der Performance geht.

Eine mögliche Lösung finden wir im Bereich der Datenbankimplementierung. Datenbanken sind auf parallele Zugriffe optimiert und stellen zudem immer konsistente Daten bereit. Änderungen von Daten in einer Datenbank werden in der Regel über *Transaktionen* abgewickelt. Eine Transaktion besteht aus einer Folge sequenzieller Operationen, die entweder komplett oder gar nicht ausgeführt werden. Eine Transaktion genügt dabei den sogenannten *ACID-Eigenschaften*. ACID steht für engl. *atomic, consistent, isolated, durable*. Das bedeutet im Einzelnen:

Atomarität Eine Transaktion wird entweder ganz oder gar nicht ausgeführt. Abgebrochene Transaktionen haben keine Auswirkung auf den Systemzustand.

Konsistenz Nach einer Transaktion sind die Daten in einem konsistenten Zustand.

Isolation Transaktionen laufen komplett isoliert von anderen Vorgängen ab. Die Operationen innerhalb einer Transaktion können nicht durch andere Transaktionen oder sonstige nebenläufige Programmteile beeinflusst werden.

Dauerhaftigkeit Wird eine Transaktion erfolgreich beendet, müssen die Änderungen einer Transaktion dauerhaft gespeichert sein (auf einem persistenten Speichermedium).

Das Konzept des transaktionsbasierten Speichers (engl. *transactional memory*) besteht darin, diese Prinzipien, mit Ausnahme der Dauerhaftigkeit, für die parallele Programmierung zu nutzen. *Software Transactional Memory* (kurz STM) bezeichnet transaktionsbasierten Speicherzugriff, der vorwiegend in Software gelöst ist, d. h., Transaktionen werden von der Programmiersprache oder einer Laufzeitbibliothek realisiert. Es gibt auch Ansätze, Transaktionen durch die Hardware zu unterstützen. Von praktischer Relevanz sind heute jedoch nur Lösungen in Software. Die Grundidee dieses Programmiermodells ist es, kritische Abschnitte als Transaktionen zu behandeln. Das könnte zum Beispiel so aussehen:

```
atomic {
  // ...
  x = ...;
  y = ...;
}
```

Wir nehmen an, dass die Variablen `x` und `y` außerhalb des `atomic`-Blocks deklariert sind und von mehreren Threads gemeinsam benutzt werden. Man kann sich die technische Umsetzung des `atomic`-Blocks so vorstellen, dass die den Variablen `x` und `y` zugewiesenen Werte zunächst in temporäre Variablen geschrieben werden. Am Ende einer Transaktion, also am Ende des `atomic`-Blocks, wird geprüft, ob `x` und `y` nach dem Betreten des Blocks durch einen anderen Thread verändert wurden. Ist das nicht der Fall, werden `x` und `y` aktualisiert. Andernfalls liegt ein Schreibkonflikt vor und die Transaktion muss wiederholt werden. Das Laufzeitsystem wiederholt die Transaktion so lange, bis kein Konflikt mehr vorliegt.

Es ist schwierig, ohne Hardwareunterstützung alle Speicherzugriffe »transaktionstauglich« zu machen, insbesondere da in den etablierten imperativen Sprachen gemeinsam verwendete Daten der Normalfall sind. In dem obigen Beispiel könnten `x` und `y` beispielsweise auch außerhalb eines `atomic`-Blocks gelesen werden. Um die Variablen immer in einem konsistenten Zustand zu halten, dürfen sie nur innerhalb von `atomic`-Blöcken gelesen werden. Alles andere ist schwer umsetzbar. Das hat allerdings massive Auswirkungen auf das Programmiermodell der Sprachen. Transaktionsbasierte Speicherzugriffe lassen sich dennoch gut in Sprachen umsetzen, bei denen gemeinsame Daten explizit gekennzeichnet werden müssen. Alle Objekte sind in diesen Sprachen entweder konstant oder nur in einem sequenziellen Befehlsstrom sichtbar (z. B. in einem Thread).

Eine bekannte STM-Implementierung ist die von Clojure[7]. Die meisten Datenstrukturen in Clojure sind unveränderlich, da Clojure eine funktionale Sprache ist. Es gibt allerdings auch die Möglichkeit, Daten gemeinsam zu nutzen. Auf gemeinsam genutzte Daten wird in Clojure nicht direkt, sondern über einen zwischengeschalteten Referenztyp zugegriffen. Referenzen werden folgendermaßen erzeugt:[8]

[7] *http://clojure.org/*

[8] Wir beschränken uns hier auf den Referenztyp `ref`.

```
// Referenz auf einen String anlegen
(def mystring (ref "String Nummer 1."))
// und ausgeben
(println "Referenz enthält: " @mystring)
```

Um den Wert auszulesen, muss die Referenz mit `(deref mystring)` oder kurz `@mystring` dereferenziert werden. Referenzen in Clojure können *ausschließlich* innerhalb einer Transaktion verändert werden. Transaktionen werden mit dem Schlüsselwort `dosync` gekennzeichnet:

```
(dosync (ref-set mystring "Ich wurde verändert."))
```

Mit `ref-set` wird `mystring` ein neuer Wert zugewiesen. Ein Aufruf von `ref-set` ohne `dosync` führt zu einer Ausnahme. Abbildung 13.2 verdeutlicht den Ablauf. Der String selbst wird dabei nicht verändert, lediglich die Referenz darauf zeigt nach der Transaktion auf einen anderen String.

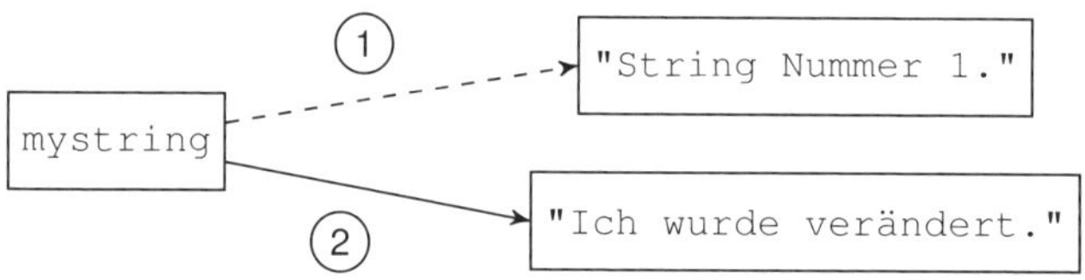

***Abbildung 13.2** Verändern einer Referenz in Clojure*

Mit `dosync` möchten wir nun mehrere Referenzen atomar verändern. Dazu definieren wir zwei Referenzen:

```
(def hello (ref "hello"))
(def world (ref "world"))
```

In einem Thread werden nun beide Werte verändert:

```
(dosync
  (alter hello "Hallo")
  (Thread/sleep 300)
  (alter world "Welt")))
```

Der Aufruf `Thread/sleep` ist in diesem Beispiel eine künstliche Verzögerung, die eine längere Berechnung repräsentieren soll. Werden nun beide Referenzen in einer Transaktion ausgelesen, ist sichergestellt, dass sie entweder beide die englischen oder die deutschen Wörter zurückgeben:

```
(dosync
  (println "Ergebnis: " @hello " " @world))
```

Nehmen wir an, ein weiterer Thread würde parallel zu dem Thread, der die deutsche Version schreibt, auf Spanisch umstellen wollen:

```
(dosync
  (alter hello "hola")
  (alter world "mundo")))
```

In diesem Fall kann es im »deutschen« Thread zu einem Schreibkonflikt kommen, wenn der »spanische« Thread während `Thread/sleep` der »deutschen« Transaktion ausgeführt wird. Am Ende der »deutschen« Transaktion wird festgestellt, dass `hello` und `world` verändert wurden, und die »deutsche« Transaktion wird noch einmal gestartet. Clojure versucht das maximal zehntausendmal. Sollte die Transaktion bis dahin nicht erfolgreich sein, wird eine Ausnahme geworfen.

Damit das Transaktionskonzept funktioniert, werden von jeder Datenstruktur mehrere Versionen vorgehalten. Jede Transaktion sieht einen konsistenten Zustand, auch wenn andere Transaktionen zeitgleich schon neue Versionen der Daten erzeugen. Die Implementierung stammt ebenfalls aus der Datenbankwelt und ist dort unter dem Namen *Multiversion Concurrency Control* (kurz MVCC) bekannt. Da alte Versionen einer Datenstruktur erhalten bleiben, werden solche Datenstrukturen auch als *persistente Datenstrukturen* bezeichnet. Dieser Begriff hat allerdings nichts mit persistenten (nichtflüchtigen) Speichern zu tun.

Die Ablage mehrerer Versionen im Speicher ist intern so optimiert, dass keine unnötigen Kopien der Daten angelegt werden. Datenstrukturen wie Listen werden nicht komplett kopiert, es werden nur die Änderungen zur vorhergehenden Version gespeichert. Zusammengefasst hat Software Transactional Memory folgende Vorteile gegenüber klassischer Synchronisation:

- *Einfaches Programmiermodell.* Software Transactional Memory bietet ein einfaches Programmiermodell mit klarer Semantik. Der Code bleibt kompakt und gut wartbar. Gegenüber der Synchronisation mit Sperren ist es einfach, Änderungen über mehrere Datenstrukturen hinweg atomar durchzuführen.
- *Gute Performance, wenn überwiegend gelesen wird.* Aufgrund des optimistischen Ansatzes wird nicht unnötig blockiert.
- *Vermeidung von Nebenläufigkeitsproblemen.* Es können keine Deadlocks, Livelocks oder Konflikte auftreten.

Die Vorteile haben natürlich ihren Preis. Beim Einsatz von STM muss man sich folgender Einschränkungen bewusst sein:

- *Nicht alles kann im Kontext einer Transaktion durchgeführt werden.* Da der Transaktionscode unter Umständen mehrfach ausgeführt wird, dürfen ohne zusätzliche Vorkehrungen keine Operationen ausgeführt werden, die mehr als nur gemeinsame Datenstrukturen ändern. Dazu gehören zum Beispiel E/A-Operationen. Eine mehrfache Ausführung aufgrund fehlgeschlagener Transaktionen ist in diesem Fall meistens unerwünscht. Generell ist bei blockierenden Operationen innerhalb von Transaktionen zu prüfen, ob eine mehrfache Ausführung zu Problemen führen kann.

- *Performanceverlust bei häufigem Schreiben.* Missglückte Transaktionen werden wiederholt. Das führt zu einer nicht vorhersagbaren Laufzeit einer Transaktion. Insbesondere kann es das Gesamtsystem erheblich bremsen. Das passiert, wenn sehr viele Schreibzugriffe auf gemeinsam verwendete Daten stattfinden.
- *»Verhungern« von Transaktionen möglich.* Einige Implementierungen arbeiten mit einem Grenzwert für die maximale Anzahl der Wiederholungen einer fehlgeschlagenen Transaktion. In Clojure wird, wie bereits erwähnt, bei Erreichen dieser Grenze eine Ausnahme geworfen, die behandelt werden muss. Vernachlässigt man die Ausnahmebehandlung, führt das zu einem Programmabbruch. Hinzu kommt, dass es oft keine Werkzeuge gibt, die dabei helfen, Transaktionen mit ungewöhnlich hohen Wiederholraten zu identifizieren.
- *Erhöhter Ressourcenbedarf.* Intern müssen mehrere Versionen der Datenstrukturen vorgehalten werden, um jederzeit einen konsistenten Systemzustand zu gewährleisten. Das geht zulasten des Speicherbedarfs und kostet Rechenzeit.

Hinweis

Software Transactional Memory eignet sich gut, wenn parallel bearbeitete Daten häufig gelesen, aber relativ selten geschrieben werden. Viele parallele Schreibvorgänge führen zu wiederholten Transaktionen und bremsen das Programm aus.

Die einfache Nutzung und der daraus resultierende schlanke Anwendungscode machen transaktionsbasierten Speicher für den industriellen Einsatz interessant. Dem steht jedoch die Notwendigkeit einer Sprache entgegen, die nicht auf dem Modell eines gemeinsamen Speichers aufbaut. Für die etablierten imperativen Sprachen gibt es zwar Bibliotheken, die transaktionsbasierten Speicher realisieren, doch die Gefahr einer unsynchronisierten Nutzung von Daten bleibt erhalten.

Literaturverzeichnis

[1] S. Adve, J. Manson und B. Pugh. *JSR-133: Java Memory Model and Thread Specification.* Sun Microsystems, August 2004.

[2] S. Akhter und J. Roberts. *Multi-Core Programming: Increasing Performance through Software Multi-threading.* Intel, 2006.

[3] M. Al-ladan. *A Survey and a Taxonomy of Approaches for Testing Parallel and Distributed Programs.* In: *International Conference on Computer Systems and Applications (AICCSA)*, Seiten 273–279. IEEE, 2001.

[4] C. Alexander, S. Ishikawa und M. Silverstein. *A Pattern Language: Towns, Buildings, Construction.* Oxford University Press, 1977.

[5] G. R. Andrews. *Concurrent Programming: Principles and Practice.* Addison-Wesley, 1991.

[6] E. Ayguadé, N. Copty, A. Duran, J. Hoeflinger, Y. Lin, F. Massaioli, X. Teruel, P. Unnikrishnan und G. Zhang. *The Design of OpenMP Tasks. IEEE Transactions on Parallel and Distributed Systems*, 20(3):404–418, März 2009.

[7] G. E. Blelloch. *Prefix Sums and Their Applications.* In: J. H. Reif, Hrsg., *Synthesis of Parallel Algorithms.* Morgan Kaufmann, 1993.

[8] R. D. Blumofe, C. F. Joerg, B. C. Kuszmaul, C. E. Leiserson, K. H. Randall und Y. Zhou. *Cilk: An Efficient Multithreaded Runtime System.* In: *Symposium on Principles and Practice of Parallel Programming (PPoPP)*, Seiten 207–216. ACM, 1995.

[9] R. D. Blumofe und C. E. Leiserson. *Scheduling Multithreaded Computations by Work Stealing.* In: *Symposium on Foundations of Computer Science (FOCS)*, Seiten 356–368. IEEE, 1994.

[10] P. A. Buhr, M. Fortier und M. H. Coffin. *Monitor Classification. ACM Computing Surveys*, 27(1):63–107, März 1995.

[11] F. Buschmann, K. Henney und D. Schmidt. *Pattern-Oriented Software*, Band 4. Wiley, 2007.

[12] D. R. Butenhof. *Programming with POSIX Threads.* Addison-Wesley, 1997.

[13] B. Chapman, G. Jost und R. van der Pas. *Using OpenMP: Portable Shared Memory Parallel Programming.* MIT Press, 2007.

[14] E. G. Coffman, M. Elphick und A. Shoshani. *System Deadlocks. ACM Computing Surveys*, 3(2):67–78, Juni 1971.

[15] T. H. Cormen, C. E. Leiserson, R. L. Rivest und C. Stein. *Introduction to Algorithms*. MIT Press, 2009.

[16] J. Duffy. *Concurrent Programming on Windows*. Addison-Wesley, 2009.

[17] ECMA International. *ECMA-334: C# Language Specification*, 4. Auflage, Juni 2006.

[18] ECMA International. *ECMA-335: Common Language Infrastructure (CLI)*, 5. Auflage, Juni 2010.

[19] I. Foster. *Designing and Building Parallel Programs: Concepts and Tools for Parallel Software Engineering*. Addison-Wesley, 1995.

[20] E. Gamma, R. Helm, R. Johnson und J. M. Vlissides. *Design Patterns: Elements of Reusable Object-Oriented Software*. Addison-Wesley, 1994.

[21] E. Gamma, R. Helm, R. Johnson und J. M. Vlissides. *Entwurfsmuster: Elemente wiederverwendbarer objektorientierter Software*. Addison-Wesley, 1996.

[22] B. Goetz, J. Bloch, J. Bowbeer, D. Lea, D. Holmes und T. Peierls. *Java Concurrency in Practice*. Addison-Wesley, 2006.

[23] J. Gosling, B. Joy, G. Steele und G. Bracha. *The Java Language Specification*. Addison-Wesley, 3. Auflage, 2005.

[24] D. Gove. *Multicore Application Programming: For Windows, Linux, and Oracle Solaris*. Addison-Wesley, 2011.

[25] P. Haller und M. Odersky. *Actors that Unify Threads and Events*. In: *International Conference on Coordination Models and Languages (COORDINATION)*, Seiten 171–190. Springer, 2007.

[26] M. Herlihy, V. Luchangco, P. Martin und M. Moir. *Nonblocking Memory Management Support for Dynamic-Sized Data Structures. ACM Transactions on Computer Systems*, 23(2):146–196, Mai 2005.

[27] M. Herlihy und N. Shavit. *The Art of Multiprocessor Programming*. Elsevier, 2008.

[28] C. Hewitt, P. Bishop und R. Steiger. *A Universal Modular ACTOR Formalism for Artificial Intelligence*. In: *International Joint Conference on Artificial Intelligence (IJCAI)*, Seiten 235–245. Morgan Kaufmann, 1973.

[29] W. D. Hillis und G. L. Steele. *Data Parallel Algorithms. Communications of the ACM*, 29(12):1170–1183, Dezember 1986.

[30] C. A. R. Hoare. *Monitors: An Operating System Structuring Concept. Communications of the ACM*, 17(10):549–557, Oktober 1974.

[31] J. H. Howard. *Signaling in Monitors*. In: *International Conference on Software Engineering (ICSE)*, Seiten 47–52. IEEE, 1976.

[32] Intel Corporation. *Intel Threading Building Blocks: Design Patterns*, 2011. Dokument Nr. 323512-004US.

[33] Intel Corporation. *Intel Threading Building Blocks: Reference Manual*, 2011. Dokument Nr. 315415-013US.

[34] Intel Corporation. *Intel Threading Building Blocks: Tutorial*, 2011. Dokument Nr. 319872-008US.

[35] International Organization for Standardization. *Information Technology – Programming Languages – C++ (ISO/IEC 14882:2011)*, 2011.

[36] L. Lamport. *Time, Clocks, and the Ordering of Events in a Distributed System. Communications of the ACM*, 21(7):558–565, Juli 1978.

[37] E. A. Lee. *The Problem with Threads. IEEE Computer*, 39(5):33–42, Mai 2006.

[38] S. Lu, S. Park, E. Seo und Y. Zhou. *Learning from Mistakes – A Comprehensive Study on Real World Concurrency Bug Characteristics.* In: *International Conference on Architectural Support for Programming Languages and Operating Systems (ASPLOS)*, Seiten 329–339. ACM, 2008.

[39] B. L. Massingill, T. G. Mattson und B. A. Sanders. *Reengineering for Parallelism: An Entry Point into PLPP for Legacy Applications. Concurrency and Computation*, 19(4):503–529, März 2007.

[40] T. G. Mattson, B. A. Sanders und B. L. Massingill. *Patterns for Parallel Programming.* Addison-Wesley, 2005.

[41] M. M. Michael. *Hazard Pointers: Safe Memory Reclamation for Lock-Free Objects. IEEE Transactions on Parallel Distributed Systems*, 15(6):491–504, Juni 2004.

[42] R. Miller und L. Boxer. *Algorithms Sequential & Parallel: A Unified Approach.* Charles River Media, 2005.

[43] OpenMP Architecture Review Board. *OpenMP Application Program Interface (Version 3.1)*, 2011.

[44] J. L. Ortega-Arjona. *Patterns for Parallel Software Design.* Wiley, 2010.

[45] J. L. Ortega-Arjona und G. Roberts. *Architectural Patterns for Parallel Programming.* Technischer Bericht, University College London, 1998.

[46] D. Patterson. *The Trouble with Multicore. IEEE Spectrum*, 47(7):28–32, Juli 2010.

[47] A. Raza. *A Review of Race Detection Mechanisms.* In: *International Computer Science Symposium in Russia (CSR)*, Band 3967 von *LNCS*, Seiten 534–543. Springer, 2006.

[48] J. Reinders. *Intel Threading Building Blocks: Outfitting C++ for Multi-Core Processor Parallelism.* O'Reilly, 2007.

[49] D. Schmidt, M. Stal, H. Rohnert und F. Buschmann. *Pattern-Oriented Software Architecture*, Band 2. Wiley, 2000.

[50] D. C. Schmidt und I. Pyarali. *Strategies for Implementing POSIX Condition Variables on Win32. C++ Report*, 10(5), Juni 1998.

[51] N. Shavit. *Data Structures in the Multicore Age. Communications of the ACM*, 54(3):76–84, März 2011.

[52] M. Stal, H. Rohnert, F. Buschmann, R. Meunier und P. Sommerland. *Pattern-Oriented Software Architecture*, Band 1. Wiley, 1996.

[53] M. Süß und C. Leopold. *Common Mistakes in OpenMP and How to Avoid Them.* In: *OpenMP Shared Memory Parallel Programming*, Band 4315 von *LNCS*, Seiten 312–323. Springer, 2008.

[54] H. Sutter. *The Free Lunch Is Over: A Fundamental Turn Toward Concurrency in Software. Dr. Dobb's Journal*, 30(3):202–210, März 2005.

[55] A. S. Tanenbaum. *Moderne Betriebssysteme.* Pearson, 2002.

[56] G. Taubenfeld. *Synchronization Algorithms and Concurrent Programming.* Pearson, 2006.

[57] G. Taubenfeld. *Shared Memory Synchronization. Bulletin of the European Association for Theoretical Computer Science*, (96), Oktober 2008.

[58] S. Toub. *Ordered Execution With ThreadPool. MSDN Magazine*, Februar 2009.

[59] S. Toub. *Patterns of Parallel Programming.* Microsoft Corporation, 2010.

[60] A. Williams. *C++ Concurrency in Action: Practical Multithreading.* Manning, 2011.

Index

A

ABA-Problem 68, 138
Abbildung 115
 dynamisch 119
 OpenMP 249
 statisch 117
Abbruch paralleler Aktivitäten
 .NET 332
 TBB 284
ACID 342
Acquire fence 33
Acquire/Release-Semantik 33
 C++ 228
Activation queue 162
Active Object 161
Affinitäten 30
Agglomeration (PCAM) 191
Aggregation 154
 .NET 328
Aktorbasierte Programmierung 338, 340
Aktoren 171, 340
Alias-Problem 18
Amdahl'sches Gesetz 20
Analyseverfahren 71
Anforderungen 194
Antwortzeiten 195
Architektur 191
Architekturmuster 150
Assoziative Felder 142, 145
 .NET 331
 Java 304
 TBB 271
Asynchrone Methoden 312
Atomare Operationen 64, 66, 79, 102, 137, 153, 337, 342
 .NET 319, 335
 C++ 227
 Java 298
 OpenMP 240, 251
 TBB 258
Atomarität 32, 342
Atomic markable reference 138
Ausgabeabhängigkeit 19
Ausnahmen
 .NET 333
 C++ 220
 Java 299
 TBB 284
Austauscher (Java) 298
Auto-Reset Event
 .NET 319
 Win32 212
Automatische Parallelisierung 18

B

Background Worker (.NET) 311
Barrieren 61, 152
 .NET 319
 Java 297, 306
 OpenMP 235, 238, 246, 251
 Pthreads 208
Baumdurchlauf 93
Bedingungssynchronisation 56
 .NET 316
 Java 294
Bedingungsvariablen 51, 56, 152
 C++ 223, 225
 Java 294, 295
 Pthreads 208
 Win32 214
Beschleunigung 20
Bibliotheken 19, 142
Blockgröße 120
Blockierende Operationen 29
Blockierende Operationen in Tasks
 .NET 313
 Java 303
 OpenMP 243
 TBB 255
Busy waiting 69

C

C++11 216
C# 309
Cache-Lokalität *siehe* Lokalität
Caches 10, 123, 141
Call once 64
Cancellation Token (.NET) 332
CAS-Operation 66, 137, 144, 342
- .NET 319
- C++ 227
- Java 298
- TBB 258

ccNUMA 11
Chain locking 132
Clojure 343
Closures 25
- C++ 217
- Java 289, 303

Cluster 12
Communication (PCAM) 191
Compare-and-swap *siehe* CAS-Operation
Concurrent Collections (.NET) 309
Condition variables *siehe* Bedingungsvariablen
Convoying 78, 342
Coprozessoren 8
Countdown-Sperre (Java) 296
Critical section 43

D

Data decomposition 197
Data race *siehe* Konflikte
Datenabhängigkeiten 19
Datenlokalität *siehe* Lokalität
Datenparallelität 5, 102
- .NET 326
- Java 303
- OpenMP 244
- TBB 261

Datenstrukturen 127
- .NET 331
- Auswahl 139
- Java 287, 304
- Lokalität 127, 141
- TBB 270

Dauerhaftigkeit 342
Deadlock 73, 345
Debugging 199
Deques 147
Dictionaries *siehe* Assoziative Felder
Digitale Filter 181
Double-checked locking 64, 154
Durchsatz 182, 195
Dynamische Abbildung 119
Dynamische Analyseverfahren 71

E

E/A-Verhalten 196
Echte Datenabhängigkeit 19
Effizienz der Softwareentwicklung 4
Einmalige Ausführung 64, 154
- .NET 320
- C++ 226
- OpenMP 239
- Pthreads 208
- Win32 214

Eltern-Kind-Beziehung 87, 89, 94, 178
- .NET 323
- OpenMP 241

Entwurfsmuster 149, 150
Erlang 338
Erzeuger-Verbraucher 68, 102, 145, 169
- .NET 331
- OpenMP 240

Events 153
- .NET 312, 319
- Win32 212

Exchange (.NET) 319
Executor-Framework 287, 289

F

Fairness 77, 101
False negatives 72
False positives 71
False sharing 37, 106, 141
- C++ 229
- OpenMP 250
- Pipeline 184
- Pthreads 211
- Schleifen 123
- TBB 283
- Windows 215

Feingranulare Synchronisation 132
Fences *siehe* Speicherbarrieren
Fetch-and-add 66
- TBB 258

Fetch-and-store (TBB) 258
Fibonacci-Zahlen 89, 95
- .NET 322
- Erlang 338
- Java 301
- OpenMP 241, 242, 245

TBB 259
FIFO 145, 300
First-touch placement 40
Fließbandverarbeitung 181
TBB 277
Flussgraphen (TBB) 279
Flynn'sche Klassifikation 8
Fortsetzungstasks (.NET) 324
Frequency wall 10
Full fence 33
.NET 335
OpenMP 251
Functional decomposition 197
Funktionale Sprachen 338
Funktionen höherer Ordnung 339
Funktionsobjekte 25
Futures 157
.NET 322, 323
C++ 226
Java 290, 299

G
Gegenabhängigkeit 19
Gemeinsamer Speicher 26
Genauigkeit 195
Geometrische Zerlegung 166
GPU, GPGPU 9
Grain size 103
Grobgranulare Synchronisation 129
Gustafson'sches Gesetz 21

H
Hand-over-hand 132
Happens-Before-Relation
C++ 230
Java 305
Hard affinity 30
Hardwareseitiges Multithreading 7
Hash maps *siehe* Assoziative Felder
Hash sets *siehe* Assoziative Felder
Hashtabellen *siehe* Assoziative Felder
Heterogene Architekturen 9
Hintergrundthread
.NET 311
Java 288
Homogene Architekturen 9
Hot spots 196
Hyper-Threading 8
Hypervisor 17

I
Idiom 150
Implementierungsmuster 150
Instruction-level parallelism 6
Interleaving 28
Interprozesskommunikation 15
Isolation 342
Isolierte veränderliche Daten 337
Iterative Zerlegung 166
Iteratoren 121, 144
Java 305
OpenMP 244
TBB 262, 266, 268, 272, 275, 283

J
Java 287

K
Körnung 103
Kantendetektion 181
Kernelobjekt 213
Klauseln (OpenMP) 232
Komponententest 201
Komponierbarkeit 81, 342
Konflikte 24, 41, 127, 134, 201, 337, 345
Konflikterkennung 71
Konsistenz 337, 342
Konsistenzmodell 32
Konsolidierung 18
Kontextwechsel 13
Kritische Abschnitte 43, 152
.NET 314
C++ 222
Java 292
OpenMP 237
Pthreads 209
TBB 256
Win32 212

L
Lambda-Funktionen 25, 339
.NET 310, 327
C++ 216
Java 289, 303
TBB 255
Lastverteilung 29
Latenzzeit 181
Lazy initialization 64
Lese-/Schreibsperren 52, 80, 154
.NET 317
Java 296
Pthreads 208

TBB 256
Win32 214
LIFO 146, 300
Listen 127, 142, 143
Lokalität 143
paralleles Bearbeiten 144
Skiplisten 143
Livelock 76, 345
Load fence 33
Lock striping 144
Lock-free 138
Locks 46
Lokalität 39, 77, 79, 99, 105, 106, 123, 192
Datenstrukturen 127, 140, 141
Erzeuger-Verbraucher 170
Listen 143
OpenMP 250
Pipeline 184, 186, 188
Skiplisten 143
Stacks 146
Warteschlangen 146
Loslösen von Threads
C++ 219
Pthreads 206
Lost update 42

M
Manager-Worker 167
Manual-Reset Event
.NET 319
Win32 212
Map-Operation 339
Mapping 115
Mapping (PCAM) 192
Maps *siehe* Assoziative Felder
Master-Slave 167, 188
Master-Worker 167
Matrizenmultiplikation 92
Mehrdimensionale Datenstrukturen 92, 105
TBB 265
Memory barriers 33
Memory fences 33
Mengen 142
TBB 271
MIMD 8
MISD 8
Mittelwertfilter 105
Monitore 51, 154
.NET 315
Java 292
Moore'sches Gesetz 9
Multicore-Prozessoren 9
Multimengen 142, 147, 187
.NET 331
Multiprozessorsysteme 9
Multiversion concurrency control 345
Mustersprachen 151
Mustersysteme 150
Mutexe 46, 152
.NET 318
C++ 221
OpenMP 238
Pthreads 208
Win32 212
Mutual exclusion 44, 46

N
Nachrichtengekoppelte Systeme 12
Nebenläufigkeit 14
Nested locks 238
.NET 309
Nichtblockierende Synchronisation 137, 140, 342
Nichtdeterminismus 76
NUMA 11, 37, 39, 105, 124, 140, 141, 196, 197, 250

O
One-time initialization 64
OpenMP 231
Optimistische Synchronisation 134, 140
Oversubscription 29

P
Padding 38
Parallele Aggregation
.NET 328
Parallele Algorithmen 191
Parallele Architektur 193
Parallele Ausführung 14
Parallele Bereiche (OpenMP) 233
Parallele Bibliotheken 19
Parallele Funktionsaufrufe
OpenMP 233
TBB 259
Parallele Pipeline 186
Parallele Schleifen 103
.NET 326
OpenMP 244
TBB 262
Parallelisierende Compiler 18
Parallelisierung 18

Parallelität 14
Paravirtualisierung 17
Paretoprinzip 195
Partial sums 111
Partitionierung 115
- .NET 326
- anhand der Cache-Größe 123
- Aufzählungen 121
- Blockgröße 120
- mehrere Schleifen 124
- OpenMP 249
- TBB 263

Partitioning (PCAM) 191
Pattern languages 151
PCAM-Methode 191
Pinning 30
Pipeline 181, 182
- Hardware 6
- Lokalität 186, 188
- Parallele Pipeline 186
- Parallele Stufen 185
- Software 182

Pipes and Filters 182
PLINQ 309, 312, 330
Portierbarkeit 4
POSIX-Threads 205
Power wall 10
Präfixberechnungen 111
- Anwendungen 113
- iterativ 112
- rekursiv 112
- TBB 269

Pragmas (OpenMP) 231
Prefetching 32
Prefix computations 111
Prefix sums 111
Prioritäten 30
Programmierrichtlinien 101
Promises 157
Proxy 161, 175
Prozesse 14
Pthreads 205
Pull-Pipeline 182
Push-Pipeline 182

Q

Quicksort-Algorithmus 91, 302
- .NET 323
- TBB 260

R

Race condition *siehe* Konflikte
Reader-writer locks 52
Rechenleistung 196
Reduktionen 106, 154, 166, 339
- .NET 328
- iterativ 110
- Java 304
- OpenMP 247
- rekursiv 107
- TBB 267, 283

Reentrant 80
Reentrant mutex 48
Reference wrapper 218
Registerumbenennung 7
Regressionstest 201
Reihenfolge 32
Reihenfolgebewahrender Threadpool 174
Rekursionstiefe 91
Rekursive Algorithmen 89
- OpenMP 241

Rekursive Mutexe 48, 75
- OpenMP 238, 251
- Pthreads 209
- TBB 255

Rekursive Sperren (Java) 295
Rekursive Tasks 89
- Java 301
- OpenMP 241

Rekursive Zerlegung 166
Release fence 33
Remote procedure call 15
Rendezvous-Synchronisation 61, 298
Round robin 28
RPC *siehe* Remote procedure call

S

Scala 341
Scans 111
Scheduling 28
Schleifen 103
- .NET 326
- OpenMP 244
- Partitionierung 124
- TBB 262
- Überlappende Ausführung 246
- Zusammenfassung 245

Schnittstellenentwurf 81
Scoped locking 50, 71, 152
- C++ 222

- TBB 256
- Semaphore 54, 152
  - .NET 318
  - Java 296
  - Win32 212
- Sequenzielle Konsistenz 32
- Shared memory 15, 24
- Sichtbarkeit 24, 32, 33, 337
  - .NET 333
  - C++ 230
  - Java 305
  - OpenMP 250
- SIMD 8
- Simultaneous multithreading 8
- SISD 8
- Skalierbarkeit 4, 78, 195
- Skiplisten 143
  - Lokalität 143
- SMP-Systeme 10
- SMT 8
- Soft affinity 29
- Software transactional memory 343
- Sortieren 140
  - TBB 277
- Speicherallokation 39
  - C++ 229
  - Pthreads 210
  - TBB 283
  - Win32 215
- Speicherarchitekturen 11
- Speicherbandbreite 196
- Speicherbarrieren 33, 64, 67, 140, 152, 337
  - .NET 318, 335
  - C++ 228
  - OpenMP 251
  - TBB 259
- Speicherhierarchie 37
- Speichermodell 31
  - .NET 333
  - C++ 228, 229
  - Java 305
  - OpenMP 250
- Speicherzugriff 30
  - OpenMP 235
- Spekulation 95, 166
- Sperren 46, 337, 342
  - .NET 314, 317
  - Java 287, 292, 295
  - OpenMP 238
  - TBB 255
- Spinlocks 69, 102, 342
  - .NET 317
  - Pthreads 208
  - TBB 256
- Sprungvorhersage 7
- Stacks 142, 146
  - .NET 331
  - Lokalität 146
- Statische Abbildung 117
- Statische Analyseverfahren 71
- STM 343
- Store fence 33
- Summenberechnung 107, 153
  - .NET 328
  - C++ 217
  - Aggregation 154
  - OpenMP 248
  - TBB 268
- Superskalarität 7
- Synchronisation 41
  - feingranular 132
  - grobgranular 129
  - kapseln 199
  - nichtblockierend 137, 140
  - optimistisch 134, 140
  - vermeiden 199
- Synchronisationsmechanismen 45
  - .NET 314
  - C++ 221
  - Java 292
  - OpenMP 237
  - Pthreads 208
  - TBB 255
  - Win32 212
- Synchronisationsmuster 151
- Synchronisationsproxy 130, 159

T

- Task decomposition 197
- Task Parallel Library 309, 312
- Task scheduler 86, 98, 101, 118, 188
  - .NET 323
  - Java 289
  - TBB 253, 259, 261
- Taskgruppen 93
  - TBB 260
- Taskparallelität 85, 166
  - Java 299
  - OpenMP 240
  - TBB 259
- Tasks 27, 87

.NET 322
Java 299
OpenMP 240
TBB 259
TBB 253
Test 201
Thread-safe Interface 50, 154
Threadattribute
Pthreads 206
Win32 211
Threading Building Blocks 253
Threadlokaler Speicher 153
.NET 313, 328
C++ 229
Java 291
OpenMP 235, 236, 248
Pthreads 210
TBB 282
Win32 215
Threadpool 27, 87, 99, 165
.NET 311
Java 289, 302, 303
reihenfolgebewahrend 174
Win32 215
Threads 16, 23
.NET 309
C++ 217
Java 288
OpenMP 233
Pthreads 206
Win32 211
Threadsicherheit 80, 127
Time slicing 28
Timer 312
Tracing 199
Transaktionsbasierter Speicher 338, 342

U
Überbelegung 29
Überlappende Ausführung
Flussgraphen 280
Schleifen (OpenMP) 246
UMA 11
UML-Diagramme 199
Unit test 201
Units of execution 16
Unveränderliche Daten 338

V
Vektoreinheiten 8
Vektoren 142, 144
Java 304
TBB 275
Vektorisierung 18
Verkettete Liste 127
Verklemmungen 73, 342
C++ 224
Verschränkte Ausführung 14
Virtualisierung 17
`volatile`
.NET 335
C/C++ 34, 35
C# und Java 36
Java 298, 306, 307
Vollvirtualisierung 17

W
Wait-free 138
Warteschlangen 47, 48, 50, 52, 56, 58, 82, 142, 145, 162, 175, 183
.NET 316, 331
C++ 225
Java 305
Lokalität 146
Pthreads 209, 210
TBB 274
Win32 214
Wechselseitiger Ausschluss 44
Wettlaufsituation *siehe* Konflikte
Wiedereintrittsfähigkeit 80
Windows, Win32 211
Work stealing 99, 147, 188
.NET 321, 324
Java 287, 289, 299
TBB 253
Worksharing-Konstrukte (OpenMP) 234

Z
Zeitscheibenverfahren 28
Zerlegung
Aufgaben 197
Daten 197
Zerlegungsmuster 165

→ 3. aktualisierte und erweiterte Auflage
Hanspeter Mössenböck
Kompaktkurs
C# 4.0
dpunkt.verlag